Sabetti · Rhythmen des Wandels

HEINRICH HUGENDUBEL VERLAG
IRISIANA

Stèphano Sabetti

Rhythmen des Wandels

Dynamik der persönlichen Veränderung

Aus dem Amerikanischen
von Maria Müller

Hugendubel

Die Deutsche Bibliothek – CIP-Einheitsaufnahme
Sabetti, Stephano:
Rhythmen des Wandels: Dynamik der persönlichen Veränderung / Stephano Sabetti. Aus dem Amerikan. von Maria Müller. – München: Hugendubel 1992
(Irisiana)
Einheitssacht.: The performance of change ⟨dt.⟩
ISNB 3-88034-590-2

Umschlaggestaltung: Ute Dissmann
unter Verwendung eines Photos von Michel Devroc mit freundlicher Genehmigung des Office national d'Etudes et de Recherches aérospaciales
Produktion: Tillmann Roeder, München
Satz: Uhl + Massopust, Aalen
Druck und Bindung: Jos. C. Huber KG, Dießen

ISBN 3-88034-590-2

Printed in Germany

Inhalt

Danksagung

Mein besonderes GRAZIE für die Hilfe
beim Entstehen dieses Buches gilt:
Heide Bongers
Maria Müller
und dem Kosmos

Vorwort

Dieses Buch nahm vor fast zehn Jahren in Nepal seinen Anfang, und zwar mit einer Krankheit. Ich hatte eine total trockene Kehle und trank warmen Zitronentee, um meinen Durst zu stillen. Ich kann mich noch gut an das Glas erinnern, eine Mischung aus modernem Westen und traditionellem Osten. Was seine Sauberkeit betrifft – nun ja, genau an diesem Punkt fing dieses Buch an. Das Glas übertrug nämlich einen Keim, der eine schwere Darminfektion auslöste, mit allem, was dazu gehört: Fieber, Delirium, Schweißausbrüche. In meinem kleinen Hotelzimmer war es unerträglich warm, so daß an Schlaf nicht zu denken war. Ich setzte mich also im Bett auf und versuchte zu meditieren. Halb in Trance und am Rande des Todes tauchte die Frage auf, in welcher Beziehung Krankheit und Veränderung zueinander stehen. Was für eine perfekte Art, Veränderung zu erleben, dachte ich, während mein Körper von einem Zustand des Vergessens in den nächsten überging. Und dann tauchten plötzlich in einem Strom von Bewußtsein neue Ideen über Wandel und Veränderung auf. Ich machte ein paar Notizen, und dieses Buch nahm langsam Gestalt an.

In letzter Zeit half mir eine neue Woge des Interesses, dieses Buch zu Ende zu schreiben. Während meiner Reisen oder als Seminarleiter und Trainer für klinische Psychologen und Organisationsberater erstaunte es mich immer wieder, daß wir von Wandel und seiner Dynamik eigentlich sehr wenig verstehen, obwohl wir doch dauernd damit zu tun haben. Der Gedanke, die wesentlichen Merkmale von Wandel zu entdecken, faszinierte mich. Ich sagte mir: Wenn jedes Problem irgendwie mit einer Störung von Wandlungsprozessen zu tun hat, könnte die Erforschung der Wandlungsdynamik die Lösung für viele, wenn nicht sogar alle Probleme sein. Bis heute habe ich nicht einen einzigen Prozeß beobachtet, der nicht im großen und ganzen dem in diesem Buch dargelegten Wandlungsverlauf folgt, sei er nun psychologischer, sozialer, politischer, organisationsdynamischer oder spiritueller Natur.

Immer wieder erstaunt mich die Tatsache, daß Probleme, die mit Wandel zu tun haben, auf individueller und organisationsdynamischer Ebene eigentlich sehr ähnlich sind. Um uns herum befindet sich alles in Wandlung, und trotzdem stecken wir fest und kommen nicht weiter. Warum ist das so? Auf einer Ebene ertrinken wir durch die Computertechnik immer mehr in einer Flut von Informationen. Fast alles anerkannte Wissen, das wir bis heute gewonnen haben, wird täglich durch neue Erkenntnisse aus der Forschung ergänzt, wenn nicht sogar ersetzt; wir werden mit Fakten bombardiert, die unsere rationalen und intellektuellen Fähigkeiten ansprechen. Auf einer anderen Ebene dagegen bekommen wir nur sehr wenig Unterstützung bei der Entwicklung eines Bewußtseins, das uns hilft, mit diesen massiven Veränderungen fertigzuwerden. Als Gesellschaft schaffen wir eine Situation, in der das Wissen unseres Verstandes von der Weisheit des Bewußtseins getrennt wird.

Unser Gehirn und unsere Sinnesorgane werden überreizt. Anstatt Wissen zu erwerben, mit dessen Hilfe wir uns weiter entwikkeln könnten, fühlen wir uns immer weniger heil, werden immer kränker. Der enorme Anstieg von Geisteskrankheiten, nervösen Störungen und allgemeiner Unruhe zeigt dies sehr deutlich.

Warum werden wir vom Wandel geplagt? Die Antwort ist sehr einfach: Wir haben noch immer nicht gelernt, was Wandel eigentlich ist und wie wir mit ihm umgehen können. Es ist höchste Zeit, nicht mehr vor dem Wandel davonzulaufen, sondern endlich herauszufinden, wie wir damit leben und sogar Spaß daran haben können – bevor es zu spät ist.

Oft kämpfen wir gegen die Veränderung, die wir für uns selbst und unsere Welt brauchen. Wenn wir uns eines Wandlungsprozesses nicht bewußt sind, widersetzen wir uns automatisch den daraus resultierenden Veränderungen. Wir spielen ›unbewußt‹, weil nur ein Teil von uns in den Prozeß involviert ist, ein anderer Teil aber nichts davon wissen will. Diese Unwilligkeit hat zur Folge, daß unser Wandel unterminiert wird. Das ist nicht einfach ein Zufall, sondern eine Form der Vermeidung, da wir vor einem radikalen Wandel Angst haben. Dadurch, daß wir nicht ganz beteiligt sind, haben wir immer eine Ausrede, wenn keine sinnvolle Veränderung stattfindet. Solche Ausreden sollte es für uns nicht mehr geben. Es ist an der Zeit, die Scheuklappen abzunehmen und unser Leben auf der Welt mit natürlichem Stolz und Bewußtheit wiederzuentdecken.

Kapitel I
Warum Wandel?

Wandel bringt Spannung in unser Leben. Er fordert uns auf, uns einzulassen und unser Leben in seiner ganzen Fülle auszuschöpfen. Wandel durchdringt unser ganzes Leben. Da jeder von uns anders ist, manifestiert er sich auf die unterschiedlichste Art und Weise. Trotz dieser persönlichen Unterschiede sind wir jedoch alle durch den Wandel in einem sehr fein geknüpften, aber gleichzeitig offenen Bewegungsnetzwerk miteinander verbunden, in einem komplexen System von Interaktionen, das alles, was im Universum geschieht, in Verbindung hält.

Da Wandel für alle Aspekte des Lebens so wichtig ist, werden wir natürlich auch laufend damit konfrontiert. In unseren persönlichen Beziehungen, unseren sozialen Gefügen und sogar in unserem eigenen Körper erinnert uns der Wandel immer wieder daran, daß Bewegung und Leben ein und dasselbe sind. Um ganz und gar lebendig zu sein, müssen wir uns auch ganz und gar unserer Bewegung mit oder gegen den Wandlungsprozeß bewußt werden.

Wandel geht weiter, unabhängig davon, wie wir auf ihn reagieren. Wir können höchstens Einfluß darauf nehmen, wie er sich vollzieht, nicht aber, ob er geschieht oder nicht. Wir können ihn nicht aufhalten, sondern nur den Weg bestimmen.

Wandel wird erregend, wenn wir uns mit ihm bewegen und sehr beängstigend, wenn wir uns seinem natürlichen Fluß widersetzen. Wenn wir uns des Wandels bewußt sind, erleben wir uns selbst als diesen Wandel, so wie ein Glas Wasser, das, in das Meer gegossen, Teil des Meeres wird. Im Meer unserer persönlichen Entwicklung gibt uns Wandel die Möglichkeit, mit einem Minimum an Aufwand zu wachsen, da uns die evolutionäre Qualität des Wandels in seine Bewegung mit hineinzieht.

Die Ironie liegt darin, daß wir dauernd nach neuen und aufregenden Leuten und Dingen in unserem Leben suchen und dabei doch gleichzeitig diese neuen Möglichkeiten als Bedrohung unseres derzeitigen Lebens empfinden. Wandel ist unvermeidlich, und deshalb ist es doch wohl sinnvoller, mit ihm zu fließen als sich gegen ihn zu stellen – natürlich nur, wenn wir uns ein leichteres und spannenderes Leben wünschen. Unser Interesse an neuen Erfahrungen beruht auf einem Grundbedürfnis nach persönlicher Erneuerung, so wie in jeder Minute unseres Lebens Körperzellen absterben und sich erneuern. Ohne diese ständige Erneuerung könnten wir höchstens ein bis zwei Wochen überleben. Jeder neue Wandlungsprozeß ist gleichzeitig sowohl das Ende eines vergangenen Ereignisses als auch der Beginn neuer Erfahrungen.

Wandel gibt nicht nur wichtiges Feedback über das Leben im allgemeinen, sondern bietet uns auch viele Chancen, wenn wir uns seiner Dynamik bewußt sind. Er bringt Erregung, Kontinuität, Lebenslust und Freude, Sinn, Zufriedenheit und Kraft, um nur einiges zu nennen.

Lust und Freude beispielsweise sind ein direktes Ergebnis des Energieflusses im Körper. Wenn wir uns voll und ganz auf den Wandlungsprozeß einlassen, unterstützen und verstärken wir unsere Lebenslust. Alles was wir tun, gibt uns ein gutes Gefühl, weil wir dabei ganz wir selbst sind. Genauso gibt Wandel unserem Leben Zufriedenheit; wir bekommen, was wir brauchen. Wenn wir wissen, was für uns wichtig ist, können wir auch dafür sorgen, daß es uns gut geht. Viele Menschen können es buchstäblich nicht ertragen, glücklich und zufrieden zu sein. Es könnte sich gar zu gut anfühlen!

Wandel bringt unserem Leben Sinn, wenn wir die Verwobenheit erkennen, die all unser Tun verbindet. Einen warmen Sommertag bis ins Kleinste zu genießen hilft uns vielleicht, nächste Woche einer schwierigen Konfrontation in unserer Beziehung nicht aus dem Weg zu gehen. Sinn entwickelt sich aus Bedeutung. Lassen wir uns ganz auf den Wandel ein, ist alles, was wir tun, bedeutungsvoll für unser Lebendigsein und deshalb sinnvoll, wenn auch nicht immer angenehm.

Wer sich auf seinen persönlichen Wandel einläßt, gewinnt an Stärke. Viele haben davor Angst, da sie damit Gewalt oder Manipulation assoziieren. Stark sein heißt aber nur, daß wir etwas bewirken können. Wir sind dann stark, wenn wir ganz wir selbst sein wollen, und umgekehrt schwach, wenn wir uns davor drücken, in der Welt zu uns selbst zu stehen. Jedes ›Ich bin bereit‹ unterstützt die persönliche Stärke, und jedes ›Ich kann nicht‹ die Ohnmacht, wenn wir es zuvor nicht wenigstens versucht haben.

Die Macht des Wandels liegt darin, sich mit ihm zu bewegen, so wie ein Aikido-Meister mit der Energie eines Angreifers mitgeht und dadurch dessen Angriff neutralisiert. Man könnte natürlich auch gegen den Angreifer ankämpfen; ein höherentwickelter Prozeß ist es jedoch, die Kraft des Angriffes für sich zu nutzen. In unserem Leben ist es ähnlich: Je mehr wir den Wandlungsprozeß vestehen und spüren, desto mehr Kraft gewinnen wir, ohne uns dafür groß anstrengen zu müssen. Das heißt, wir werden uns klarer über unsere Bedürfnisse und sind stark genug, sie auf allen persönlichen und beruflichen Ebenen zu befriedigen.

Um stärker zu werden, müssen wir die Kraft des Wandlungsprozesses kontinuierlich nutzen, ähnlich wie eine Autobatterie immer wieder in Betrieb genommen werden muß, damit sie geladen bleibt. Wenn wir nicht mit dem Wandel fließen, um unsere Kraft zu sparen, werden wir ›saft- und kraftlos‹ wie eine nicht benützte Batterie – und zwar ganz schnell. Es gibt viele Möglichkeiten, nicht zu unserer Kraft zu stehen. Wenn uns Wandel immer noch verunsichert oder wenn wir versuchen, zu viel auf einmal zu verändern, reduzieren wir unsere Fähigkeit, etwas ganz zu tun, auf ein Minimum. Wir versagen und verlieren unser Selbstwertgefühl. Zu viel im Leben zu verändern, ohne in direktem Kontakt mit dem Fluß des Wandels zu sein, zehrt an unseren Kräften; wir geraten in Hektik und erschöpfen uns. Schließlich sind wir am Ende. Bewegen wir uns dagegen mit dem Wandel, werden wir immer lebendiger und haben den Mut weiterzuwachsen.

Bei persönlichen Veränderungen beeinflußt die Geschichte unserer vergangenen Erfahrungen fast immer unsere Fähigkeit, neue Wandlungsmöglichkeiten klar zu erkennen. Haben wir Wandel in der Vergangenheit positiv erlebt, kann dies ein unterstützender Hintergrund sein, der neue Situationen weniger bedrohlich und deshalb oft umso lohnender macht. Auf der anderen Seite können negative Erfahrungen sehr leicht unsere positiven Erwartungen an den Wandlungsprozeß einschränken und bestimmen dadurch unsere Zukunft. Psychisches Wachstum wird dadurch sehr schwer, wenn nicht gar unmöglich. Zum Glück können alte Lebensmuster geändert werden. Genau das macht Wandel so spannend und erweckt uns zu neuem Leben.

Auf spiritueller Ebene bedeutet jeder Wandel, daß der Geist bzw. die Essenz sich in einer Form manifestiert und schließlich wieder zu reinem Prozeß wird. Aus spiritueller Sicht ist der Hauptgrund für Wandel das Erwachen des Bewußtseins in uns und in allem um uns herum. In meinen Augen hat alles in unserer Welt Bewußtsein in unterschiedlichem Maße. Nichts ist unbewußt, das gilt auch für unsere Gefühle. Auch von unserem unterdrückten Ärger oder von der Angst vor der Liebe, die wir für unbewußt halten, müssen wir auf irgendeiner Ebene etwas ›wissen‹, wie könnten wir sie sonst vermeiden? Wandel ist der große Prozeßlehrer, der es uns ermöglicht, an diesem kollektiven Wissen durch das Medium der Lebensenergie teilzuhaben, auf verschiedenen Ebenen und auf unterschiedliche Art und Weise, je nach unserer Fähigkeit, Energie zu verarbeiten.

Obwohl wir alle im und durch den Fluß des Wandels leben, sind nur wenige von uns dazu bereit, sich dessen bewußt zu werden. Der Wandel bringt uns viele Vorteile, aber nur selten sind wir uns dieser Gaben bewußt. Wandel ist für das Leben etwas so Grundlegendes, daß er oft vergessen wird, so wie wir auch reines Wasser oder saubere Luft erst dann zu schätzen wissen, wenn wir ohne sie auskommen müssen. Die Kernfrage ist letztendlich: Wie möchten wir leben und sterben, mit Würde und in Frieden oder mit Mißbrauch und im Krieg? Die Wahl ist eine Frage des Bewußtseins. Auf einer umfassenderen Ebene verstärkt Wandel die soziale, politische und wirtschaftliche Bewußtheit dafür, wie wir durch kollektiv entwickelte Austauschkanäle miteinander in Verbindung stehen. Soziale Ereignisse, politische Veränderungen, Inflation und Rezession in der Wirtschaft – all das ist Teil dieses Beziehungsgefüges, das der Wandel schafft.

In der Regel machen wir uns keine Gedanken über die Verbindung, die zwischen unserem persönlichen Wandel und unserer Umwelt besteht. Haben wir vielleicht Angst davor, uns mit unserer Verantwortung für die politische, ökologische und soziale Welt, in der wir leben, zu konfrontieren? Bei vielen Problemen, wie z. B. Hunger und Krieg, drücken wir uns oft vor aktivem Eingreifen, weil wir sonst die sozialen und finanziellen Folgen zu tragen hätten. Vor lauter Angst nehmen wir auch weiterhin nicht wahr, daß eine Veränderung notwendig wäre. Warum Veränderung? Weil für uns alle die Zeit reif ist, ganz zu werden. Unsere Welt braucht die Ganzheit eines jeden einzelnen in Gedanken, in Taten und in Frieden.

Selbst wenn wir persönlich am Wandel kein Interesse haben – er geschieht trotzdem. Dennoch ist es vielleicht ganz gut zu wissen, wie sich Wandel auf unser Leben auswirkt – und sei es nur, um zu überleben. Auf einer umfassenderen Ebene ist der Zustand unserer Welt eine Aufforderung an jeden einzelnen von uns, verantwortungsbewußt zu verstehen, wie gesunde und ungesunde Situationen sich durch die Dynamik des Wandels entwickeln. Unser Planet braucht unser aller Unterstützung, wenn er noch gerettet werden soll.

Kapitel II
Die Angst vor dem Wandel

Bevor wir mit der Lektüre dieses Buches fortfahren, sollten wir uns zuerst einmal fragen, warum wir es überhaupt gekauft haben und was die Begriffe ›Veränderung‹ bzw. ›Wandel‹ für uns bedeuten. Welche Erwartungen haben wir? Ist uns der Gedanke an Veränderung nicht gerade angenehm? Haben wir eine negative Vorstellung davon, was Veränderung mit sich bringt? Vielleicht bedeutet Wandel/Veränderung in unseren Augen Chaos. Die meisten unserer Vorstellungen von Veränderung beruhen auf dem, was wir gelernt haben. Einiges davon, wenn nicht sogar alles, könnte total einseitig gewesen sein.

Wenn wir uns die Chance für eine echte Veränderung geben wollen, lautet der erste Schritt: mehr Klarheit. Jeder hat seine eigene Wandlungsgeschichte; um in den Wandlungsprozeß einsteigen zu können, ist es sehr wichtig, zuallererst die Botschaften, die jede Veränderung mit sich bringt, genau anzuschauen und sie in einem neuen Licht zu betrachten.

Viele Leute glauben, daß durch Veränderung die Vergangenheit neu strukturiert wird, damit es in Zukunft besser läuft; genauso gut könnte man ein Haus wieder aufbauen – auf dem gleichen schlechten Fundament. Oft höre ich Sätze wie »Wenn ich alles nochmal machen müßte, würde ich es diesmal richtig machen«, oder »Wenn nur alles wie früher wäre, dann würde es schon gut gehen«.

Wandel ist nie gleich. Echter Wandel heißt, das Leben so zu akzeptieren, wie es gerade ist, nicht wie es früher war oder in Zukunft sein könnte. Wandel ist ein existientielles Geschehen, wie das Fließen eines Stromes. Wenn man in der Vergangenheit lebt, bewegt man sich gegen diesen Fluß. Auf der anderen Seite wird das Leben leichter, wenn man sich auf die Bewegung des Wandels einläßt. Können wir ein ›leichtes‹ Leben ertragen?

Obwohl bewußte Veränderung viele Vorteile mit sich bringt, haben wir oft Angst davor. Wenn wir verstehen, wie Furcht den Wandel beeinflußt, wird uns klar, warum wir auch weiterhin Angst haben.

Bewußte Öffnung für den Wandlungsprozeß ist sehr spannend. Viele von uns haben Angst vor diesem erregenden Gefühl, weil sich dann etwas in uns ›regt‹ und wir wirklich lebendig werden, und wenn das geschieht, werden alle unsere Gefühle, sowohl die schönen als auch die weniger schönen, sehr viel wirklicher. Auf energetischer Ebene bedeutet Angst Kontraktion. Diese Kontraktion, die den Energiefluß durch unseren Körper einschränkt oder ganz abschneidet, ist fast immer unterdrückte Erregung. Die Angst vor dieser Erregung ist teilweise der Grund dafür, daß wir uns nicht ganz auf die Veränderung einlassen wollen. Auf einer bestimmten Ebene wollen wir einfach nicht, daß das Leben anregend ist. Oft suchen wir die Erregung im Lärm, in der Glitzerwelt oder indem wir immer wieder etwas Neues anfangen. Physische und emotionale Erregung sind jedoch etwas ganz anderes, nämlich eine Erregung, die das Ganze belebt.

Wenn alles im Wandel ist, in Bewegung und immer im Prozeß, gibt es *nichts mehr, an dem wir uns festhalten können*, wenn wir uns ganz auf den Wandlungsprozeß einlassen. Diese Erkenntnis macht uns fürchterliche Angst, weil wir dann fast keine Kontrolle mehr über viele wichtige Prozesse im Leben haben, wie z.B. Geliebtwerden, Glücklichsein, im Frieden mit sich sein. Wir müssen einfach alles so nehmen, wie es ist. Die Erkenntnis, daß jede Veränderung ein Prozeß ist, führt dazu, daß wir uns fragen, wie wichtig das Festhalten an unserer Identität ist. Wenn sich alles im Prozeß befindet, dann sind auch wir, als psychische Egos, ständig dabei, uns und damit unsere Vorstellung von uns selbst zu verändern. Warum halte ich dann überhaupt an dem fest, was ich bin, warum verteidige ich es, wenn dieses ›Ich‹ sich immer wieder verändert? Im Fluß des Wandels zu sein heißt, daß jede persönliche und politische Verteidigungshaltung aufgegeben wird, da es keine feste Ganzheit gibt, die man verteidigen müßte. Stellen wir uns einmal vor, wir müßten eine Stadt verteidigen, deren Grenzen sich laufend ändern. Was verteidigen wir dann eigentlich, und wann? Das Gleiche gilt für ein sich wandelndes Ego. Auf der spirituellen Ebene ist es sogar noch sinnloser, ein Ego zu verteidigen, über das man aufgrund einer transpersonalen Bewußtheit laufend hinauswächst. Warum die Ego-Stadt verteidigen, wenn man sie eh verläßt?

Wandel als Lebensstil zu akzeptieren ist für uns ein Problem, weil all unsere unsicheren Vorstellungen über uns selbst in Frage gestellt werden. Eine dieser Vorstellungen ist die Illusion der Sicherheit. Wenn man Angst hat, kann man Veränderungen eigentlich nicht auf organische Art und Weise zulassen, weil man dann keine Kontrolle mehr hat (lateinisch: contra rotulus = gegen das Rad). Die Angst davor, mit dem Wandel zu »rollen«, bringt uns dazu, die Ergebnisse des Wandels zu manipulieren, um unsere Sicherheit zu gewährleisten. Warum haben wir vor allerkleinsten Veränderungen Angst, wenn wir tatsächlich so sicher sind? Warum werfen uns neue Bekanntschaften oder berufliche Herausforderungen aus der Bahn? Wie sicher können wir in uns selbst sein, wenn unsere Sicherheit auf so wackligen Beinen steht?

Ich hatte einmal eine Klientin, Ulla, die glaubte, daß es für sie sicherer sei, ein kleines Mädchen zu bleiben, als in die Welt hinauszugehen und dazu zu stehen, daß sie eine qualifizierte berufstätige Frau war. Wenn sie kam, saß sie immer weit weg von mir, um ja nicht physisch oder emotional berührt zu werden. Einmal bat ich sie, sich in die entfernteste Ecke zu setzen und sich eine Decke über den Kopf zu ziehen, um ihr Schutzbedürfnis zu unterstützen. Eine Viertelstunde lang saß sie so da, bis ihr bewußt wurde, wie ihr Schutzbedürfnis sich in ein Gefängnis verwandelt hatte. Ich fragte sie, wie sicher sie wäre, wenn ich plötzlich aufspringen und sie angreifen würde. »Überhaupt nicht!« antwortete sie in Panik.

An diesem Punkt warf sie die Decke weg und kam ein bißchen näher. Sie erkannte, daß ihre Angst vor Berührung eigentlich ein Verlangen nach Berührung war, das ganz schnell verdrängt wurde, weil es sich vielleicht zu gut angefühlt hätte. Um diese guten Gefühle, die sie ja wieder hätte verlieren können, zu vermeiden, verleugnete sie ihr Bedürfnis nach Berührung ganz und hielt sie so ganz von sich fern. Diese Ablehnung wurde schließlich zur Berührungsangst und hatte zur Folge, daß sie sich von allen anderen distanzierte. Ihr Bedürnis, den Kontakt zu kontrollieren, wurde zu einem Schutz vor ihren eigenen Gefühlen.

Da wir keine sinnvolle Kontrolle über den Wandel haben, versuchen wir statt dessen oft, Wandel auf den Wahrnehmungsebenen zu kontrollieren; wir spielen entweder ›unbewußt‹ und reagieren verwirrt und gespalten oder sind übermäßig fokussiert und linear. Diese Tricks hindern die natürliche Energiebewegung daran, uns direkt zu zeigen, wie, wo und wann und auf welche Art sinnvoller Wandel stattfindet. Wir reduzieren die Intensität des Wandels auf ein Minimum und lenken seine Richtung auf oberflächlichere Ebenen. Dadurch kommt es zwangsläufig dazu, daß die bedeutenderen Wandlungsprozesse sich einen direkten Weg suchen – in Form von Krankheit, Unfällen etc. Essentieller Wandel ist wie ein Anker im Meer, der unsere Boje oberflächlichen Wandels auf dem Grund fest verankert (siehe Abb. 1). Egal wie sehr wir an der Boje hängen, sie hält uns immer in Kontakt mit dem essentiellen Wandel; wir können ihm nicht entgehen. Entweder öffnen wir uns der direkten Kommunikation mit ihm und werden Teil des Wandlungsstromes, oder wir müssen mit den Problemen leben, die unsere Indirektheit schafft.

Oft manipulieren wir bestimmte Prozesse in unserem Leben, wie z.B. Emotionen, weil wir dann das Gefühl haben, wir hätten alles unter Kontrolle. Zurückgehaltene gesunde Aggression bricht oft aus, beispielsweise als Wut, und schäumt dann über wie eine Flasche Champagner. Die Kontrolle darüber, wie der Wandel zu geschehen hat, reduziert unsere Spontaneität, Klarheit und Stärke; statt dessen werden wir impulsiv, verfallen in starre Denkmuster und werden rücksichtslos.

Im täglichen Leben kontrollieren wir den Wandel auf subtile Weise, indem wir uns eine Welt schaffen, die nur eine Ansammlung von leblosen Dingen ist. Der liebende Partner wird zum Objekt, Emotionen haben keine Bedeutung, und unser Selbstwert wird durch unser neues Auto symbolisiert. Alles wird an Kategorien und Preisen bemessen. Dieses Leben in einer Welt der Objekte ermöglicht es uns, den Konfrontationen, die das Leben im lebendigen Wandel mit sich bringt, aus dem Weg zu gehen. Wir identifizieren uns mit diesen Dingen und haben Angst, sie zu verlieren, denn sie sind wir. Nach einer Weile glauben wir schließlich, daß dieses Getrenntsein von den natürlichen Kreisläufen des Wandels normal ist, was dazu führt, daß wir gesunden Wandel als einen fremdartigen Prozess erleben. Da wir mit gesundem Wandel oft nur wenig Erfahrung haben und es in unserer Außenwelt auch nur sehr wenige Vorbilder für Gesundheit gibt, stellen wir diese unsere objektorientierte Welt auch gar nicht in Frage.

Menschen, die kontrollieren, werden rigide. Ihre Körper sind zwar oft gut proportioniert, aber steif. Rigide Menschen leben in der physischen Schale ihres Körpers, den sie nicht genießen kön-

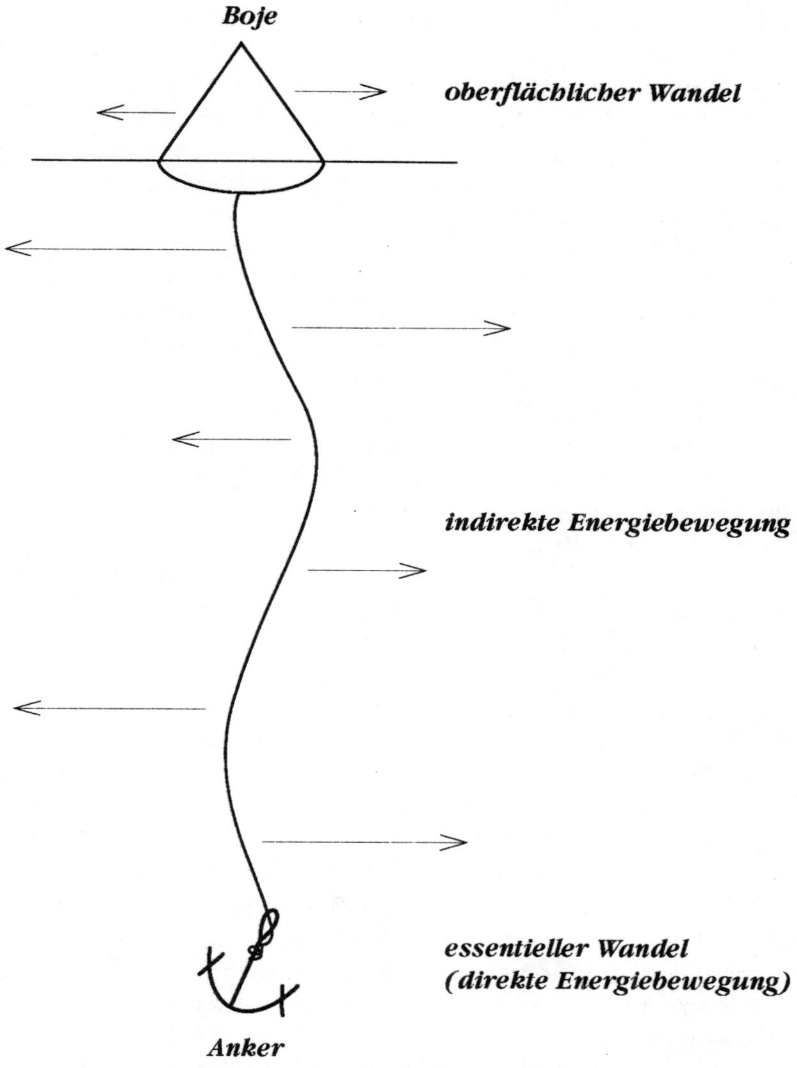

Abb. 1: *Essentieller/oberflächlicher Wandel*

nen, weil sie nicht sehr viel spüren. Sie haben eine tiefsitzende Angst, die allerdings oft nicht bewußt erfahren wird. Wenn sie in einer Körpertherapie beginnen, ihre Emotionen auszudrücken, wird diese Angst sehr deutlich. Solche Menschen befürchten, daß jede erlebte Emotion ihre Vorstellung von Stabilität zerschmettern könnte.

Vor kurzem kam ein Mann, Herbert, zu mir, um Körperarbeit zu machen. Nachdem wir uns einige Zeit unterhalten hatten, ließ ich ihn aufstehen und die Augen schließen. Sein Körper war so steif, wie ich es noch nie gesehen hatte, es war ein Wunder, daß er sich körperlich überhaupt betätigen konnte, denn er war unglaublich unflexibel. Im Gegensatz zu den meisten anderen Psychotherapieformen zeigt die ›Life Energy Therapy‹ (L.E.T.) in solchen Fällen sehr schnell Erfolg, da hier nicht versucht wird, den Gefühlspanzer der zu sehr angespannten Muskeln zu durchbrechen. Statt dessen ›spielen‹ wir auf dem Körper wie auf einer Gitarrensaite, indem wir leichte Bewegungswellen über den verspannten Muskel schicken. Dieser Prozeß geht sogar umso leichter, je verspannter der Körper ist.* Ich nahm einen leichten physischen Kontakt mit Herbert auf, um ihn nicht zu sehr zu erschrecken und half ihm dann, seinen Energiefluß zu öffnen. Nach etwa zehn Minuten fing er an zu vibrieren. Diese Vibrationen senden Lebensenergie durch den Körper und lockern allmählich alle Anspannungen in den Muskeln und im Gewebe. Ich fragte Herbert, was er denn fühle. Er sagte: »Ich fühle gar nichts.« »Spürst du denn nicht, wie dein Körper vibriert?« fragte ich ihn ganz überrascht. »Nein«, antwortete er. Ich bat ihn, die Augen zu öffnen und seine Beine anzuschauen. »Du lieber Himmel, meine Beine zittern ja!« sagte er ganz erstaunt.

Dem ungeübten Auge erscheinen rigide Menschen als erfolgreiche Bürger; sie sind selten krank und stellen eine Art Stärke zur Schau, die mit allem fertig wird. In Wirklichkeit steckt hinter dieser Rigidität die Angst vor der eigenen Schwäche; sie ist ein Schutzwall, der früher oder später von der fließenden Qualität des Wandels untergraben wird. Kontrollierte Menschen haben buchstäblich eine Heidenangst vor dem Prozeß, da ihnen diese Kontrolle entgleitet. Wenn rigide ältere Menschen sich dann doch einmal im Krankenhaus einer ernsthaften Operation unterziehen müssen, heilen sie oft nicht gut. Viele sterben sogar danach, so als ob das Zulassen von Wandel in einem rigiden System auf einer tieferen Ebene ein Loslassen erzwingt. Tod ist das letztendliche Loslassen des Körpers.

* Näheres siehe Sabetti, Stèphano: Lebensenergie, Bern, München, Wien 1985.

In Fällen von starker Kontrolle können rigide Menschen nicht einmal die kleinste Veränderung zulassen, weil jede unkontrollierte Bewegung theoretisch die Struktur des Lebens, wie sie es kennen, zerstören würde. Es ist bestimmt kein Zufall, daß rigide Menschen Herzprobleme und andere, auf Streß zurückzuführende Krankheiten bekommen. Wie schlimm muß es für einen lebendigen Körper sein, seine eigene Lebenskraft zurückzuhalten und kein Ventil zu haben. Nach einiger Zeit wird die Belastung zuviel und ein Teil in uns bricht zusammen.

Die Illusion, die hinter dem Versuch steht, den Wandel zu kontrollieren, ist die Vorstellung, daß es so etwas wie Nicht-Wandel gibt. Zum Glück geht der Wandel trotz unserer dummen Versuche, ›den starken Mann‹ (die starke Frau) zu spielen, unbehelligt weiter. Wir können nur entscheiden, ob Wandel gesund ist, also die Ganzheit bewahrt, oder ungesund ist, d.h. uns krank macht; das hängt ganz davon ab, wie wir damit umgehen. Sogar der Versuch, den Status quo aufrechtzuerhalten, führt zu ungesundem Wandel. Eine neutrale Haltung dem Wandel gegenüber blockiert die Bewegung und ist deshalb ungesund.

Manche von uns behalten den Status quo bei, weil sie Angst vor dem ›großen Unbekannten‹ haben. Oft beruht diese Furcht auf einer allgemeinen Angst, die auf pränatale, natale oder frühkindliche Traumata zurückgeht. Manchmal ist es schwierig, für diese Angst einen bestimmten Grund zu finden, was natürlich eine traditionelle Psychotherapie erschwert. Bei L.E.T. muß der genaue Grund für die Angst nicht identifiziert werden. Wenn das Energiesystem als Ganzes geöffnet wird und sowohl somatische als auch psychische Energiemanifestationen gleichzeitig ausgedrückt werden können, wird auch diese allgemeine Angst losgelassen, so wie ein fließendes Gewässer lose Trümmer in seiner Bewegung mit sich nimmt.

Obwohl wir nicht zu wissen glauben, was Wandel mit sich bringt, ist es genau unser Wissen über den Wandel, das uns erschreckt. Aufgrund meiner Forschungsarbeit bin ich zu der Auffassung gelangt, daß wir auf einer grundlegenden Bewußtseinsebene alle wissen, wie Wandel unser Leben beeinflußt. Wir würden dieses Wissen gerne abstreiten, weil wir die Konsequenzen nicht akzeptieren wollen. Wir möchten ›unbewußt‹ spielen, weil die Tatsache, daß wir etwas über den Wandel und seine Beziehung zur Ganzheit wissen, auch bedeutet, daß wir angesichts unserer Schwierigkeiten nicht länger verwirrt und hilflos reagieren können. Wir müßten der Tatsache ins Auge schauen, daß wir uns nicht ändern wollen, und diese Schlußfolgerung gefällt uns gar nicht.

Wir hören oft den Spruch, daß Erfahrung ein harter Lehrmeister ist. Manche von uns lernen aber leider aufgrund familiärer, finanzieller oder persönlicher Bedingungen nicht sehr viel direkt vom Leben. Irgendwie schützen wir uns vor der Welt des Wandel, so daß immer etwas Ernsthaftes dazwischen kommt, wenn er vor der Tür steht. Wir haben fast nie eine Erfahrung gemacht, die uns zeigt, wie persönlicher Wandel aussehen könnte, und noch viel weniger, wie erfolgreicher Wandel vor sich geht. Es fällt uns schwer, persönliches Wachstum als einen wesentlichen Teil des Lebens zu sehen. Viel leichter ist es, weiterhin das zu tun, was anscheinend funktioniert hat, besonders wenn es nicht mit allzu viel Unannehmlichkeiten verbunden ist. Leider übersehen wir, daß wir damit einen Energiestillstand unterstützen. Sind wir vom Wandlungsprozeß isoliert, werden wir schließlich von fast allen Emotionen abgeschnitten und werden unglücklich. Manchmal müssen wir erst einen emotionalen und nervlichen Zusammenbruch, physische Beeinträchtigungen oder existentielle Isolationsängste erleiden, um diese harte Lektion zu lernen – und das in unserer Welt des Überflusses.

Andere wiederum haben einige Erfahrungen mit dem Wandel gemacht, sogar ziemlich positive Wachstumssituationen erlebt, und trotzdem schränken sie ihre Entwicklungsmöglichkeiten ein, sobald Schwierigkeiten auftauchen. Wenn wir gestreßt sind, geben wir leicht auf. Oft schaffen wir sogar diesen Streß genau deshalb, damit wir ›zusammenklappen‹ und uns darüber beklagen können, wie schwer das Leben ist.

Ein Großteil unserer Angst vor dem Wandel zeigt sich in einem niedrigen Energieniveau und allgemeiner Müdigkeit. Im Extremfall führt dies in die Depression. Energetisch gesprochen, entwickelt sich Müdigkeit, wenn wir uns nicht hingeben wollen.* Nichts scheint mehr interessant zu sein; wir tun alles nur halbherzig und

* Müdigkeit kann auch medizinische Ursachen haben, wie z.B. Proteinmangel, niedriger Blutdruck etc., wobei dies allerdings auch eine psychologische Komponente haben kann.

rechnen fast immer damit, daß wir versagen. Wir wollen den Erfolg gar nicht, weil wir uns dann vor dem Wandel nicht mehr drücken könnten.

Der Angst vor dem Wandel liegt eine Trennung vom natürlichen Fluß des Lebens zugrunde. Sogar die Frage nach dem ›Warum‹ des Wandels hat nur Bedeutung, wenn wir nicht im Wandlungsprozeß sind. Wenn wir Lust empfinden oder unsere Wut ganz und gar spüren, fragen wir nicht: »Empfinde ich Lust?« oder »Bin ich wütend?« Wenn man sich ganz mit seinen Gefühlen identifiziert, kommt keine Frage mehr auf. Viele von uns kommen nicht einmal so weit. Lieber bleiben wir unter Kontrolle, als daß wir uns dem größeren Fluß der Energiebewegung überlassen. Oft erkennen wir anscheinend nicht, daß unser persönliches und kollektives Abbremsen und Modifizieren des Wandlungsflusses der Grund für die Probleme unserer modernen Welt sind.

Kapitel III
Was ist Wandel?

Viele von uns reden darüber, wie nötig Veränderung ist, kommen aber nie an diesen Punkt. Andere fangen an, ihr Leben zu verändern, ohne eine klare Vorstellung davon zu haben, wohin sie gehen und warum. Wieder andere behaupten, sie wären im Wandlungsprozeß, aber anscheinend verändert sich nur sehr wenig. Machen wir uns alle etwas vor? Die Antwort lautet: ja und nein. Wie ich schon vorher erwähnt habe, haben viele von uns Angst vor den Folgen der Entwicklung und wollen deshalb eigentlich nichts ändern. Dann wieder wollen wir keinen Wandel, weil uns nicht klar ist, was das überhaupt ist. Nicht jeder Wandel ist ein Wachstum. Es gibt einen Wandel, der unser Leben nur oberflächlich ein wenig verändert, und einen Wandel, der psychische, spirituelle und soziale Entwicklung fördert. Um diese unterschiedlichen Arten von Wandel unterscheiden zu können, müssen wir die Natur des Wandels selbst begreifen.

Wandel ist der fundamentale Prozeß des Lebens, das lebensnotwendige Prinzip, das jeder Existenz zugrunde liegt. Es ist der Wandel, der alle Formen und Bewegungen unserer Welt möglich macht, vom kleinsten Partikel bis zur größten Konstellation. Gäbe es keinen Wandel, würde alles, was wir kennen, aufhören zu extistieren. Als fundamentales Bewegungsprinzip ermöglicht es der Wandel, eigentlich voneinander getrennte Ereignisse in einen Zusammenhang miteinander zu bringen, sowohl Situationen mit ähnlichen als auch mit unterschiedlichen Qualitäten. Dieses Beziehungsgeflecht zwischen Ereignissen und Situationen auf allen Ebenen schafft Kontinuität und eine Konsistenz der Bewegungen, was ein Fließen des Wandels zur Folge hat. Wandel ist auch das Produkt seiner eigenen Aktivität, so wie das Absterben und die Erneuerung von Körperzellen sowohl der Lebensprozeß als auch die Folge dieser lebenserhaltenden Funktionen sind.

Wandel ist die zeitliche Bewegung von dem, was war, zu dem, was ist. Er ist ein dauerndes Wechseln und Wiedereinpassen von winzigen Prozessen, hin zu Harmonie und Wachstum. Das Vehikel für diesen Fluß ist in meinen Augen die Lebensenergie, eine vitale Kraft, die alles in Bewegung bringt.* Was sich genau ändert und wie es sich ändert, hängt vom jeweiligen Bewußtseinsgrad ab, welcher wiederum der relative Grad unserer Ganzheit ist. Wandel, Energie und Bewußtsein sind so eng miteinander verbunden, daß man sie fast als Synonyme im Dienst der Ganzheit betrachten kann. Wandel ist der Ganzheitsprozeß; Energie ist das Ganzheitsmedium; und Bewußtsein ist die Qualität dieser Ganzheit.

Das Tao des Wandels: Yin und Yang

Das chinesische I-Ging oder Tao bedeutet ›Pfad‹ oder ›Weg‹ und drückt das ewige Gleichgewicht zwischen komplementären Yin- und Yang-Polaritäten aus. Wandel und Transformation sind das Ergebnis des Wechselspiels von Yin und Yang. Das ›I‹ in I-Ging bedeutet sowohl Wandel als auch Ruhe oder Gelassenheit, Einfachheit und Unbeweglichkeit. ›I‹ ist auch austauschbar gegen Tao, da sich Tao auf die ganze Gestalt von Wandel, Evolution, Spontaneität und Lebensstil bezieht. Die Yang-Bewegung im Wandlungsprozeß wird oft mit dem Öffnen einer Tür verglichen, während der Yin-Aspekt dem Schließen dieser Tür ähnelt. Wandel kann man als das ewige ›Öffnen und Schließen der Tür‹ verstehen, als den Fluß der Energie. Wenn die Tür zu lange offensteht, findet zu viel Wandel statt, ist sie zu lange geschlossen, zu wenig. In beiden Fällen wird die Ganzheit nicht unterstützt. Das Tao des Wandels ist die angemessene Menge und Qualität von Wandel in jeder Situation und in jedem Augenblick. Das Verhältnis von Öffnen und Schließen muß entsprechend der ganzen Gestalt von miteinander wirkenden Kräften zu einem bestimmten Zeitpunkt variieren. Was heute vielleicht zu viel Yang ist, ist morgen zu viel Yin und umgekehrt.

Die polare Aktivität von Yin und Yang wird durch das Wu-Gi-Symbol dargestellt.

Jede Polarität wird in ihrem komplementären Teil als Punkt innerhalb des größeren Ganzen dargestellt. So hat also jeder Yin-Prozeß auch ein Yang-Element und umgekehrt. Keine der beiden Polaritäten existiert unabhängig oder isoliert von der anderen.

* Näheres in Sabetti, Stphano: Lebensenergie, Bern, München, Wien 1985.

Abb. 2.: *Das Wu-Gi-Symbol für Yin und Yang*

Wandel ist die ewige Bewegung zwischen diesen beiden Polaritäten, von denen keine die andere ausschließt, auch wenn eine davon zu bestimmten Zeiten dominieren kann, so wie Ebbe und Flut sich gegenseitig ergänzen und vervollständigen.

Alles im physischen Kosmos kann einem dieser beiden lebendigen Aspekte der Lebensenergie zugeordnet werden. Manches ist eher Yang, z.B. Gebäude, andere, wie Wasser, sind fast ganz und gar Yin. Wieder andere Dinge wechseln von Yin nach Yang und umgekehrt, so wie wir uns mit den Jahres- und Tageszeiten und im Ausdruck unserer männlichen und weiblichen Aspekte verändern.

Wenn die konstante Fluktuation der Energieladung im Wandlungsprozeß nicht gestört wird, schafft sie einen Rhythmus polarisierter Bewegung, ohne den Wandel krankmacht. Viele Menschen können nicht lieben oder sich lieben lassen und stören dadurch diesen Wandlungsrhythmus. Da Liebe den Körper auflädt, führt die Ablehnung der Liebe möglicherweise zu Depressionen oder in manchen Fällen sogar zu einem niedrigen Blutdruck. Andere werden wütend, weil sie nicht genug Liebe bekommen und geraten in einen Zustand der körperlichen Über-Ladung, was leicht zu impulsiven Ausbrüchen und Herzanfällen führen kann.

Jeder Wandlungsprozeß hat einen bestimmten, einzigartigen Rhythmus. Jede politische, persönliche, soziale und spirituelle Veränderung hat ihre Höhen und Tiefen, die sich komplementär ergänzen müssen, um einen harmonischen Rhythmus zu erhalten. Jeder Wandlungsprozeß hat einen Yang-Gipfel mit einer mächtigen Ladung und ein Yin-Tal energetischer Ent-Ladung.

Diesen Wandlungsrhythmus müssen wir in jeder gegebenen Situation verstehen und berücksichtigen. Dies wird uns helfen, die schwierigen Tiefpunkte zu überstehen und die Höhepunkte auf einem realistischen Niveau zu halten.

Allgemein kann man sagen, daß unsere industriellen Kräfte zu viel Yang enthalten, was man als Yang-Yang verstehen kann. Sie haben sich so schnell und mit so wenig Rücksicht auf die Umwelt verbreitet, daß die Umweltverschmutzung überall zu sehen, zu riechen und zu schmecken ist. Industrielles Wachstum ist zu einem wildwuchernden Krebsgeschwür geworden, das außer Kontrolle geraten ist und verzweifelt nach Grenzen sucht. Allzu oft tun wir zu viel, machen zuviel Druck und treiben uns mit unserem Willen bis an die Grenze; dadurch wird die Yang-Energie zu mächtig. Im Körper zeigt sich diese Grenze als Krankheit, Kollaps, Herzanfall oder Tod.

Wandel und Konstanz

Im Tao des Wandels wird die Yang-Tendenz zur Ausdehnung von der Yin-Tendenz zum Zusammenziehen aufgehalten. Als dynamischer Prozeß ist Wandel eher Yang und ausdehnend als zusammenziehend. Auf einer umfassenderen Ebene wird diese Expansion in einem Prozeß aufgefangen, den ich Konstanz (Beständigkeit) nenne (siehe Abb. 3). Unter Konstanz verstehe ich die Energietendenz zum Gleichbleiben, die der Veränderung entgegenwirkt. Diese Tendenz ist eine Manifestation des Absoluten, Unwandelbaren. So drückt Wandel also die dauernde Bewegung und Veränderung von allem Relativen aus, während Konstanz die ewige Stabilität des Absoluten aufrechterhält.

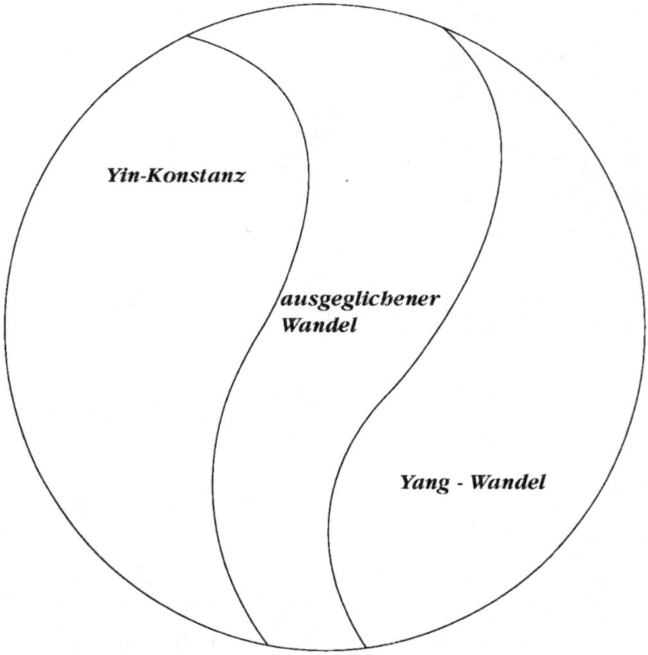

Abb. 3: *Wandel und Konstanz*

Wandel wird durch Konstanz zurückgehalten und Konstanz durch den Wandel stimuliert. Wenn wir in einem Diagramm die Yang-Bewegung durch einen vertikalen Vektor oder Pfeil aufwärts darstellen, entspricht Konstanz einem Yin-Pfeil nach unten (siehe Abb. 4). Da die Lebensenergie von Natur aus nicht-linear ist, kann man ausgeglichenen Wandel genauer als runde Bewegung nach oben und runde Bewegung nach unten beschreiben; beide beeinflussen sich gegenseitig.

Wandel und Konstanz sind zwei Energieprozesse, die sich auf allen Energieebenen manifestieren, z.B. im vegetativem Nervensystem als Sympathikus und Parasympathikus oder auch – in der Politik – liberale und konservative Parteien. Diese Polaritäten existieren in einem unendlichen Gleichgewichts-Kontinuum und ergänzen sich gegenseitig in jeder Aktivität. Alle Systeme im Universum arbeiten nach dem gleichen Prinzip: Bewegung und Trägheit in der Physik oder Hausse und Baisse an der Börse. Wird einer der beiden Prozesse überbetont, entsteht ein Energie-Un-

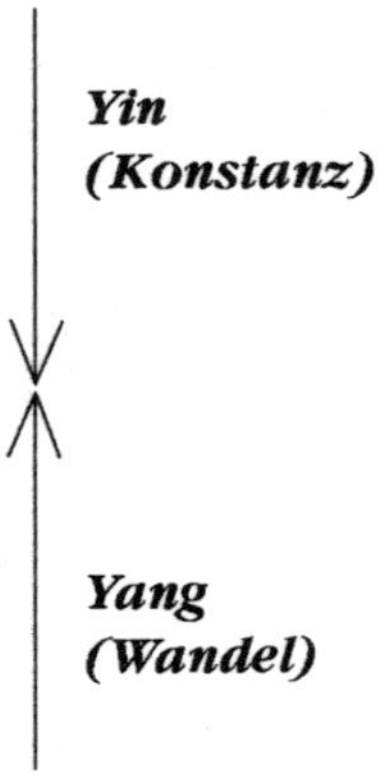

Abb. 4:
Lineare Energiebewegung

Abb. 5: *Dynamische Energiebewegung*

gleichgewicht. Dominiert die Konstanz, geht alles auf einen Stillstand zu. Überwiegt dagegen der Wandlungsprozeß, entsteht leicht Chaos, auf nichts kann man sich dann mehr verlassen. Die fast dreißigjährige Chaos-Forschung amerikanischer Physiker hat jedoch gezeigt, daß Chaos eine nicht genau bestimmbare Ordnung aufweist. Entgegen der allgemein verbreiteten Vorstellung von Chaos oder Unordnung zeigt auch die willkürliche Bewegung von Wandlungssystemen, z.B. Wetter, wirtschaftliche Trends etc., daß das Chaos sowohl Wandlungs- als auch Konstanzqualitäten hat.

Der Schlüssel zu einem ganzheitlichen Leben liegt im dynamischem Gleichgewicht von Wandel und Konstanz, das zu ausgeglichenem Wandel führt. In der Biologie wird dieses Gleichgewicht Homöostase genannt, in der Psychologie geistige Gesundheit, in der Akupunktur ein ausgeglichenes Qi. Dieses Gleichgewicht zwischen Wandel und Konstanz bewahrt uns z.B. trotz des dauernden Austausches von Blut, Gewebe etc. unseren Sinn für uns selbst, unser Identitätsgefühl. Ganzheit drückt sich in einer ausgeglichenen Interaktion zwischen den Fluktuationen der Außenwelt und der Stabilität unserer Innenwelt aus. Wir können keinen klaren Sinn für den Wandel haben, wenn unsere Innenwelt instabil ist. Wir werden zur Instabilität, zu einem ungesunden Durcheinander von Energieprozessen. Das heißt allerdings nicht, daß unsere Innenwelt keinen Wandel kennt oder die Außenwelt keine Stabilität. Jede Sphäre besitzt sowohl Elemente des Wandels als auch der Stabilität, so wie alles Yin- und Yang-Komponenten aufweist. Wandel in der Innenwelt führt zur Evolution; Konstanz in den Außenbereichen ist ein Ausdruck von Stabilität, die uns das Gefühl vermittelt, daß wir uns auch auf etwas verlassen können. Wir haben ein höheres Wandlungspotential als beispielsweise ein Gebäude mit seinem relativ hohen Konstanzanteil; deshalb können wir Schmerz erleiden und uns psychologisch und spirituell entwickeln. Wenn ausgeglichener Wandel stattfindet, haben wir ein optimales Verhältnis dieser beiden Polaritäten.

Wird dieses optimale Verhältnis unterschritten, sind Krankheit oder Hypofunktionen die Folge, bei einem zu hohen Anteil entstehen Hyperfunktionen. Krebs beispielsweise wird durch das Zurückhalten von Emotionen gefördert, was zu einem unnatürlichen Maß an Stabilität (Rigidität) und zu einem Stillstand des Energieflusses führt. Die Folge ist eine Krise, in der der natürliche Wandlungsprozeß daran gehindert wird, sich in spontanen Gefühlen auszudrücken. Sucht man nach einem Ventil, bricht der Wandel aus seinem Gefängis aus, aber in einem Maße, das sich disproportional zu einer gesunden Stabilität verhält. Diese Hyperfunktion führt zu einer Überaktivität der Zellen und schließlich – in dem Versuch, ein Gleichgewicht zu finden – zum Energiechaos.

Krebs ist eigentlich sowohl ein Prozeß als auch das Ergebnis exzessiver Stabilität (Hypofunktion) und exzessiven Wandels (Hyperfunktion).*

Das richtige ›Timing‹

Der richtige Zeitpunkt für einen Wandlungsprozeß spielt für das Gleichgewicht eine wichtige Rolle. Bei all den Wandlungsschwankungen muß man wissen, wo, wann und wie man auf die vielen unterschiedlichen Botschaften des Wandels reagieren muß. Nach

* Ganzheitliche Ansätze werden in Zukunft in der Krebsforschung darauf hinarbeiten müssen, den Energieausdruck jedes einzelnen ins Gleichgewicht zu bringen. Chemotherapie und Chirurgie werden dann nur noch die letzte Zuflucht sein.

meiner Erfahrung hat jeder von uns einen eingebauten Sinn für das richtige Timing, wenn wir unsere Körper als Energie-Barometer zu nutzen wissen. Leider sind nur wenige emotional offen genug, den Körper auf eine große Bandbreite von Gefühlen reagieren zu lassen. Dadurch reduzieren wir auch diese feinere Sensibilität für die Rhythmen des Wandels auf ein Minimum.

Ich arbeite oft als Berater für Energiedynamik in Organisationen; diese Arbeit beruht auf den von mir unter dem Namen ›Organetics‹ entwickelten organisationsdynamischen Energieprinzipien und -konzepten. Ich erinnere mich noch gut, wie ich einmal zehn leitende Angestellte aus dem oberen Management einer großen Firma trainierte; viele von diesen sehr erfolgreichen Männern bzw. Frauen hatten Angst vor ihren Emotionen. Es war interessant zu beobachten, daß trotz ihrer wichtigen Positionen nur sehr wenige von ihnen ein wirklich gutes Gespür für das richtige Wandlungs-Timing hatten.

Nachdem ich über einen Zeitraum von vier Monaten regelmäßig mit ihnen an Energiekonzepten und -erfahrungen gearbeitet hatte, z.B. dem ›Time-Sensing‹ (›Zeit-Gespür‹), waren sie in der Lage, das Gelernte an ihre Mitarbeiter weiterzugeben. Den Rhythmus des Wandels kann man eigentlich nicht lehren – man denke nur einmal an Tanzkurse – aber wir alle können ihn in uns wiederentdecken. Richtet man seine Aufmerksamkeit auf die Prinzipien und Prozesse effektiven Wandels, kann man bewußter und ›ganzer‹ werden. Je stärker wir mit der Ganzheit verbunden sind, die uns Wissen über den Wandel aus absoluter bzw. relativer Perspektive und über die expansiven bzw. kontraktiven Kräfte vermittelt, desto mehr können wir wachsen.

Innerer und äusserer Wandel

Wenn die komplementären Aspekte der Konstanz und des Wandels oder von Yin- und Yang-Manifestationen zusammenkommen, entsteht eine Art Whirlpool, aus dem ausgeglichener Wandel hervorgeht (siehe Abb. 6a). Im Körper wird diese Vereinigung in nicht-körperlichen Zentren, den Chakren, erfahren, die unterschiedliche Yin- und Yang-Anteile haben. Die Chakren im oberen Teil des Körpers, z.B. im Hals, haben eher Yin-Qualität, die niedrigeren Chakren, z.B. das Wurzelchakra im Becken, sind mehr Yang. Für unsere Beziehung zur Welt spielt das Chakra im Bauch, im Japanischen Hara genannt, eine wichtige Rolle.

Aus diesem Wirbel innerer Aktivität geht äußerer Wandel hervor (siehe Abb. 6b). Der äußere Wandel wiederum schafft Energieformen, die diese inneren Wandlungen reflektieren, und verstärkt so unseren inneren Prozeß. Das geschieht z.B. dann, wenn aus der Liebe zwischen einem Mann und einer Frau ein Kind hervorgeht, das diese Liebe zurückstrahlt. Genauso sind Kinder, die ihren Eltern Probleme zurückgeben, oft psychische und physische Spiegel einiger oder sogar vieler Aspekte der elterlichen Beziehung.

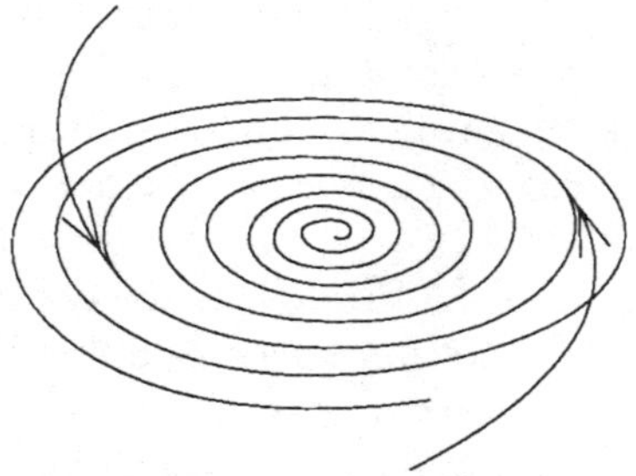

Abb. 6a: *Innerer Wandel*

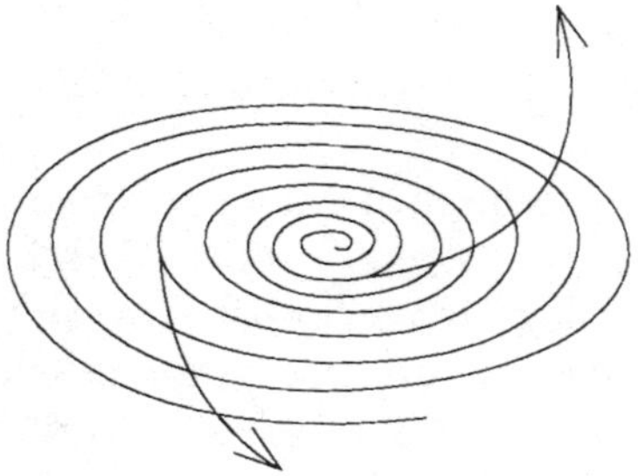

Abb. 6b: *Äußerer Wandel*

Es hängt ganz von unserer Perspektive ab, was wir als inneren oder äußeren Wandel bezeichnen. Ist ein Wandel außerhalb unserer inneren Sphäre, erleben wir ihn als äußeren Wandel. Wenn jedoch die Grenze zwischen unseren inneren und äußeren Bereichen diese anscheinend unterschiedlichen Aspekte nicht mehr trennt, wird der innere Bereich automatisch der äußere und umgekehrt. Dies ist die tiefe Bedeutung der alten hermetischen Weisheit ›Wie innen, so außen‹.

Stellen wir uns vor, wir stehen vor einem Schaufenster. Für unseren Körper ist alles im Geschäft etwas Äußeres und wird deshalb auch so erlebt – besonders wenn wir das, was im Schaufenster ist, gerne haben möchten, es uns aber nicht leisten können. Dann gehen wir in den Laden hinein; jetzt sind der Laden und die Artikel unserer inneren Welt schon näher. Die im Geschäft angebotenen Objekte sind zwar immer noch außerhalb unseres Körpers, aber wir können sie jetzt berühren und nach ihrem Preis fragen – das bringt sie uns näher, wir entwickeln eine innere Verbindung zu ihnen. Schauen wir jetzt zum Fenster hinaus, ist alles auf der Straße außen und damit für uns etwas Äußeres. Dieses Beispiel zeigt, daß innere und äußere Perspektiven sehr relativ sind und sich laufend verändern.

Aus spiritueller Sicht ist innerer Wandel einfach der Energiefluß zu und um unseren spirituellen Kern, während äußerer Wandel jede Aktivität ist, die von diesem Kern weggeht, aber nicht von ihm getrennt ist. So sind also innerer und äußerer Wandel unterschiedliche Orientierungen, obwohl sie, wenn wir ganz bewußt sind, sowohl durch ihre Verbindung mit unserem Geist als auch durch den Fluß der Lebensenergie miteinander in Beziehung stehen. Wenn der Wandel wirklich ganzheitlich ist, steht die innere Bewegung des Energieflusses in direkter Beziehung zu seinem äußeren Ausdruck.

Auf den höheren Bewußtseinsebenen gibt es keine Unterscheidung zwischen innerem und äußerem Wandel, da in diesen Bereichen die Ganzheit keine Polaritäten mehr hat. Innerer und äußerer Wandel werden zu zwei Manifestationen ein und desselben Prozesses, den wir Bewußtsein nennen. Auf niedrigeren Bewußtseinsebenen, z.B. in der physischen Welt, wird innerer Wandel ohne äußeren Ausdruck zu festgehaltener Energie und führt schließlich zur Blockade. Auf der anderen Seite wird äußerer Wandel ohne inneren Bezug zur Ganzheit zu einem Wandel um des Wandels willen. Wenn die Unterscheidung zwischen innerem und äußerem Wandel so vom Bewußtsein abhängt, ist es dann überhaupt noch wichtig, über unterschiedliche innere und äußere Wandlungen zu sprechen? O ja! Fast jeder uns bekannte Wandlungsprozeß findet auf den niedrigeren Energieebenen statt, wo diese beiden Polaritäten noch vorhanden sind, und deshalb ist es ganz gut, etwas darüber zu wissen.

Innerer Wandel bezieht sich sowohl auf die innere Richtung der Energiebewegung als auch auf die persönliche Entwicklung, die daraufhin stattfindet. Auf der Ebene der Wahrnehmung kann innerer Wandel als das Schließen der Tür vor äußeren Störungen und das Öffnen für die subtilen Energiebewegungen in uns wahrgenommen werden. Äußerer Wandel dagegen ist die Abänderung und Modifizierung von Objekten und/oder Umständen um uns herum. Äußerer Wandel kann auch als das Öffnen der Tür auf der Wahrnehmungsebene für die Außenwelt und das Schließen der Tür zu unserer isolierten Selbstbezogenheit verstanden werden. Das Konzept des Öffnens und Schließens der Wahrnehmung ist nur dann von Bedeutung, wenn unsere Art und Weise, die Welt zu spüren, nicht in unser Verhalten bzw. unser Sein integriert ist. Ist dies nämlich der Fall, spüren, fühlen und handeln wir in einem einzigen System ohne Trennungen. Das Öffnen unseres Bewußtseins ist also sowohl eine innere Bereitschaft zu wachsen als auch eine äußere Wachheit, durch die wir mit den Botschaften des Wandels in uns und in der Welt in Verbindung bleiben. Je mehr wir ganz sind, desto mehr Botschaften innerer und äußerer Integration nehmen wir wahr.

Genauso findet umso mehr innerer Wandel statt, je mehr wir unsere Aufmerksamkeit nach innen richten. Nach meiner Erfahrung ist die Intensität der Energie, die wir in eine bestimmte Sache oder in eine bestimmte Richtung investieren, umso höher, je mehr wir unsere Aufmerksamkeit darauf konzentrieren. Deshalb wird innerer Wandel umso mehr gefördert, je länger und intensiver wir uns auf ihn fokussieren können. Wenn wir sagen, daß wir Energie auf den inneren Wandel richten, heißt das nicht, daß dadurch äußere Ereignisse oder Prozesse ausgeschlossen sind. Innerer Wandel schließt äußeren Wandel genauso wenig aus wie umgekehrt. Von ihrer Ausrichtung her sind innerer und äußerer Wandel zwar unterschiedlich, wenn auch nicht getrennt; dies gilt jedoch nicht für ihre gegenseitige Wirkung.

Viele Leute beschäftigen sich in der Anfangsphase ihrer spirituellen Entwicklung so intensiv mit ihrem inneren Leben, daß sie die

Außenwelt mit ihrer Verantwortung und ihrem Wissen vergessen. Fast alle Menschen können die Außenwelt nur ganz kurzfristig ausschließen. Sie können für eine Weile ihre Miete vergessen, aber wenn sie vor einer Zwangsräumung stehen, bleibt ihnen nichts anderes übrig, als sich wieder mit der Außenwelt zu konfrontieren. Wir können auch unseren Partner für eine Weile vernachlässigen, aber dann wird er/sie sich langweilen oder einsam fühlen und schließlich jemand anderen finden, mit dem er das Leben genießen kann.

Auf einer höheren Ebene zeigt die Tatsache, daß wir unseren Atommüll ins Meer werfen, daß wir uns nicht genug um uns selbst kümmern. Diese mangelnde Aufmerksamkeit für die Außenwelt kommt zu uns in radioaktivem Fisch zurück. Wir essen ihn und werden zu dem, was wir nicht haben wollten!

Äußere Ereignisse können für inneren Wandel genutzt werden; wir müssen uns nur fragen, welche Verbindung zwischen einem solchen Geschehen und unserem inneren Wandlungsstadium besteht.

Ich fuhr einmal eine Gruppe von Organetics-Teilnehmern an der Côte d'Azur zu einem kleinen Dorf, um Essen zu besorgen. Ich sprache gerade darüber, daß eine der Teilnehmerinnen, Brigitte, das Leben gar zu ernst nahm. Sie gestand sich nicht sehr viel Spaß zu; alles war eine schwere Bürde für sie. In dem Moment, als ich ihr das sagte, fuhr ein Lastwagen vor uns auf die Straße; er hatte hinten ein riesiges Schild: ›Heavy Load‹ (Schwerlast). Ich zeigte darauf, und wir mußten alle lachen. Die Wahrscheinlichkeit, daß ein französischer Lastwagen mit einem englischen Schild genau in dem Moment vor uns aufkreuzt, als wir über Brigittes Schwere sprachen, war sehr gering – und trotzdem passierte es.

Das äußere Ereignis, der Laster, der vor uns auf die Straße fuhr, stand in perfekter Verbindung mit Brigittes innerem Schwere-Zustand. So fördern äußere Situationen unser inneres Wachstum, wenn wir uns ihrer Botschaften bewußt sind. Viele verstehen diesen Zusammenhang nicht und tun deshalb äußere Ereignisse als unwesentlich für ihr inneres Leben ab. Das andere Extrem ist, wenn für manche diese äußeren Geschehen wichtiger werden als der innere Wandel; dadurch wird persönlicher Wandel auf ein Minimum reduziert oder völlig abgelehnt. Äußerer Wandel ist nur dann effektiv, wenn er in Beziehung zu unseren inneren Prozessen steht.

Ist äußerer Wandel von unserem inneren Energiefluß getrennt, trägt er nur dazu bei, inneren Wandel zu vermeiden. Manchmal verschaffen wir uns das Gefühl echten Wandels dadurch, daß wir eine Sache durch eine andere ersetzen, z.B. einen alten langweiligen Job durch einen neuen, aufregenden. Oft erkennen wir viel zu spät, daß der neue Job nur aufgrund seiner Neuheit für uns anregend war. Die ganzen Schwierigkeiten mit den Mitarbeitern und der Streß mit dem Zeitdruck wiederholen sich in einer neuen Umgebung. Wir haben nur den Arbeitsplatz gewechselt, nicht die Struktur der Situation. Diese Art von äußerer Veränderung hat nur wenig mit Evolution oder persönlichem Wachstum zu tun, es sei denn, wir sind fähig, diese Lehre zu erkennen und den Umgang mit unserer Umwelt zu verändern.

Oberflächlicher äußerer Wandel ohne Bezug zu unserem essentiellen inneren Zustand könnte sogar problematisch werden, da die Verheißung von etwas Besserem unsere gegenwärtige Ordnung empfindlich stören kann. Wie würde unsere Familie, die von unserer Unterstützung abhängig ist, wohl über unseren Wandel denken, wenn wir impulsiv unseren Job hinschmeißen, nur weil wir uns danach fühlen, ohne dabei an sie zu denken?

Äußere Veränderungen können jedoch auch genutzt werden, inneren Wandel zu initiieren oder zu unterstützen. Zu lernen, klarer und organisierter im persönlichen Leben zu sein, ist ein spiritueller Prozeß, wenn man dadurch seinem essentiellen Selbst näher kommt. Aus einem mystischen Blickwinkel ist dieses individuelle Selbst im Prozeß identisch mit dem universalen Ganzen; wenn wir mehr von uns zulassen, dienen wir also diesem universalen Ganzen oder dem Absoluten, wie es auch genannt wird.

Ich muß an eine Klientin, Helen, denken, die vor vielen Jahren zum ersten Mal an einem L.E.T.-Workshop teilnahm. Es gehört zu unserem Programm, daß jeder Teilnehmer gebeten wird, sich im Rahmen der Ganzheits-Arbeit seines Lebensraumes bewußt zu werden. Wir legen großen Wert darauf, beim Säubern und bei der Zubereitung der Nahrung klar und organisiert zu sein, sauber zu arbeiten, persönlichen Freiraum zuzulassen und mit anderen Gruppenmitgliedern ehrlich zu kommunizieren. Diese Klarheit war für Helen etwas ganz Neues, und am Anfang wollte sie nicht mitarbeiten. Nachdem sie mehrmals fast einem Unfall hatte, sah sie langsam einen Sinn darin, bewußter zu leben. Als sie wieder zu Hause war, konfrontierte sie sich mit ihrem unorganisierten Leben voller nicht beendeter Projekte, unklarer Kommunikation, finanzieller Probleme etc. und entschloß sich, ihr Leben neu zu gestalten. Sie fällte eine Reihe wichtiger persönlicher und beruflicher Entscheidungen und führte vieles zu Ende. Sie fühlte sich gut dabei und war in der Lage, in ihrem Leben klarer zu werden.

Im Falle von Helen half ihr der äußere Wandel des Lebensstils im Workshop, anders zu denken und zu handeln. Sie mußte sich zwangsläufig mit ihrem unorganisierten Leben auseinandersetzen, sowohl im Workshop als auch danach zu Hause. Oft lenkt eine solche Störung die Energie von alten Verhaltensmustern ab und eröffnet neue Möglichkeiten, von denen nicht alle gleich akzeptiert werden. Mit diesem Umlenken der äußeren Energie geht ein innerer Wandel einher, der umso erregender und dynamischer ist, je mehr diese äußeren Veränderungen mit einem Bewußtseinsprozeß verbunden sind.

Der Weg des inneren Wandels

Wahrer innerer Wandel entsteht aus einem natürlichen, spontanen Bedürfnis; man ist ›reif‹ dafür. Steht ein innerer Wandel in direkter Beziehung zu unserem natürlichen Wachstumsprozeß, bekommen wir auch all die dafür nötige Unterstützung. Wenn wir uns ganz und gar auf den Wandlungsprozeß einlassen, eröffnen sich in uns neue Möglichkeiten. Man erinnere sich an Situationen, wo man in der Arbeit oder zu Hause eine Aufgabe übernommen hat, die anfangs schwierig war, auf die man sich dann aber voll und ganz einließ. Nach einer Weile merkte man, daß die damit verbundene Herausforderung richtig Spaß machte; und, was noch interessanter ist, daß man viel mehr Ressourcen hatte, als eigentlich angenommen. Woher kamen sie? Das völlige Einlassen auf den Wandlungsprozeß machte sie möglich.

Es ist schon ein wichtiger Teil des Wandlungsprozesses, zu erkennen, daß man im Leben weniger Streß braucht. Woher kommt diese innere Spannung? Wir alle stellen fest, daß Arbeit stressig sein kann; warum aber nehmen wir diesen Streß in uns auf? Bleibt man sich dieser Frage während der Arbeit bewußt, wird der nächste Prozeß inneren Wandels eingeleitet. Vielleicht entdecken wir, daß

Streß die Lebenslust reduziert und wir eigentlich vor dem Spaß am Leben Angst haben. Streß befreit uns von der Last mit der Lust!

Der innere Wandlungsprozeß macht uns auch oft unsere Bedürfnisse und Wünsche klarer und zeigt uns, was für uns gut ist. Wir entwickeln ein Gespür dafür, wie offen wir uns anderen gegenüber zeigen können. Auch wenn wir uns manchmal irren, lernen wir doch aus diesen Situationen und wachsen weiter, anstatt abzublokken. Viele Probleme in unserem Leben entstehen dadurch, daß wir äußere Botschaften über unseren inneren Wandel nicht sehen wollen, z.B. ein ständiges Feedback, daß die Beziehung zu unserem Partner nicht gut läuft. Es mag sein, daß wir in manchen Gesten eine kleine Botschaft verschwommen wahrgenommen, sie aber als unwichtig abgetan haben. Das gleiche Zeichen macht sich immer wieder bemerkbar, bis schließlich eine deutlichere Botschaft kommt und der Partner beispielsweise zu einer wichtigen Verabredung nicht auftaucht. Aus einer winzigen Geste der Mißachtung wird so eine handfeste Beziehungskrise. Die Frage ist: Wie stark müssen die Botschaften des Lebens sein, damit wir sie endlich anerkennen? Oft haben wir zu dem Zeitpunkt, an dem wir auf diese Signale reagieren, bereits eine Menge Zeit und Energie in ungesunde Beziehungen investiert. Wenn wir unseren eigenen inneren Wandel oder den unseres Partners früher gespürt hätten, wäre uns eine Menge Zeit und Schmerz erspart geblieben.

Innerer Wandel bedeutet auch eine Bewußtseinsveränderung. Er steht in direkter Beziehung zu einem Evolutionsprozeß, der auf vielen Energieebenen stattfindet. Auf der emotionalen Ebene können wir uns klarer über unsere Gefühle werden, auf der psychischen Ebene lernen, welche Kräfte uns in den Konflikt mit uns selber treiben. Je ganzheitlicher der Wandel ist, desto mehr Energieebenen sind angesprochen. Seinen unterdrückten Ärger herauszulassen kann ganz nützlich sein, ein noch viel umfassenderer Wandel findet jedoch statt, wenn wir auch verstehen, warum wir wegen ganz banaler Dinge so wütend werden.

Letztendlich jedoch ist jeder Wandel, der eine Verbindung zur Evolution und zum Bewußtsein hat, spiritueller Natur. Unter spirituell verstehe ich nichts Religiöses oder Kultisches. Jeder von uns ist in seinem Wesen von Natur aus spirituell; alles was wir sind und haben, beruht auf dieser geistigen Essenz. Wie das Auge des Zyklons ist unser Geist die Stille, wenn alles um uns herum in

Aufruhr ist. Dank dieser Stille und Klarheit kann unser Geist inneren Wandel bewirken. Die Stille unseres Geistes integriert alles, was wir tun, fühlen und denken, so wie der Kern eines Atoms alle Partikel zu einem Ganzen verbindet.

Innerer Wandel heißt, natürliche Prozesse, die sich aus der Kraft der Stille entwickeln und unser ganzes Sein erfassen, zu akzeptieren. Stellen wir uns vor, unser Kern wäre so turbulent wie unsere geschäftige Außenwelt. Wir hätten keinen Bezugspunkt, von dem aus Wandel stattfinden könnte.

Wandel ist – wie das Tao oder die Relativitätstheorie – in unserem Leben nur dann sinnvoll, wenn es etwas Absolutes oder Konstantes gibt, auf das wir uns entsprechend beziehen können. Durch seine Verbindung mit dem Absoluten stellt unser Geist diese Konstanz her.

Viele Menschen haben mit sinnvollem Wandel Schwierigkeiten, weil sie die Verbindung zu ihrem Geist verloren haben. Spirituell gesehen ist innerer Wandel eigentlich eine Erneuerung des Kontakts mit unserem Geist und jeder seiner Manifestationen, und nicht eine radikale Abwendung von dem, was wir sind. So gesehen ist innerer Wandel eine Bewußtseinsentwicklung, die sich dann entfaltet, wenn wir reif für das Wissen sind. Diese Reife wird manchmal Intuition genannt, doch es ist mehr als nur ein Gefühl oder Sensibilität.

Innerer Wandel manifestiert sich im täglichen Leben durch die Bewegung des Energieflusses. Auch das Ego ist eine Manifestation des Geistes auf der psychischen Ebene. Viele spirituelle Richtungen sehen im Ego ein Hindernis auf dem spirituellen Weg. Für mich ist es einfach ein psychisches Konstrukt, das eine Gesamtheit organisierender Prozesse beschreibt. Es hilft uns, uns gegenüber der Welt zu definieren, so wie auf einer tiefergehenden Ebene unser Geist uns in Beziehung zum Absoluten definiert. Im Sanskrit bedeutet Ego ›Ich, die Tür‹. Das Ego behindert uns nur dann, wenn wir unser Tun (äußerer Wandel) so überbetonen, daß unser Sein (innerer Wandel) mehr oder weniger ausgeschlossen wird. So wie man die Hand eines Diebes nicht des Diebstahls bezichtigen kann, ist auch das Ego per se kein Hindernis. Wahre Ganzheit integriert alles in eine umfassende Einheit, alle Teile und Aspekte sind wichtig, nichts wird zurückgewiesen und isoliert. Viele Menschen, die sich nicht genug mit ihrem Ego auseinandergesetzt haben, z.B. in einer

Psychotherapie, verlieren ihre psychische Identität sehr leicht und werden zu Pseudo-Spiritualisten.

Es ist nicht das Ego, das die Richtung unseres inneren Wandels angibt, sondern die Ego-Losigkeit des Geistes, der nicht von Wandlungsergebnissen abhängig ist. Ein Wandel des Egos ist mit Werturteilen verbunden; innerer Wandel dagegen ist Hingabe an das, was uns bewegt. Diese Hingabe hat nichts mit Passivität zu tun. Während Passivität die persönliche Stärke verleugnet, überläßt sich spirituelle Hingabe einer höheren Macht, ohne ihre eigene Stärke aufzugeben. Diese höhere Macht wird von manchen als Gott bezeichnet, ich nenne sie das universelle Feld der Ganzheit.

Innerer Wandel ist ein Aufwachen für die Ganzheit in uns und in allem um uns herum, eine Identifikation mit allem, was von unserem Geist kommt, ohne darin verhaftet zu sein. Durch inneren Wandel gewinnt alles in unserem Leben eine neue Bedeutung, und doch ist nichts davon für unser Sein notwendig. Wir werden frei von allem Besitzdenken und Besessensein, da es nichts mehr zum Festhalten gibt, weder Dinge noch Gedanken.

Innerer Wandel ist auch das Loslassen von Ideen, Bildern und Glaubenssätzen darüber, wie die Welt sein sollte. Wachstum heißt das, was ist, zu akzeptieren und zu lieben. Diese Fähigkeit wächst, je mehr wir das Bedürfnis festzuhalten aufgeben und sterben lassen. Was wir durch das Loslassen von falscher Sicherheit verlieren, gewinnen wir durch das erregende Gefühl der Freiheit. Jedesmal, wenn wir loslassen, also ›sterben‹, wird neue Energie zum Leben freigesetzt; jeder Tod führt zu einer Wiedergeburt von neuen Möglichkeiten. Und letztlich ist auch der Tod unseres Körpers das Loslassen einer Energieform, die für uns das Medium für Wandel und Evolution war.

Innerer Wandel ist auch eine Trans-form-ation, das Überwechseln von statischer Form in den dynamischen Prozeß. Durch ihn werden die Formen unseres Lebens lebendig, entwickeln sich und sterben wieder, wenn es sein muß. Unsere Jobs, unsere persönlichen Beziehungen und die Körpergestalt, all das sind Formen von Energiebewegungen, die entweder den Wandel unterstützen oder unsere Entwicklung behindern. Wenn für uns diese Formen an sich selbst wichtig sind, binden wir uns an sie. Transformation heißt, Lebensformen als das zu sehen, was sie sind, nämlich ein Medium für die Energiebewegung, und sie auf konstruktive Art und Weise zu nutzen, so wie der geliebte Partner ein Evolutionsmedium ist, das man nicht wie etwas Wertvolles festhalten und besitzen darf. Tun wir das trotzdem, geht die Essenz unserer Liebe verloren; die Beziehung bleibt nur dann lebendig, wenn wir diese Liebe loslassen und doch in ihrem Bewußtsein leben.

Durch das Einlassen auf den inneren Weg des Wandels lernen wir allmählich, ganz und gar wir selbst zu sein und uns und andere so zu lieben, wie wir sind. Wir lernen nach und nach, das Ganze in allem und jedem zu akzeptieren. Lieben heißt zum großen Teil, den Rhythmus des Wandels akzeptieren zu lernen.

Innerer Wandel ermöglicht:

- eine Verbindung mit den psychischen, emotionalen und physischen Ebenen durch unseren Geist;
- eine Kontinuität, die unser ganzes Leben wie ein goldener Faden durchzieht;
- eine Konstanz durch die konstante Ausstrahlung unseres Geistes;
- ein Fließen der Energie, das durch das Loslassen unserer Wünsche und Sehnsüchte entsteht;
- eine Offenheit uns selbst und anderen gegenüber, indem wir lernen, zu lieben und dabei loszulassen;
- ein Interesse an unserem Wachstum und einer besseren Welt als zwei Manifestationen des gleichen Ganzen;
- ein erregendes Gefühl der Lebendigkeit und die Möglichkeit für Wachstum und Evolution;
- eine Bewußtheit für das, was wir sind und sein könnten und
- ein Bewußtsein für das, was unser Leben im größeren Ganzen bedeutet;

Grundlagen des Wandels

Außer den Auswirkungen inneren Wandels hat jeder Wandlungsprozeß bestimmte grundlegende Prinzipien, die man kennen sollte.

Wandel …

- ist die allen Lebensprozessen zugrundeliegende Dynamik;
- ist für das Leben essentiell und kann mit dem Leben selbst gleichgesetzt werden;
- wird durch die Bewegung der Lebensenergie aktiviert;
- wird von Energiefeldern gelenkt;
- ist permanent aktiv und manifestiert sich dennoch in relativ festen Formen;
- ist ständig anders und niemals gleich;
- ist überall und immer gegenwärtig;
- hat kein Ende und also auch keinen Anfang;
- ist unvermeidlich; er kann in eine bestimmte Richtung gelenkt, jedoch nicht verhindert werden;
- hat eine Ordnung und ist doch gleichzeitig flexibel;
- entwickelt kontinuierlich die Bewußtheit;
- verstärkt schrittweise die Entwicklung des Bewußtseins;
- ist polarisiert, z.B. die Yin/Yang-Polarität auf den ›niedrigeren‹ Energieebenen;
- ist ›einpunktig‹ (one-pointed), d.h. ohne Polarität, auf den ›höheren‹ Energieebenen;
- steht unter dem Einfluß des universellen Ganzheitsfeldes;
- führt zu Ganzheit, wenn sein natürlicher Fluß nicht blockiert wird;
- schickt uns Botschaften darüber, wie ganz wir sind;
- vereint alles in einem Netzwerk von Interaktionen;
- ist sinngebend durch seine Verbundenheit;
- ist erregend, wenn er akzeptiert wird, und schafft Leiden, Krankheit und Angst, wenn man ihm Widerstand entgegensetzt;
- entwickelt Stärke durch eine dauernde Energie-Aufladung;
- erfordert Spontaneität und schließt dadurch Kontrolle aus;
- gibt durch den Prozeß Informationen weiter;
- ist die Grundlage für jeden Rhythmus.
- ist gesund und macht ›heil‹, dient also der Ganzheit, wenn er dynamisch ausgeglichen ist.

Kapitel IV
Mit dem Wandel sein

Ganzheit

Meiner Meinung nach ist Wandel dazu da, der Ganzheit zu dienen. Sprachlich gesehen, ist die Wurzel der englischen Entsprechungen für Ganzheit (wholeness), Gesundheit (health), Wohlbefinden (wellness) und Heiligkeit (holiness) das indoeuropäische Wort Kailo für Ganzheit bzw. Nicht-Unterbrochensein (im Deutschen ›heil‹, ›heilig‹ …). Ganzheit ist der Zustand des Wohlbefindens, der Gesundheit fördert und zu Heiligkeit führen kann. Ganzheit ist ein Zustand der Vollständigkeit, in dem alle Teile zusammenpassen. Er ist ein Gefühl des Wohlseins und der Leichtigkeit, wenn alle Prozesse zusammenfließen, wie ein Orchester, das perfekt aufeinander abgestimmt ist. Ganzheit manifestiert sich durch natürliche Wahrheitsliebe und Ehrlichkeit. Wir sind integer, wenn keine Lüge und keine Verstellung unser Ganzsein zerteilt. Zusammen mit dem Medium der Lebensenergie, der Qualität des Bewußtseins und der durch die Sinne vermittelten Wahrnehmung hilft Wandel uns allen, ›ganzer‹ bzw. heil zu werden.

Man sollte Ganzheit allerdings nicht mit Perfektionismus verwechseln. Perfektion fordert, daß alles fehler- und makellos ist; Ganzheit dagegen nimmt alle Fehler und Makel als etwas an, das für die Totalität des Wandlungsprozesses notwendig ist. Ganzheit ist ein Seinszustand, in dem alles so natürlich wie möglich ist, ohne Anstrengung und Anspannung. Wir sind ganz, wenn wir unser Leben vollständig leben und ausschöpfen, auch mit den Erschwernissen des täglichen Lebens. Ganzsein heißt, sich hundertprozentig auf alles einzulassen, was man tut und ist, und zu akzeptieren, daß das Ergebnis vielleicht nicht perfekt ist. Ganzsein heißt auch, angemessen auf alles zu reagieren, was der Wandel erfordert, immer und unter allen Umständen. Ganzheit ist kein Ziel, sondern ein Prozeß, der allmählich allen scharfen Kanten von Mißtrauen, Unehrlichkeit, Überreaktionen etc. die Schärfe nimmt, sie rund macht, bis wir in unserer psychischen Dynamik immer ausgeglichener werden und die Verbindung zu unserem Geist immer essentieller wird.

Ganzheit ist ein natürlicher Teil inneren Wandels; er ist in jeder Energiebewegung enthalten. Innerer Wandel fordert uns auf, loszulassen und diese Ganzheit in jedem Teil unseres Lebens immer mehr zum Vorschein kommen zu lassen. Unser essentieller Geist weiß, was ganz ist. Wir müssen nur mit ihm in Kontakt bleiben, um seine Weisheit zu erfahren. Das Wissen über inneren Wandel ist in uns so tief wie das universelle Gefühl für Ganzheit. Auf irgendeiner Ebene wissen wir genau, wie der Wandel fließt; wir wissen, wie Ganzheit sich anfühlt. Auch wenn wir uns dieses Wissens nicht vollständig bewußt sind, ist es doch in unserem Körper, unseren Gefühlen und unserem Sinn für Ordnung enthalten.

Wie alles im Universum ist jeder von uns von Natur aus eine Ganzheits-Einheit. Jede Einheit hat ihr eigenes Energiefeld, und zusammen stellen alle Einheiten ein umfassendes ganzheitliches Feld dar; darauf wird später noch näher eingegangen. Im Unterschied zu anderen Lebensformen und unbelebten Dingen im Universum haben wir die Fähigkeit, unsere Evolution aktiv mitzugestalten. Die Möglichkeit, ganz zu werden, bietet sich uns auf vielen Energieebenen.

Ganz werden und bleiben ist keine leichte Aufgabe. Es bedeutet, ehrlich und klar zu sein; es bedeutet auch, alles mit Bewußtsein zu tun, so daß unsere Erfahrung mit relativer Wahrheit sich hin in Richtung absoluter Wahrheit bewegen kann. Ganzsein ist Bewußtheit, denn Bewußtheit ist der Prozeß der Ganzheit. Wenn wir ganz sind, wird uns die Einzigartigkeit eines jeden Augenblicks bewußt. Jede Aktion ist die Antwort auf eine vorgegebene Situation, und nicht eine impulsive Reaktion, mit der eine andere Aktion abgelehnt oder kompensiert wird. Jedes Verhalten steht für sich selbst und ist doch mit allen anderen Verhaltensweisen verbunden, denn jedes Verhalten ist ein Ausdruck des Ichs.

Ganzheit heißt auch, daß es weder absichtliche Lügen, d.h. direkte Unwahrheit jemand anderem gegenüber, noch sogenannte Unterlassungslügen mehr gibt, mit denen man der Konfrontation dann, wenn es wichtig ist, aus dem Weg geht. In einem umfassenderen Sinn ist es auch eine Unterlassungslüge, wenn man jemandem, den man wirklich gern hat, nicht sagt, daß man ihn liebt. Vielleicht müßte er/sie es erfahren!

Ganzheit setzt klare emotionale Ausdrucksfähigkeit voraus, damit es keinen inneren Konflikt gibt. Eine ›gute‹ Wut, direkt und auf den Punkt gebracht, löst eine Menge vager Eindrücke auf und reinigt die Atmosphäre. Echte Wut hat nichts mit Rachsucht zu tun. Sie bringt nur Kraft nach außen, setzt Grenzen und fordert Respekt. Auf unterschiedliche Weise gilt dies auch für die Liebe.

Ganzheit erfordert, daß wir aus unserer selbstauferlegten Isolation herauskommen. Sie fördert die Bereitschaft, alle Fesseln abzuwerfen, und ist der Funke, der das erregende Gefühl, auf allen Ebenen ganz und gar wir selbst zu sein, entzündet. Woher sollen wir wissen, wie viel wir sein können, wenn wir es nie ausprobiert haben?

Ganzheit bedeutet auch, daß wir die Liebe in unserem Leben besser sehen und spüren können. Wir sind dann fähig, mehr zu geben und mehr zu nehmen, bis schließlich unser persönliches Gefühl für das Ganze überfließt und die Liebe zu einer transpersonalen Erfahrung wird. Dann erkennen wir, daß Liebe überall ist, in allem, was wir tun, können sie genießen wie nie zuvor, weil sie umfassend ist und kein Ende hat. Jedes emotionale Hoch, sei es noch so gut, versickert mit der Zeit, und das muß auch so sein. Die körperliche Lust ist vergänglich und relativ, die geistige Lust transpersonaler Liebe dagegen dauert fort und ist absolut.

Ganzheit ist auch das Prinzip der Einheit, das sich durch all unser Tun zieht. Ich bezeichne es gerne als das Gewebe der Einheit, aus dem das Muster unseres Lebens gewoben wird. Wenn unser Fühlen und Tun ganzheitlich ist, sehen wir die Ähnlichkeit und die Zusammenhänge in allem, und dann hat alles einen Sinn. Ganzheit ist ein Seinszustand, eine Lebensqualität, die eine Person oder Situation als Ganzes aufnimmt und nichts ausschließt. Auch wenn wir einen Teil einer bestimmten Situation betrachten, z.B. die sexuellen Schwierigkeiten mit unserem Partner, ist auch dies nur Teil eines größeren Ganzen. Die Botschaft hinter der Ganzheit ist klar: Nichts kann vom Rest isoliert werden, ohne dadurch eine Form von Krankheit auszulösen.

Auf umfassenderer Ebene ist Ganzheit der Prozeß und das Resultat der kosmischen Intelligenz, die ich als universelles Feld beschreibe. In diesem absoluten Sinn ist Ganzheit ein unvergängliches Feld, innerhalb dessen alles dauerndem Wandel unterworfen ist. Alles in diesem Feld wird dahingehend beeinflußt, daß es ganz wird und bleibt. Alles, was in diesem Prozeß dynamisch ganz bleibt, sammelt und verteilt die Energie, so daß seine Einheit weitergegeben wird. Dieses Prinzip ist beispielsweise dann wirksam, wenn jemand in seinem Leben viel Liebe erfahren hat. Er oder sie wird automatisch diese Liebe an andere weitergeben wollen. Tatsache ist, daß wir krank, un-heil, werden, wenn wir Liebe festhalten wollen; sie macht uns oft Angst, und wir wollen sie in ihrer Vollständigkeit nicht annehmen. Diesen Widerstand zu akzeptieren hat nichts mit Kritik zu tun, sondern ist eher ein Akt der Liebe, weil wir vollkommen ehrlich sind. Um uns entwickeln zu können, müssen wir unser Wissen auf unserer gegenwärtigen Ganzheitsebene miteinander teilen. Ganz zu werden hilft uns zu erkennen, wo wir noch nicht vollständig sind. Sich an der Ganzheit zu orientieren hilft ungemein zu erkennen, was noch verändert werden muß.

In einem spirituellen Zusammenhang ist Ganzheit die Stille des Verstandes. Das Leben wird einfacher, weil weniger störende Konflikte auftauchen; sogar potentiell komplexe Situationen bleiben relativ einfach, weil man die Essenz der Sache erkennen kann. Die Frage, ob unsere Handlungen richtig oder falsch sind, gibt es nicht mehr. Jede aus der Ganzheit heraus unternommene Handlung ist in sich selbst korrekt. Wir verurteilen uns nicht mehr, auch dann nicht, wenn wir von der Ganzheit einen Schritt abrücken und für eine Weile ›verrückt‹ spielen. Wenn es keinen Konflikt gibt, gibt es auch keine Trennung der einzelnen Teile. Trennung und Zersplitterung führen zu Krieg, und zwar innen und außen. Gibt es diese Trennung nicht mehr, bricht der Friede aus!

Wenn wir unseren Weg einmal aus den Augen verlieren, ist es die Ganzheit, die uns zum natürlichen Wandlungsfluß zurückführt. Kurz gesagt ist Ganzheit das subtile Angebot, ›heimzukommen und mit allem eins zu sein‹.

Gesunder Wandel

Das wahre Entscheidungskriterium, ob Wandel ausgeglichen ist und uns gut tut, ist seine Beziehung zur Ganzheit.

Gesunder Wandel ist einfach jeder Energieprozeß, der unsere Bewegung hin zu Ganzheit und Wohlbefinden unterstützt oder sogar verstärkt. Er ist sowohl der Prozeß als auch das Ergebnis einer harmonischen Integration von Energieaktivität und Konstanz, ein Spiel komplementärer Kräfte, das zur Ganzheit führt. Gesunder Wandel ist auch die natürliche Dynamik zwischen dem Feld der Ganzheit mit seinem Einfluß auf uns und unserer Wahrnehmung dieser Einflüsse. Wenn wir den Wandlungsstrom mit seinen Wachstumszeichen bewußt wahrnehmen und diesen Signalen folgen können, fühlen wir uns gesund.

Wie alle Formen von Ganzheit gibt uns auch gesunder Wandel ein Gefühl von tiefer Befriedigung und Sinn, weil wir mit unserer spirituellen Essenz verbunden sind. Durch den Kontakt mit unserem Geist sind wir sowohl mit unseren menschlichen Grundbedürfnissen, z.B. nach Liebe, als auch mit unserem heiligen Verlangen nach absoluter Einheit und ewigem Frieden im Einklang. Gesunder Wandel gibt uns das Gefühl, daß sich jemand um uns kümmert, so wie ein kleines Kind durch die Liebkosungen seiner Mutter Geborgenheit erfährt. Wir fühlen uns beruhigt und gleichzeitig erregt durch die neuen Wachstumsmöglichkeiten, die sich uns auftun.

Gesunder Wandel hat auch eine ›Kitt‹-Funktion. In seiner Bewegung spürt er unvollständige Energieprozesse und unerledigte psychische Probleme in uns auf und zeigt uns den Weg zurück zur Ganzheit. Dies wird möglich durch eine Erfahrung, die ich als das Gesetz der Ganzheit bezeichne. Dieses Gesetz zeigt, daß alle Teile eines Ganzen und alle nicht zu Ende gebrachten Prozesse von Natur aus nach Vollendung suchen, wenn man sie nicht stört. Jedesmal, wenn man beispielsweise einer klaren und ehrlichen Auseinandersetzung mit seinem Partner aus dem Weg geht, ist einem irgendwo klar, daß man direkt oder indirekt später wieder damit konfrontiert werden wird.

Manchmal ist unser Verlangen nach Wandel eine klare Bewegung hin zu größerer Ganzheit; manchmal wiederum ist das, was wie gesunder Wandel aussieht, eigentlich ein Weglaufen vor schwierigen Situationen, die für unser Wachstum wichtig sein könnten. Ich arbeitete kürzlich mit einer Frau, Uschi, die in einer solchen Situation war. Sie war mit ihrem emotional unfreien Partner nicht mehr zufrieden und traf ihren ›Traummann‹; Uschi war bereits drauf und dran, zu ihm zu ziehen. Sie hinterfragte diesen Wunsch und kam damit in die Therapie. Unsere therapeutische Arbeit

Christoph muß weggehen damit ich meine eigene Ganzheit finden kann

brachte sie zu dem Entschluß, sich aus ihrer alten Beziehung zu lösen, jedoch noch nicht mit ihrem neuen Partner zusammenzuziehen. Sie hatte die Gelegenheit, für ein paar Monate bei Freunden zu wohnen und zu sehen, wie sich der Auszug auf sie auswirken würde. Gleichzeitig konnte sie ihren Wunsch, wegzuziehen, objektiver betrachten und erkennen, daß dies ein gesunder Wandlungsprozeß war, während ihr Bedürfnis, mit einem anderen Mann zusammenzuziehen, im Moment noch ungesund gewesen wäre. Uschi erkannte, daß sie Angst vor dem Alleinsein hatte und daß sie dieses Gefühl durch das Zusammenleben mit jemand anderem verdrängen wollte. In unserer gemeinsamen Arbeit wurde ihr klar, daß sie mit ihrem neuen Freund nach einer Ganzheit suchte, die sie in sich selbst noch gar nicht entwickelt hatte. Sie brauchte Zeit, ihre eigene Ganzheit zu finden, bevor sie eine neue Beziehung einging.

Gesunder Wandel erfordert ein Bewegungsgleichgewicht zwischen Yang (Tun) und Yin (Sein). Zu dieser unaufhörlichen Bewegung des effektiven Balancierens sagt das I-Ging: ›Einmal Schattenseite, einmal Lichtseite, das nennt man den Weg.‹ Sind diese beiden Energiepolaritäten im Gleichgewicht, ist Wandel sowohl gesund als auch effektiv und hilft uns zurück zur Ganzheit.

Wir können diese beiden Polaritäten allerdings nicht ins Gleichgewicht bringen, und das brauchen wir auch nicht. Wir müssen nur zu unserem Geist zurückkehren und mit ihm in Verbindung bleiben. Unsere geistige Essenz hilft uns, alle eingehenden und ausgehenden Energieprozesse zu Ereignissen zu transformieren, die aufeinander abgestimmt sind. Dieser Transformation müssen wir uns voll bewußt sein und ihr folgen, damit wir die Balance des Lebens spüren können. Wir müssen uns auf die natürliche Wandlungsbewegung einlassen, anstatt ›clever‹ zu sein und uns diesen Bewegungen in den Weg zu stellen.

Unsere ausgeklügelten Wandlungsstrategien machen eigentlich alles nur komplizierter, weil sie auf Plänen beruhen, die die entwicklungsbedingten Kurven und Biegungen unseres Energieflusses nicht vorhersehen können. Wenn wir – auch bei neuen Wandlungsversuchen – unser Leben weiterhin so kompliziert machen, verhindern wir gesunden Wandel. Wir müssen für gesunden Wandel überhaupt nicht clever sein; er erfordert nur eine Einfachheit in der Absicht, mehr und mehr ganz zu werden, und den Willen, das, was durchkommt, zu akzeptieren.

Von Natur aus möchten wir uns eigentlich wohl fühlen. Gesunder Wandel ist mit seinen harmonischen inneren und äußeren Aspekten ein natürlicher Teil dieser Einfachheit. Am Ende gibt uns gesunder Wandel ein ruhiges und erfülltes Dasein, auch wenn der Prozeß zeitweise langwierig und unbequem ist. Wir können uns nur dann wohlfühlen, wenn wir mit unserer Lebenssituation ehrlich umgehen und uns mit der Realität so konfrontieren, wie sie ist. Wer sind wir und was brauchen wir?

Uschis Offenheit für ihre Situation half ihr, in einer schwierigen Übergangszeit bei sich zu bleiben. Sie hatte zwar mit dem Gedanken gespielt, zu ihrem neuen Freund zu ziehen, stellte diese Entscheidung jedoch in der Therapie in Frage, und ein Teil von ihr wußte, daß das Zusammenziehen nicht ganz das Richtige war. Meiner Meinung nach ist unsere Verbindung zur Ganzheit und zum Geist die Grundlage für diese gesunden Zweifel.

Ohne diese Verbindung führt Wandel oft in Unordnung und Verwirrung, da ihm eine solide Startbasis fehlt. Man stelle sich einen Automechaniker vor, der an einem Auto Teile auswechselt, bevor er überhaupt herausgefunden hat, was kaputt ist.

Wenn wir erkennen, daß Wandel auf vielen Energieebenen gleichzeitig stattfindet, wird der Kontakt mit unserem Geist noch wichtiger. Höchstwahrscheinlich ist es für uns unmöglich, all die Energieprozesse, die uns am Leben erhalten und das Leben schön machen, nachzuvollziehen. Auf physischer Ebene ist der gesunde Wandel die Regulierung des Zellwachstums oder der Blutzirkulation. Auf der emotionalen Ebene ist er die Fähigkeit, Emotionen direkt und ohne Re-Aktion auszudrücken. Emotionen können Lernprozesse sein, die uns zeigen, wie wir unter bestimmten Umständen reagieren. Gefühle sind Teil eines Feedback-Mechanismus, der unseren Grad und unsere Ebene von Ganzheit anzeigt. Wenn wir dauernd von Leuten ›genervt‹ sind, die sich zu langsam bewegen oder nicht das tun, was wir von ihnen erwarten, heißt das, daß wir uns wohl noch immer von unserem Willen beherrschen lassen. Wahrscheinlich ist es die größte Schwierigkeit im Wandlungsprozeß, sich auf den entwicklungsbedingten Wandlungsrhythmus einzulassen.

Auf noch höheren Energieebenen kann gesunder Wandel bedeuten, daß wir unsere Bindung an den Körper loslassen. Was hat es für einen Sinn, so viel Zeit mit körperlichem Wandel zu verbringen, wenn der Körper eh sterben muß? Heute kann es für uns ein wichtiger Schritt sein, den Körper als Vehikel des Geistes zu schätzen und zu genießen. Morgen bedeutet gesunder Wandel vielleicht, alle körperlichen Bedürfnisse loszulassen. Beide Wandlungsebenen sind ganzheitlich, entsprechend unserem jeweiligen Weg. Wenn wir einen vollständigeren Grad von Bewußtsein entwickelt haben, wird der Wandel noch umfassender und intensiver sein. Deshalb müssen wir mit dem Geist in Berührung bleiben, der uns zeigt, wer und wo wir sind, damit wir in unserem Prozeß eine Führung haben.

Die Trennung von der Ganzheit

Die Geschichte der Vertreibung aus dem Paradies und der Erbsünde in der Bibel ist auf energetischer Ebene eine Erzählung über die Trennung von der Ganzheit. Obwohl das Paradies diese Ganzheit hatte, wollten unsere Vorfahren von der verbotenen Frucht vom Baum der Erkenntnis essen, wo es Gut und Böse gab. In diesem Fall ist Erkenntnis bzw. Wissen das Ego, das alles in ›Ur-Teile‹ teilt, in richtig und falsch, angenehm und unangenehm. Wie unsere Vorfahren in der Geschichte vom Paradies trennen wir uns von der Ganzheit und machen uns abhängig von unseren Urteilen, unserer Kritik, unseren Machtspielen. Durch unseren Versuch, vom natürlichen Energiefluß gesunden Wandels Besitz zu ergreifen und ihn zu benutzen, wird der Wandel ungesund.

Indem wir uns unsere Ganzheit als spirituelle Wesen versagen und andere dafür verantwortlich machen, daß wir nicht das bekommen, was wir brauchen, begehen wir auch weiterhin die Erbsünde der Trennung von der Ganzheit. Gesunder Wandel stillt automatisch diese Bedürfnisse. Liebe und Freude beispielsweise sind emotionaler Ausdruck der Ganzheit. Bekommen wir nicht genug Liebe oder verlieren sie irgendwie, spüren wir diese Trennung. Fast all unsere psychischen und viele unserer physischen Probleme sind auf die Trennung von der Ganzheit zurückzuführen. Jede Trennung manifestiert sich früher oder später als Unklarheit, Unsicherheit und letztendlich als Leiden. Als Fötus oder Kleinkind war diese Trennung vielleicht manchmal nötig, um die mächtigen Gefühle des Nicht-Erwünscht-Seins oder Nicht-Geliebt-Werdens zu reduzieren oder zu vermeiden. Die psychischen Prozesse des Egos machen es möglich, die Welt in ›Ich‹- und ›Nicht-Ich‹-Kategorien zu unterteilen, so daß wir physisch überleben können und uns gleichzeitig emotional vom Schmerz abspalten. Solch frühe Abtrennungen in unserer Ganzheit schaffen die Ur-Krankheit, die zu physischem Leiden, Krankheit, physischem und emotionalem Schmerz führt – ein Weg ungesunden Wandels und oft eines verfrühten Todes.

Leiden

Leiden führt zu physischer und psychischer Spannung und schafft so Kummer; all das macht gesunden Wandel fast ganz zunichte. Leiden entsteht dann, wenn wir eine unangenehme Situation akzeptieren müssen, weil wir sie nicht ändern können oder anscheindend dazu nicht in der Lage sind. Politische Unterdrückung schafft Leiden aufgrund von Freiheitsverlust, psychischer Isolation und oft physischen Entbehrungen. Die Folge davon sind ein Mangel an Spontaneität, Lethargie und Depressionen. Aber auch politisch freie Menschen leiden. Viele von uns würden gerne jemand anderen für ihr Leiden verantwortlich machen. Meistens schaffen wir jedoch selbst Probleme oder ziehen sie an, um leiden zu können. Unser Leiden ist ein Zustand des Getrenntseins von der Ganzheit.

Für manche ist Leiden ein Weg, ihre Eltern oder enge Freunde für eine Ungerechtigkeit zu bestrafen. Wir hoffen, daß wir im anderen ein Schuldgefühl auslösen können, wenn wir uns selbst psychisch verletzen. Leiden ist eine Möglichkeit, es jemandem heimzuzahlen. Leider können wir aber nie die Waagschalen der Gerechtigkeit berichtigen, egal wie sehr wir leiden; wir verringern nur in der Zwischenzeit unser eigenes Vergnügen. Ist es uns das wert? Oft kommt die Botschaft bei der Person, die wir bestrafen wollen, gar nicht ganz an, denn sie hat ihre eigenen Schutzmechanismen.

Leiden kann auch ein indirekter Weg sein, Wut auszudrücken, und ist manchmal gleichzeitig ein Hilferuf. Oft sind beide Gefühle vermischt. Da wir für keines die Verantwortung übernehmen, spricht unser Leiden indirekt für uns.

Meistens leiden wir, weil wir nicht ehrlich sind. Auch wenn wir uns als kleine Kinder abspalten mußten, um physisch überleben zu können, gestehen wir uns als Erwachsene nicht ein, daß wir überlebt haben; unser Kampf ist vorbei. Wir leiden, weil wir die Realität bestimmter Situationen nicht akzeptieren wollen. Hier beginnt die Lüge. Wir wollen die Wahrheit unserer Gefühle, wie Wut, Liebe, Traurigkeit etc., nicht anerkennen, und deshalb wird die Lüge und damit die Trennung immer größer, und wir verlieren unsere Integrität. Und was das Wichtigste ist: Wir wollen denen, die uns verletzt haben, nicht vergeben, und werden so zum Opfer unserer eigenen Bestrafung.

Auf spiritueller Ebene leiden wir, wenn wir unser bewußtes Wissen nicht anerkennen wollen. Ganzheit erfordert eine Ehrlichkeit, die wir nur sehr selten leben wollen. Jede Lüge uns selbst gegenüber ist ein Schritt hin zu mehr Getrenntsein und Krankheit. Wenn wir unehrlich und nicht fokussiert sind, erleiden wir auch die Trennung von der Ganzheit. Da es verschiedene Ebenen relativer Realität gibt, z.B. physisch, emotional etc., und außerdem eine absolute Realitätsebene, sind wir nur dann ehrlich und ganz, wenn wir die Wahrheiten der Ebenen, die wir kennen, akzeptieren. In diesem Sinn heißt Ehrlichkeit in Bezug auf unseren spirituellen Weg, daß wir die Möglichkeiten und die Verantwortung der Wahrheiten anerkennen, die uns durch gesunden Wandel nahegebracht werden.

Barbra ist ein gutes Beispiel dafür, wie Unehrlichkeit zu Leiden führt. Barbra hatte immerzu Schmerzen und lief von einem Doktor zum nächsten. Als wir tiefer in das Problem einstiegen, fanden wir heraus, daß sie Angst davor hatte, sich ganz auf ihr Leben einzulassen, auf ihre Liebe, ihre Beziehung zu John. Manchmal erkannte sie für einen kurzen Moment, wie angenehm das Leben sein könnte, aber sie hatte Angst davor, es auch ganz zu leben. Barbra wußte, daß diese Beziehung für ihr spirituelles Wachstum wichtig war, und trotzdem leugnete sie ihre Bedeutung. Sie war sich klar darüber, daß sie ihren starken Willen in einer Liebesbeziehung aufgeben mußte, ohne deshalb ihre Stärke oder ihr Zielbewußtsein aufzugeben. Durch unsere gemeinsame Arbeit lernte sie, sich mit ihrer tiefsitzenden Angst vor dem Verschwinden zu konfrontieren, die dann auftauchte, wenn sie sich ganz auf einen Mann einließ.

Unsere Yin-Seite muß die Wärme des Schmelzens und Hingebens an unsere tieferen, intimen Gefühle erleben, sie braucht die Erfahrung der Hingabe, sonst leiden wir. Leiden schafft eine Spannung, die in Beschwerden und Kritik feststeckt. Einen großen Teil unseres Leiden benutzen wir dazu, uns selbst und andere zu manipulieren, anstatt direkt zu handeln. Das Leben bietet uns viele Situationen, in denen wir entweder wachsen oder steckenbleiben können. Wer gesunden Wandel nicht genießen kann, sitzt fest.

Wenn wir leiden, ist ein Großteil unserer potentiell freien Energie, die eigentlich für gesunden Wandel verwendet werden sollte, in einer Implosion gebunden. Lust und Freude werden nur beschränkt oder gar nicht zugelassen; unsere Kreativität und Energie für neues Wachstum ist nur gering. Wir können wichtige Wandlungsprozesse nicht erkennen, geschweige denn unterstützen. Wie innerer Wandel lenkt Implosion die Energie nach innen. Innerer Wandel drückt die spontane Richtung der Energiebewegung nach innen aus, Implosion dagegen lenkt zwangsweise gebundene Energie nach innen. Wenn wir leiden, empfinden wir Schmerz und Wut, die implodieren, anstatt nach außen als Freude und Liebe zu explodieren. Viele Menschen scheinen das Leiden richtig zu genießen, und so könnte man Leiden auch als alternative Lust bezeichnen!

Kranksein

Wenn man lange leidet, entstehen oft körperliche Beschwerden, die sich zu einer Krankheit entwickeln können. Häufiges Kranksein ist nicht nur die Folge verhinderten gesunden Wandels, es ist auch ein gesellschaftlich akzeptabler Weg, für jeden zukünftigen Wandel nicht verantwortlich gemacht zu werden. Wenn wir krank sind, sind wir nicht voll da und können nicht ganz zur Verantwortung gezogen werden. Oft wollen wir nicht zugeben, daß wir uns nicht ändern wollen, und werden statt dessen krank. Für manche ist Kranksein ein Lebensstil, der es ihnen erlaubt, unangenehme Situationen und/oder Gefühle nicht angehen zu müssen. Diese Vermeidungshaltung schränkt ganz bestimmt unser Wachstumspotential ein. Krankheit kann zum Zeitvertreib werden. Wenn man so viel Zeit damit verbringt, sich übers Krankwerden, Kranksein,

Wiedergesundwerden oder fast Gesundwerden Sorgen zu machen, bleibt nicht mehr allzuviel Zeit für die alltägliche Verantwortung. Gesunder Wandel braucht Zeit und Raum, um sich zu entfalten. Wenn wir krank bleiben, haben wir wohl weder das eine noch das andere.

Manche Krankheiten haben die Aufgabe, den Körper zu reinigen. Sie werden durch die Kundalini-Bewegung verursacht, eine spezielle Energieform aus dem unteren Körperbereich, die für spirituelle Reinheit wichtig sein kann. Abgesehen von Krankheiten, die für unser spirituelles Wachstum wichtig sein können, sind die meisten Krankheiten ein bequemer Weg, unsere Ganzheit zu reduzieren und jemand anderem dafür die Schuld zu geben. Durch eine Krankheit stehen wir oft im Mittelpunkt der Aufmerksamkeit. Das Paradigma von Leiden in bezug auf Krankheit sieht so aus: Wir halten den natürlichen Energiefluß zurück und verspannen uns dadurch; dann lösen wir die Spannung auf und werden krank, und schließlich erhalten wir Zuwendung aufgrund unseres Leidens. Weil wir nicht bereit sind, uns andere, gesündere Formen von Aufmerksamkeit zu suchen, bleiben wir krank, damit man sich um uns kümmert. Ich sage *nicht bereit sein*, denn meistens sind wir sehr wohl in der Lage, Aufmerksamkeit zu bekommen, wenn wir sie brauchen; deshalb fehlt uns auf einer Ebene die Bereitwilligkeit, sie auf gutem, direktem Weg zu bekommen. In der Psychologie sind diese Vorteile als sekundäre Krankheitsgewinne bekannt, eine Art Pluspunkte fürs Kranksein.

Die Aufmerksamkeit, die wir also in der Regel für unser Kranksein bekommen, verstärkt den Prozeß des Nicht-Ganz-Seins. Oft geraten wir in eine Art Abhängigkeit: von der Krankheit, von dieser indirekten Aufmerksamkeit, vom Getrenntsein von unserem Selbst, und vielleicht auch von unserer Unfähigkeit, das Leben in die Hand zu nehmen und uns um uns selbst zu kümmern. Sicherlich ist ein Großteil unserer Beziehung zur Krankheit kultur- und familienabhängig. Heißt das aber auch, daß wir anderen für unsere momentanen Beschränkungen die Schuld geben können? Wenn wir uns dem stellen, was war und vielleicht noch ist, können wir die Krankheit hinter uns lassen und zu neuer Ganzheit gelangen. Wenn wir dagegen die Realität weiterhin leugnen und anderen die Schuld geben, verletzen wir uns nur selbst. Wir haben die Wahl!

Unter bestimmten Umständen kann Krankheit psychologisches Konfliktpotential oder Leiden verringern, weil dadurch Energie Probleme in konkretere körperliche Symptome kanalisiert werden. Wenn wir uns psychisch unwohl fühlen, können wir mit Hilfe eines physischen Symptoms unsere Energie fokussieren. Fast alle psychoemosomatischen Krankheiten dienen diesem Zweck. Leider entfernen wir uns durch dieses Umleiten von Energie von der psychischen auf die physische Ebene oft einen Schritt vom aktuellen Konflikt.

Manchmal ist dieses Umlenken ein notwendiger Überlebensmechanismus oder zeigt an, daß wir uns eines tieferen psychologischen Prozesses bewußt werden. Wenn Krankheit allerdings zum Lebensstil wird, wird der Körper geschwächt; seine Systeme verstopfen und werden für die Wandlungstransformation unbrauchbar.

Manche werden krank, wenn sie arg unter Druck stehen. Druck ist eine Art von Anspannung. Durch die Krankheit können wir dem Druck ausweichen und die Spannung verringern. Die indirekte Botschaft von streßbedingten Krankheiten lautet oft: »Ich befürchte, ich kann die Belastung nicht ertragen«, oder »Ich schaffe das ganz bestimmt nicht«, oder – noch stärker – »Ich habe Angst, mich zu verlieren«.

Anstatt der Tatsache ins Auge zu schauen, daß wir uns unter Druck fühlen, laufen wir manchmal davon. Sind wir dann wieder einmal im Streß, machen wir wahrscheinlich das gleiche, weil wir das Risiko nicht eingegangen sind, uns anders zu verhalten. Durch die Krankheit können wir dem Druck zeitweise entfliehen. Und schon haben wir gelernt, daß Krankheit zeitweise Druck erleichert.

Gesunder Wandel bringt es oft mit sich, daß wir Druck aushalten müssen, z.B. wenn wir ein Examen machen, um zu wachsen und kompetent zu werden. Jeder hat sein ureigenes Druck- bzw. Spannungsniveau, welches bei ihm Wandel und Wachstum fördert. Liegt die Spannung darüber oder darunter, ist es für die jeweilige Person ungesund. Jedes Krankheitssymptom bindet in seinem Kontraktionsprozeß Energie. Man braucht nur an das weiße, schuppige Gewebe bei Psoriasis zu denken oder an die rote, geschwollene Haut bei einer Entzündung, und dieser Prozeß wird offensichtlich. Die meisten Symptome sind Kompromißbotschaften zwischen einem Teil von uns, der sich Wandel wünscht, und einem anderen Teil, der davor Angst hat. Einerseits wollen wir uns direkt ausdrücken, andererseits halten wir uns zurück, und ein Symptom entwickelt sich statt dessen. Hinter der Psoriasis verbergen sich beispielsweise Wut und Traurigkeit, also emotionale Prozesse. Auf einer niedrigen Bewußtseinsebene ist uns meistens klar, daß wir uns von der Ganzheit klaren emotionalen Ausdrucks abspalten. Trotzdem weigern wir uns, diese Emotionen herauszulassen und dadurch geheilt zu werden. Wir haben Angst vor der Stärke der Ganzheit und bleiben lieber krank.

Im allgemeinen geht durch Krankheit eine Menge Wandlungsenergie verloren. Wenn der Körper und oft auch der Geist in einem Notstand sind, bleibt nur wenig Energie für die Entwicklung über. Ein kranker Körper hat nur noch wenig Auswahl – er kann sich heilen, sich auf ein längeres Leiden vorbereiten und/oder schließlich sterben.

Wenn wir für unsere Ganzheit bereit sind, machen wir den wichtigen und notwendigen Schritt, die Notwendigkeit des Wandels anzuerkennen und während des ganzen Heilungsprozesses dabeizusein, bis wir schließlich einen dauernden Ganzheitszustand erleben. Es ist wirklich schade, daß wir oft Schmerz auf allen Energieebenen erfahren müssen, um uns immer wieder ins Gedächtnis zu rufen, daß wir nicht wirklich ganz sind und dies auch noch gar nicht sein wollen.

Schmerz

Sowohl Leiden als auch Krankheit manifestieren sich fast immer irgendwann als Schmerz. Schmerz signalisiert uns, daß etwas in uns nicht ganz ist, daß wir nicht mit dem gesunden Wandel im Fluß sind. Schmerz ist die konzentrierte Botschaft, daß wir von der Ganzheit getrennt sind und unser Energiefluß gestört ist. Meistens ist Schmerz ein Zeichen für eine eingeschränkte Lebensweise; diese Enge manifestiert sich im Körper beispielsweise als verhärteter Muskel oder Kopfschmerz. Da viele Krankheiten durch das Festhalten von Energie auf einer bestimmten Ebene verursacht werden, ist Schmerz logischerweise das wichtigste Signal für dieses Festhalten. Viele Menschen sind unbewußt der tiefen Überzeugung, daß Schmerz und Leiden für ein sinnvolles Leben irgendwie nötig sind. Zweifellos ist Schmerz ein Teil des Lebens, was allerdings nicht heißt, daß wir ihn für unsere Entwicklung unbedingt brauchen. Unsere Angst vor dem Loslassen des Schmerzes schränkt im Gegenteil unsere Ganzheit wesentlich ein. Bei einem Vortrag in Stuttgart passierte es einmal, daß zwei Zuhörer sich heftig mit mir anlegen wollten, weil ich ihnen ihr Recht auf Schmerz absprach. Mein Vorschlag, daß Schmerz für das Wachstum nicht notwendig ist, gefiel ihnen gar nicht.

Unsere Arbeitsmoral und religiösen Überzeugungen bringen es mit sich, daß viele Menschen Schmerz mit Wert assoziieren. Je größer unsere emotionalen und/oder physischen Verletzungen sind, desto höher ist auch die Belohnung. Im Grunde genommen haben wir Angst vor der Lust und klammern uns an den Schmerz, um uns nicht mit dieser Lust konfrontieren zu müssen. Oft befürchten wir, daß die Lust übermächtig wird und wir die Kontrolle verlieren. Solange wir bei unserem Schmerz bleiben, können wir dieser tiefer sitzenden Angst aus dem Weg gehen. Der Schmerz entfernt uns von gesundem Wandel und sorgt dafür daß wir duldsame ›Patienten‹ bleiben (aus dem Lateinischen patiens = geduldig, duldsam).

Schmerz kann aber auch ein notwendiges Zeichen sein, das den Wandel unterstützt, wenn wir auf seine Botschaft hören. Viele sind sich ihrer Gefühle in einem bestimmten Augenblick ziemlich wenig bewußt. Über unseren Körper – die Funktion der Organe und die Abertausende von lebensnotwendigen physiologischen Prozessen – wissen wir ebenfalls sehr wenig. Durch Schmerz können wir uns auf kritische Prozesse konzentrieren, die gerade nicht gut laufen. Schmerz macht uns auch klar, daß wir womöglich unsere Gefühle auf einer tiefergehenden Ebene nicht annehmen. Es mag Krankheit ohne Schmerz geben, aber nie Schmerz ohne eine damit verbundene Störung des Wohlbefindens bzw. Krankheit. Deshalb kann Schmerz ein Hinweis auf eine bestimmte Kranheit sein und uns den Weg zurück zu gesundem Wandel und größerer Ganzheit zeigen.

Oft müssen wir sehr viel Schmerz erfahren, bevor wir endlich die tiefere Botschaft verstehen. Dauerndes Kopfweh oder immer wieder auftauchende Schmerzen erinnern uns daran, daß wir von der Ganzheit, und damit der Gesundheit und dem Wohlbefinden, getrennt sind. Wenn wir den Schmerz reduzieren oder unser Schmerzbedürfnis sehr groß ist, nehmen wir die wahre Botschaft dahinter nicht an – die Aufforderung, zu gesundem Wandel zurückzukehren. Schmerzlinderung ohne Betrachtung der Ursachen kann zu einer Lebensweise voller Schmerz und Leiden führen, mit der wir uns identifizieren: Wir werden zu unserem Schmerz. Irgendwann wissen wir dann nicht mehr, wer wir ohne Schmerz überhaupt sind und brauchen den Schmerz, um unser Selbst nicht zu verlieren.

Depression (lateinisch: deprimere = nieder-, zusammendrücken) ist oft eine Möglichkeit, durch das Zurückhalten der Gefühle den Schmerz zu reduzieren und jeglichen energetischen Wandel und damit eine Konfrontation bei wichtigen Emotionen zu verhindern. Wenn wir erst einmal unsere Gefühle ohne Depressionen annehmen, können wir auch mehr Lust und Freude empfinden, denn verdrängte Energie beeinträchtigt auch unsere Lebensfreude. Wenn wir die unter der Depression verborgenen, nicht ausgelebten Emotionen anschauen und über den Schmerz hinausgehen, konfrontieren wir uns mit unseren ungesunden Mustern und können uns wieder auf den Fluß gesunden Wandels einlassen.

Ungesunder Wandel

Durch Leiden, Kranksein und Schmerz wird ungesunder Wandel im allgemeinen geschaffen bzw. unterstützt. Ungesunder Wandel heißt, daß die Energiebewegung nicht direkt mit der Ganzheit verbunden ist. Da Ganzheit dem Wandel erst Sinn verleiht, ist ungesunder Wandel per se auch sinnlos. Er gewinnt allerdings dann eine ganz spezielle Bedeutung, wenn beispielsweise innerhalb von einem halben Jahr die achte Beziehung auseinandergeht, da er uns dann indirekt zu einer wichtigen Entscheidung führt. Er wird also zum gesunden Wandel, wenn er uns zum natürlichen Wandlungsfluß zurückführt.

Wenn man es geschickt anstellt, sieht ungesunder Wandel sogar tatsächlich wie echter Wandel aus. Ist man allerdings noch schlauer, erkennt man, daß man sich selbst nur ausgetrickst hat. Diese scheinbare Ganzheit im Wandlungsprozeß verstärkt oft alte Muster, destruktives Verhalten oder Vermeidungsstrategien und entzieht gesundem Wandel Energie. Es wäre nicht einmal so schlimm, wenn wir uns nach einer bestimmten Erfahrung von diesen unnützen Aktivitäten lösen könnten. Das Problem ist, daß jede Handlung die Neigung hat, sich durch genügend Kraft und Wiederholung zu verstärken, so daß wir die Illusion haben, daß sich wirklich etwas ändert. Nach einer Weile werden diese illusionären Handlungen zu Gewohnheiten, und schließlich identifizieren wir uns mit ihnen. Das Wort Identität kommt vom lateinischen ›identidem‹, wiederholt. Wir werden zu dem, was wir immer wieder tun.

Eine ungesunde Identität ist zwar vielleicht hohl, wird jedoch zum Lebensstil oder, besser gesagt, zum Todesstil. Wenn wir den Kontakt mit unserer geistigen Essenz verlieren, wird ihr Feedback an uns, daß unser Tun ungesund ist, immer schwächer. Wir gewöhnen uns so sehr an diese ungesunden Verhaltensweisen, daß wir ›vergessen‹, wie gesundes Leben sein kann.

Ehemalige Raucher sind oft ganz überrascht, wie gut Essen schmecken oder die Luft riechen kann. Gesunder und ungesunder Wandel sehen von außen zwar manchmal gleich aus, von innen her fühlen sie sich allerdings ganz unterschiedlich an. Ungesunder Wandel hat wenig Lebenskraft bzw. Geist. Er führt zu einem Dasein ohne Vitalität – ein lebender Tod. Im geistigen Sinn hat ungesunder Wandel keinen Lebensatem – an ihm teilzuhaben ist deshalb nicht gerade inspirierend.

Ungesunder Wandel macht uns meistens leer und ruhelos, so wie eine billige Mahlzeit uns zwar füllt, aber nicht erfüllt. Oft sind wir enttäuscht und fühlen uns abgeschnitten, ohne zu wissen warum. Manchmal sind wir unzufrieden, weil wir nur einen Bruchteil von dem bekommen, was wir eigentlich brauchen, so wie man sich auf ein kleines Liebesabenteuer einläßt, obwohl man eigentlich viel Zuwendung bräuchte. Man sucht nach Liebe und gibt sich mit Sex zufrieden. Für unseren Kopf mag ein neuer sexueller Kontakt interessant aussehen, unser Geist läßt sich dadurch allerdings nicht täuschen.

Partieller oder isolierter Wandel zerstört die Verbindung zwischen unserer Essenz und dem, was wir für unser Wohlbefinden und unsere Weiterentwicklung tun, und führt so zur Abspaltung von der Ganzheit. Genau das ist es, was z.B. manche Ölgesellschaften tun: Sie säubern ölverseuchte Strände. Diese einzelne Maßnahme löst jedoch nicht die ökologischen Probleme des Öltransports und der Sicherheit.

Wenn Strandbewohner dagegen aus Liebe zur Natur und für die Sauberkeit der Umwelt mithelfen, die Ölschlacken zu beseitigen, gewinnt diese anscheinend isolierte Handlung eine neue Ganzheit. Die Ölgesellschaft steht wahrscheinlich unter äußerem Druck – ihr Image könnte leiden –, die Bewohner dagegen handeln aus Liebe zum Ganzen – zur Erde, zu den Tieren und zu sich selbst.

Man kann ungesunden Wandel von echtem Wachstum immer dadurch unterscheiden, daß er von Natur aus kompliziert ist. Gesunder Wandel ist trotz seiner Komplexität sehr einfach; er fließt leicht. Ungesunder Wandel dagegen ist an alte Gewohnheiten und Verhaltensmuster gebunden. Aus Angst gehen wir einer Konfrontation mit uns selbst oder anderen aus dem Weg. Gesunder Wandel wird ungesund, wenn wir plötzlich unklar, verwirrt oder zerstreut werden, weil wir eine ehrliche Auseinandersetzung mit der Wahrheit umgehen wollen.

Meine persönliche und therapeutische Erfahrung hat gezeigt, daß stundenlange Diskussionen mit einem geliebten Menschen, die plötzlich an einem entscheidenden Punkt abbrechen, darauf hinweisen, daß einer oder beide Partner nicht gewillt sind, sich wirklich zu lieben.

Auf der anderen Seite führt der Versuch, einen Wandlungsprozeß in einer Beziehung zu erzwingen, zu immer größerer Verschlossenheit und Wut, was beides gesundem Wandel nicht förderlich ist. Viele Paare wollen ihre Probleme mit einem ›Notverband‹ lösen und beschäftigen sich nur mit den oberflächlichen, offensichtlichen Problemen, z.B. Sex, anstatt mit dem zugrundeliegenden Problem des Liebens. Auf lange Sicht ist oberflächlicher Wandel ungesund – wenn er nicht mit tiefer liegenden Problemen verbunden ist; dann führt auch er zu mehr Ganzheit.

Ungesunder Wandel ist erzwungene Bewegung und zeigt oft eine Spaltung an zwischen dem, was innerlich getan werden müßte und dem, was wir glauben, tun zu müssen. Erzwungener Wandel kann nie zu der Befriedigung oder dem Frieden führen, die natürlicher Wandel uns schenkt, weil er nicht aus einem inneren Bedürfnis erwächst; er ist eine Art Hyperstimulation. Allzuoft umgehen wir durch ungesunden Wandel unseren Stillstand, unser Totsein oder unsere Machtlosigkeit. Wir sind eifrigst mit einem ›Ersatz-Wandel‹ beschäftigt und halten uns dadurch erfolgreich davon ab, unseren wahren Zustand anzuschauen. Jobwechsel kann genauso wie Partnerwechsel eine Wiederholung von Verhaltensmustern sein, die ich als *Energiekassetten* bezeichne. Dieser oberflächliche Wandel führt nicht um die Tatsache herum, daß die Wandlungskassette die gleiche bleibt: Stoptaste, Abspielen, Vorspulen, Unterbrechen, Umdrehen, schnell Zurückspulen, etc. Schließlich drehen wir durch, wir verlieren uns.

Ist Wandel ein gesunder Prozeß, sind unsere Gefühle und Handlungen spontan und organisch. Sie entstehen aus der ruhigen, uns direkt beeinflussenden Bewegung des Energieflusses. Wir fühlen und drücken unsere Wut aus, unsere Traurigkeit, unsere Liebe, so wie wir sie wahrnehmen. Ungesunder Wandel dagegen zeigt sich in nichtorganischen, impulsiven Gefühlen und Handlungen. Hinter impulsivem Verhalten steht eine treibende Kraft, wie in einer Spraydose, aus der plötzlich Gas entweicht. Impulsivität entsteht dann, wenn wir natürlichen Wandel verhindern, unsere Bedürfnisse und Wünsche lange zurückhalten und sie dann ganz schnell befriedigen möchten. Oft zeigt impulsives Verhalten, daß wir unangenehmen Situationen aus dem Weg gegangen sind und auch weiterhin aus dem Weg gehen. Plötzlich befinden wir uns in einer ähnlichen Situation, in der wir sofort reagieren müssen. Mit einer solchen Veränderung kommen wir nicht auf ausgeglichene Art und Weise klar, und deshalb springen wir statt dessen ziemlich ungeschickt ins kalte Wasser.

Ungesunder Wandel ist unnatürlich und ohne Verbindung und führt deshalb oft zu Konflikt und Krisensituationen. Konflikt ist der Krieg mit uns selbst und anderen ums Ganzsein oder nicht Ganzsein. Jeder Schmerz und jedes Leiden konfrontiert uns mit diesem inneren Krieg, bis wir schließlich entweder zu gesundem Wandel zurückkehren oder solange ein unbefriedigtes oder krankes Leben führen, bis ein verfrühter Tod uns wieder zur Ruhe führt. Der größte Unterschied zwischen gesundem und ungesundem Wandel ist, daß ersterer die Wandlungsmöglichkeiten für uns interessant und spannend macht, während letzterer uns dazu bringt, den Wandel unter Kontrolle zu haben. Auf einer oberflächlichen Ebene verringert ungesunder Wandel vielleicht unangenehme Situationen und emotionale Verletzungen, aber auch Freude, Liebe und Weiterentwicklung. Ist der Preis, den wir für die Illusion der Vermeidung bezahlen, nicht allzu hoch?

Kapitel V
Die Theorie des Wandels

Für viele alte Kulturen war die Wandlungsthematik ein wichtiger Bestandteil ihrer Religion und ihrer Lebensweise, auch wenn dies nicht immer so ausgedrückt wurde.

Die Hindus beispielsweise glauben, daß die Essenz des Lebens unwandelbar ist; sie nennen sie ›Seele‹ (auf Pali: Atta) oder ›Selbst‹. Ihre Tradition lehrt, daß die universelle Seele (›Brahma‹) sich in uns als Atman personalisiert. Die Permanenz dieser universellen Seele ist in uns gegenwärtig und kann durch kontinuierliche spirituelle Praktiken, z.B. die Meditation, erfahren werden. Die Buddhisten dagegen glauben nicht an eine unwandelbare Seele oder irgendeine andere Art von Prozeß, der nicht Wandlung beinhaltet. Der Buddha selbst verkündete diesen Glauben an permanenten Wandel in der Doktrin der ›Nicht-Seele‹, (auf Pali: Anatte). Im traditionellen Buddhismus wandelt sich alles fortwährend, nichts bleibt konstant. Von diesem Blickwinkel aus gesehen ist nichts ohne Wandel – nicht einmal Gott.

Ähnlich ist die Auffassung des Taoismus, der sagt, daß alles ständig in Bewegung ist. Das Tao, ›der Weg‹, wird als großer, spontaner Fluß des Lebens betrachtet, aus dessen immer stärker werdender Bewegung alles hervorgeht. Das Tao beruht auf den Polaritäten des Yin (weiblich, empfänglich, nährend) und des Yang (männlich, aktiv und konfrontierend). Der gegenseitige Austausch dieser Elemente hält den Energiefluß in allen Wandlungsprozessen in Bewegung. Eine ähnliche Theorie stellte im alten Griechenland der Philosoph Heraklit auf: die Theorie von einem ständigen Fluß gegensätzlicher Kräfte.

Auf den ersten Blick scheinen die Theorie einer unwandelbaren Seele und das Konzept einer Welt in ewigem Wandel sich zu widersprechen. Durch die Ganzheit des Wandels können jedoch meiner Meinung nach beide Sichtweisen in Einklang gebracht werden. Die hinduistische Sichtweise der Wandellosigkeit ist eine absolute Perspektive, die auf der Erfahrung der hinduistischen Heiligen basiert, nach der die Einheit des Lebens trotz persönlicher, geographischer oder religiöser Unterschiede immer ähnlich erlebt wird. Deshalb sehen die Hindus die Welt der Formen als Illusion an, da kein Objekt in unserer physischen Welt von Dauer ist. Ihre Idee des Absoluten manifestiert sich in ihren vielen Göttern. Diese Götter haben viele komplementäre Eigenschaften, z.B. eine kreative und eine zerstörerische Seite. Für die Hindus zeigt sich die Kontinuität des Wandels in ihrer Lehre von der Reinkarnation: Jede Seele sucht fortwährend nach größerer Ganzheit und inkarniert sich deshalb in einem Körper, bis der Kreislauf des ›Samsara‹ (Geburt, Tod und Wiedergeburt) für die Entwicklung nicht mehr nötig ist.

Für die relative Perspektive der Buddhisten dagegen bedeutet Wandel, daß sich alles ändert. Bleibt man sich dieses dauernden Wandels bewußt, ist die Möglichkeit, sich an etwas zu binden, sehr gering. Diese Fähigkeit des Losgelöstseins von allem, sogar von der Vorstellung von Gott, ist für die Buddhisten ein zentraler Teil ihrer Religion; sie glauben, daß alles Leiden aus Bindung entsteht. Wahre geistige Freiheit ist die Befreiung von allen Bindungen. Die buddhistische Auffassung kontinuierlichen Wandels zeigt sich in ihrem Konzept des Fortlebens des Bewußtseins, durch das das spirituelle Bewußtsein eines Menschen bei seinem Tod übertragen werden kann, wenn er voll bewußt ist.

Sowohl die hinduistische als auch die buddhistische Auffassung lehren uns eine Menge über den Wandel und die Natur der Ganzheit. Betrachtet man die Hindu-Lehre als ein Begreifen der essentiellen Welt und die buddhistische als eine Orientierungshilfe für die existierende Welt, löst sich der scheinbare Widerspruch zwischen beiden Glaubensrichtungen auf. Die essentielle Welt, in der die dem Leben zugrundeliegenen Prinzipien wirksam sind, ist konstant und unveränderlich; deshalb ist die essentielle Welt immer ewig und gleich. Ohne die spirituelle Erfahrung, uns von unserem Ego und seinen Formen loszulösen, kann diese Welt des Ewigen fast nicht erfahren werden.

Die existierende Welt dagegen ändert aufgrund der vergänglichen Natur von Formen im allgemeinen und unserem Bewußtseinsgrad im besonderen dauernd ihre Formen. Je höher wir entwickelt sind, desto weniger brauchen wir den Wandel der Form, da unser Bewußtsein auf die Essenz, und nicht auf die Existenz gerichtet ist. Für die Schüler indischer Heiliger ist es beispielsweise nichts Ungewöhnliches, wenn sie den Körper ihres Lehrers auch dann noch in Meditationshaltung vorfinden, wenn er schon seit Tagen tot ist.

Ich glaube, daß Formen dazu da sind, uns begreiflich zu machen, daß das Festhalten an geliebten Menschen oder Besitz eine Illusion ist, weil all das eines Tages nicht mehr existieren wird. Wenn wir selbst nicht ganz sind, kann uns nichts und niemand glücklich machen. Indem wir die Relativität und Vergänglichkeit der Lebensformen und -situationen vor Augen haben, kommen wir allmählich dazu, uns zu fragen, ob es überhaupt eine ewige Form gibt, mit deren Hilfe wir wahres Glück finden können.

Dieses Hinterfragen brachte viele Menschen schließlich dazu, Gott bzw. das Absolute zu suchen. Die beiden Realitäten der Essenz und der Existenz, der Permanenz und Relativität, sind komplementäre Aspekte der Ganzheit und des Wandels. Jeder Wandel ist auf einer fundamentalen Ebene konstant, und doch ist jeder Wandel als einzigartige existentielle Erfahrung anders. Wahre Ganzheit heißt, daß jeder Ausdruck von Prozeß und Form in das tägliche Leben integriert ist, so daß wir das leben, was wir glauben und umgekehrt. Im weiteren Verlauf dieses Buches werden wir sehen, daß transformierender Wandel den scheinbaren Widerspruch zwischen Essenz und Existenz nicht nur toleriert; für seine Harmonie ist diese Komplementarität sogar notwendig.

Kapitel VI
Die Wissenschaft vom Wandel

Wandel kann verstanden werden als die dynamische Interaktion von Kräften mittels eines Systems des Energieflusses. Nach Aristoteles ist Energie das Medium, das alles in Bewegung bringt. Ich bezeichne dieses Medium als Lebensenergie, um seine vitalen Qualitäten zu betonen und nicht sein funktionalen Seiten, wie das normalerweise in der Physik der Fall ist.* Wenn man an einem klaren Tag früh am Morgen mit entspannten Augen den Himmel anschaut, kann man die Lebensenergie als bogen-ähnliche Bewegung kleiner weißer Punkte sehen. Da die Lebensenergie sehr schnell ist, muß man für sie empfänglich sein, die Augen aufnehmen lassen, anstatt aktiv zu versuchen, die Bewegung zu sehen.

Technisch gesehen ist Wandel der Prozeß und gleichzeitig das Ergebnis sich ändernder, variierender, umwandelnder, modifizierender Lebensenergie. Lebensenergie ist der ›Treibstoff‹ für jeden Wandlungsaspekt und -prozeß. Jeder Wandlungsprozeß funktioniert nur dann richtig, wenn die Energie frei fließt, d.h. wenn sie ihrem natürlichen Lauf folgen kann. Jeder Mensch hat seinen eigenen Weg, und so ist auch für jeden der Energiefluß etwas Einzigartiges.

In ihrem natürlichen Zustand fließt Lebensenergie in, um und durch uns, so wie es der Wandel auf allen Ebenen erfordert.

Der Strom des Wandels

Ich bezeichne den natürlichen Energiefluß im Wandlungsprozeß als *Strom des Wandels.* Er ist für den Wandlungsprozeß und für den Weg zur Ganzheit nötig. Der Wandlungsstrom ist wie ein dynamisches Sammelbecken für jede Art der Energiebewegung, die gesunden Wandel unterstützt, z.B. die Zellerneuerung oder das Heilen eines ›wunden‹ Herzens. Wenn die Energie einem bestimmten

* Im folgenden ist mit dem Wort Energie Lebensenergie gemeint.

Zweck dient, z.B. der Zellerneuerung, wird dieser Prozeß als *zielgerichteter Wandlungsstrom* bezeichnet. Ist die Energie dagegen noch nicht auf bestimmte Aufgaben gerichtet, nennt man sie *frei fließender Wandlungsstrom.*

Auf einer sehr subtilen, medizinisch bisher noch nicht näher bestimmbaren Ebene kann während einer Akupunkturbehandlung der Wandlungsstrom wahrgenommen werden, wenn durch das gekonnte Setzen der Nadeln Energieblockaden, z.B. Schmerz, in einen Energiefluß umgewandelt werden, der sich wie elektrischer Strom anfühlt. Auf biologischer Ebene kann der Wandlungsfluß durch Biofeedback erlebt werden; so werden beispielsweise kalte Hände warm, indem man einfach den Energiefluß durch eine bessere Blutzirkulation verändert. In beiden Fällen wird die Lebensenergie in neue Kanäle gelenkt, die mit unseren natürlichen Prozessen in Einklang stehen, und die Gesundheit wird wiederhergestellt.

Der Wandlungsstrom ist ein lebendiger und spontaner Kanal für den Energiefluß, der beim Sammeln und Verteilen von Energieprozessen immerzu nach Ganzheit sucht. Der Wandlungsstrom fordert uns auf, mit seinem mächtigen, erregenden Fluß in Bewegung zu bleiben; wir können dieser Einladung folgen oder sie ablehnen, ganz wie wir wollen.

Schwingung, Frequenz und Strahlung

Wir wissen aus der Physik, daß alles, vom härtesten Stein bis zum leichtesten Windhauch, aufgrund der ewigen Bewegung atomarer und subatomarer Teilchen ständig in Bewegung ist. Auch die Dinge, die wir als ›fest‹ wahrnehmen, wie z.B. Berge und Gebäude, sind in Wirklichkeit ständig in Bewegung. Alles, was sich bewegt, ist auch dem Wandel unterworfen. Jede Bewegung sendet Wellen von Energie*schwingungen* bzw. -vibrationen aus, so wie eine angezupfte Gitarrensaite schwingt. Die Anzahl dieser Schwingungen pro Zeiteinheit wird als Frequenz bezeichnet. Sowohl der Prozeß, in dem Energie ausgesandt wird, als auch die durch Wellen übertragene Energie sind in der Physik als *Strahlung* bekannt. Wenn zwei Energiesysteme mit der (annähernd) gleichen Frequenz schwingen, sind sie in *Resonanz* (lateinisch resonare = widerhallen, ertönen). Wir stehen in Resonanz mit anderen, wenn wir die gleiche Überzeugung vertreten oder ähnliche Gefühle haben. Die guten ›Schwingungen‹ bzw. die Sympathie, die wir für jemanden empfinden, sind Ausdruck dieser Resonanz.

Energieblockade

Auf der emotionalen Ebene ist Liebe beispielsweise die Yin-Qualität von Offenheit, die den Energiefluß möglich macht. Der freie Ausdruck von Ärger auf der anderen Seite setzt Grenzen, die dem Wandel eine Richtung und Klarheit geben und schafft dadurch einen Yang-Schutz. Aus unserer persönlichen und kollektiven Angst vor dem Wandel heraus versuchen wir, die Kontrolle zu behalten und behindern dadurch diesen natürlichen Fluß.

Wenn wir beispielsweise aus Selbstschutz nicht lieben können bzw. wollen, versuchen wir, den freien Energiefluß zu kontrollieren und verlangsamen dadurch seine natürliche Bewegung. Diese Energiekontrolle behindert automatisch unser Potential für gesunden Wandel, weil sie die Ganzheit stört; der Krankheitsprozeß beginnt. Diese Störung wird oft als *Energieblockade* bezeichnet. Darunter versteht man jede Art physischer, emotionaler, psychischer oder sozialer Behinderung des natürlichen Energieflusses.

Für viele Menschen, auch Körper-Psychotherapeuten, ist ein Energieblock eine Art Damm, der eine fortschreitende Bewegung aufhält (siehe Abb. 7a); dieses Bild ist insofern irreführend, als es den (linearen) Eindruck vermittelt, daß das Blockieren von Energie ein einzelner, separater Vorgang ist, der so lange andauert, bis das Hindernis beseitigt wird. So gesehen wäre Wandel allerdings einfach die Beseitigung dieses Blocks, also das Öffnen des Damms.

In Wirklichkeit ist eine Energieblockade ein dynamischer Prozeß, in den kontinuierlich Energie investiert werden muß, um eine andere Energiebewegung zu behindern. Nach diesem dynamischen Modell verwenden wir unsere eigene Energie dazu, den ›wandlungswilligen‹ Teil in uns aufzuhalten. Stellen wir uns vor, wir möchten auf jemanden zugehen, seine Zuneigung erlangen, ziehen gleichzeitig aber alle Muskeln zusammen. Dieser Konflikt schafft eine Blockade, die vielleicht das ganze Leben anhält (siehe Abb. 7b). Typisch für sehr rigide Menschen ist z.B., daß sie sich zusammenziehen und dadurch den Energiefluß ihres ganzen Körpers verlangsamen; sie können dann kaum noch spontan reagieren und werden steif; der natürliche Muskeltonus ist gestört, und die Folge ist ein hypertonischer Zustand. Sind die Muskeln dagegen zuwenig angespannt und schlaff, wird dies als hypotonisch bezeichnet.

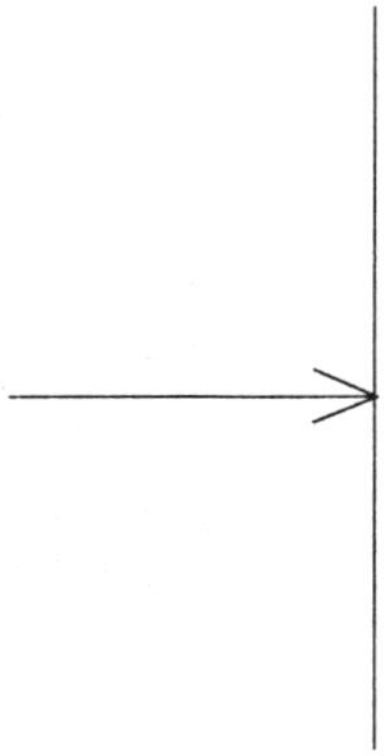

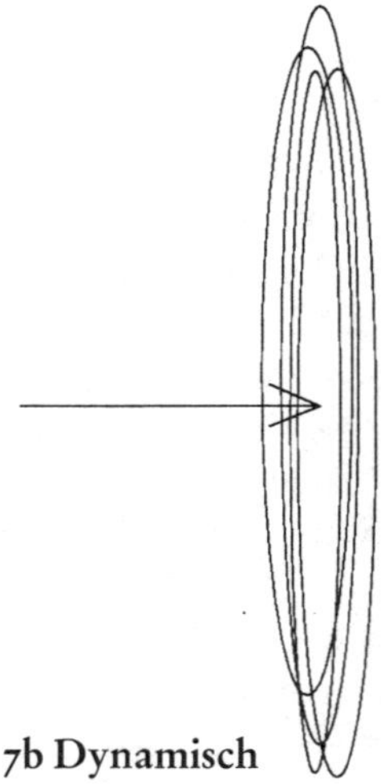

Abb. 7a Linear **Abb. 7b Dynamisch**

Abb. 7.: *Energieblock*

Wellen

In der Physik versteht man unter einer Welle eine Schwingung, die sich in einem Medium, wie z.B. Wasser, von Punkt zu Punkt fortpflanzt, wobei sich die Punkte selbst nicht fortbewegen, wie bei einem Stein, der ins Wasser geworfen wird und Wellen verursacht. Treffen zwei Wellen mit ähnlicher Wellenlänge aufeinander, verstärken sie sich gegenseitig und schaffen eine neue Welle mit einer Amplitude, die der Summe der beiden einzelnen Amplituden entspricht; dies bezeichnet man als *positive Interferenz* (siehe Abb. 8). Eine *negative Interferenz* (siehe Abb. 9) entsteht, wenn zwei Wellen sich gegenseitig aufheben.

Wellen transportieren in einem Energiesystem Informationen. Die Anzahl der Schwingungen pro Zeiteinheit (Frequenz), der Fokus und die Intensität (Amplitude) von Energiewellen werden in jedem Energieprozeß in Information umgesetzt. Jedesmal, wenn

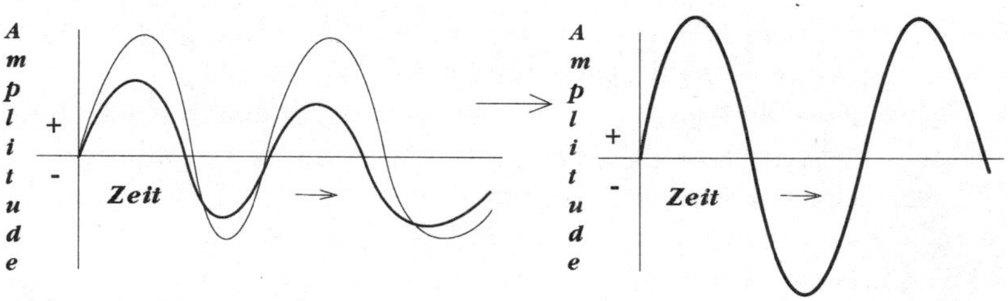

Abb. 8: *Positive Interferenz*

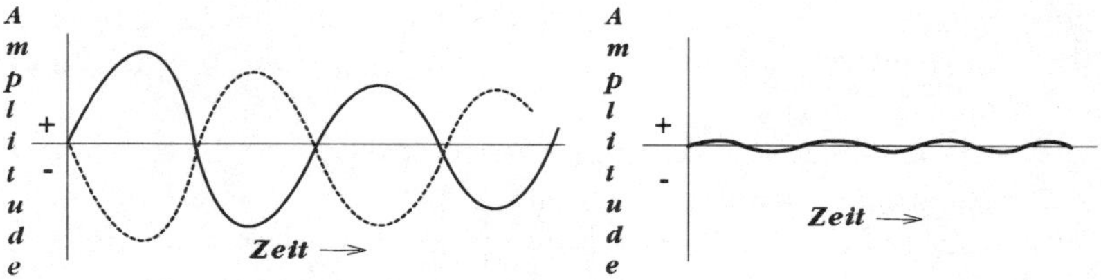

Abb. 9: *Negative Interferenz*

wir bewußt unsere Aufmerksamkeit auf ein Objekt, eine Person oder ein Ereignis richten, senden wir Spannung in Form von Energiewellen in die entsprechende Richtung. Diese Erkenntnis führte zur Entwicklung von Computern, die so programmiert sind, daß sie durch Augenkontakt selektieren können; so können beispielsweise völlig gelähmte Personen durch einen Blick auf ein bestimmtes Ziel dem Computer mitteilen, was sie machen möchten. Durch das Fokussieren von Energie wird das bewußt wahrgenommene Feld kleiner und die Intensität der Energiewellen größer, wie bei einem Laserstrahl: wenn er konzentriert wird, kann er mehr Wärme und Licht erzeugen. Wann immer wir uns auf etwas konzentrieren, gewinnt es an Intensität, Informationsgehalt, Interesse und bekommt schließlich einen Sinn.

Bewußtes Wahrnehmen führt zu größeren Energiewellen und verstärkt so die Intensität der Energie. Die Wellen des Wandels sammeln und verstärken sich, bis sich eine neue Form, eine neue Struktur, ein neues Verhalten etc. entwickelt. Wenn gegenläufige Wellen in etwa gleich groß sind, entsteht eine fest aussehende Form, die als *stehende Welle* bezeichnet wird. Unsere Körper sind eigentlich nichts anderes als ein von einer stehenden Welle geschaffenes Energiefeld. Die Wissenschaft ist der Meinung, daß die *Masse* unseres Körpers in kondensierter Form ungefähr so groß wie ein Senfkorn wäre.* Der Rest ist Energie!

Wenn wir dem Einfluß der Energiewellen Widerstand entgegensetzen, entsteht eine *Wellenbarriere*, wie die Ansammlung von Wasserwellen vor einem Boot. Fast alle Energieblockaden schaffen eine Wellenbarriere gegen gesunden Wandel, die wir überwinden müssen, wenn wir wachsen wollen. Auch ›Ich-Grenzen‹ setzen spiritueller Entwicklung eine Wellenbarriere entgegen, wenn wir zu stark unserem psychischen Selbst verhaftet sind. Ein körperlicher *Panzer* ist ein System von Wellenbarrieren, die den Energiefluß einschränken, wodurch wir körperlich steif werden und emotional feststecken.

Wenn die Wellen des Wandels wieder einsetzen und sich mit der Zeit verstärken, wird gesunder Wandel gefördert (siehe Abb. 10a). Wenn unsere bewußte Wahrnehmung jedoch abnimmt, werden die Wellen immer schwächer (siehe Abb. 10b). Wenn wir uns nicht

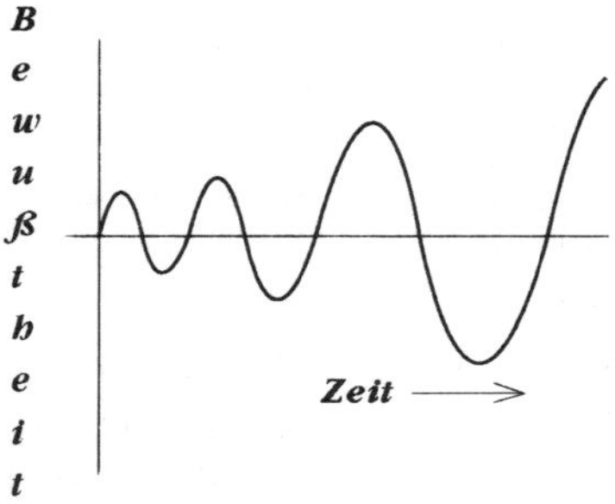

Abb. 10a Verstärkte Welle

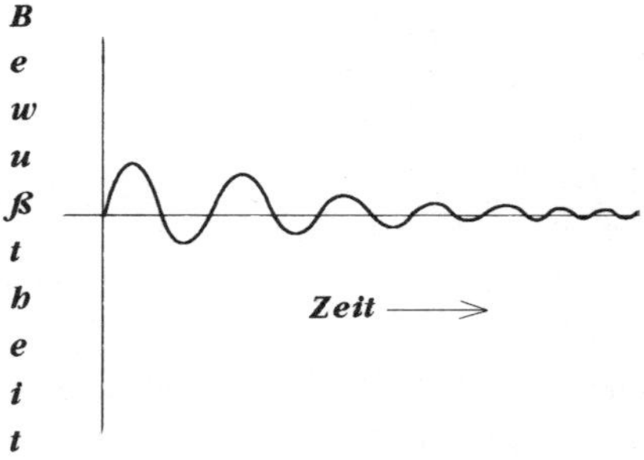

Abb. 10b Kollabierte Welle

Abb. 10: *Diagramm der Bewußtheitswellen*

ganz auf den Wandel einlassen, sind die Wellen des Wandels sehr schwach; wenn wir uns dagegen zu sehr um Wandel bemühen, brechen die Wellen ganz zusammen. Auch wenn wir nicht fokussiert oder wechselhaft sind, wird die gesunde Wellenstrahlung gestört. Für gesunden Wandel müssen diese Wellen durch ein neues bewußtes Wahrnehmen wieder in Bewegung gebracht werden. Oft dauert ein Wandel sehr lang, weil wir ständig unseren Fokus

* nach William Tiller

verlieren. Die Wellen des Wandels können dann nicht so groß werden, daß sie sich zu konkretem Wandel entwickeln. Geliebt zu werden ist z.B. keine einmalige, einzelne Erfahrung, sondern ein Bewußtseinsfeld, das beständig aktiv ist. Sind die Wellen der Zuneigung schwach, unbeständig oder zerstreut, fühlen wir uns als Kind und als Erwachsener nicht vollkommen geliebt.

Bewusstheit und Bewusstsein

Durch die Wellen der Lebensenergie werden Informationen über den Wandel in alle Bereiche unseres Lebens und unserer Außenwelt getragen, so wie Elektrizität über Metalldrähte in die ganze Welt transportiert wird. Die wichtigsten Informationen der Lebensenergie sind die Bewußtheit und das Bewußtsein.

Ich bin der Meinung, daß sowohl die Bewußtheit als auch das Bewußtsein Informationen durch das Aufnehmen (Empfängerfunktion) und Aussenden (Senderfunktion) von Energiewellen durch den Körper übertragen. Auf der physischen Ebene werden diese Informationen durch das Nervensystem gesammelt und verteilt. Noch subtilere und manchmal wichtigere Informationen werden über die Akupunkturmeridiane und Energiezentren (Chakren) verarbeitet. Jedes Chakra ist ein nicht-physisches Zentrum für spezielle Informationen, so wie jede Radiostation ihre speziellen Programme sendet. Entsprechend seinen speziellen Frequenzen empfängt jedes Chakra Energie und strahlt sie wieder aus. Wenn z.B. jemand sagt: »Ich liebe dich«, mag diese Botschaft im Herzchakra zu spüren sein, obwohl sie vom Sex-Chakra kommt; dadurch wird die Information verworren.

Bewußtheit bzw. bewußte Wahrnehmung schafft einen kontinuierlichen und beständigen Strom von Moment-zu-Moment-Erfahrungen und Informationen, die uns dabei helfen, in der Welt zu sein. Sie versorgt uns auch mit den Daten, die wir für unseren Wandel, unser Wachstum und unsere Entwicklung benötigen. So wie Autofahren in der Stadt geht jedoch leider auch Wandel nicht immer kontinuierlich und reibungslos vonstatten. Manchmal geschieht Wandel auch Schritt für Schritt (siehe Abb. 11).Ich würde sagen, daß Bewußtsein sowohl die Erfahrung dieser Wandlungsschwellen und die Wandlungsbewegung selbst als auch der Prozeß und das Ergebnis bestimmter wichtiger Schritte ist. Es ist sowohl ein Seinszustand als auch eine Seinsqualität, die unseren Grad von Ganzheit widerspiegelt. Bewußtseinsebenen sind nicht-lineare Entwicklungsstufen, die unseren Grad von Ganzheit beschreiben. Ein echter spiritueller Lehrer hat einen hohen bzw. vollständigen Bewußtseinsgrad erreicht, weil er selbst sehr ganz und vollständig ist.

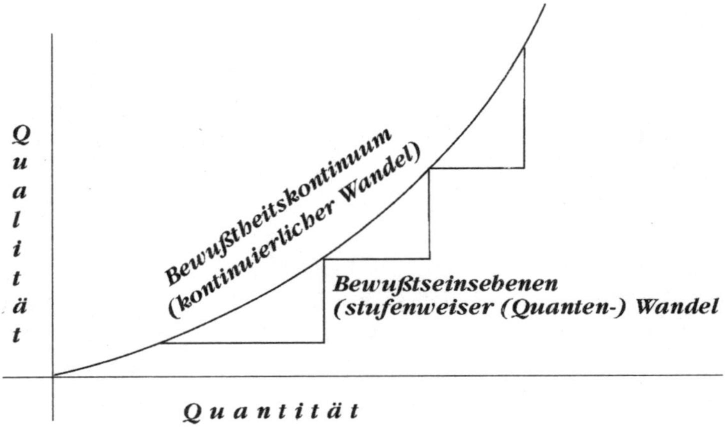

Abb. 11: *Kontiuierlicher und stufenweiser (Quanten-)Wandel*

Obwohl die Begriffe Bewußtheit und Bewußtsein oft austauschbar sind, schlage ich vor, daß wir mit Bewußtheit den Prozeß kontinuierlicher Informationsübertragung bezeichnen, während Bewußtsein der Prozeß und Zustand eines schrittweisen Teilhabens an Informationen ist. Bewußtheit und Bewußtsein arbeiten Hand in Hand. Bewußtheit leitet soviel Information wie möglich weiter; Bewußtsein dagegen selektiert und gibt wichtige Informationen weiter, wenn es nötig und angemessen ist. Wesentliche Fakten werden für die Weiterentwicklung verwendet, relativ unbedeutende Fakten entgehen der sinnlichen Wahrnehmung. Kontinuierliche Bewußtheit eines Wandlungsprozesses führt schließlich zu einer Veränderung des Bewußtseins, die wir spüren und über die wir berichten können.

Die Life Energy Therapy fördert oft eine allmählich zunehmende Bewußtheit, die zu einer merklichen und entscheidenden Veränderung des Bewußtseins führt. Ein Schritt könnte z.B. sein, sich selbst zu lieben und das Rauchen aufzugeben.

Bewußsein ist wie eine Fahrt im Aufzug, die solange dauert, bis ein bestimmes ›Bewußtseins-Stockwerk‹ erreicht ist. Bewußtsein ist ein Teilhaben an Wissen oder Weisheit (je nach Ebene) über die Ganzheit. Bewußtsein läßt uns nicht nur das Feld der Ganzheit wahrnehmen, sondern auch unseren ganz persönlichen, einzigartigen Weg dorthin. Eine Veränderung des Bewußtseins findet dann statt, wenn beständige Bewußtheit uns zu einem Grenzpunkt zwischen einer weniger vollständigen und einer vollkommeneren Bewußtseinsebene bringt. Wenn wir an diesem Grenzpunkt bewußt bleiben, können wir die Schwelle überschreiten, so wie ein Athlet über die Hochsprunglatte springt; wir erleben den Erfolg, gewachsen zu sein. Diese Bewußtseinsveränderung zeigt sich im Ausdruck von Emotionen oder im Finden von Problemlösungen. Neue Bewußtheit über die Bedeutung hinter dem Problem, der Krankheit, dem Unfall auf der physischen Ebene hilft uns, unsere physischen Abhängigkeiten hinter uns zu lassen. Das ist die *Evolution des Wandels*. Auf komplementäre Weise führt uns ein wachsendes Bewußtsein unseres inneren Weges zu einer größeren Bewußtheit unserer physischen Welt. Dies wird als *Involution des Wandels* bezeichnet; darauf wird im folgenden noch näher eingegangen.

Geist

Bei all dem Wandel in und um uns ist es manchmal nicht einfach, gesunden von ungesundem Wandel zu unterscheiden. Doch zum Glück gibt es in uns einen stabilen Referenzpunkt, der unserer Wahrnehmung die Richtung weist. Dieser zentrale Punkt ist unser *Geist*. In der L.E.T. wird der Geist als die einzigartige persönliche Energievibration betrachtet, die uns im physischen Raum-Zeit-Gefüge identifiziert. Unser Geist ist wie ein Leitstern, der uns in den manchmal stürmischen Gewässern des Wandels den Weg zeigt. Technisch gesehen empfängt unser Geist Energiewellen mit seinen speziellen Frequenzen und strahlt sie wieder aus; wie bei einer Zweiweg-Radiostation werden Informationen übertragen und empfangen. Der Geist hat eine einmalige, einzigartige Aufgabe: Er ist das Medium zwischen dem universalen Feld und der physischen Welt. Er stimmt sich auf die Botschaften der Ganzheit ein und fungiert während unseres Daseins auf der Welt als ›Wellen-Führer‹. Durch eine Reihe von Prozessen werden diese Informationen über die Ganzheit nach unten weitergegeben, vom spirituellen Selbst an das psychische Selbst und schließlich über Emotionen und Verhaltensweisen an den Körper. Das Hara dient als Zentrum für die Übertragung der Ganzheit in die Welt der Transaktionen mit anderen Menschen und Dingen. Obwohl jede Ebene der In-formation eine spezielle Form benötigt, bleibt die Botschaft der Ganzheit doch die gleiche. Es ist beispielsweise schwierig, tiefsitzende, unterdrückte Emotionen durch Meditation aufzuarbeiten, da die Eenrgiefrequenzen von Emotionen und dem Meditationsprozeß ganz unterschiedlich und oft nicht miteinander vereinbar sind.

Unser Geist ist unsere Essenz. Wenn wir mit ihm in Kontakt sind, sind alle unsere Handlungen, Gedanken oder Gefühle klar und ohne Schwankungen. Unser Geist gibt uns die Stabilität, die nötig ist, um mit Lebenskrisen ohne Zaudern und Unschlüssigkeit fertig zu werden. Leider haben viele Menschen den Kontakt mit ihrem Geist verloren. Wir haben gelernt, uns dem Außendruck des sozialen Umfelds anzupassen; wir haben gelernt, nicht wir selbst zu sein. Diese Verwirrung zwischen dem, was wir als Essenz sind und dem, was wir im Leben tun, schafft eine Spaltung, die zu einer spirituellen und psychischen Störung führt.

Analog der chemischen Terminologie bezeichne ich die Energiemenge, die für gesunden Wandel erforderlich ist, als unser *Wandlungspotential*. Das *Integritätspotenial* ist ein Maßstab für unsere Stabilität und Entschlossenheit, ganz zu sein. Die Energiemenge, die für eine Ablenkung von unserem Geist und unserem geistigen Weg nötig ist, ist das *Trennungspotential*. Viele Menschen brauchen nur sehr wenig Energie, um sich vom Weg ihres psychischen Wachstums und der geistigen Transformation, die für sie angeblich wichtig ist, abzulenken; unser Trennungspotential ist also sehr gering. Es ist wie in einem Atom: Je stärker unser Hara (der Kern) ist, desto klarer sind wir uns über unseren Wandel und unsere Bereitschaft, im Wandel bleiben zu wollen; je größer diese Entschlossenheit ist, desto höher ist das Integritätspotential. Eine starke Verbindung mit unserem Geist erhöht sowohl das Integritäts- als auch das Trennungspotential, und so bleibt unsere Ganzheit stabil; gleichzeitig wird das benötigte Wandlungspotential geringer, und gesunder Wandel kann leicht eintreten.

FELD

Wie magnetische Wellen erzeugt eine beständige Energiebewegung ein Feld. Unser Geist strahlt seine Energie durch den Körper und erzeugt damit ein Energiefeld; in der Esoterik wird dieses Feld Aura genannt. In der Physik versteht man unter einem Feld den Einfluß einer Kraft in einem bestimmten Raum, z.B. der Magnetismus. Legt man kleine Eisenspäne zwischen zwei entgegengesetzt geladene Hufeisenmagneten, verteilen sich die Späne und ordnen sich zu einem ovalen Feld an.

Forschungsarbeiten über das Phänomen der Aura auf dem Gebiet der Kirlianphotographie lassen den Schluß zu, daß jedes Objekt Energie aussendet und daß dieses Kraftfeld um jedes Objekt sichtbar sein kann. Dies deutet darauf hin, daß unsere Aura bzw. unser Energiefeld lebendiger und dem Wandel zugänglicher ist als unbelebte Objekte, z.B. ein Fels. Aus der Physik ist bekannt, daß alle Felder unabhängig von ihrer Natur auch aufeinander einwirken, woraus man folgern kann, daß durch die Feldkräfte die meisten, wenn nicht sogar alle Dinge auf der Welt miteinander eine Art energetische Verbindung haben.

Ich stelle die Behauptung auf, daß jedes Feld, unabhängig von seiner Größe oder seinem Einfluß, ein primitives Bewußtsein von Ganzheit hat; ansonsten könnte es nicht alles in seiner Reichweite klar und präzise beeinflussen. Genauso ist jedes Teilchen im Einflußbereich eines solchen Feldes sich auf primitive Art und Weise seines Platzes in der Ganzheit des Feldes bewußt. In unserem Körper steht beispielsweise jedes Teilchen einer jeden Zelle ständig in Verbindung mit anderen Teilchen der gleichen Zelle, sonst könnte keine Zelle ganzheitlich funktionieren. Auf der unbelebten Ebene bewegen sich Eisenspäne, die zu unterschiedlichen Zeitpunkten zwischen zwei Magnete gelegt werden, immer in verschiedene Richtungen. Irgendwie müssen sie wissen, wohin sie zu gehen haben, aber wie? Ich denke, daß sie auf ein ganzheitliches Feld (Magnetismus) reagieren und sich ihren Platz in diesem Feld immer ›erfühlen‹. Das heißt allerdings nicht, daß jedes Feld oder Feldelement sich seiner Wahrnehmung so bewußt ist, wie wir es sind.
Unser Geist handelt ähnlich und zieht immer genau diejenigen Leute und Situationen (›Späne‹) an, die wir für unser Wachstum brauchen. Ich bin der Meinung, daß diese Anziehung über Energie-

frequenzen geschieht. Wir senden über unsere Aura und unsere Chakras unsere ganz persönliche, einmalige Frequenz in die Welt und errichten so ein Energiefeld. Dieses Feld wird auf indirekte Weise durch unsere Emotionen, Verhaltensweisen und geistigen Einstellungen, die mit unserem Geist in Verbindung stehen, noch verstärkt. Der Psychologe Kurt Lewin entwickelte in den 30er und 40er Jahren den Gedanken, daß unser Verhalten eine Funktion des gesamten psychischen Feldes ist, das er als Lebensraum bezeichnete. Ich glaube, daß das spirituelle Feld viel wesentlicher und bedeutender ist als das psychische und das soziale Feld, durch die unser Geist agiert.

Was die empfängliche Seite betrifft, können manche Menschen uns eher aufgrund unserer äußeren Erscheinung akzeptieren. Jeder Mensch hat Sende- und Empfangskanäle (Bewußtseinsebenen), die offen sind, und andere, die geschlossen sind. Unser Geist hilft uns zu erkennen, welche dieser Kanäle offen sind und welche noch ein wenig geöffnet werden müssen. Er bringt uns in bestimmte Situationen und mit bestimmten Menschen zusammen und gibt uns dadurch ein Feedback darüber, inwieweit diese Kanäle geöffnet sind und wieviel Information über diese Kanäle unser Bewußtsein erreicht.

Wandel unterliegt den Gesetzmäßigkeiten von Energiefeldern, die in direkter Beziehung zum Beswußtseinszustand stehen. Eine niedrigere und damit weniger vollständige Bewußtseinsebene erzeugt und erhält Felder, die genau dieses Bewußtseinsniveau unterstützen. Wer beispielsweise den ganzen Tag nur fernsieht, um der Realität auszuweichen, entwickelt sinnliche, psychische und soziale Felder, die dies unterstützen. Bei ihm wird sich jede Erfahrung um das Fernsehen drehen. Die Medien werden wiederum Ideen und Vorstellungen prägen, z.B. über Liebesbeziehungen, Geld etc. Auf diese Weise beeinflussen die geschaffenen Felder uns noch mehr und halten die gleiche Bewußtseinsebene aufrecht. Evolutionärer Wandel ist dann kaum noch möglich.

Wenn wir dagegen bewußter sind, suchen wir Erfahrungen, an denen wir wachsen können und die zu größerer Ganzheit führen. Wir sind dann fähig, über die Erhaltungsebene hinauszugehen und unsere Energie für neue Wandlungserfahrungen zu nutzen.

Das universelle Feld der Ganzheit

Wie die winzigen Eisenspäne im Magnetfeld werden auch wir auf allen Ebenen von Kraftfeldern beeinflußt. Das *Körperfeld* beispielsweise sorgt dafür, daß wir trotz aller körperlichen Veränderungen *wir* selbst bleiben. Mit Hilfe des *Gedankenfeldes* wiederum ist es uns möglich, uns zu erinnern, auch wenn tagtäglich Gehirnzellen absterben. Jedes Feld in uns und im Universum ist in sich eine Energieganzheit, die jeden Prozeß in ihrem Bereich beeinflußt. Das Ergebnis all dieser Felder in und um uns ist eine relativ stabile und doch flexible Ordnung und Harmonie. Felder, die hauptsächlich natürliche Funktionen aufrechterhalten, z.B. biologische Felder, sind weniger dem Wandel unterworfen als psychische oder soziale Felder, die miteinander in Beziehung stehen. Die Kontinuität des Energieflusses und die Erhaltung bzw. Verstärkung der Ganzheit bei jedem gesunden Wandel ist abhängig von dem Wechselgefüge dieser Felder, von denen manche sehr stark sind, z.B. die Schwerkraft, andere dagegen relativ schwach, z.B. ein biomagnetisches Feld um eine Blume. Eines der wichtigsten Felder bezeichne ich als das *universelle Feld der Ganzheit* oder das *universelle Feld des Bewußtseins*. Ich habe die Theorie aufgestellt, daß dieses Feld ein nichtphysikalischer Energieeinfluß ist, der uns durch das Bewußtsein und die Bewußtheit fortwährend über relative und absolute Ganzheitsstadien informiert wie ein hochentwickeltes Feedbacksystem. Dieses universelle Bewußtsein entspricht in etwa der kosmischen Intelligenz in der Esoterik oder dem Gott der Gläubigen. Das universelle Feld richtet alle Wandlungsprozesse auf die Ganzheit aus. Unser Geist ist die persönliche Manifestation dieses universellen Feldes in uns. Im spirituellen Sinn sind wir ein lokaler Teil des universellen Feld-Hologramms, das sich replizieren kann, wenn wir ganz werden, so wie ein einzelnes Gen uns auf biologischer Ebene reproduzieren kann.

Im Gegensatz zum Gottesbegriff ist das universelle Feld ein dezentralisierter Informations- und Energieaustausch-Prozeß. Auf den niedrigeren, eher physischen Energieebenen wird Information durch ein nicht-lineares Netzwerk mit verschiedenen Stationen übertragen. Jedes Ding im Universum weiß auf seine eigene Art um seine Funktion und Aufgabe. Träge Materie funktioniert nach ›Naturgesetzen‹, während biologische Organismen darüber hinaus mehr Information miteinander teilen können. Wir kommunizieren, spüren, fühlen, nehmen wahr und haben übersinnliche Wahrnehmungen. Ich bin der Meinung, daß auf höheren Energiefrequenzen Information mit unglaublicher Geschwindigkeit übertragen wird, vielleicht sogar höher als die Lichtgeschwindigkeit (superluminal). Auf noch höheren Frequenzen ist der Informationstransfer nicht einmal mehr nötig, da In/Form/Ation dort bereits in einem transformierten, also die Form überschreitenden Zustand vorhanden ist.

Der spirituelle Weg und seine Erfahrungen sind sowohl der Prozeß als auch das Ergebnis von Informationstransfers und -transformationen. Wir brauchen den Informationstransfer, damit wir uns an das Wissen erinnern können, das wir bereits über die Ganzheit haben, auf das wir jedoch nur dann vollständig Zugriff haben, wenn wir es vollverantwortlich und mit Freude annehmen können. Der Geist ist eine Art Orientierungshilfe für transferierte und transformierte Information und richtet uns auf die ewige Weisheit des universellen Feldes aus.

Energiekonstellation

Wenn zwei oder mehrere lokale Felder mit dem universellen Feld interagieren, wird ihre Gestalt als Energiekonstellation bezeichnet. Solche Konstellationen können sich sowohl positiv unterstützen als auch negative und zerstörerische Auswirkungen aufeinander haben. Jede Konstellation ist ein einzigartiges Aufeinandertreffen von speziellen Feldern zu einem speziellen Zeitpunkt. Die meisten Konstellationen im Wandlungsprozeß sind freie Formen, wie z.B. zwei potentielle Liebespartner, die sich auf der Straße treffen. Damit sich aus diesem anscheinend zufälligen Treffen tatsächlich eine Liebesbeziehung entwickelt, müssen mehrere wichtige Elemente vorhanden sein. Jeder der beiden potentiellen Partner muß sich darüber klar sein, daß dies eine wichtige Konstellation ist, auch wenn er das nicht notwendigerweise verbalisieren muß. Außerdem müssen sich beide klar darüber sein, wo sie in ihrem eigenen Leben stehen und was sie von sich selbst und dem anderen wollen. All das wird in einem einzigen kurzen Blick zum Ausdruck gebracht. Sind einer oder beide sich über die Möglichkeiten des Augenblicks nicht klar, wird sich keine Beziehung entwickeln. Amüsiert lese ich manchmal Anzeigen in der Zeitung, in denen jemand, der eine solche Gelegenheit im Zug oder in einem Konzert verpaßt hat, wieder Kontakt aufnehmen möchte. Die Wandlungskonstellationen warten nicht auf uns. Wenn wir uns zum entscheidenden Zeitpunkt nicht der Wichtigkeit des Moments bewußt werden, kann dieser Augenblick nicht wiederkehren. Manchmal passiert es, daß eine Situation sich in ähnlicher Weise wiederholt, manchmal ist es eine einmalige Gelegenheit. Je mehr wir uns bewußt sind, wer wir sind (Geist) und wie uns Menschen und Situationen durch ihre Interaktion in verschiedenen Feldern beeinflussen, desto eher können wir Schlüsselkonstellationen erkennen. Das universelle Feld gibt uns fortwährend ein Feedback über Ganzheit in einem transpersonalen Sinne; lokale Felder, z.B. emotionale Reaktionen zwischen zwei Menschen, spiegeln die Gestalt-Formen in uns wider, die nach Vollendung streben.

In meinen Workshops unterstütze ich manchmal die Entwicklung von bestimmten Energiekonstellationen durch bestimmte Konfigurationen: ich lasse die Teilnehmer stehen, knien, sitzen oder sich hinlegen, um eine bestimmte Konstellation auszulösen. Manchmal scheint mir eine klassische Form, z.B. ein Kreuz, oder eine neu entwickelte Form angebracht, um eine Gruppe bei ihrer Entwicklung zu unterstützen. Jede Konstellation ist trotz der manchmal vorgeschriebenen Konfiguration einzigartig, je nachdem wie und mit wem sie gebildet wird.

Lebensbotschaften

Das universelle Ganzheitsfeld interagiert kontinuierlich mit unserem spirituellen Feld und überträgt dabei spezielle Informationen, die für unser spirituelles Wachstum sehr wichtig sind, die sogenannten *Lebensbotschaften.*

Lebensbotschaften sind die kollektiven Signale übertragener Informationen von tagtäglichen Ereignissen, die anzeigen, wie weit wir uns auf den Wandel einlassen. Autounfälle, Krankheiten, zufällige Treffen und andere sogenannte Zufälle – all das sind Prozesse des Netzwerkes der Lebensbotschaften. Lebensbotschaften sind Informationspakete, die aus dem Aufeinandertreffen oder dem Überschneiden von Energiefeldern resultieren (siehe Abb. 12).

Um diese Informationen zu erfahren, müssen wir an dieser Schnittstelle klar und offen sein, sonst geht eine eventuelle Nachricht verloren. Lebensbotschaften sind die alltäglichen Lehrer, die uns zu einem umfassenderen Bewußtsein führen, wenn wir die Rolle des Schülers akzeptieren. Wie groß das Potential dieser Informationen ist, hängt von unserem Bewußtheitsgrad ab. Wenn wir nicht auf diese Energiebotschaften hören wollen, sorgt das dem Wandlungsprozeß innewohnende Feedbacksystem dafür, daß sie allmählich immer schwächer werden. Dieses System sendet uns nur so viel Informationen, wie wir verarbeiten können. Je offener wir für den Wandel sind, desto mehr Wandlungsbotschaften empfangen wir.

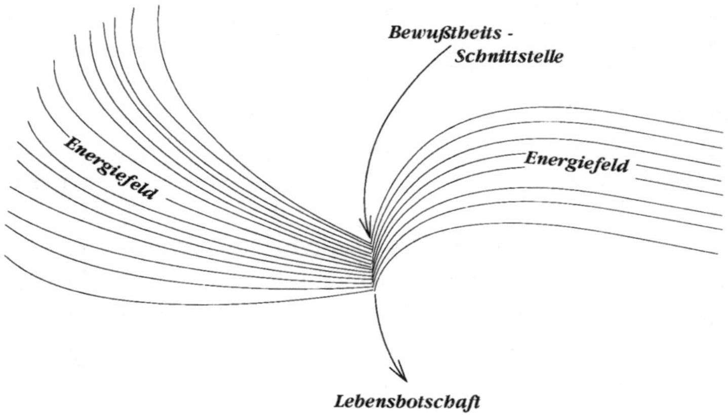

Abb. 12: *Energiefeld/Bewußtheits-Schnittstelle*

Viele spirituelle Schüler suchen Führung und Feedback von einem Lehrer. Wenn wir den Wandel und die Evolution nicht selbst hinterfragen, führt dies leicht zur Abhängigkeit. Das Verständnis der Dynamik und Bedeutung von Lebensbotschaften ist eine unschätzbare Hilfe für unser eigenes spirituelles Feedback. Wir brauchen nicht auf einen Lehrer zu warten, wenn wir bereit sind, auf andere Weise zu lernen.

Fluss- und Nebenflussbotschaften

Es gibt drei sich nicht ausschließende Hauptkategorien von Lebensbotschaften, die uns über unser Verhältnis zum Wandlungsfluß informieren: Haupt-/Nebenbotschaften (siehe Abb. 13), Mikro-/Fokusbotschaften und Erhaltungs-/Transzendenzbotschaften. Flußbotschaften signalisieren uns, daß wir mit dem natürlichen Wandlungsfluß gehen; sie manifestieren sich als Leichtigkeit, Einfachheit und ein Gefühl der Vollständigkeit. Man stelle sich vor, man wolle sich neue Kleider kaufen und fände einfach nicht das Passende. Meistens wird man dann ärgerlich, aber diesmal nimmt man es einfach hin. Und kurz darauf findet man um die nächste Ecke einen kleinen Laden mit genau den passenden Sachen. So etwas wird oft als Zufall bezeichnet, weil man es nicht erklären kann.

Meine Erfahrung ist, daß die Bereitschaft, etwas loszulassen, was das Ego will, Energie für neue Möglichkeiten freisetzt. Loslassen heißt, den Wandlungsprozeß in uns wirken zu lassen anstatt zu versuchen, Wandel zu schaffen.

Ein andermal fährt man vielleicht mit dem Auto los und merkt, daß alle Ampeln grün sind; es ist ein komisches Gefühl, man kann es fast nicht glauben. Viele Menschen halten immer gleich nach der roten Ampel Ausschau, damit es ihnen ja nicht zu gut geht. Diese Erwartungshaltung ist oft daran schuld, daß wir tatsächlich auf allen Ebenen aufgehalten werden!

Nebenbotschaften auf der anderen Seite zeigen uns, daß wir uns nicht mit dem Wandel bewegen: Die Schwierigkeiten, Krankheiten, Autounfälle etc. zeigen uns, daß wir nicht im Wandlungsfluß bleiben wollen. Ich war einmal mit einer Klientin, Anna, am Züricher Flughafen. Wir warteten beide auf unseren Flug. Da bemerkte ich draußen einen kleinen Vogel, der in den Wartesaal fliegen wollte. Immer wieder probierte er es und merkte nicht, daß das durchsichtige Glas eine Barriere war. Auch Anna versuchte immer wieder, Geschäfte zu machen, wenn die Zeit dafür noch nicht reif war, und gab dann frustriert auf. Ich machte sie auf den Vogel aufmerksam und fragte sie, ob sie irgendeinen Zusammenhang mit ihrem eigenen Verhalten sah; ihr wurde ihre eigene Dickköpfigkeit und Blindheit in ihrem Leben bewußt, und sie fing an zu weinen.

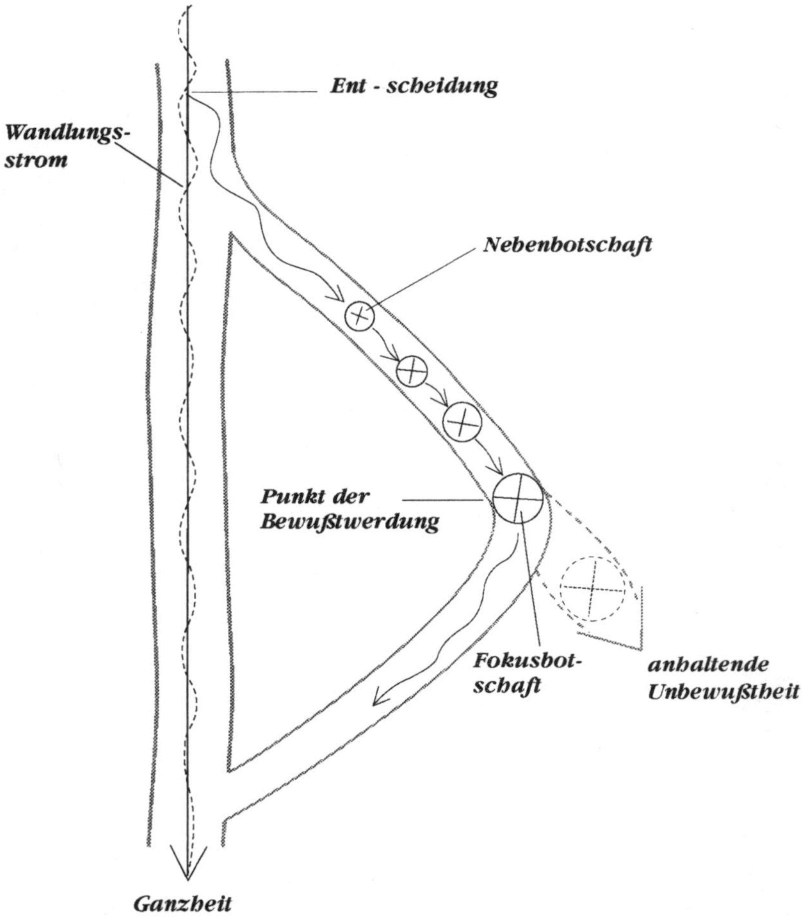

Abb. 13: *Wandlungsstrom*

Nebenbotschaften wie der kleine Vogel machen uns schmerzhaft bewußt, was wir uns selbst antun, wenn wir versuchen, den Wandlungsprozeß umzulenken. Jede dieser Botschaften von außen stellt für uns eine Chance dar, sie auf unser eigenes Leben zu übertragen, um wieder zum natürlichen Wandlungsfluß zurückzukommen. Solche Nebenflußbotschaften können auch von innen kommen, als Krankheit, Unbehagen oder Schmerz. Viele Krankheiten sind Ausdruck dieser inneren Botschaften. Jede Krankheit ist ein Kompromiß zwischen einem Teil von uns, der nach außen kommen muß, und einem anderen Teil, der aus Angst zurückgehalten wird; die Folge ist ein körperliches Problem, weil wir die eigentliche Problematik nicht direkt angehen. Viele Erkältungen, Allergien, aber auch Krebserkrankungen entstehen oder werden verstärkt, weil wir Emotionen zurückhalten. Krebs ist oft eine Nebenbotschaft, die zeigt, daß wir keine Freude mehr fühlen und Ärger und Trauer nicht ausdrücken wollen. Erkältungen sind oft ein Kompromiß zwischen Trauer und der Unverträglichkeit von Milchprodukten. Allergien wiederum sind oft die Folge von zurückgehaltenem Ärger und einer Empfindlichkeit gegenüber einer durch Giftstoffe belasteten Nahrung und der Luftverschmutzung. Wenn wir uns dieser Emotionen und Gifte bewußt werden, können wir uns mit diesen Problemen auseinandersetzen und uns oft selbst heilen.

Mikro- und Fokusbotschaften

Die in den Lebensbotschaften enthaltene Information ist nicht immer gleich stark; deshalb verblassen weniger wichtige Botschaften einfach, nachdem sie empfangen wurden. Diese winzigen Signale bezeichne ich als *Mikrobotschaften*. Sie übermitteln uns Informationen über die kleinen, aber immer wiederkehrenden Prozesse, die für das Funktionieren des Körpers in jedem Augenblick notwendig sind. Das Sinken des Blutzuckerspiegels ist beispielsweise eine solche Mikrobotschaft. Ein leichtes Absinken ist nicht weiter schlimm, sondern erhöht nur auf einer sehr feinen Ebene das Körperbewußtsein. Werden diese Botschaften ignoriert, weil man gerade mitten in der Arbeit steckt, werden diese Mikrobotschaften zu *Fokus-* oder *Brennpunktbotschaften* und machen darauf aufmerksam, daß man etwas essen sollte. Diese Brennpunktbotschaften sind hartnäckiger und machen uns wichtigere Dinge bewußt. Sie sind immerhin so stark, daß sie in den Brennpunkt unserer Aufmerksamkeit rücken. Wer gerade im Auto sitzt, wird vielleicht mehr nach Restaurants Ausschau halten oder bereitet sich in Gedanken schon zu Hause ein leckeres Essen.

Lebensbotschaften, die für die Erhaltung und Fortführung des Wandels wichtig sind, werden einfach *Erhaltungsbotschaften* genannt. Sie unterstützen die funktionale Integrität unseres Lebens, besonders was biologische, emotionale und soziale Aspekte anbelangt. Homöostatische Botschaften wie z.B. Hunger, Streß oder soziale Normen halten in diesen Bereichen ein Gleichgewicht aufrecht, so daß wir unsere Aufmerksamkeit auf die zu entwickelnden Bereiche in unserem Leben richten können. Diese Signale können sowohl Haupt- als auch Nebenqualitäten haben; sie zeigen uns, ob unser Tun mit den Funktionen, die den Wandel erhalten, fließt oder nicht. Sie können sich auch als Mikrobotschaften manifestieren, um biologische Erhaltungsfunktionen wie beispielsweise den Blutzufluß zu beeinflussen, oder sie sind auf einen Brennpunkt gerichtet, wenn man sich z.B. in den Finger schneidet und sofort etwas unternehmen muß.

Im Gegensatz dazu sind Tranzendenzbotschaften dazu da, uns über einfache Erhaltungsfunktionen hinaus in Entwicklungs- bzw. Wachstumsprozesse zu bringen. Transzendenzsignale wiederholen sich, auch wenn sie das erste Mal nicht bemerkt werden, und zwar immer stärker, so daß wir sie schließlich akzeptieren müssen. Oft schenken wir ihnen keine Beachtung, weil wir eigentlich weiterhin die Kontrolle über unsere bisherige Lebensweise behalten wollen. Solch evolutionäre Botschaften geben uns jedoch immer wieder einen Schubs, damit wir wachsen und bewußter werden. Anfangs bestehen diese Mikro-Nebenbotschaften aus kleinen frustrierenden Signalen, wenn wir zuviel tun wollen und dadurch vom Weg abkommen. Hören wir nicht darauf, erhalten wir meistens eine Fokusbotschaft, beispielsweise in Form einer Krise oder eines Autounfalls, bis wir uns endlich mit unserem jetziges Leben konfrontieren.

Vor vielen Jahren arbeitete ich einmal mit Charles, der sein Leben nicht sehr hoch einschätzte. Im Verlauf der Therapie erzählte er mir eines Tages, daß am Vortag fast die Bremsen seines Wagens versagt hätten. Ich forderte ihn auf, über die Verbindung zu seinen zurückgehaltenen Gefühlen nachzudenken. Er wollte keinen Zusammenhang sehen. Ungefähr drei Wochen später erzählte er mir, daß sein Steuerrad plötzlich abgegangen war, als er gerade in eine rechte Kurve fuhr. Wieder lehnte er jeden Zusammenhang mit seinem Leben energisch ab. Ich warnte ihn, daß er buchstäblich sein Leben aufs Spiel setzte, wenn er sich die gefährlichen Situationen, in die er sich laufend hineimanövrierte, nicht endlich bewußt machte. Ohne ein Wort zu sagen, stürmte er ärgerlich aus der Praxis. Einen Monat darauf rief er mich an, mit zitternder Stimme. Er wollte eines Morgens gerade zur Arbeit losfahren, als ein Mann über die Straße kam, sich vor Charles' Auto stellte, ihn anschaute – und tot umfiel.

Selbstverständlich sind nicht alle Transzendenzbotschaften so dramatisch; es passiert jedoch gar nicht so selten, daß sie zum physischen Tod oder dem psychischen Tod des Egos führen, wenn wir sie nicht wahrnehmen wollen, solange sie weniger intensiv sind. Andererseits empfangen wir auf dem spirituellen Weg oft immer intensivere Haupt- und Nebenbotschaften, gerade *weil* wir auf die schwächeren hören. Die Transzendenzbotschaften werden stärker, weil wir bereit sind, ganzheitlicher zu leben.

Kapitel VII
Typologie des Wandels

Wandel kann uns auf unendlich vielfältige Art und Weise beeinflussen, er ist manchmal eher innerlicher, manchmal äußerlicher Natur, er kann gesund oder ungesund sein, je nachdem ob er die Ganzheit unterstützt oder stört. Es gibt vier Hauptkategorien, die ich als *erhaltenden, interaktiven, transzendierenden* und *zyklischen Wandel* bezeichne. Diese übergeordneten Bereiche habe ich nochmals in unterschiedliche Wandlungstypen unterteilt, die ich für wesentlich halte. Meine Aufstellung erhebt jedoch nicht den Anspruch auf Vollständigkeit. Zum einfacheren Verständnis habe ich eine Reihe von Diagrammen entwickelt, die die grundlegende Energiebewegung eines jeden Wandlungstyps beschreiben. Wandel hat zwar keine bestimmte Bewegung, ich habe aber zum besseren Verständnis gesunden Wandel als eine gebogene Pfeilbewegung dargestellt und alle anderen gesunden Wandlungsbewegungen als Manifestationen dieser fundamentalen Bewegung beschrieben (siehe Abb. 14). Ungesunder Wandel wurde als lineare Pfeilbewegung schematisiert, die den Mangel an organischem Fluß anzeigen soll. Schleifenförmige Strukturen () in manchen Diagrammen weisen auf einen energetischen Prozeß an diesem Punkt hin. Größere Schleifenbewegungen () stellen zyklische Energieströme dar, spiralige einen kontinuierlichen Fluß von niedrigeren zu höheren () Energiefrequenzen (Evolution) oder umgekehrt (Involution) (). Konzentrische Kreise (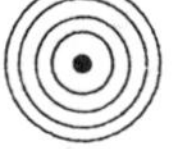) bezeichnen Entwicklung. Punkte (⋮) deuten einen minimalen Energiefluß an; eine gerade Linie (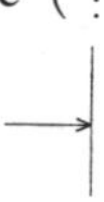) senkrecht zum Energiefluß stellt eine Energieblockade dar.

Abb. 14: *Hypothetische Wandlungsbewegung*

Erhaltender Wandel

Erhaltender Wandel (siehe Abb. 15) ist jede Art von Wandel, die ein Gleichgewicht erhält. Unter diese Kategorie fallen beispielsweise in der Physik das Gesetz von der Erhaltung der Energie und das Gesetz von der Erhaltung der Materie, welche besagen, daß in einem geschlossenen System die Menge an Energie bzw. Materie konstant bleibt. Erhaltender Wandel kommt aber auch in offenen Energiesystemen wie dem menschlichen Körper vor; als Beispiel sei dafür die Homöostase genannt, die physiologische Tendenz zur Erhaltung der inneren Stabilität trotz störender Einflüsse, z.B. Temperaturschwankungen. Auch das kontinuierliche Absterben und Erneuern der Körperzellen, das wir kaum wahrnehmen, ist ein erhaltender Wandlungsprozeß. Erhaltender Wandel reduziert extreme Unterschiede von Prozeß und Form und bewahrt dadurch unsere Ganzheit auf grundlegenden Ebenen energetischer Prozesse.

Erhaltender Wandel sorgt für eine gewisse Konstanz des Energieflusses in einem bestimmten System und unterstützt so den Status quo. Meiner Meinung nach wird diese Konstanz durch Energiefelder aufrechterhalten und reguliert, die Informationen anziehen und ausstrahlen.

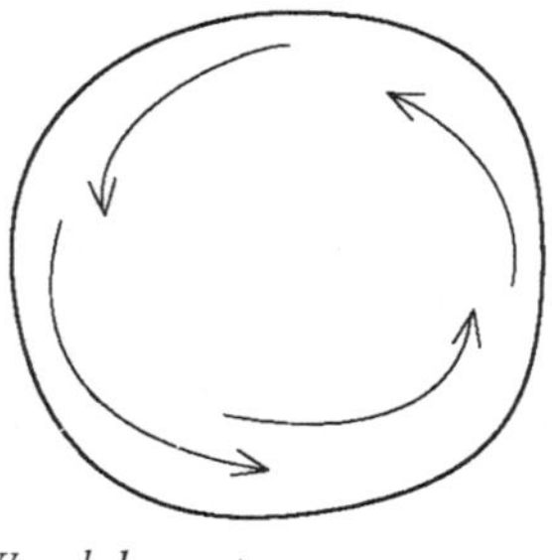

Abb. 15: *Erhaltender Wandel*

Auch bei der Erhaltung unseres Gedächtnisses und unserer Denkmuster spielt erhaltender Wandel eine Rolle. Auf psychologischer Ebene macht erhaltender Wandel es möglich, durch das Ego einen stetigen Sinn dafür zu bewahren, wer wir sind. Dies ist besonders dann der Fall, wenn wir am Ego festhalten, um unsere Identität nicht zu verlieren. Auch auf dem spirituellen Weg ist unser

Ego noch immer organisiert oder definiert; es verliert allerdings immer mehr an Bedeutung, da für uns die Identifikation mit unserem Geist essentieller wird.

In der Erhaltung finden wir sowohl das Wandlungs- als auch das Konstanzelement; beide sind für gesunden Wandel nötig; sobald eines dominiert, entstehen ungesunde Bedingungen.

Interaktiver Wandel

Je komplexer Wandel wird, desto mehr treten die einzelnen Prozesse miteinander in Interaktion und beeinflussen sich gegenseitig, so wie ein verstärktes Wandlungsgeschehen in der Außenwelt unseren Austausch mit anderen Menschen und Dingen intensiviert.

Eric Berne und andere haben eine außergewöhnliche Studie über psychologische und soziale Transaktionen in der Transaktionsanalyse (TA) durchgeführt. Für uns sind jedoch nicht die verschiedenen psychologischen Transaktionsebenen von Interesse, sondern die unterschiedlichen Energietypen in Wandlungsinteraktionen.

Interaktiver Wandel ist ein Überbegriff für mehrere Wandlungsarten, in deren Mittelpunkt die Wechselbeziehung zwischen zwei oder mehr Energiesystemen steht. Zum interaktiven Wandel gehören: *Austausch, transferierender Wandel* und *zentrierter Wandel.*

Austausch

Austausch ist eine der einfachsten Wandlungsinteraktionen (siehe Abb. 16). Unter Austausch versteht man eine gegenseitige elementare Abgabe von Energie zwischen zwei Personen.

Abb. 16.: *Austausch*

Austausch findet statt, wenn eine ausgehende Energiebewegung wieder zurückgelenkt wird, so wie eine Wasserwelle von einer Wand zurückgeworfen wird. Im Unterschied zu erhaltendem

Wandel, der den inneren Prozeß betont, steht beim Austausch die Qualität der Bewegung zwischen zwei Energiesystemen im Mittelpunkt.

Ein physischer Austausch findet statt, wenn eine Form bzw. ein Objekt durch ein anderes ersetzt wird, z.B. beim Währungsumtausch oder bei Ersatzteilen für ein Auto. Ein solcher Austausch ist dann gesund, wenn er auf ehrliche Weise vonstatten geht, was beispielsweise bei einem Gebrauchtwarenhändler, der wissentlich verkehrsuntüchtige Autos verkauft, nicht der Fall ist.

Auf der zwischenmenschlichen Ebene werden manchmal Freunde oder Liebhaber auf ähnliche, wenn auch etwas komplexere Art und Weise ausgewechselt, als ob Menschen austauschbar wären. Charles, einer meiner Klienten, hatte eine schwächliche, ängstliche Frau, Susan, die im Laufe ihrer Therapie bei mir auch in ihrer Ehe unabhängiger wurde. Diese Veränderung konnte Charles nicht ertragen. Susans Selbstsicherheit war für ihn bedrohlich, und es kam zur Scheidung. Charles heiratete bald darauf eine Frau, die genauso unterwürfig war wie Susan früher. Charles hatte das Gefühl, daß sich in seinem Leben etwas Entscheidendes geändert habe, aber auf energetischer Ebene hatte er eigentlich nur die eine Partnerin gegen eine andere mit einem ähnlichen Abhängigkeitsverhalten eingetauscht. Am eigentlichen Problem, Charles' Bedürfnis nach der Rolle des beherrschenden Versorgers, hatte sich nichts geändert.

Anstatt Susans Entwicklung zu akzeptieren oder sogar gutzuheißen und damit für seinen eigenen Wandlungsprozeß offen zu sein, suchte sich Charles den scheinbar einfachen Ausweg, weiterhin mit seiner Angst vor starken, unabhängigen Frauen behaftet zu sein. Dadurch hemmte Charles sein eigenes Wachstums- und Ganzheitspotential, was ganz klar einen Fall von ungesundem Wandel darstellt.

Transferierender Wandel

Interaktiver Wandel kann für mehr gesunden Wandel in uns und anderen Menschen nützlich sein. Ich bezeichne die Fähigkeit, Energie durch uns hindurchzuleiten und so größere Ganzheit zu erlangen, als *transferierenden Wandel* (siehe Abb. 17). In diesem

Fall wird Energie ähnlich wie bei einem elektronischen Umwandler oder Transistor verarbeitet, d.h. die Energie kommt an, verändert ihre Form oder Qualität und wird wieder nach außen geleitet. Auf eine gute Beziehung übertragen heißt dies beispielsweise, daß ein Mann sich bei der Liebe besonders viel Zeit nimmt, seine Partnerin zu streicheln. Sie wiederum nimmt diese Liebe auf, spürt, daß sie für ihn wichtig ist und gibt dieses Gefühl der Wertschätzung auf anderer Ebene an ihre Kollegen im Büro weiter. Das Annehmen der Liebe entspricht in diesem Fall der ankommenden Energie, die dann von sinnlicher Liebe in agapische Liebe (Nächstenliebe) umgewandelt und an andere weitergegeben wird.

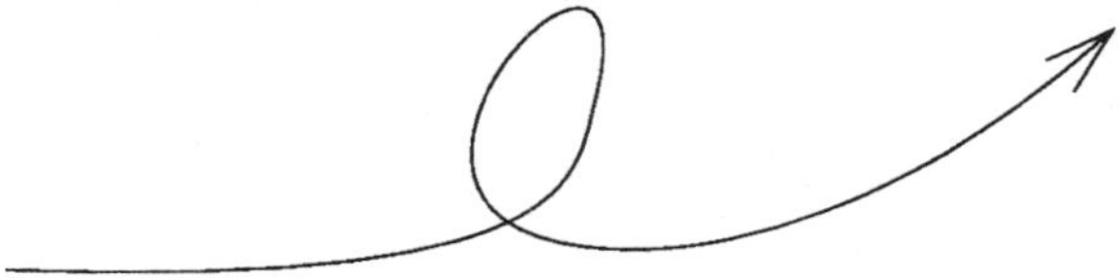

Abb. 17.: *Transferierender Wandel*

So wie Liebe angenommen werden kann, lassen sich die Auswirkungen ›negativer‹ Emotionen, wie z.B. Ärger, durch solche transferierenden Prozesse reduzieren. Man stelle sich vor, der Chef hat einen schlimmen Tag gehabt und ist wegen eines Bagatellfehlers sehr wütend auf uns. Anstatt diesen Ärger direkt an die Sekretärin oder jemand anderen weiterzugeben, akzeptieren wir, daß der Chef wütend ist, ohne es persönlich zu nehmen. Wir bleiben die Ruhe im Sturm und geben unseren Kollegen statt dessen zu verstehen, daß der Chef einen schlechten Tag hat und es deshalb vielleicht nicht sehr klug wäre, gerade jetzt mit ihm eine heikle Sache zu besprechen.

Transferierender Wandel ist fokussierte Bewußtheit und keine bestimmte Technik. Er kann allerdings auch als Energiebewegungsprozeß praktiziert werden, z.B. im Aikido, wo Energie aufgenommen und weitergeleitet wird. Diese Chance haben wir in unserem Leben immer wieder. Die Kommunikation und viele andere Aufgaben erfordern die Weitergabe von Energie durch Information oder Arbeit, eine hervorragende Möglichkeit, transferierenden Wandel auszuprobieren und zu erlernen.

Leider gehen viele Menschen sehr ungesund mit transferierenden Wandlungssituationen um. Ich habe vier Hauptarten von ungesundem Wandlungsverhalten festgestellt: *umgelenkter, retroflektierter, diffuser* und *gehemmter Wandel.*

Umgelenkter Wandel (siehe Abb. 18) entsteht, wenn wir mit einem von außen kommenen Energieeinfluß nicht direkt umgehen können bzw. wollen und ihn deshalb teilweise ignorieren und indirekt beiseiteschieben, kurz gesagt, wenn wir etwas nicht an uns heranlassen. Diese Form von Wandel ist nicht zu verwechseln mit dem direkten Handeln in Angriffssituationen, z.B. im Aikido, wo gerichtete Energie angenommen und in eine vollendete Form gebracht wird, im Gegensatz zu umgelenktem Wandel, wo wir Energie vom direkten Kontakt mit uns selbst ablenken, aus Angst vor der Konfrontation. Dies kann bei einem Streit oder auch in der Liebe passieren. Liebe wird zwar normalerweise nicht als Konfrontation betrachtet, oft erleben wir sie allerdings als Körperkontakt ›von Front zu Front‹. Bei umgelenkter Liebe wird der direkte Kontakt zurückgewiesen.

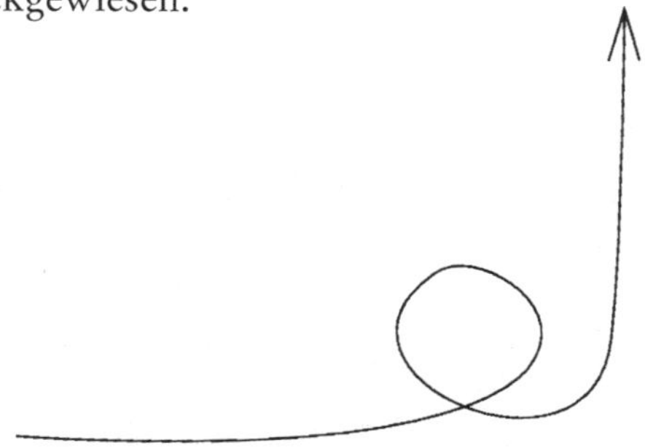

Abb. 18: *Umgelenkter Wandel*

Wir können andere Menschen körperlich mit den Händen zurückstoßen oder diese Abweisung durch unsere Körpersprache ausdrücken. In der therapeutischen Praxis zeigt sich dies oft in Sätzen wie: »Ich möchte mich nicht zu sehr auf dich einlassen«, wenn ein Klient Angst davor hat, in einer gar zu fordernden Beziehung gefangen zu werden. Ich höre allerdings auch Sätze wie: »Jemand anders verdient diese Liebe, aber ich doch nicht«, aus Angst, wir könnten uns nicht mehr an die Vorstellung von uns selbst klammern, daß wir nicht liebenswert sind. In beiden Fällen soll die Liebe aus dem persönlichen Bereich herausgehalten werden; wir haben das Gefühl, daß die Liebe mit all ihren Folgen nichts mit unserem Leben zu tun hat. Diese Ablenkung der Liebe ist unehrlich, da wir alle auf einer fundamentalen Ebene Liebe wollen und brauchen, jedoch nicht die Kontrolle darüber verlieren möchten.

Aus Angst vor der Liebe konzentrieren sich viele Menschen ausschließlich auf sich selbst und geben anderen nur eine Scheinliebe; dieser Prozeß wird *retroflektierter Wandel* genannt (siehe Abb. 19). In diesem Fall wird Liebe zwar angenommen, aber nicht gegeben. Viele Menschen, die dazu tendieren, sind durch ein Übermaß an Liebe von anderen Menschen verdorben worden – zu viel Aufmerksamkeit, zu viele Dinge etc. – und wissen echte Liebe nicht mehr zu schätzen. Oft erhalten wir aus Liebe oder aus einer Haltung heraus, die Liebe sein soll, viele Dinge, kommen aber nie in den Genuß direkter Liebe. Andere wiederum sind reich an Gesundheit, Fähigkeiten und Wachstumsmöglichkeiten und sind nicht dankbar dafür. Im Falle von retroflektierter Liebe werden diese Gaben nicht an andere weitergegeben, im Mittelpunkt steht man selbst. Wir sind besessen davon, uns mit hübschen Kleidern und Schmuck ›schön‹ zu machen bzw. ›schön‹ zu bleiben oder besuchen, wenn wir weniger materiell orientiert sind, unaufhörlich irgendwelche Kurse, um uns zu entwickeln. Nicht die Kleider oder Kurse an sich manifestieren diese Retroflektion, sondern die dahinterstehenden Motive.

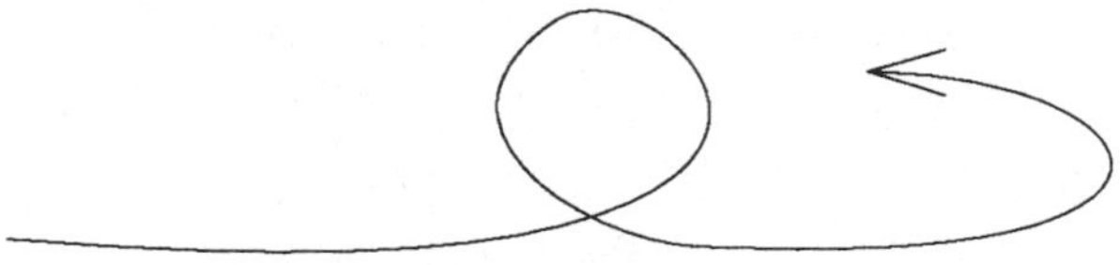

Abb. 19: *Retroflektierter Wandel*

Wieder andere blähen ihr Ego durch die angebliche Liebe eines anderen auf, wie im Falle des klassischen Casanova. Solche Männer sind besonders gute Liebhaber und retroflektieren dadurch die auf die Partnerin gerichtete Liebe. Sogar während des Liebesaktes loben solche Casanovas sich selbst. Die Partnerin wird zur Nebensache, zum Spiegel für ihre Selbstverherrlichung. Auf die Frage, warum sie nicht lieben, antworten sie in der Therapie oft: »Ich brauche Zeit für mich selbst« oder: »Niemamd kann mich so lieben, wie ich es brauche.« Solche Bemerkungen sind Entschuldigungen, hinter denen sich die tiefer sitzende Unzufriedenheit und die fehlende Bereitschaft zur Hingabe in der Liebe verbergen.

Obwohl Menschen, die Liebe retroflektieren, sich selbst viel Aufmerksamkeit schenken, sind sie nie zufrieden, weil sie weder sich selbst noch andere wirklich lieben. Sie sind frustrierte Liebhaber. Es ist ihr Bedürfnis, zu lieben und geliebt zu werden; sie lieben sich aber selbst nur zum Schein und kommen so nie in den Genuß der Erfüllung oder Ganzheit der echten Liebe.

Manche Menschen können zwar Liebe annehmen, durch ihren Mangel an Fokus wird die Intensität dieser Liebe jedoch zerstreut und zerstört, was ein Ausdruck von *diffusem Wandel* ist (siehe Abb. 20). Diffuse Liebe, also Liebe ohne Fokus, findet man oft bei Menschen, die viele andere Menschen oberflächlich, aber niemanden wirklich tiefgehend lieben. In der Therapie heißt es dann oft: »Ich muß mir alle Türen offen halten«, oder auch: »*Kein einzelner* Mensch ist gut genug«. Hinter diffuser Liebe steckt Bindungsangst bzw. die Angst vor dem Verlust der Freiheit. Intensive Liebe ist in einem solchen Fall nicht mehr möglich. Das heißt aber auch, daß es keinen Fokus, keinen ›Brennpunkt‹ im wahrsten Sinne des Wortes geben kann, da dies ein Sammeln und Intensivieren von Energie implizieren würde. Auf den Brennpunkt gebracht, wird die Liebe so heiß, daß sie unsere Egogrenzen zum Schmelzen bringt und wir uns schließlich der Beziehung als Ganzes hingeben können. Diffuse Liebe mindert sowohl uns selbst als auch die, die uns lieben, da wir sowohl die Bedeutung der Liebe im allgemeinen abtun als auch die Liebe einer bestimmten Person.

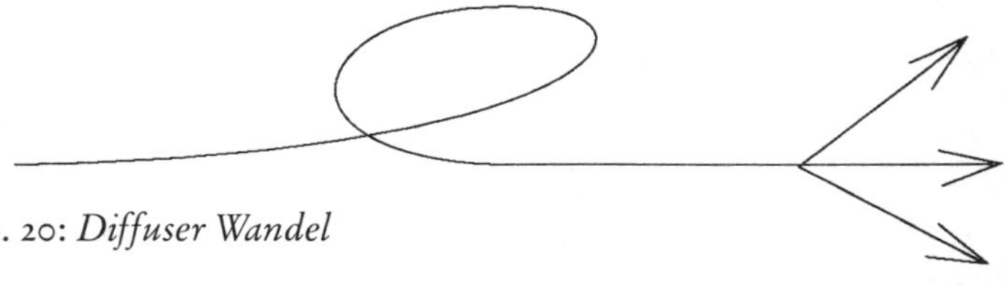

Abb. 20: *Diffuser Wandel*

Eine andere Variante der Energiereduzierung ist der *gehemmte Wandel* (siehe Abb. 21), dessen charakteristisches Merkmal die Angst vor direktem Geben und Nehmen ist. Die Intensität des Wandels wird dabei auf ein Minimum reduziert, um nicht den Halt zu verlieren. Solche ›Hemm-Spezialisten‹ leben sozusagen am Existenzminimum, was Liebe und auch Nahrung angeht. Sie kämpfen immer ums Überleben, auch wenn das gar nicht nötig wäre, rationieren ihre Energie, auch wenn sie im Überfluß vorhanden ist. Sie sind sozusagen ›Energie-Kamele‹: Sie nehmen sich in einer Oase der Erregung gerade genug, um das Spiel ›Das Leben ist gut‹ weiterspielen zu können. Sie möchten nicht den Eindruck vermitteln, daß sie wirklich etwas brauchen, weil das gegen sie verwendet werden könnte.

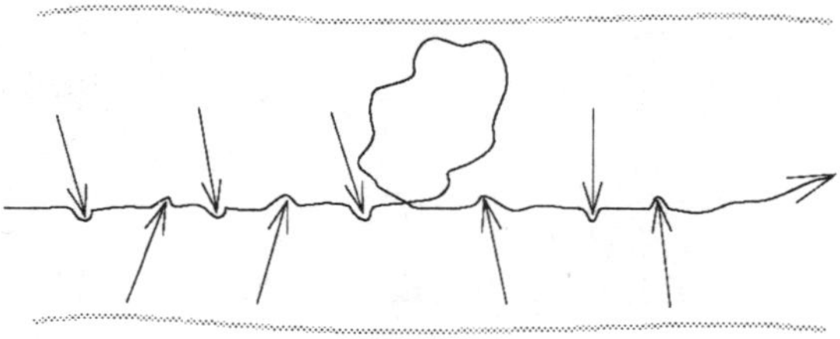

Abb. 21: *Gehemmter Wandel*

Diane war ein solcher Mensch. Sie wußte weder, was sie eigentlich wollte, noch, was sie nicht wollte. Und prompt fand sie einen Partner, der dieses Ratespiel mit ihr spielte. Beide kamen ab und zu zu Gruppensitzungen. Es war wirklich interessant, wie clever Diane es schaffte, nie ganz klar zu sein, aber auch nie unklar zu erscheinen. Sie mußte ein Image schützen. Ihre Eltern waren oft nicht zu Hause gewesen, auch als sie noch ein Baby war. Ihre depressive Mutter wollte eigentlich gar kein Kind und ganz bestimmt kein Mädchen. Ihr Vater war oft geschäftlich verreist, doch wenn er zwischendurch einmal da war, war er für sie die einzige Quelle der Liebe. Die Folge war, daß Diane lernte, nicht zu viel zu fühlen, um den Schmerz zu vermeiden.

Hemm-Spezialisten gehen mit Wandel um wie eine Rohrleitung voller Schließer, in der Sperren zugehen, wenn zuviel Wasser durchfließt. Immer wenn das Gefühl intensiv wird, wird es behindert, so daß die Intensität immer auf ein Minimum reduziert ist. Hemm-Spezialisten verintellektualisieren gerne ihre Gefühle, auch wenn diese schon seit Tagen nicht mehr spürbar sind und wirklich nichts Dramatisches mehr passieren kann, weder Gutes noch Schlechtes. Diane kam oft Tage nach einem Treffen mit ihrem Freund zu mir und dachte über die Emotionen nach, die sie nicht ausgedrückt hatte. Einmal fragte ich sie, was passieren würde, wenn sie ihre Emotionen dann äußern würde, wenn sie sie gerade fühlte.* Nach langem Nachdenken schaute sie mich voller Angst an und sagte: »Ich befürchte, dann müßte ich echt sein.« Ich fragte sie: »Und was wäre los, wenn du echt wärst«? Sie antwortete: »Ich wäre einfach zu viel – für meine Mutter...«

Menschen, die gesunden Wandel hemmen, haben ein großes Bedürfnis nach Liebe, können es aber nie zugeben. Ihre größte Angst ist, daß sie ganz werden könnten und ganz da sein müßten, daß das Leben intensiv würde und ihre Randexistenz zerbersten würde, so wie ein hoher, klarer Ton ein Glas zum Zerspringen bringt.

Zentrierter Wandel

Man stelle sich ein Aikido-Übungshalle in Japan vor und den Meister, der gerade diese weiche und doch so starke Kampfkunst ausführt. Seine Bewegungen nehmen ihren Anfang in seinem Hara, breiten sich über den ganzen Körper aus und gehen in seinen Schritten sogar noch darüber hinaus. *Zentrierter Wandel* (siehe Abb. 22) ist den einem Blütenblatt ähnlichen Bewegungen dieses Aikidolehrers vergleichbar. Technisch gesehen versteht man unter zentriertem Wandel jeden Prozeß, der eingehende und ausgehende Energie von einem zentralen Punkt aus lenkt.

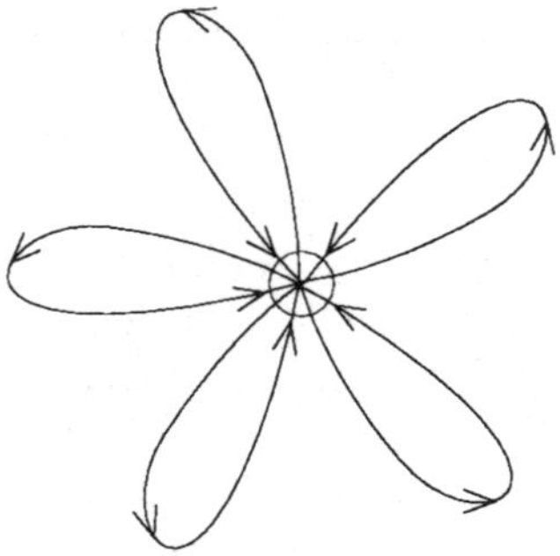

Abb. 22: *Zentrierter Wandel*

* Diese Technik von aufeinanderfolgenden Fragen nennt sich *Process Inquiry*, d.h. Hinterfragen bzw. Erforschen des Prozesses; ich verwende sie oft in Therapiesitzungen.

Zentrierter Wandel beruht auf dem Gleichgewicht zwischen empfangenen Eindrücken und der Reaktion darauf im täglichen Leben. Es gilt herauszufinden, welche der vielen Einflüsse für unsere Gesundheit und unser Wohlbefinden wesentlich sind. Dafür müssen wir mit unserer Essenz in Resonanz sein. Jeder äußere Einfluß wiederum, der harmonisch mit unserem Geist vibriert, ist in Resonanz, z.B. wenn wir für jemanden Sympathie empfinden. Das Wissen, wer wir sind, kann nicht nur aus dem Nachdenken über uns selbst entstehen, sondern muß verstärkt werden durch ein tieferes Verständnis, d.h. eine körperliche Erfahrung davon, wer wir sind und wie wir in der Welt dastehen. Unsere Gefühle und Emotionen geben uns ein Gespür dafür, wie wir das Leben wahrnehmen und wie wir darauf reagieren. Auf einer noch tieferliegenden Ebene sind wir nicht nur unsere Gefühle, sondern haben eine spirituelle Identität, die sich in jedem Menschen als einzigartige und fortwährende Vibration manifestiert. Ganzheit heißt, eine zentrierte Verbindung mit dieser essentiellen Vibration zu haben, sonst reagieren wir ganz schnell auf unbedeutende Energieprozesse und verlieren den Bezug zum Wesentlichen.

In meiner Arbeit als Lehrer von Energiekonzepten in der Körper- und Bewegungstherapie habe ich zentrierten Wandel schon oft genutzt. Vor vielen Jahren erlebte ich zum ersten Mal, wie Energie durch meinen Körper vibrierte; diese Erfahrung war mir damals völlig unbekannt, und deshalb forschte ich bei mir nach, um herauszufinden, wie diese Vibrationen zustandekamen. Meine Überlegung war: Wenn Vibrationen die Bewegung von Energiewellen sind, so müßte es doch möglich sein, außerhalb des Körpers ähnliche Wellen zu erzeugen, die der Auslöser für innere Bewegungen sein könnten. Es hat sich herausgestellt, daß diese Idee richtig war. Im Laufe der Jahre habe ich verschiedene Formen von Energiearbeit entwickelt, aus den Bereichen Massage, Tanz, Theater, Wassertherapie etc; ihnen allen liegen die gleichen Energiekonzepte zugrunde. Dank des zentrierten Wandels konnte ich mich selbst und meine Arbeit immer weiter entwickeln. Ich fing dabei mit persönlicher Arbeit an, dehnte dann meine Erfahrungen auf die Arbeit mit anderen Menschen aus und entwickelte schließlich daraus neue Therapieformen; dadurch konnte ich dieses Wissen in viele Richtungen weitergeben – immer von der gleichen stabilen Basis aus.

Wenn wir im täglichen Leben Energie vom Hara aus verarbeiten, ist zentrierter Wandel sehr wirkungsvoll. Das Hara ist ein nichtphysisches Zentrum und entspricht im Körper in etwa dem Bauchbereich, dessen Zentrum ungefähr eine Handbreit unterhalb des Nabels liegt. Im Fernen Osten spielt dieses Zentrum als Kernpunkt physischer und energetischer Bewegungen in Kampfkünsten wie Aikido und Karate eine große Rolle.

Hauptaufgabe des Haras ist es, uns trotz der sich dauernd ändernden Anforderungen der Außenwelt ein stabiles und kontinuierliches Gespür für das zu geben, was wir auf physischer und emotionaler Ebene wollen. So lernen wir, ein gutes Gespür dafür zu haben, wie wir überleben und das Leben genießen können.

Ein Aikidomeister ist ein Haraspezialist. Wir können die Grundlagen des Aikido auf zentrierten Wandel übertragen und dadurch jeden Energieeinfluß verarbeiten und gegebenenfalls umlenken. So können wir entspannt und ohne Streß, aber doch sehr zentriert mit vielen Situationen fertigwerden. Der hart lernende Student, der überbeschäftigte Manager, die viel beschäftigte Hausfrau – sie alle könnten von zentrierten Wandlungsprozessen profitieren. Der Student könnte trotz Teilzeitjob und Freizeitvergnügen auf sein Studium konzentriert bleiben; der Manager könnte mit Hilfe eines guten Zeitgespürs (Time-Sensing) besser mit seiner Zeit umgehen; und die Hausfrau wäre in der Lage, für ihre Familie da zu sein, ohne ihre eigenen Bedürfnisse zu vernachlässigen.

Der Schlüssel zu dieser Art von Wandel ist die Einsicht, daß alles, was wir in der Welt fühlen, denken und tun, am Ende doch mit uns und unserem Bewußtseinspotential in Verbindung steht. Nicht eine einzige Bewegung in uns ist von der Ganzheit des Lebendigseins isoliert. Je mehr wir auf bestimmte Situationen ganzheitlich und bewußt reagieren, desto mehr Vergnügen und natürlichen Erfolg werden wir haben.

Obwohl Tiere und Pflanzen uns in ihrer Einfachheit deutlich zeigen, daß zentrierter Wandel ein natürlicher Prozeß ist, werden solche Prozesse bei uns leider nur selten gefördert. Deshalb verlieren wir nur allzuleicht den Kontakt zu unserem Hara und müssen andere Überlebensmethoden entwickeln. Wir leben unser Leben nicht mehr aus dem ›Bauch‹ heraus, sondern analysieren statt dessen die positiven und negativen Seiten von allem und jedem. Wir versuchen herauszufinden, ob das, was wir gerne sagen möchten, auch gut ankommt – sonst schlucken wir wir es lieber hinunter. Oft stehen wir nicht zu unserem inneren Wissen und suchen es in der Außenwelt; wir stehen nicht zu unserer eigenen Vision und suchen statt dessen anderswo visionäre Erfahrungen; wir stehen nicht zu unserer Kraft und haben deshalb Angst vor der Manipulation durch andere. Nur selten lassen wir unseren Emotionen freien Lauf und können dadurch nicht voll am Wandlungsprozeß teilhaben. Wir fixieren uns so stark auf unser eigenes Weltbild, daß wir keine anderen Perspektiven mehr akzeptieren können.

Tiere, die ihre Zentrierungsfähigkeit verlieren, werden oft von anderen Tieren verspeist! Wir dagegen verlieren oft den Bezug zu unserem Zentrum und überleben trotzdem – wir müssen aber teuer dafür bezahlen. Wir werden unehrlich uns selbst und anderen gegenüber und verwirken dadurch unsere Integrität.

Im Laufe meiner Forschung kam ich auf vier ungesunde Wandlungsarten, die oft an die Stelle zentrierten Wandels treten: *zentripetaler, konstriktiver, zentrifugaler* und *peripherer* Wandel.

Zentripetaler Wandel (auf die Mitte gerichtet, siehe Abb. 23) zeigt sich in der Überbetonung eingehender Yin-Energie (Yin/Yin) sowie einem Minimum an vom Hara ausgehender Yang-Energie.

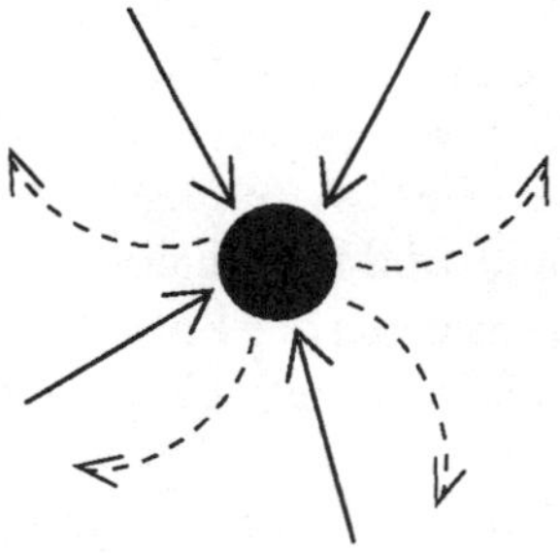

Abb. 23: *Zentripetaler Wandel*

Im Alltag unterstützt zentripetaler Wandel die Gier, von jedermann alles zu nehmen, nur um des Habens willen. Während ein ›Retroflektierer‹ jede ankommende Energie für seine eigene Selbstverherrlichung verwendet, sammelt ein ›Zentripetist‹ alle Energie, deren er habhaft werden kann und hortet sie wie einen kostbaren Besitz; dies hat eine Implosion im Hara zur Folge, was sich als ein tiefes, schmerzhaftes Gefühl im Dünndarm bemerkbar macht.

Zentripetisten werden zu ›schwarzen Löchern‹, die alles in sich aufsaugen, auch die lichten Seiten des Lebens; deshalb wirken sie schwerfällig und beladen. Sie neigen zu Überkorrektheit in Gelddingen, bis hin zur Knauserigkeit. Sie tun normalerweise alles nur für sich selbst; sich für andere einzusetzen ist für sie Zeitverschwendung.

Einer meiner Klienten, Claude, war die typische Verkörperung eines Zentripetisten. Er behielt viel für sich, weil er Angst hatte, in einer Beziehung ausgenutzt zu werden. Ich mußte ganz vorsichtig mit ihm umgehen, weil er fast alles persönlich nahm. Ich machte mich einmal über den schäbigen Stuhl in meinem gemieteten Büro lustig; prompt dachte Claude, ich würde ihn auslachen.

Zentripetisten halten ihre Gefühle zurück. Sie kochen innerlich vor Ärger, leiden vor sich hin und leben ständig in Angst, weil ihre Furcht sich nie direkt äußert. Oft haben sie Angst vor dem Erwachsenwerden und der damit verbundenen Verantwortung. Sie möchten lieber Kind bleiben und so der Auseinandersetzung mit den reifen Gefühlen eines Erwachsenen aus dem Weg gehen.

Konstriktiver Wandel (aufhaltend, zügelnd) ist eine noch extremere Form (siehe Abb. 24). Ein solcher Prozeß hält sowohl die ankommende als auch die ausgehende Energie zurück und reduziert den Energiefluß nicht nur, wie das bei gehemmtem Wandel der Fall ist, sondern schneidet ihn fast vollständig ab. Der ›Konstriktor‹ lebt in der Illusion, daß durch das Abgeschnittensein von Sinnesempfindungen von außen und ihrem emotionalen Ausdruck von innen der Wandlungsfluß aufgehalten werden kann. Während der Zentripetist vom Einsaugen der Energie lebt, will der Konstriktor an kaum einem aktiven Prozeß teilnehmen. Im Gegensatz zum Gehemmten des transferierenden Wandels, der auf Sparflamme lebt, versucht der Konstriktor des zentrierten Wandels zu leben, obwohl er emotional bereits tot ist. Der Gehemmte lebt von sparsamen Energierationen, der Konstriktor dagegen entbehrt noch mehr, er lebt gleichsam in einem emotionalen Bunker ohne Sonne und Liebe.

Der Konstriktor hat große Angst vor der Liebe, weil ihre wärmenden Strahlen und der Nährboden einer guten Beziehung ihn zwingen könnte, den Todesprozeß aufzugeben und wieder zu leben. Im Deutschen haben Leben und Liebe die gleiche Wurzel, was zeigt, wie eng der Zusammenhang zwischen Lieben und

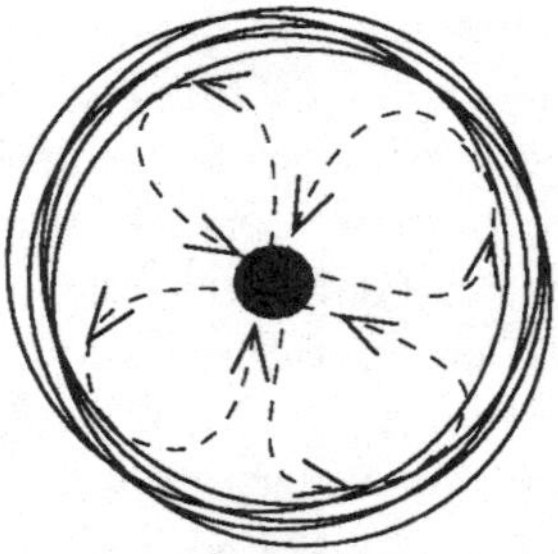

Abb. 24: *Kontriktiver (eingeengter) Wandel*

Lebendigsein ist. Liebe stört die Scheinruhe des (emotionalen) Todes empfindlich, und deshalb müssen Konstriktoren die Liebe in ihrem Leben unter allen Umständen vermeiden. Therapeutisch gesehen sind Konstriktoren Menschen, die in großer Isolation leben, mit auffallend bleicher, weißer Haut und leblosen Augen. Wenn überhaupt, zeigen sie nur wenig Emotionen, auch wenn sie manchmal oberflächliche Gefühle empfinden. Sie sind der Meinung, daß Gefühle gefährlich sind, und daß Tod bzw. das Abtöten von Emotionen Sicherheit bedeutet; dies ist ihr Schutz vor der Liebe und dem Lebendigsein.

Vor vielen Jahren hatte ich eine Klientin, Anna; sie litt unter schweren Depressionen und hatte Selbstmordgedanken. Sie war so verengt und verspannt, daß ihr Körper von Kopf bis Fuß schmerzte, einschließlich ihrer inneren Organe. Bei unserem Gespräch stellte sich heraus, daß Anna fast keine zwischenmenschlichen Beziehungen hatte und ihr einziger lebendiger Kontakt zwei Katzen waren, die ihr Trost spendeten. Wie häufig bei Konstriktoren hatte Anna ein tiefes Bedürfnis, ihren geschäftlichen Erfolg zu untergraben. Immer wenn der Abschluß eines guten Geschäftes bevorstand, machte sie ihn zunichte; entweder war sie schlecht vorbereitet oder sie fuhr weg etc. Solange sie das Leben total ablehnte und die daraus resultierenden Folgen nicht erkennen wollte, war sie zum Leiden verurteilt.

In der Therapie tun Konstriktoren so, als ob sie den Wandel wirklich wollten, scheinen aber in keinem ihrer Gefühle wirklich lebendig zu sein. Sie sind Biomaschinen, die nicht wirklich leben, aber trotzdem viel Krach machen, wie ein Auto, das schlecht anspringt. Eigentlich ist es erstaunlich, daß sie überhaupt am Leben bleiben, weil es ihnen außer dem Spiel ›Ich lebe‹ nur sehr wenig geben kann. Sie beschäftigen sich oft mit Selbstmord, führen ihn aber nur selten aus. Konstriktoren weisen in kleinen Randbemerkungen oft auf ihren bevorstehenden Tod hin; dies ist ein indirekter Hilferuf. Wird ihnen dann tatsächlich Hilfe zuteil, können sie sie aber nicht annehmen – eine perfekte Falle.

Beim *zentrifugalen Wandel* (die Mitte fliehend) liegt die Problematik genau umgekehrt: die Energie fließt nahezu ausschließlich nach außen, und nur ein sehr kleiner Teil geht nach innen (siehe Abb. 25). ›Zentrifugisten‹ gehen aus sich heraus und haben viele Kontakte. Sie lieben das In-die-Welt-hinaus-Gehen. Sie lassen zwar zu, daß Energie zurück zu ihrem Kern fließt, lassen sich umsorgen, werden davon aber nicht tiefgehend berührt. Die Natur des zentrifugalen Wandels ist expansiv und sucht immer wieder neue Wege des Ausdrucks auf eine übermäßig yang-betonte Art (Yang-Yang). Dies zeigt sich oft in extravagantem Umgang mit Geld oder der Verantwortlichkeit für viele andere Menschen. Zentrifugisten haben nur ein sehr minimales inneres Gespür für sich selbst. Sie wissen zwar, wie sie Termine einhalten oder Erwartungen anderer erfüllen müssen, haben jedoch kaum Ahnung davon, was sie dazu treibt.

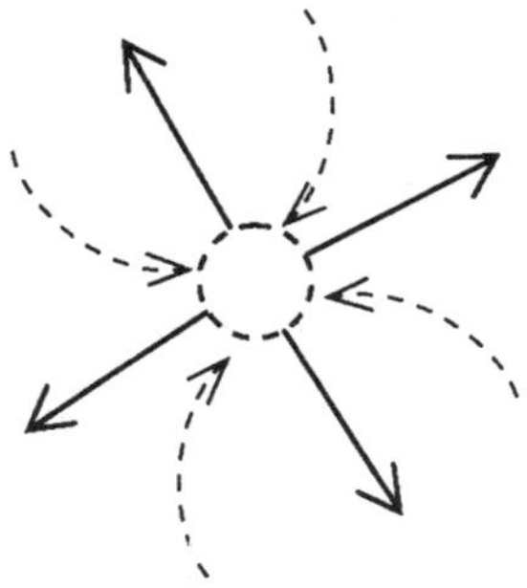

Abb. 25: *Zentrifugaler Wandel*

Jeanne ist ein gutes Beispiel dafür. Sie wollte sich einer meiner bereits laufenden Tanzgruppen anschließen. Sie nahm dann mehrere Male teil, ließ sich aber nicht auf die dabei entstehenden therapeutischen Prozesse ein. Im Grunde hatte sie keine Zeit für ihr eigenes Wachstum. Sie war bei vielen Leuten beliebt, und es stand immer gerade eine große Party an, auf der sie sich unbedingt sehen lassen mußte. Sie konnte fast nichts persönlich nehmen, fast so, als ob nichts von dem, was sie tat, ihrem wirklichen Selbst entsprach. Sie ging neue Projekte an, ohne klar zu spüren, was sie eigentlich wollte oder brauchte.

Da fast keine Aktivitäten von ihrer Mitte ausgehen, neigen Zentrifugisten zu einem schwachen Hara, was sich oft in Durchfall äußert, so als hätten sie keine Substanz. Da Jeanne nicht wußte, wer sie eigentlich war, konnte sie in Konfrontationen auch nicht für sich einstehen. Traurigkeit maskierte sie mit Lachen, Ärger mit emsiger Geschäftigkeit und Angst mit hysterischen Anfällen. Sie fürchtete sich davor, ihren Fokus zu behalten, weil sie ihn als Gefängnis erlebte, in dem sie all ihren verdrängten Gefühlen nicht mehr ausweichen konnte.

Peripherer Wandel (am Rande befindlich) ist die vierte Störung des zentrierten Wandels (siehe Abb. 26). Er zeigt sich in einer vom Hara wegführenden Bewegung und einem Leben an der Peripherie. Führen wir ein solches Randdasein, haben wir nur wenig Kontakt mit unseren tieferen Bedürfnissen, so wie der Zentrifugist; während dieser immer wieder von seinem Hara weggeht, bleibt der ›Peripherist‹ seinem Hara fast vollkommen fern und lebt abseits von seinem Kern. Peripherer Wandel bedeutet, daß die Verbindung zum Zentrum so schwach und mit Angst besetzt ist, daß wir buchstäblich ein ›Außenseiterdasein‹ führen. Peripheristen leben in einem Teufelskreis von kurzlebigen Affären – heute hier, morgen dort.

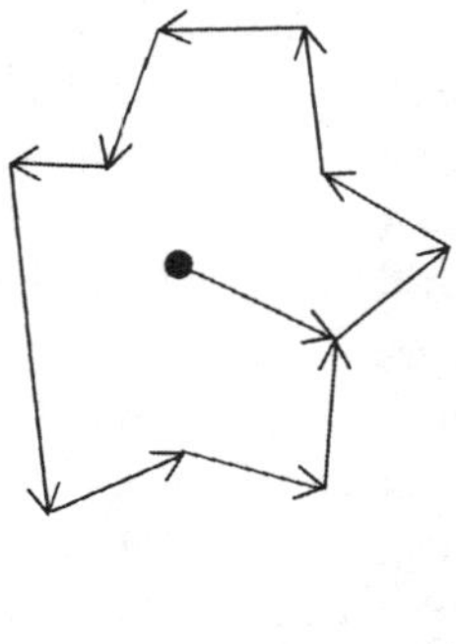

Abb. 26: *Peripherer Wandel*

Peripherer Wandel lebt von dem ständigen, jedoch oberflächlichen Interesse an der ›großen weiten Welt‹; solche Menschen lieben aufregende gute Parties, begeistern sich für immer neue Seminare und suchen das Abenteuer immer neuer Beziehungen. Oberflächlich gesehen investieren Peripheristen ihre Energie in Begegnungen mit ein paar neuen Leuten oder in das Erlernen einer neuen Methode im Berufsleben. Sie sind sich gar nicht so sicher, ob diese Erfahrungen wirklich wichtig für sie sind, aber da andere es auch machen, scheint es eine gute Idee zu sein mitzumachen.

Peripheristen sind von äußerer Stimulation abhängig, man kann fast sagen, sie ist überlebensnotwendig für sie, als ob sie keine inneren Bedürfnisse hätten. Sie sind ewig auf der Suche wie der verlorene Sohn bzw. die verlorene Tochter. Die Ironie liegt darin, daß es gerade diese konstante Suche ist, die sie daran hindert, das Gesuchte zu finden. Angeblich sind sie an den bedeutenden Dingen des Lebens interessiert, bleiben dabei aber aus Angst vor ihrer eigenen Tiefe an der Oberfläche. Der Peripherist lebt die Extreme und zeigt gerade dadurch seine Angst vor der Einfachheit.

Claudia kam zu einem meiner Workshops in Kalifornien. Aus ihren Gesprächen mit anderen Teilnehmern wurde klar, daß sie ein ›Workshop-Junkie‹ war, der an einer Gruppe nach der anderen teilnahm, um Therapie-Erfahrungen zu sammeln. Im Laufe des Workshops wurde deutlich, daß sie an echtem Wandel überhaupt nicht interessiert war. Sie war überzeugt, daß sie intellektueller, attraktiver und der Ganzheit viel näher war als alle anderen Gruppenteilnehmer. Anscheinend hatte sie sämtliche Arten von Körperarbeit bereits mitgemacht und wollte nun auch die Life Energy Therapy auf ihre Liste setzen. Als sie eines Tages einen anderen Teilnehmer kritisierte – eine Masche, um sich mit ihren eigenen tieferen Gefühlen nicht auseinandersetzen zu müssen – konfrontierte ich sie ziemlich massiv mit ihrem eigenen Verhalten. Das war ihr noch nie passiert, und sie wußte, sie konnte sich nicht mehr hinter ihren schlagfertigen Workshop-Ausreden verstecken. Ich hatte das zerbrechliche kleine Mädchen in ihr angerührt, und ihr war klar, daß sie in der Tinte saß. Mit mir mußte sie ehrlich sein.

Peripheristen haben viele Werturteile. Nichts und niemand ist bedeutend genug; sie erinnern ein wenig an Menschen im diffusen Wandel, die Energie zwar aufnehmen, aber schnell wieder verteilen, um ja keine Energieladung aufzubauen. Im Unterschied dazu nimmt der Zentrifugist sehr wenig auf, um niemandem etwas zu ›schulden‹; er gibt lieber selbst, aus Angst davor, etwas annehmen zu müssen; er möchte für niemanden wirklich wichtig sein. Hinter ihrer Fassade sind Peripheristen sehr zerbrechliche, abhängige

Menschen, die diese Schwäche dadurch überspielen, daß sie ›gegenabhängig‹ werden. Sie scheinen unabhängig zu sein, weil sie oberflächlich gesehen angeblich niemanden brauchen, tief in ihrem Innern aber wehren sie sich gegen die Unabhängigkeit, weil sie emotional tot sind. Sie sind gute Schauspieler, die den Applaus des Publikums brauchen, um zu verbergen, daß sie mit sich und der Welt nicht in Kontakt sind. Sie haben Angst davor, irgendetwas längere Zeit zu tun, weil sie dann spüren würden, wie unglücklich sie wirklich sind. Deshalb sind sie weiterhin emsig beschäftigt, um der Konfrontation mit ihrer Angst, ihrer Traurigkeit, ihrem Ärger und ihrer Liebe, die sie überwältigen würden, aus dem Weg zu gehen.

Das Hauptproblem für Peripheristen ist: »Wie fülle ich meine emotionale Leere, ohne wirklich zum Kern der Sache zu gehen?« Sie haben die Tendenz, Aufmerksamkeit zu erhaschen und kalorienarme Yin-Nahrung mit einem niedrigen Eiweißgehalt zu essen, z.B. Obst und Blattgemüse; diese Nahrung ist zwar vitaminreich, macht sie aber auch ›luftig‹, abgehoben und unzentriert. Peripheristen haben fast kein Hara, es existiert nicht. Sie haben nur schwache Bauchmuskeln, und ihr Darm ist viel zu weich. Sowohl Zentrifugisten als auch Peripheristen sind schlecht zentriert; bei den letzteren ist es sogar noch ausgeprägter. Der Zentrifugist hat Angst davor, von intensiven Gefühlen *gebunden* zu werden, der Peripherist dagegen hat Angst, daß die Fülle intensiver Emotionen ihn *überwältigen* könnte.

Transzendierender Wandel

Wandel geschieht, wenn die polarisierten Energien von Erhaltungs- und interaktiven Prozessen ein kritisches Qualitäts- und Quantitätsniveau erreichen. Jeder lebende Organismus und in ihm jedes einzelne Element haben einen Schwellenwert; ist dieser noch nicht erreicht, erzeugen die dynamischen Bewegungen von Yin (Kontraktion) und Yang (Expansion) ein Gleichgewicht und eine Bewußtheit für dieses Stadium vor dem Wachstum; ist der Schwellenwert überschritten, fängt wirkliches Wachstum an. Manchmal wiederholen sich Situationen immer wieder, bis man das Gefühl hat, daß sich tatsächlich etwas verändert hat. Wandel geht zwar immer weiter, aber erst ab einem bestimmten Maß nehmen wir ihn tatsächlich wahr. Der Wachstumsprozeß beschreibt, wie lebende Organismen die kritische Grenze überschreiten. *Transzendierender Wandel* (überschreitend) ist ein allgemeiner Begriff für jede Energiebewegung, die die Grenzen einfachen Funktionierens hin zu Wachstum überschreitet. Dieser Wandel kann als *Entwicklungswandel, reziproker, formgebender* oder *transformierender Wandel* auftreten.

Entwicklungswandel

Entwicklungswandel (siehe Abb. 27) beinhaltet die Ausarbeitung, Expansion und das Wachstum von Bewegungen, Ideen und psychischen Prozessen hin zu größerer Ganzheit. Auf psychischer Ebene entwickeln wir uns, wenn wir die Schutzschicht von Verteidigungshaltungen, die wir früher zum Überleben brauchten, entwickeln, also abbauen. Wir erkennen, daß wir tatsächlich überlebt haben und nun das Leben nicht mehr als Kampf ansehen müssen. In der psychotherapeutischen Praxis kann man sich normalerweise erst dann in eine klare Richtung weiterentwickeln, wenn dieser Überlebenskampf ganz aufgegeben worden ist. Allgemein ausgedrückt: Solange man noch kämpft, zieht jede Bewegung des Loslassens und Öffnens eine entgegengesetzte Bewegung nach sich. Um gesunden Wandel zuzulassen, müssen wir unser Kontrollbedürfnis aufgeben, sonst werden wir uns nur minimal oder gar nicht weiterentwickeln.

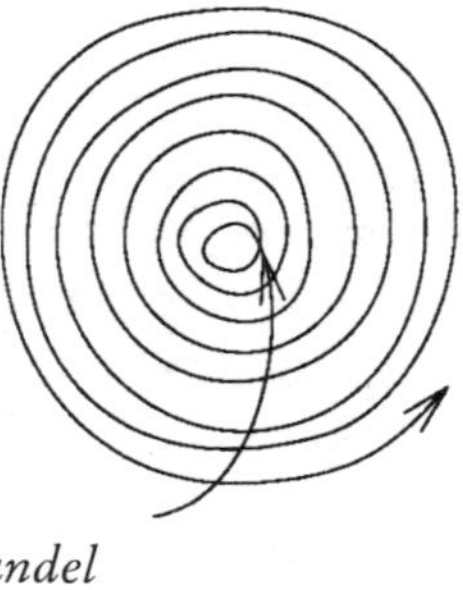

Abb. 27: *Entwicklungswandel*

Wenn man tief in jede Blockade hineinatmet, kann man das Loslassen lernen. Atmen lockert automatisch, weil wir mehr Raum erfahren. Wir halten fest, weil wir Angst vor der Ganzheit haben.

Gelingt es uns, diese Angst aufzuarbeiten, können wir unsere äußeren Schichten aus falschem Stolz, manipulativer Macht und anderen Unehrlichkeiten nach und nach abbauen. Hinter diesen ›Spielchen‹ tritt dann ein erregendes Leben voll sinnvollen Wandels ohne Grenzen zutage. Ein wichtiger Teil psychischer Entwicklung liegt im Ver-wickeln, in der Einbindung in unseren Wandel. Gesunder Wandel setzt voraus, daß die Yang-Qualität des Grenzenüberschreitens durch den Yin-Kontakt mit unserem Hara ausgeglichen wird. Vor allem in Beziehungen spielt dieses Einbinden in die Entwicklung eine entscheidende Rolle.

Reziproker Wandel

Unsere Offenheit für unser eigenes Entwicklungspotential führt in einer guten Beziehung dazu, daß wir auch für das Wachstum des Partners empfänglicher sind. Dieser gegenseitige Entwicklungsprozeß wird als *reziproker Wandel* (hin- und herbewegend, zurückfließend) bezeichnet (siehe Abb. 28). Beim Entwicklungswandel liegt die Betonung auf der eigenen individuellen Entwicklung; beim reziproken Wandel lädt und entlädt sich Energie in zwei Energiesystemen wechselseitig, so wie ein Pendel hin- und herschlägt, auf einer Seite Energie zugeführt bekommt und wieder auf die andere Seite geht.

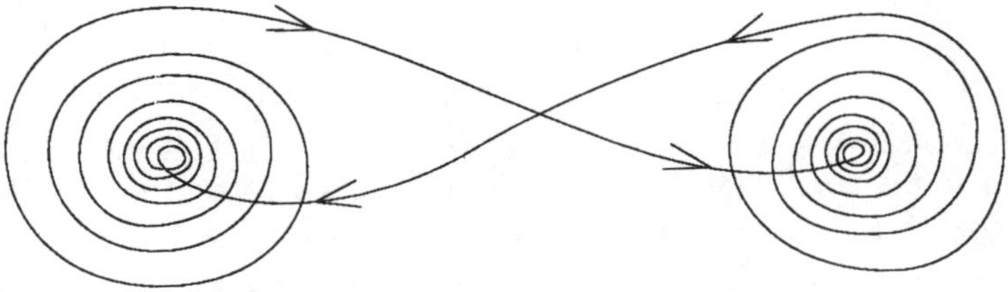

Abb. 28: *Reziproker Wandel*

Technisch gesehen besteht reziproker Wandel aus einer zentripetalen Energiebewegung von der Peripherie zum Kern und einer zentrifugalen Bewegung vom Kern wieder zur Peripherie. Die Kombination dieser beiden Bewegungen verleiht dem reziproken Wandel seine polarisierte, dynamische Qualität. Diese oszillierende Bewegung erinnert an den ewigen Fluß zwischen Yin und Yang im Tao des Wandels und an den bereits beschriebenen einfachen Austausch. Doch während beim letzteren Energie einfach hin- und hergeht, bietet reziproker Wandel die Chance, den Einflußbereich auszudehen und so über den jetzigen Energieprozeß hinauszuwachsen und mit mehr Energie besser umzugehen. Sowohl Austausch als auch reziproker Wandel sind Bewegungen des Tao. Austausch hat meist mehr mit Verhandlungen, Geschäften und realen Gegebenheiten zu tun, reziproker Wandel mehr mit den Yin- und Yangbewegungen psychischen Wachstums, des emotionalen Austausches und der Vertrautheit.

In einer reziproken Beziehung wissen beide Partner, was sie wollen und können diesen Bedürfnissen auch klaren Ausdruck geben. Jeder Partner gesteht sich selbst die Zeit und den Raum für seine Entwicklung zu und tauscht sich mit dem anderen so aus, wie es gerade angebracht ist. Ziehen sich einer oder beide Partner in sich zurück, wird reziproker Wandel sehr leicht zu einem ungesunden Wandlungsprozeß. Der Partner, der auf dem Rückzug ist, beschneidet nicht nur seine eigene Entwicklung, sondern reduziert auch den für eine lebendige Beziehung notwendigen Austausch auf ein Minimum. Auch wenn ein bestimmtes Verhalten, z.B. die körperliche Liebe, zu einem starren Muster wird, verliert die reziproke Bewegung ihre Dynamik.

Ein solches Verhalten wird als Energiekassette bezeichnet; fast alle Probleme mit emotionalem Ausdruck gehören in diese Kategorie. Viele Menschen geben ihren Gefühlen ohne echten Kontakt mit ihrer Entwicklung Ausdruck oder gar nicht. Liebe oder auch Ärger wird dann zur Kassette, wenn die Ausdrucksweisen der beiden Partner festgefahren und starr sind. Eine Beziehung braucht Lebendigkeit und Vielfalt, um erregend und spannend zu bleiben. Wenn Gefühle verleugnet werden oder nur in stereotypen Mustern Ausdruck finden, werden die Möglichkeiten, die jetzigen Identitätsgrenzen zu überschreiten, gewaltig beschnitten. Wir sind das, was wir immer wieder tun. Wachstum impliziert, daß man über diese Wiederholung hinausgeht und permanent die eigene Identität transzendiert, ohne deshalb das Gespür für sich selbst zu verlieren. Reziproker Wandel wird auch dann ungesund, wenn einer oder beide Partner sich für die eigene Entwicklung keine Zeit nehmen; dies baut mit der Zeit eine Verstimmung auf, die schließlich zu einem Wutausbruch führt oder zur Flucht aus der Beziehung. In einer lebendigen Beziehung hat die Energie gar keine Chance zu stagnieren, da gerade die bewußte Bewegung von einem Partner zum anderen eine solche Herausforderung an unterschiedliche Lebensweisen, Ideen und Ausdrucksformen darstellt, daß jeder der beiden Partner tagtäglich mit seinem eigenen Entwicklungspotential konfrontiert wird.

Formgebender Wandel

Die in uns entstehende Energie benötigt eine organische Struktur, um weitere Entwicklung zu ermöglichen. Die Entwicklung von Form aus Prozeß wird als *formgebender Wandel* bezeichnet (siehe Abb. 29). Form (Yang) schafft einen Fokus und einen Bezugsrahmen für die Energiebewegung (Yin). Wenn sie auf bestimmte Art und Weise genutzt wird, gibt die Form mit ihrer Stabilität und ihrem klaren Zweck eine Struktur und konkretisiert vage Prozesse, da sie ein greifbares Produkt liefert, das man sehen und handhaben kann. Im täglichen Leben ist es ganz natürlich, daß man konstruktive Änderungen vornimmt, wenn beispielsweise die Beziehung nicht gut läuft, sei es in Form einer Aussprache, wenn man sich über die Gefühle des Partners nicht im klaren ist, oder sei es der Versuch,

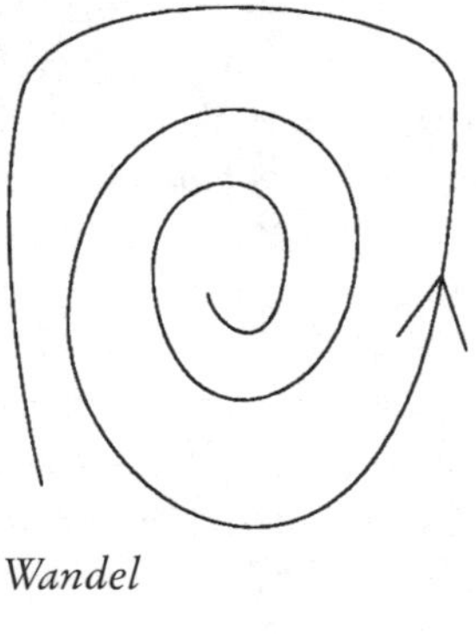

Abb. 29: *Formgebender Wandel*

das Leben umzukrempeln, um neuen Möglichkeiten den Weg zu ebnen.

Der Umgang mit formgebendem Wandel kann mit Surfen verglichen werden. Obwohl es viele Energiewellen gibt, sucht sich der Surfer diejenige aus, die ihn am ehesten zur Küste zurücktragen kann. Dann muß er bei dieser Welle bleiben, ihren kraftvollen Sog zum richtigen Zeitpunkt und auf die richtige Weise nutzen. Wie ein Surfer brauchen auch wir das richtige ›Timing‹. Wie und wann lassen wir uns auf die körperliche Liebe ein? Wie zeigt unser Partner, daß er Lust hat? Wie lösen wir uns voneinander, wenn der Höhepunkt vorbei ist?

Formgebender Wandel besteht in der Erschaffung und Zerstörung von Gestalten durch Energiewellen. Wandlungsformen entstehen und vergehen im Einklang mit dem ›Form-Geist‹; dies ist die Manifestation des universellen Ganzheitsfeldes, die Formen zeugt und unterstützt, so wie sie gerade gebraucht werden. Die alten Griechen waren sich dieses Zusammenhangs zwischen Form und Prozeß sehr wohl bewußt. Sie erkannten, daß Form sowohl der Prozeß des Strukturierens als auch die daraus resultierende Struktur ist. Die Beziehung, die sich als Prozeß mit dem Partner entwickelt hat, ist die jetzige Beziehung als Form. Hat man sich klar darauf konzentriert, eine ehrliche und natürliche Beziehung aufzubauen, dann ist die jetzige Verbindung auch so beschaffen. Hat man sich dagegen nicht die Zeit genommen, Differenzen aufzuarbeiten, ist wahrscheinlich auch die Beziehung unklar.

Eine gesunde reziproke Beziehung erfordert eine ständige Zufuhr von Energie, damit sie weiterwachsen kann. Auch wenn man gestern ein gutes Gespräch hatte, ist das noch lange keine Garantie dafür, daß beide sich heute geliebt fühlen, so wie eine warme Dusche am Morgen nicht den ganzen Tag warm hält. In einer guten Beziehung wird der Formprozeß aktiv bewußt gemacht. Die Liebe zum Partner bedarf oft eines Ausdrucks in der Form, und das jeden Tag. Der körperliche Kontakt, die Aufmerksamkeit füreinander und die Bereitschaft, alles zu geben, zeigen dem Partner, daß er geliebt wird.

Viele Menschen haben Angst vor natürlichen Wandlungsprozessen und wollen deshalb die Wandlungsbewegung kontrollieren. Durch Umlenken, Retroflektieren, Zerstreuen und Hemmen stören wir den jeweiligen Wandlungsprozeß. Wir unterstützen zentripetale, konstriktive, zentrifugale und periphere Wandlungsprozesse und kappen dadurch die energetische Verbindung mit unserem Zentrum. Auch wenn wir in formgebenden Wandlungsprozessen stecken, können wir *versuchen*, selbst Formen zu schaffen, anstatt sie entstehen zu lassen. Dieses künstliche Schaffen von Formen wird als *konstruierter Wandel* bezeichnet (siehe Abb. 30). Darunter versteht man all die Bewegungen, die Energie in bestimmte Formen lenken sollen, um spontanen Wandel zu kontrollieren. Konstruierter Wandel ähnelt dem peripheren Wandel insofern, als beide den Kontakt mit dem energetischen Kern vermeiden. Peripherer Wandel zeigt sich in geschäftigen Aktivitäten, konstruierter Wandel betont mehr die Struktur und die Planung. Oft kommen Klienten zu mir mit einem vorgefertigten Plan, was sie verarbeiten wollen und wie. Man kann natürlich eine Vorstellung davon haben, was wichtig ist und wie es in den Wandel eingegliedert werden könnte, muß es aber trotzdem dem natürlichen Wandlungsfluß überlassen, wie es geschehen sollte. Je mehr wir Wandel kontrollieren, desto geringer ist die Wirkung.

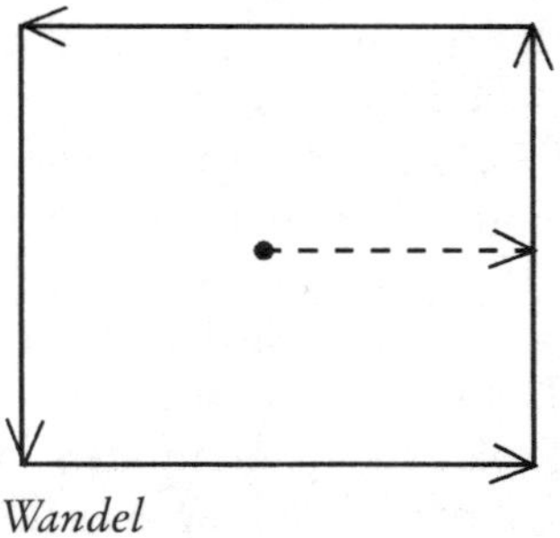

Abb. 30: *Konstruierter Wandel*

Wenn wir die vielen Wandlungsmöglichkeiten in uns und um uns sehen könnten und den Mut hätten, sie mit unserem enormen Energiepotential zu verwirklichen, hätten wir wahrscheinlich den Wandel gar nicht mehr nötig. Leider haben wir aber weder diesen Überblick noch die dazu nötige Klarheit, und auch ganz bestimmt nicht das Durchhaltevermögen, Wandel immer auf gesunde Art und Weise zuzulassen. Allerdings können wir den allgemeinen Wandlungsprozeß besser verstehen lernen und ihn durch das Begreifen seiner Bewegungen und Formen in uns wirken lassen.

Wandel zu konstruieren ist dem Fahren auf einer unbefestigten

Straße vergleichbar, auf der sich Spurrillen bilden, in denen man sich festfährt. Auf den Wandel übertragen entsprechen diese Spurrillen den Energiekassetten, die sich in unserem Körper als steife Muskeln und in unseren Beziehungen als gähnende Langeweile manifestieren. So wie viele Menschen versuchen auch Regierungen und Firmen, Wandel zu konstruieren und dadurch gesunden Wandel zu umgehen. Wenn es dann schließlich zum Börsenkrach kommt oder der Partner uns verläßt, kommt unser Wandlungsgebilde ganz schnell an seine Grenzen.

Jede Organisation, die Wandel konstruiert – und dies ist bei fast allen Organisationen der Fall – wird immer rigider. Die übliche Kontrolle schließt jede spontane Bewegung aus. Wenn alles auf vorgeschriebene und scheinbar sichere Art und Weise getan werden muß, ist sinnvoller Wandel schwierig zu bewerkstelligen. Jede Änderung des Plans wirkt sich störend auf die ebenso fragile wie komplexe Ordnung aus. Die einzige Sicherheit dieser Organisationen liegt in ihrer Komplexität – und die ist nicht sehr stabil. Oft haben wir den Eindruck, daß sich solche Organisationen überhaupt nicht wandeln, was allerdings nicht stimmt. Sie verändern sich, weil Energie immer in Bewegung ist, alles läuft aber immer wieder auf das Gleiche hinaus – sie treten immer mehr auf der Stelle. Deshalb wirken rigide aufgebaute Gesellschaften und bürokratische Regierungen unflexibel und scheinen nicht auf die Bedürfnisse ihrer Mitglieder bzw. Wähler einzugehen. Der größte Teil des Wandels wird eher in die Aufrechterhaltung der Struktur investiert als z.B. in die erforderlichen Dienstleistungen, die Kreativität und die Problemlösungsarbeit. Solche Organisationen identifizieren sich allmählich mit ihrer hierarchischen bzw. bestehenden Struktur, so als ob die äußere Hülle das Leben selbst wäre. Die Vermutung, eine Organisationsstruktur sei lebendig, nur weil es sie gibt, ist ein Irrtum; genausogut könnte man einen toten Körper für lebendig halten, nur weil er den Anschein erweckt.

Der Schwachpunkt des konstruierten Wandels ist das Konstruieren selbst. Wer seine Identität an Formen wie berufliche Position, Geld, Ansehen, Besitz etc. festmacht, ist für Angriffe von anderen extrem anfällig; eine Lebensweise, die sich vom Haben und Tun ableitet und nicht vom eigentlichen Sein, stellt die Identität immer in Frage. Je mehr man hat, desto mehr definiert man sich durch diese Dinge und um so verwundbarer ist man. Gleichermaßen ändert sich das eigene Selbstwertgefühl, sobald sich etwas verändert, wenn es auf das Haben ausgerichtet ist. Deshalb begehen viele wohlhabende Leute Selbstmord, sobald sie in finanzielle Schwierigkeiten geraten – sie haben den Bezug zu dem, was sie sind, verloren.

Transformierender Wandel

Das Finden geeigneter Formen im Wandlungsprozeß ist sehr wichtig; genauso wichtig ist es jedoch, über die Form hinauszugehen, um sich psychisch und spirituell weiterentwickeln zu können. Dieser Prozeß, der uns über die Form hinausführt, wird als transformierender Wandel bezeichnet (siehe Abb. 31). Ich behaupte, daß jede Form, ob physisch oder nicht-physisch, in Zeit und Raum durch eine ganz bestimmte Energiebewegung definiert wird, deren Geschwindigkeit erhöht bzw. reduziert werden kann, wodurch die vorgegebene Form transformiert wird. Aus der Physik wissen wir, daß jede Bewegung Wellen und Schwingungen verbreitet, die in Frequenzen gemessen werden. Der Transformationsprozeß kann als Erhöhung bzw. Reduzierung dieser Frequenzen verstanden werden. Im Gegensatz zum transferierenden Wandel, der horizontal verläuft, geht transformierender Wandel in eine vertikale Richtung, nach oben oder unten. In der Physik findet Transformation beispielsweise dann statt, wenn Wasser erhitzt wird und verdampft bzw. abgekühlt wird, bis es zu Eis gefriert. Die Einflußnahme auf die Wassertemperatur transformiert es entweder nach oben (Yang) oder nach unten (Yin).

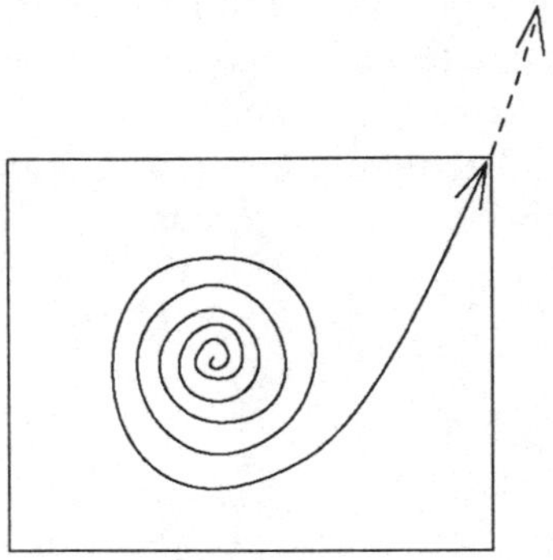

Abb. 31: *Transformierender Wandel*

Mit Hilfe des transformierenden Wandels können wir die Grenzen der Form auf allen Ebenen erfahren und über diese Form hinausgehen. Auf der psychischen Ebene gehören zu dieser Form die Persönlichkeit, das Ego und auch der Charakter; alle drei binden Energie. Jede dieser Formen verhilft uns zu einem besseren Verständnis von uns selbst und der Frage, warum wir so und nicht anders leben. Sie geben uns auch die Stabilität, die wir brauchen, um Wandel erforschen zu können. Halten wir aber an diesen Formen fest, ist Wachstum ausgeschlossen. Jedes Aufgeben von Vorstellungen über uns selbst ist ein transformierender Wandel, da wir eine Form hinter uns lassen, die uns festgehalten hat.

Psychisches Wachstum ist wichtig und auch notwendig, die Persönlichkeit, das Ego und der Charakter sind jedoch für sich keine ganzheitlichen Formen (siehe Abb. 32). Die Persönlichkeit gibt unserem sozialen Dasein Struktur; wenn wir auf einer Party sind, hilft uns das Ego, uns so zu integrieren, daß wir nicht von unseren Impulsen überrannt werden oder uns zu stark von kulturellen Normen hemmen lassen. Unser Charakter entwickelt ein Repertoire annehmbarer Verhaltensmuster, so daß nicht jede Situation für uns wieder neu ist; er organisiert also geistige Einstellungen und Gewohnheiten. Ich bin der Meinung, daß all diese psychischen Konstrukte von den Psychologen geschaffen worden sind, um unterschiedliche Ganzheitsaspekte und -grade in Bezug auf psychologische Prozesse erklären zu können. In der von mir beschriebenen *Psychologie der Ganzheit* wären diese Konstrukte nur im Hinblick auf das spirituelle Wachstum und im Zusammenhang mit der Person als Ganzes nützlich.

Ich bin der Meinung, daß das spirituelle Selbst mehr Bedeutung hat als diese Konstrukte, da es die energetische Quelle für diese psychologischen Prozesse darstellt. Normalerweise ist der Geist schwieriger zu beobachten, weil er sehr subtil ist; wer für seine Bewegungen offen ist, kann ihn jedoch spüren, wenn er in den Wandlungsprozeß eingreift.

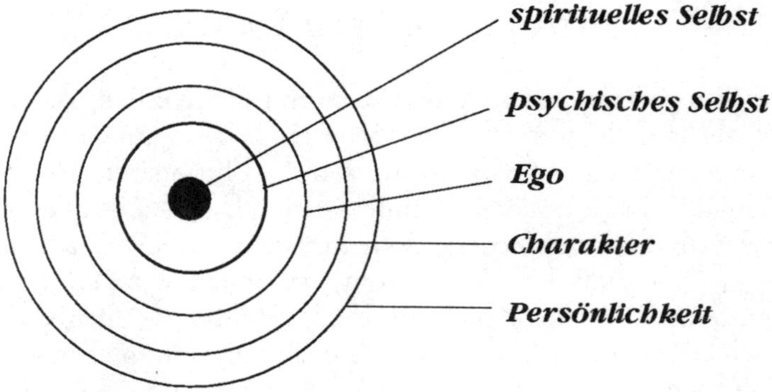

Abb. a: *Ansicht von oben*

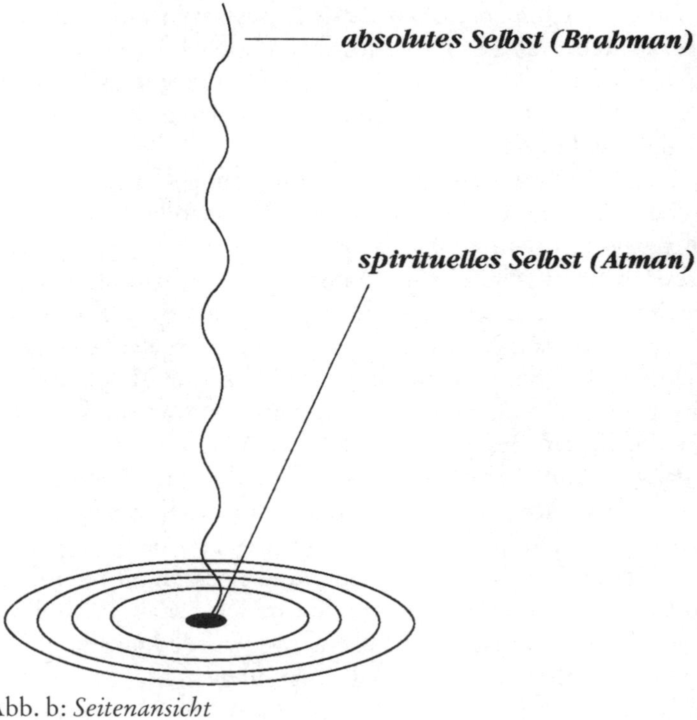

Abb. b: *Seitenansicht*

Abb. 32: *Konzentrische Kreise des Selbst*

Evolutionärer Wandel

Die Transformation von Vibrationen mit dichten, langsamen Frequenzen auf der physischen Ebene zu Schwingungen mit einer feineren, schnellen Frequenz wird als evolutionärer Wandel bezeichnet.* Evolutionärer Wandel wird als aufsteigende Spirale dargestellt und steht energetisch mit dem altindischen Lingam-( )-Symbol in Verbindung; es ähnelt dem chinesischen Yang-Symbol (siehe Abb. 33). Beide Symbole stellen eine Art Wandel dar, der von der Erde nach oben zum Himmel steigt, vom Grob- zum Feinstofflichen, vom Schweren zum Leichten. Die Evolutionsspirale zeigt im besonderen das Aus-Rollen unseres spirituellen Potentials an, wenn wir die äußeren Schichten der Außenwelt hinter uns lassen. Evolutionärer Wandel bedeutet das allmähliche Loslassen von Formen, an die wir uns klammern, z.B. Geld, Titel, Beziehungen, ohne daß wir deswegen unbedingt auf diese verzichten müßten. Evolution heißt auch Freisein von Abhängigkeiten aller Art, aber Fähigsein, all diese Formen zu nützen, wenn es nötig ist. Alle Formen müssen in Frage gestellt werden; dies ist der Evolutionsprozeß.

Kürzlich war es mir vergönnt, diese Erfahrung sehr anschaulich am eigenen Leibe zu erleben. Mein Vermieter wollte das von mir angemietete Apartment verkaufen, ich wollte weiterhin dort wohnen. Über unsere Rechtsanwälte traten wir in Verhandlungen. Als ich eines Tages verreist war, strengte er gegen mich einen Prozeß an, um mich zum Auszug zu zwingen. Für den Prozeß gab es eigentlich keinerlei Anlaß, außer seinem Wunsch zu verkaufen. Ich hatte von all dem keine Ahnung, da ich ja unterwegs war, und als ich zurückkam, lag ein Bescheid vor, daß die Wohnung am nächsten Tag zwangsgeräumt werden sollte. Es stellte sich heraus, daß während meiner Abwesenheit ein Versäumnisurteil ergangen war, gegen das ich nicht fristgerecht Einspruch erhoben hatte. Am nächsten Tag kamen die Umzugsleute und packten all mein Hab und Gut in Kartons; einiges davon konnte ich behalten, aber das meiste wurde automatisch eingelagert. Mir wurde klar, daß diese Kette von Vorfällen nicht einfach eine ungerechte Sache war,

* Unter Evolution verstehe ich hier nicht die biologische Evolution, d.h. die genetische Anpassung einer Spezies.

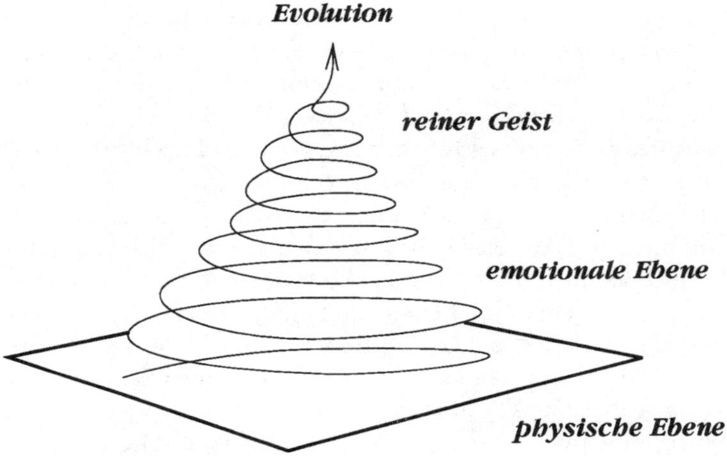

Abb. 33: *Evolutionärer Wandel*

sondern ein spiritueller Test. Innerhalb einer Stunde mußte ich entscheiden, welche Dinge ich behalten und von welchen ich mich trennen mußte. Die Zwangsräumung bedeutete für mich auch, daß ich keine Bleibe mehr hatte. Mir fiel wieder ein, daß ich erst eine Woche vorher auf einem Workshop in Norwegen im Spaß gesagt hatte, daß ich mir wie ein wandernder Zigeuner vorkäme, weil ich so viel unterwegs war. Die Botschaft war klar: Die Räumung war ein Test, um herauszubekommen, wie sehr ich noch an Besitzformen und der Form meines Lebensraumes hing.

Die Konfrontation mit unserem Verhaftetsein an Formen muß nicht unbedingt so dramatisch sein. Alle Formen geben uns eine begrenzte Stabilität, aber keine Sicherheit. Deshalb zwingt uns evolutionärer Wandel, uns mit allen Formen entweder direkt oder indirekt in Alltagssituationen zu konfrontieren. Diese Herausforderung unseres Sicherheitsbedürfnisses ist sehr wichtig, um zu entdecken, daß das völlige Einlassen auf unser spirituelles Selbst und seine Verbindung mit einem universellen Bewußtseinszustand bzw. dem absoluten Selbst unsere einzige Sicherheit ist.

Evolutionärer Wandel ist das allmähliche Entfalten unseres Bewußtseins oder das Entfernen der Schleier der Unwissenheit, wie die Buddhisten sagen, bis absolute Ganzheit offenbar wird. Anfangs bringt evolutionärer Wandel die polarisierten Yin- und Yang-

Kräfte in ein komplementäres Gleichgewicht. Danach wird ein anderer ganzheitlicher Zustand erreicht, in dem diese Polaritäten weniger wichtig sind. Evolution heißt, daß sich allmählich aus der Vielzahl von Stimmen und Meinungen in uns ein ›einpunktiges‹ spirituelles Bewußtsein entwickelt. Nach und nach wird das ›Maya‹ (Sanskrit: Illusion, Täuschung) weggelassen, und wir lernen, mit einer Stimme zu sprechen und mit einem Geist zu sehen. Diese einpunktige Klarheit wird von mir als *essentielle Wahrnehmung* bezeichnet. Sie durchschaut die Fassaden und faulen Ausreden, die kleinen Spielchen des Lebens und sieht in jeder Kommunikation und Handlung die wahre, zugrundeliegende Information. Für mich ist der spirituelle Weg ein Weg des einpunktigen Ganzen. Je weiter wir auf diesem Weg fortschreiten, desto besser können wir die Form annehmen und benutzen, ohne ihr verhaftet zu sein. Wir nehmen diese Formen immer bewußter wahr und können sie immer besser loslassen. So kann in uns evolutionärer Wandel stattfinden; er wächst einerseits beständig und allmählich und führt andererseits zu einer sprunghaften Bewußtseinserweiterung.

In der spirituellen Evolution ist das Ego die Gestalt bzw. Form, die die größte Herausforderung darstellt. Evolutionärer Wandel konfrontiert das Ego in allem, was wir tun. Wir stolpern über unsere Bedürfnisse, stoßen uns immer wieder an unserem Willen, wenn wir Wandel so konstruieren wollen, daß er in unsere Vorstellungen vom Leben hineinpaßt. Ständig werden wir mit den vagen Konturen unseres Egos konfrontiert, an das wir uns klammern, als ob es das Leben wäre. Echter evolutionärer Wandel impliziert, daß wir bereit sind, dieses Ego nicht mehr wichtigzunehmen und loszulassen und uns auch von seinem Bedürfnis nach Kontrolle über den Wandel zu befreien. In meinen Augen heißt dieses Loslassen nicht, daß wir das Ego verleugnen; es stellt vielmehr eine Bewußtseinsstufe dar, auf der unsere psychische Identität nicht mehr wichtig ist. Die organisierten Egofunktionen sind wichtig, um als integre Person in der Welt leben zu können. Wenn uns aber einmal klar ist, wer wir als psychische Wesen wirklich sind, gibt es keinen Grund mehr, an dieser Egoform festzuhalten; sie ist wie ein ausgetretener Schuh, der nicht mehr zu gebrauchen ist. Evolutionärer Wandel führt uns normalerweise von einem ›Egokästchen‹ bzw. einer Egogrenze zur anderen, da wir neue Möglichkeiten des Seins entdecken (siehe Abb. 34). Schließlich kommen wir an einen kritischen Punkt, der uns erkennen läßt, daß jede neue Egoform auch wieder nur eine Form ist, die aufgelöst werden muß. Wozu also immer wieder den Fluß der Bewußtheit eindämmen, wenn dieser Fluß doch irgendwann zu einem Meer unbegrenzten Bewußtseins wird?

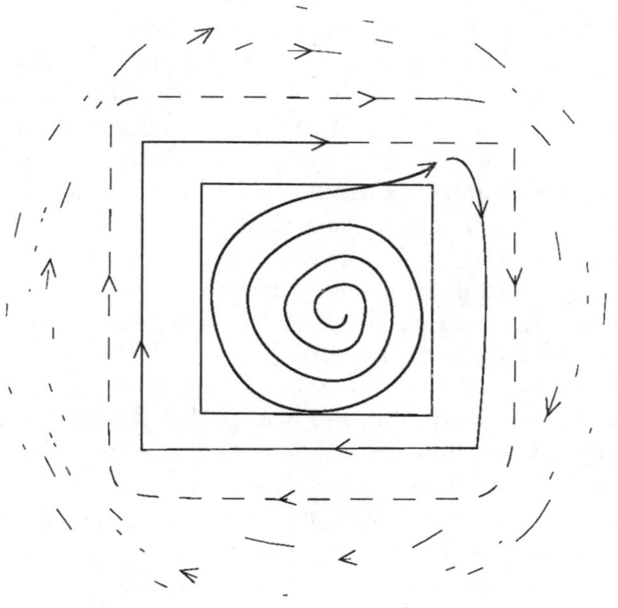

Abb. 34: *Überwindung der Egogrenzen*

Evolutionärer Wandel bedeutet auch, daß die Energie vom untersten Chakra, das unter dem Becken liegt und mit diesem energetisch in Verbindung steht, zum obersten Chakra, dem Scheitelchakra, fließt. Jedes geöffnete Chakra steht für eine bestimmte Bewußtseinsqualität und eine bestimmte Art der Energieverarbeitung. Evolution ist kein Bewußtseinswechsel von einem Chakra zum anderen, sondern bezieht auf ihrem Weg immer mehr Chakras mit ein, so wie verschiedenfarbige Linsen zwar die Wahrnehmung der Welt, aber nicht die Welt an sich verändern.

Evolutionärer Wandel gibt uns beispielsweise die Möglichkeit, das Hara mit dem Herzchakra zu verbinden. Ein geöffnetes Herzchakra hilft uns, Gefühle von Liebe und Freude, die uns andere Menschen entgegenbringen, zu spüren und diesen gegenüber auch zum Ausdruck zu bringen. Im Alltag könnten wir diese Fähigkeit auf den zentrierten Wandel anwenden und so mit Problemen im Büro fertigwerden, ohne gestreßt zu sein, oder Menschen in Not offen und freundlich helfen. Bemerkenswerterweise hat sich mein eigenes Herzchakra noch mehr geöffnet, als ich durch asiatische Kampfkünste auch lernte, wie man in Selbstverteidigung einen Angreifer töten kann. Wenn ich auf diese Erfahrung zurückblicke, wird mir klar, daß die Fähigkeit zu töten mich dazu brachte, das Leben im allgemeinen und mein Leben im besonderen erst wirklich zu schätzen. Von diesem Zeitpunkt an ging ich viel achtsamer mit anderen Menschen um, ohne den wirkungsvollen Einsatz zentrierten Wandels auf der funktionalen Ebene des täglichen Lebens aufgeben zu müssen.

Das Loslassen des Egos ist eine echte Metamorphose (aus dem Griechischen: über die Form hinaus), die unsere Abhängigkeit von der Form zunichte macht. Der Tod des Egos bedeutet das Ende einer Isolation, die wir nur für unser psychisches Wohlbefinden brauchen. Auf einer umfassenden Ebene ist der Abschied vom Ego eine individuelle, also unteilbare Erfahrung des Wiedereingehens in die Ganzheit. Dieser Tod des Egos ist gleichzeitig die Geburt bzw. Wiedergeburt eines Bewußtseins der Formlosigkeit, in der wir die Essenz unseres Seins erst wirklich verstehen.

Manchmal ist der innere Prozeß des evolutionären Wandels äußerlich kaum wahrnehmbar; deshalb gibt Evolution sich oft in äußeren Situationen und Formen Ausdruck. Äußerer Wandel unterstützt unsere Entwicklung z.B. dann, wenn wir erkennen, daß wir eine für uns wichtige Beziehung beenden müssen und bald darauf jemanden kennenlernen, der sich als unser nächster Partner entpuppt. Diese ›Zufallsbegegnung‹ ist eine zentrifugale Auswirkung des inneren Evolutionsprozesses (siehe Abb. 35). Eine äußere Veränderung kann auch als Katalysator dienen, also einen Prozeß einleiten, wie die Geschichte meiner Zwangsräumung zeigt. Daß ich meine Wohnung verlassen mußte, war ein zentripetaler Einfluß, der meine Evolution verstärkte.

Auf dem spirituellen Weg sind Zentripetisten oft von äußeren Umständen abhängig, die ihnen den nächsten Schritt zeigen; Zentrifugisten dagegen sehen Wandel nur als Emanation von innen. Evolutionärer Wandel erfordert Offenheit gegenüber allen Bot-

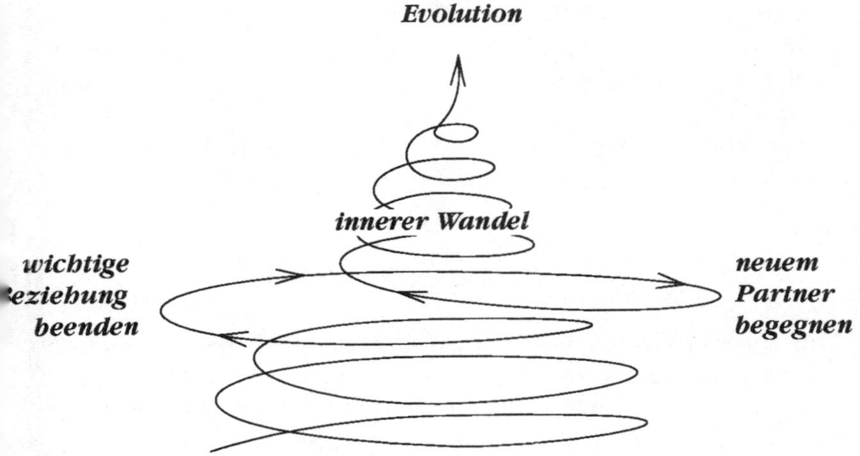

Abb. 35: *Auswirkung der Evolution*

schaften, von innen und von außen, denn beides steht miteinander in Beziehung und kann nicht voneinander getrennt werden. Wer sich auf eine einzige Hauptquelle für spirituelle Botschaften verlassen will, marschiert nur auf einem Bein durchs Leben.

Viele Menschen sind von der Idee der Evolution fasziniert, wollen sich aber nicht den Anstrengungen echter Evolution unterziehen. Sie bringen nur eine Scheinevolution zustande, eine Art Ritual, das ich in Anlehnung an das Deutsche auch im Englischen als Umvolution bezeichne.

Menschen mit einem Hang zur Umvolution haben meist eine feste Vorstellung davon im Kopf, wie ihr spiritueller Weg aussieht. Sie verdrängen tiefer gehende Emotionen, besonders Wut, weil sie dann nicht ›liebende Wesen‹ wären, wie sie es umschreiben. Oft bilden sie sich ein, sie stünden über diesen ›niedrigen‹ Energieprozessen. Sie wollen höher entwickelt sein, als sie wirklich sind, und mit niedrigen Emotionen, die sie nach unten ziehen würden, nichts zu tun haben. Solche Menschen zeigen uns deutlich, daß alles für oder gegen sinnvollen Wandel verwendet werden kann, sogar der Wandlungsprozeß an sich. Hinter dem spirituellen Gehabe steht die Angst, nichts Besonderes, also schlichtweg ›normal‹ zu sein. Im Gegensatz zu Peripheristen sind diese Umvolutions-Spezialisten auf einer bestimmten Ebene wirklich an der Evolution interessiert, lassen sich jedoch durch ihre okkulten Regeln und Vorschriften, die von vornherein festlegen, was Spiritualität ist, verwirren, anstatt sich von ihrem Geist ihren eigenen Weg zeigen zu lassen. Solche Menschen machen ihre Entwicklung häufig von genau festgelegten Wachstumsschritten, speziellen Ernährungsweisen und der Ausschaltung von natürlichen Trieben, Sex etc., abhängig.

Involutionärer Wandel

Im transformierenden Wandlungsprozeß wird die evolutionäre Aufwärtsbewegung durch eine involutionäre Abwärtsbewegung ausgeglichen und vervollständigt. *Involutionärer Wandel* (nach innen rollend) wird durch eine abwärtsgehende Spirale symbolisiert, was dem altindischen Yoni (   )-Symbol und in etwa dem chinesischen Yin entspricht (siehe Abb. 36); es ist die Transformation feiner, schneller Energien in langsamere und dichtere.

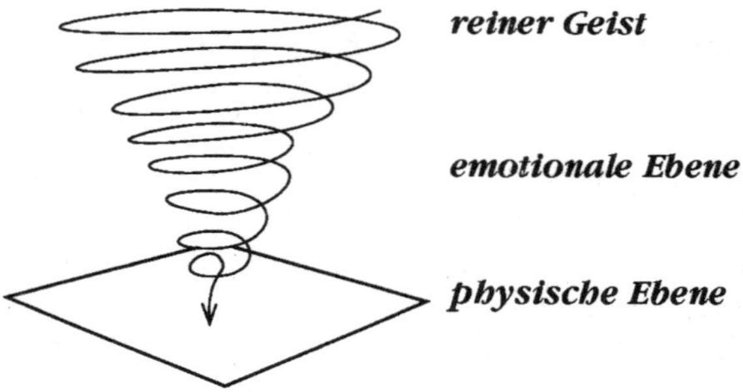

Abb. 36: *Involutionärer Wandel*

Viele Menschen können sich unter Ganzheit etwas vorstellen. Wir haben darüber gelesen, diskutiert und gewisse Erfahrungen gemacht, die uns gezeigt haben, was Ganzheit sein könnte. Involutionäre Wandlungsprozesse helfen uns, dieses theoretische Wissen über Gesundheit und spirituelles Wachstum in die Praxis des täglichen Lebens umzusetzen. Heutzutage ist oft von Evolution und Ego-Aufgabe die Rede, aber diese Ideen zu leben, wenn das Baby schreit oder der Chef wütend ist, ist etwas ganz anderes.

Involutionärer Wandel impliziert, daß wir uns auf alles, was wir tun, ganz und gar einlassen und unseren Willen den Anforderungen des Augenblicks unterwerfen. Das könnte bedeuten, daß wir den Abwasch machen, auch wenn wir nicht an der Reihe sind, oder einem Freund beistehen, obwohl wir todmüde sind. Dies darf nicht mit Leiden oder Märtyrerspielen verwechselt werden, da diese Tendenzen dazu da sind, unsere eigene Lebensfreude zu umgehen und statt dessen andere zu manipulieren, weil sie dann mit uns Mitleid haben. Echte Hingabe hilft uns, unser spirituelles Selbst zu entdecken, das oft unter den ›Kopf-Wünschen‹ und hinter den Verteidungsmechanismen des Ego verborgen ist. Involution bedeutet auch, das zu realisieren, was noch nicht gelebt wird. Formgebender Wandel ist ganz nützlich, um ein Gespür dafür zu bekommen, welche dieser physischen Formen wann vollendet werden wollen. Es kann passieren, daß wir uns selbst, unseren Partner oder die Nachbarn mit dem Unterschied zwischen der Theorie des Friedens und der Realität des Krieges konfrontieren müssen. Viele Menschen möchten gerne Frieden *haben* und sind doch mit sich und anderen immer noch im Krieg. Involution fordert, daß wir diese trennenden Lügen nicht mehr unterstützen und konsequent sind. Wenn wir wirklich mehr gesunden Wandel in unserem Leben wollen, müssen wir in allem dazu stehen und die volle Verantwortung für unser psychisches und spirituelles Wachstum übernehmen.

Eine der schwierigsten Aufgaben der Involution ist das Durchhalten einer Sache bis zum Ende, besonders, wenn das entsprechende Projekt voller Schwierigkeiten steckt. Für ein gutes Gelingen braucht der Yin-Prozeß der Involution sowohl die fließende Qualität des Energieflusses (Element: Wasser) als auch das Geerdetsein, die klare Durchführung (Element: Erde).

Der Erfolg des Evolutionsprozesses ist unter anderem von der darauffolgenden Involutionsphase abhängig (siehe Abb. 37). Ohne eine Verbindung zum Boden ist die Loslösung von der physischen Welt der Formen sehr schwierig. Involution bedeutet Materialisation, also die Umsetzung in Materie. Wenn wir unser Wissen über die Liebe nicht in unseren Alltag übertragen können, wie können wir dann unsere Abhängigkeit vom Geliebtwerden aufgeben?

Äußerer Wandel kann involutionär sein, wenn die äußere Veränderung unsere spirituelle Bewußtheit im Alltag verstärkt (zentripe-

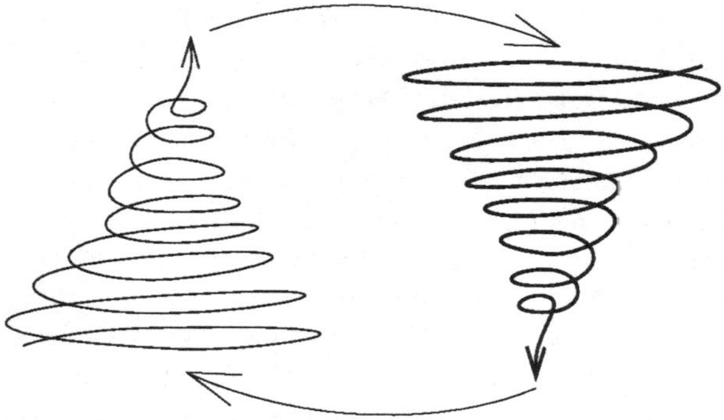

(einzeln gesehen)

(zusammen gesehen)

Abb. 37: *Evolutionärer/involutionärer Einfluß*

taler Einfluß) oder unsere innere Entwicklung durch äußere Gegebenheiten unterstützt wird (zentrifugale Auswirkung, siehe Abb. 38).

Susanne z.B. ging ihre sexuelle ›Freiheit‹ über alles, obwohl sie sich dabei benutzt fühlte. Ich konfrontierte sie immer wieder mit diesem Problem, und schließlich brach sie die Therapie ab, weil sie, wie sie sagte, keine Lust mehr hatte, sich damit auseinanderzusetzen. Eineinhalb Jahre später kam sie wieder; ein schwerer Autounfall und eine Operation hatten sie völlig verändert. Bei der Operation auftretende Komplikationen hatten sie unfruchtbar gemacht, worüber sie sehr traurig war. Erst jetzt konnte sie ihr Leben realistisch betrachten. Leider sind manchmal tragische äußere Umstände vonnöten, um uns wieder auf die Erde zu bringen, wie diese traurige Geschichte zeigt. Nach und nach war Susanne in der

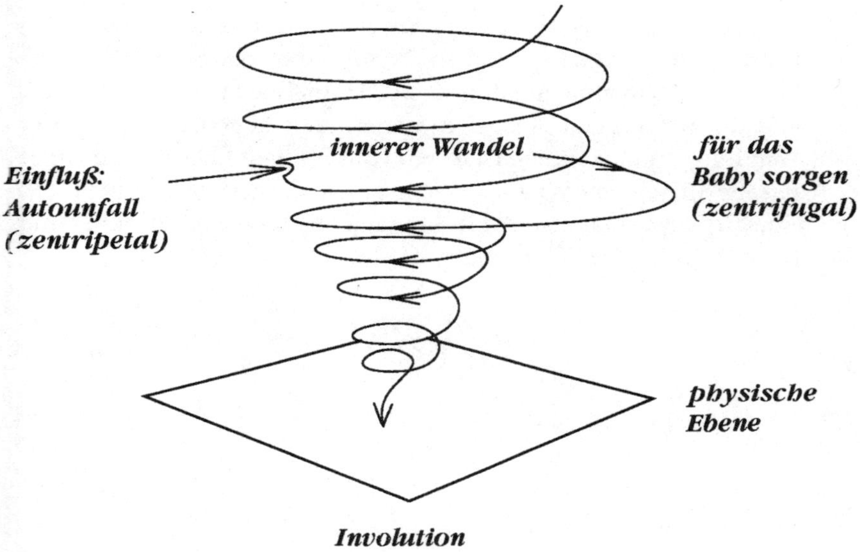

Abb. 38: *Einfluß der Involution*

Lage, sich mit der Operation und deren Folgen auseinanderzusetzen und klarer in der Gegenwart zu leben. Eine Verkettung ungewöhnlicher Umstände brachte es mit sich, daß Susannes Schwester, eine alleinstehende Mutter, zwei Jahre später bei einem Autounfall tödlich verunglückte, der zweijährige Sohn aber mit dem Leben davonkam; Susanne fühlte sich nach ihrer eigenen spirituellen Lektion stabil genug, das Kind aufzuziehen. In diesem Fall führte der zentripetale Einfluß des Autounfalles zu einem involutionären Wandel, der wiederum die Stabilität schaffte, sich auf die zentrifugale Auswirkung der Kindererziehung einzulassen.

Zyklischer Wandel

Manche Wandlungsprozesse sind sehr intensiv und dauern sehr lange, weil sie sich regelmäßig wiederholen; dieser Prozeß wird als zyklischer Wandel bezeichnet (siehe Abb. 39). Er entsteht durch die periodische Bewegung natürlicher Energierhythmen. Die Wissenschaft kennt bestimmte dieser Zyklen, z.B. die Mondphasen oder den Atmungszyklus; andere Zyklen wiederum haben evolutionären Charakter, beschäftigen sich also mit der spirituellen Entwicklung. Alle zyklischen Wandlungsprozesse haben zwei Phasen: die zunehmende Phase, in der Energie angesammelt wird, und die abnehmende Phase, in der Energie abgebaut wird. Jeder Wandlungszyklus ist einerseits ein vollständiges Ganzes und andererseits in seinem Verbundensein mit allen anderen Zyklen Teil eines größeren Ganzen; dies ist ein Zeichen für die Kontinuität und Langlebigkeit des Wandlungsprozesses.

Abb. 39: *Zyklischer Wandel*

Die Atmung

In unserem Körper zeigen sich diese Zyklen beispielsweise bei der Ein- und Ausamtung, bei der der Sauerstoff der eingeatmeten Luft gegen das Kohlendioxid der ausgeatmeten Luft ausgetauscht wird. Energetisch gesehen steht die Atmung für die polarisierte Energiebewegung im Wandlungsprozeß. Unser Atmungszyklus ist nicht nur ein Symbol für den Wandel, man kann an ihm auch direkt ablesen, wie wir mit Wandel umgehen. Menschen mit einem flachen Atem haben meist nur wenig Wandlungsenergie, da ihre Energieladung zu niedrig ist; Menschen, die tief atmen, lassen sich dagegen viel mehr auf den Wandel ein. Wer schnell atmet, ist nicht geerdet, und deshalb geschieht Wandel nur oberflächlich und geht schnell von einem Prozeß zum nächsten. Brustatmung deutet auf Angst vor tiefgreifendem, intensivem Wandel hin. Unregelmäßiges Atmen ist ein Zeichen von Angst vor der Kontinuität des Wandels: Aus Angst vor dem ›Festgefahrensein‹ werden die rhythmischen Prozesse immer wieder verändert.

Bei einer bestimmten Form der Meditation müssen die Meditierenden innerlich das Auf- und Absteigen des Atems beobachten und können sich so mit Hilfe des zyklischen Prozesses tiefer in die Stille versenken. Jeder entspannte Atemzug macht den Wandlungsprozeß essentieller, bis schließlich die Loslösung vom physischen Körper erfahren wird und durch die größere Ganzheit und den inneren Frieden die Bewußtheit zunimmt.

Atmen hat auch einen Bezug zur körperlichen Liebe. Beim Sex bewegt sich das Becken mit jedem Einatmen zurück und beim Ausatmen nach vorne. Wenn man sich dies bewußtmacht, kann jeder Atemzyklus und auch jede Vor- und Zurückbewegung des Beckens zu einem neuen Wandlungsbewußtsein führen, eine großartige Erfahrung. Psychologen wissen: Wie man atmet, so liebt man!

Zur Liebe gehören unter anderem viele zyklische Prozesse, z.B. der biologische Kreislauf der Fruchtbarkeit, individuelle körperliche und emotionale Liebeszyklen, Perioden verbaler Kommunikation etc. Einige dieser Zyklen sind homöostatischer, also biologischer Natur, andere haben einen transzendenten Charakter, z.B. wenn körperliche Liebe zu größerer emotionaler Intimität führt. Obwohl zyklischer Wandel durch seinen periodischen Charakter anscheinend begrenzt ist, gibt er uns doch die Chance, über unser Ego hinauszugehen, wenn wir ihn bewußt wahrnehmen. Darin liegt beispielsweise der Sinn des zyklischen Betens, Singens, Tanzens in vielen Kulturen: Die Rituale sollen helfen, das persönliche Ego zu transzendieren und die transpersonalen Dimensionen des Geistes zu erreichen. In einer echten Liebesbeziehung kann zyklischer Wandel sehr einfach mit reziprokem Wandel und seinen Aspekten der persönlichen Entwicklung kombiniert werden. Jeder der beiden Partner kann durch biologische, psychologische und spirituelle Einflüsse die Einheit mit dem anderen und schließlich größere Ganzheit erfahren. So gewinnen die Rhythmen der Liebe mit jedem Austausch immer mehr an Erregung und Sinn.

Nur sehr wenige Menschen sind fähig, sich auf direktem Wege zu entwickeln. Die meisten brauchen dazu die kontinuierliche Bewegung vieler aufeinanderfolgender Zyklen. Zyklischer Wandel erinnert uns regelmäßig daran, wo wir auf unserem spirituellen Weg sind. Er sorgt dafür, daß wir den Blick für die tagtäglichen Lektionen nicht verlieren, die für unsere Ganzheit so wichtig sind. Auf den ersten Blick sind sie oft nicht zu erkennen, und deshalb ist Wiederholung wichtig. Eine sehr spezielle Form des zyklischen

Wandels ist die *Seelenwanderung*, durch die nicht abgeschlossene Prozesse eines Lebens ins nächste Leben hinübergetragen werden. So geht auch im Tod der Wandlungszyklus weiter. Unsere Erfahrungen und Erkenntnisse aus anderen Leben werden in diesem Leben fortgesetzt und ins nächste Leben mitgenommen. Dieser Prozeß von Geburt, Tod und Wiedergeburt wird von den Buddhisten Samsara genannt. Jeder Lebenszyklus dieses Reinkarnationsprozesses gibt uns die Chance, spirituell zu wachsen, bis wir schließlich eins mit der absoluten Ganzheit sind.

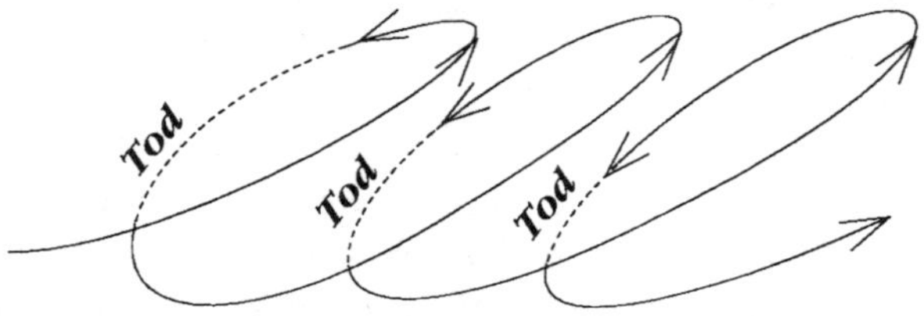

Abb. 40: *Seelenwanderung (Reinkarnationsprozeß)*

Gesunde Wandlungsarten sind weder linear noch schließen sie einander aus. Sie können fast immer gut kombiniert werden. Zentrierter und reziproker Wandel passen z.B. gut zusammen, damit eine Beziehung liebevoll und funktionsfähig ist. Der eher psychisch orientierte Entwicklungswandel kann in einer spirituell orientierten Psychotherapie wie der Life Energy Therapy leicht zu evolutionärem Wandel erweitert werden. Gesunder Wandel nützt die Prozesse, die ganz natürlich entstehen, und ist gleichzeitig für andere Wandlungsformen offen.

Kapitel VIII
Der Wandlungsprozess

Jeder Wandlungsprozeß ist eine einmalige Konstellation von Menschen und Ereignissen, die durch die energetischen Einflüsse einer gegebenen Situation entsteht. In ihrer Bedeutung sind die verschiedenen Wandlungstypen unterschiedlich, doch spielt jeder Wandel auf seine Weise eine wichtige Rolle bei der Bewahrung und Transformation des Lebens. Jeder Wandlungsprozeß ist etwas Einzigartiges, und doch durchläuft fast jeder Wandel den gleichen Zyklus von Energieprozessen. Bei gesundem Wandel sind manche dieser Zyklen wichtig für die biologische und psychische Erhaltung des Lebens, andere wiederum dienen der psychischen und spirituellen Transformation. Auch transaktionale Wandlungsprozesse wie der transferierende und der zentrierte Wandel haben einen ähnlichen Verlauf. Ich glaube, daß diese Wandlungszyklen dazu dienen, einen flexiblen und doch beständigen Kanal für den Energiefluß zu schaffen, den ich als Rheostase bezeichne (aus dem Griechischen: rheo = Fluß, und stasis = Zustand). Bei ungesundem Wandel sind Teile der Zyklen gestört oder fehlen ganz; dauern diese Störungen eine gewisse Zeit an, kommt es zu Problemen.

Die Wellen des Wandels zeigen sich als kleine Wahrnehmungswellen,* die auf den ersten Blick oft nur schwer zu erkennen sind, z.B. Zyklen mittlerer Größenordnung wie Verhaltensmuster, die einem im Tagesablauf bewußtwerden, oder auch große periodische Wandlungsphasen wie im zyklischen Wandel. Fast alle diese Wellen durchlaufen eine Reihe von Wandlungsphasen; jede ist eine einmalige und kontinuierliche Methode der Energieverarbeitung, die die Rheostase in jeder Welle aufrechterhält. Jede Welle besteht hauptsächlich aus zwei Energiebewegungen: dem Sammeln (Yin) und dem Verteilen (Yang). Sammelbewegungen erhöhen die Energieladung bis zu einem Höhepunkt; verteilende Bewegungen führen zu einer Energieentladung, bis ein Tiefpunkt erreicht ist. Jede Phase hat ihre eigene Lade- und Entladequalität bzw. -quantität

* siehe hierzu meinen Artikel ›Gestalt Therapy Energized‹: Theory

und ein in sich geschlossenes System von typischen Merkmalen, die sie als gesunden Wandel charakterisieren. Es kann in jeder einzelnen oder auch in allen Phasen gleichzeitig zu einer Energiestörung kommen, wenn wir den Wandel kontrollieren. Um das Verständnis für Energieblockaden zu erleichtern, bezeichne ich sie als Kyo- (aus dem japanischen: Unterladung) bzw. als Jitsu-Prozeß (Überladung).

Jitsu bezeichnet normalerweise einen Prozeß, der zu ausgedehnt ist und sich in äußeren, oberflächlichen, klar erkennbaren Symptomen zeigt. Er steht zu Yang in Beziehung, ist aber kein Äquivalent. Kyo-Prozesse dagegen sind zu wenig ausgedehnt, nach innen gerichtet, konservativ, versteckt, sehr subtil und tiefgehend, was in etwa der Yin-Qualität entspricht. Ein Jitsu-Problem in einer Phase hat oft ein Kyo-Problem in der nächsten Phase zur Folge, so wie man hart auf die Bremse steigt, wenn man schnell um die Ecke gefahren ist, um nicht die Kontrolle über das Auto zu verlieren.

Wandlungs-Charts

In drei ›Wandlungs-Charts‹ habe ich die unterschiedlichen Wandlungsphasen sowie ihre gegenseite Beziehung dargestellt. Die beiden ersten, *Wandlungszyklus* (Abb. 41) und *Wandlungswelle* (Abb. 42) zeigen, wie Wandel von einer Phase zur nächsten geht. Für diejenigen, die mehr Yang-Qualitäten haben und/oder gerne einen Schritt nach dem anderen tun, verläuft der Wandlungsfluß linear. Wandlungswellen dagegen zeigen das Auf und Ab des Wandels, für eher yin-betonte Menschen und/oder diejenigen, die die fließende Qualität des Wandels schätzen. Beim dritten Chart zeigt die *Evolutionsspirale* (Abb. 43), wie ein und derselbe Wandlungszyklus auf einer Bewußtseinsebene bleiben oder auf eine höhere, ganzheitlichere Ebene transformiert werden kann. Eine Reihe von Skizzen zeigt auch die wesentlichen dynamischen Merkmale jeder Phase auf.

Unser hypothetischer Wandlungszyklus beginnt mit der *Seinsphase* (Abb. 44a), einem Zustand des Seins bzw. der Ruhe, die Grundlage eines jeden Wandels. Nach einer gewissen Zeit bringt uns ein innerer Reiz, z.B. ein Hungergefühl, oder ein Reiz von außen, z.B. eine attraktive Frau bzw. ein attraktiver Mann, dazu,

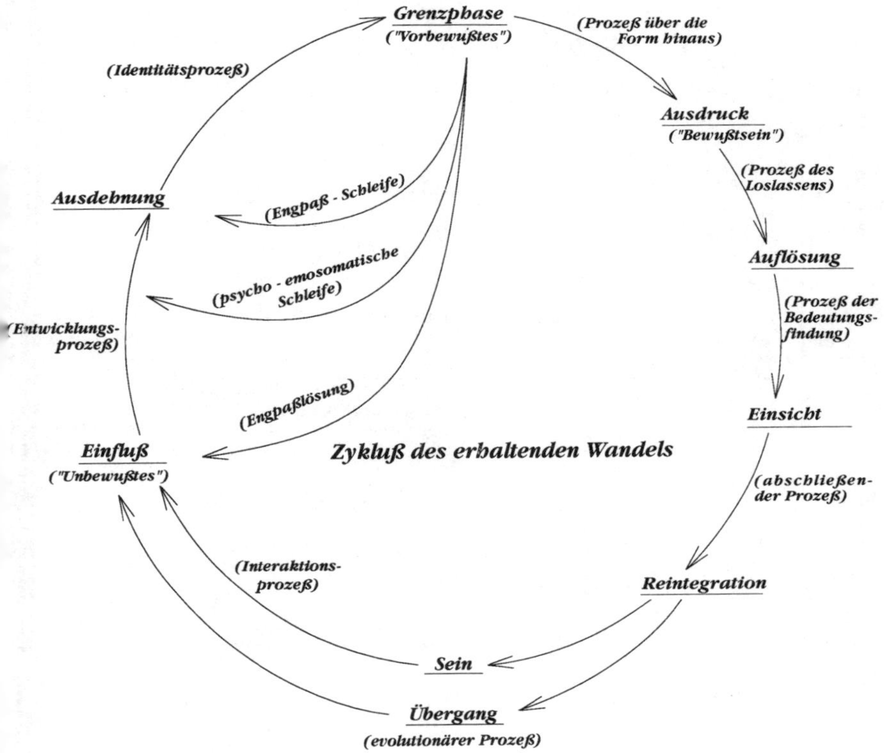

Abb. 41: *Wandlungszylus*

aktiv in den Wandlungsprozeß einzugreifen. Dies ist die *Einflußphase* (Abb. 44b und 44c). Wenn der Reiz stark genug ist und unser Interesse anhält, baut sich in uns Energie auf, und wir geraten in Erregung. Diese Aufladung wird als *Ausdehnungsphase* bezeichnet (Abb. 44d). Steigt die Erregung weiter an (der Hunger wird z.B. immer stärker), erreicht die Intensität einen Höhepunkt, die organische Grenze für unsere Energieladung: die sogenannte *Grenzphase* (Abb. 44e) – wir haben das Gefühl, daß wir verhungern. Wenn unser Wandel gesund ist, werden wir auf das nagende Hungergefühl reagieren und uns etwas zu essen besorgen. Dies ist die *Ausdrucksphase* (Abb. 44g). Im Falle von ungesundem Wandel erfolgt an diesem Grenzpunkt keine Reaktion, wir nehmen uns keine Zeit zum Essen, sei es aus Selbstverleugnung oder weil wir

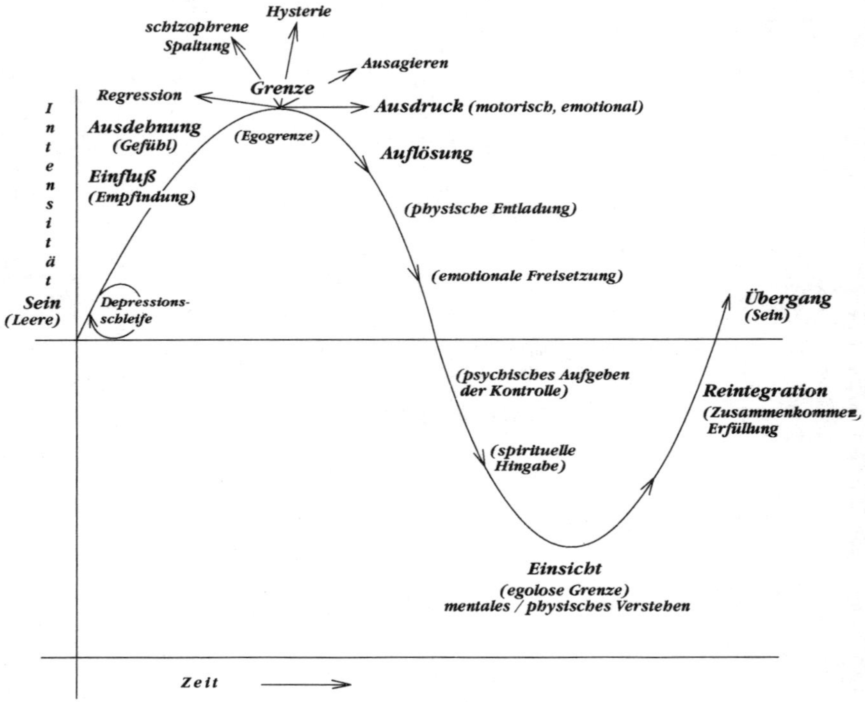

Abb. 42: *Wandlungswelle*

gerade depressiv sind und Essen uns nicht interessiert. Erfolgt an diesem Grenzpunkt keine Reaktion, geraten wir in den *Engpaß* (Abb. 44f), wir sitzen fest; dies führt manchmal dazu, daß wir in einer neuen Einflußphase erneut stimuliert werden und z.B. wieder merken, daß wir hungrig sind; dies ist die sog. *Engpaß-Schleife*.*

Wenn wir es schaffen, aus dem Engpaß herauszufinden, wird als Reaktion darauf die aufgebaute Energie freigesetzt und die *Auflö-*

* Das psychoanalytische Konzept des Vorbewußten kann man als beständige Engpasse-Schleife verstehen, in der psychologische Reize produziert und ausgedehnt werden und an der Grenze zum echten Bewußtsein zurückgehalten werden. Das Unbewußte ist einfach eine sich wiederholende Einfluß-/Ausdehnungsschleife, in der Reize produziert, aber nicht ausgedehnt werden, während Bewußtsein heißt, daß man auf die Ausdrucksphase reagiert.

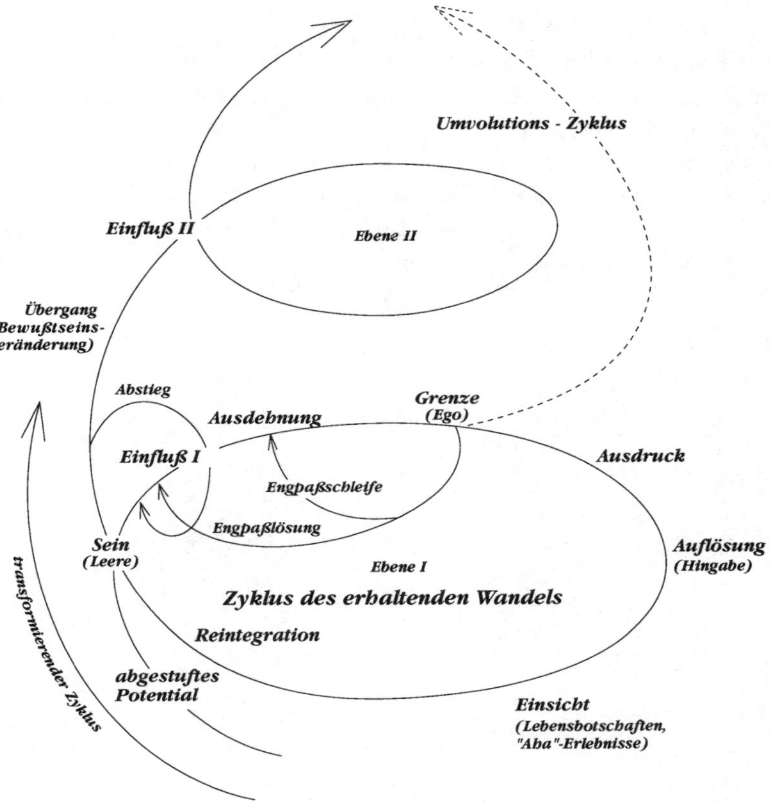

Abb. 43: *Evolutionsspirale*

sungsphase (Abb. 44h) eingeleitet; die Spannung löst sich. In der darauffolgenden *Einsichtsphase* (Abb. 44i) erkennen wir die Bedeutung unserer Ausdrucks- und Auflösungsphase, wir spüren beispielsweise die Befriedigung, daß unsere Bedürfnisse gestillt werden. Nach der Auflösung wird in der *Reintegrationsphase* (Abb. 44j) die Energie erneut gesammelt, und wir fühlen uns wieder ganz; wir können wieder unserer Beschäftigung nachgehen, weil wir satt sind. Bei homöostatischem oder transaktionalem Wandel geht die Reintegrationsphase automatisch wieder in die Seinsphase über, und ein neuer Zyklus beginnt. Beim transformierenden Wandel (Evolution der Wandlungen) folgt auf die Reintegrationsphase die *Übergangsphase* (Abb. 44k): Wir erreichen eine neue Bewußtseinsebene (Ebene II). Auf unser Beispiel bezogen hieße dies, daß wir über unsere Abhängigkeit von Nahrung nachdenken und unseren Hunger mit einer neuen Bewußtheit annehmen und herausfinden, ob wir vielleicht eigentlich nach Liebe hungern, und dann allein oder in einer Therapie diesen emotionalen Hunger bearbeiten. Die Evolutionsspirale zeigt auch die Umvolutions-Schleife, in der wir um die Bewußtseinsebene II herumspringen. In bezug auf Nahrung könnte Umvolution darin zum Ausdruck kommen, daß man weniger ißt oder seinen Hunger nicht wahrnehmen will, weil man sich dann ›entwickelter‹ fühlt.

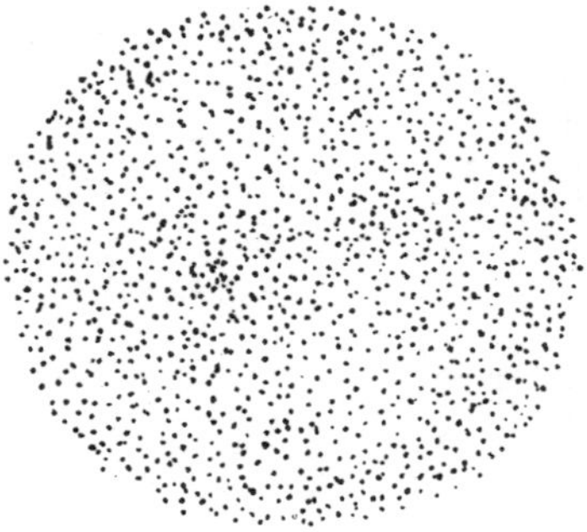

Abb. 44a: *Seinsphase*

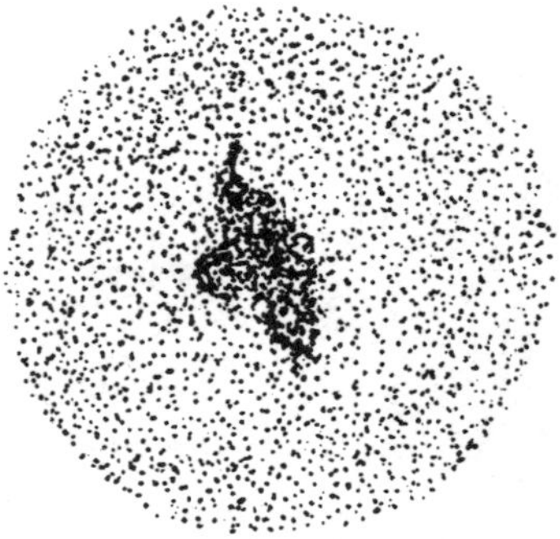

Abb. 44b: *Einflußphase/ Innere Phase*

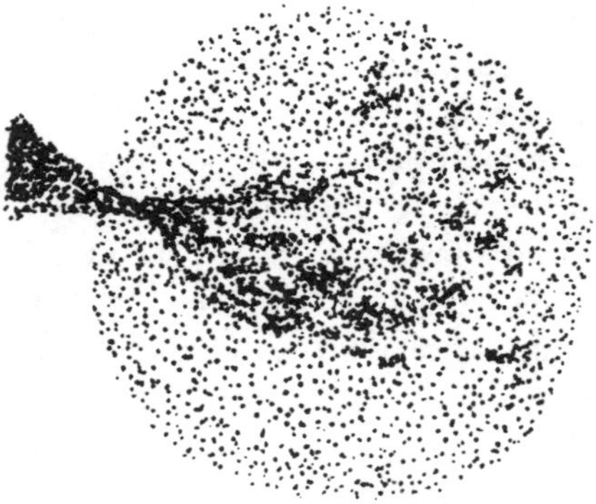

Abb. 44c: *Einflußphase/ Äußere Phase*

Abb. 44d: *Ausdehnungsphase*

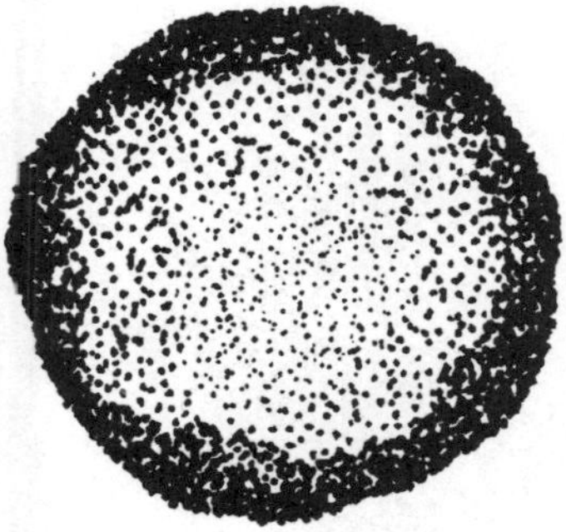

Abb. 44e: *Grenzphase*

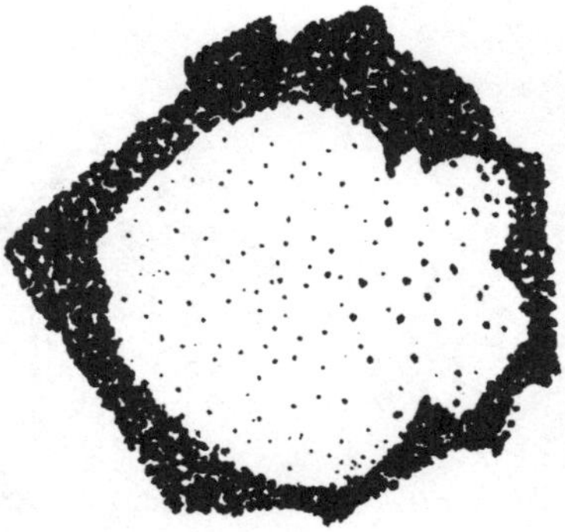

Abb. 44f: *Engpaß*

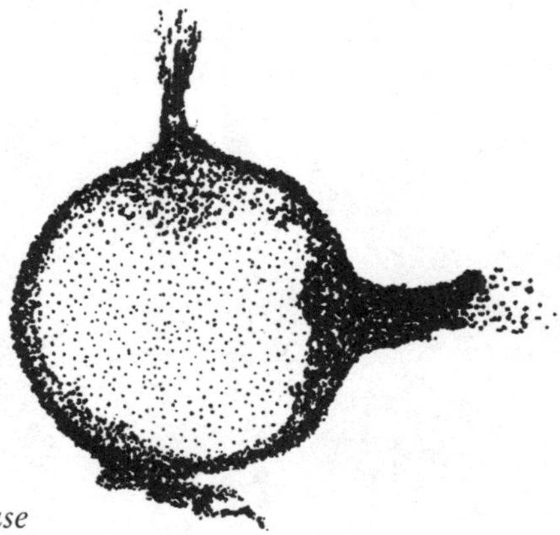

Abb. 44g: *Ausdrucksphase*

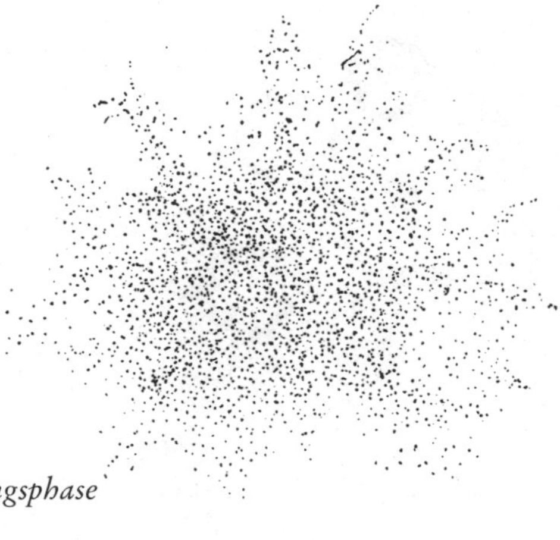

Abb. 44h: *Auflösungsphase*

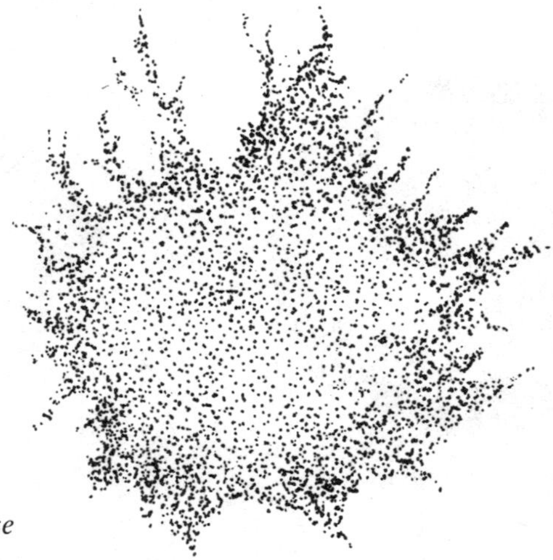

Abb. 44i: *Einsichtsphase*

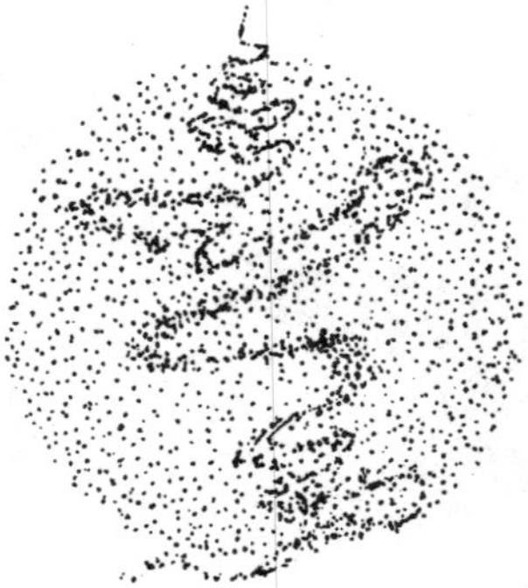

Abb. 44j: *Reintegrationsphase*

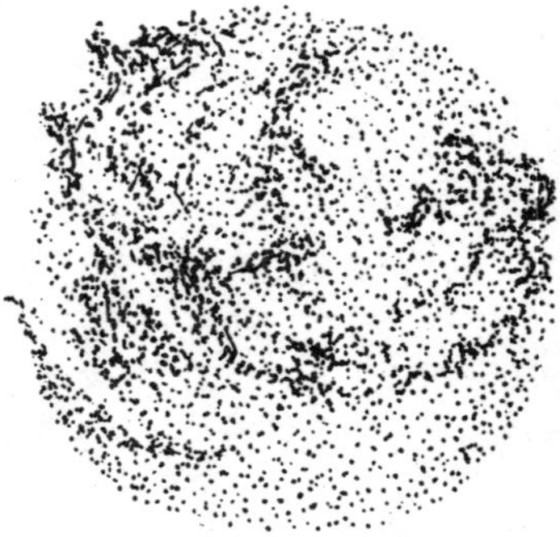

Abb. 44k: *Übergangsphase*

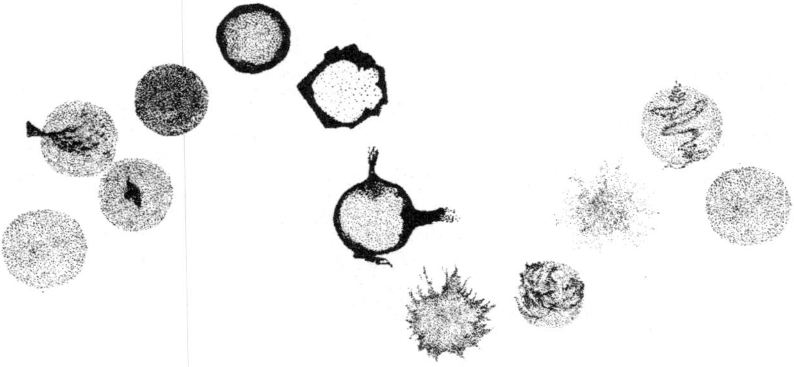

Abb. 44l: *Die Phasen des Wandlungszyklus*

Im folgenden gehe ich näher auf diese Wandlungsphasen ein und beschreibe auch gesunde und ungesunde Beziehungen, um das Ganze zu konkretisieren.

Die Seinsphase

Die Seinsphase ist die erste Phase in einem gesunden Wandlungsprozeß. Das Wort ›Sein‹ steht für einen Seins-Zustand, der der Ausgangs- und Endpunkt eines jeden Wandlungszyklus ist. Er gewährt uns die nötige Ruhe vor der Stimulation, so wie man beispielsweise nach Hause kommt und sich vor dem Ausgehen ein wenig ausruht. In dieser Phase kann man seine Gedanken sammeln und zur Ruhe kommen lassen, bevor man sich auf etwas Neues einläßt. Es kann passieren, daß man sich leer fühlt, denn nichts steht mehr im Vordergrund und lenkt die Aufmerksamkeit auf sich. Es ist wichtig, sich mit dieser inneren Leere, der Klarheit und Ordnung des einfachen Seins wohlzufühlen.

Die Seinsphase ist für den Wandlungsprozeß sehr wichtig, da sie ein Umfeld der Ruhe schafft, von dem aus die wesentlichen Einflüsse der nächsten Phasen wahrgenommen werden können.

In einer Beziehung schafft die Ruhe dieser Phase die Kraftreserven für ein dynamisches Miteinander; fehlt diese Dynamik, wird man in dieser Phase mit seinem Alleinsein konfrontiert. Viele Menschen kommen nie zur Ruhe, weil sie sich dann ihrer Einsamkeit stellen müßten. Alleinsein ist nicht das Gleiche wie einsam sein. Einsamkeit heißt Isolation von anderen, Alleinsein (›All-eins‹) dagegen, ganz bei sich zu sein. Sind wir dazu nicht fähig, suchen wir diese Qualität, die wir nicht in uns haben, in einer Beziehung. Liebt man sich selbst schon nicht, dann soll es wenigstens der Partner tun; auch wenn man diese Liebe wahrscheinlich nicht annehmen kann, lernen wir dabei doch etwas darüber.

Die Seinsphase steht auf körperlicher Ebene vor allem mit dem Bauch bzw. *Hara* in Beziehung. Das Hara sammelt Lebensenergie, verteilt sie im ganzen Körper und hat auch auf die Stärke der Emotionen großen Einfluß. Wenn wir Hara haben, gehen wir schwierigen Situationen nicht aus dem Weg.

Auf psychischer Ebene hilft uns ein starkes Hara zu wissen, was wir wollen, und gibt uns die Egostärke, es auch zu bekommen. Ist das Hara schwach, sind wir uns weder über unsere Bedürfnisse noch über unsere Gefühle im klaren. In der Seinsphase können wir uns auf unseren Bauch einlassen und spüren, wer wir gerade sind. Daraus gewinnen wir die für die interaktiven Prozesse des transferierenden und zentrierten Wandels nötige Stabilität.

Ruhe zu erfahren ist die Hauptfunktion der Seinsphase; deshalb führt jede Ruhestörung zu Krankheit. Im Falle einer Kyo-Störung würde die Ruhe zu lange dauern, was normalerweise anzeigt, daß wir träge werden. In einer Beziehung würde das bedeuten, daß man sich auf seinen Lorbeeren ausruht. Dahinter steckt oft die Angst, es könnte etwas Wichtiges passieren und unseren Scheinfrieden stören; eine Kyo-Seinsphase ist zu seicht, was ein Zeichen dafür ist, daß die Beziehung ›tot‹ ist, leer und ohne Hoffnung auf Erfüllung.

Eine Jitsu-Seinsphase dagegen zeigt sich als Ruhelosigkeit und Unfähigkeit, Streß loszulassen; man macht sich wegen eines nicht zu Ende geführten Gesprächs Sorgen, auch wenn beide Partner eine Lösung gefunden zu haben scheinen. Es kann gut sein, daß man sich immer auf Trab hält, um dem Gefühl des Friedens aus dem Weg zu gehen. Viele Menschen assoziieren Ruhe und Frieden mit Tod und Alleinsein. Eine Beziehung mit einem ruhelosen Menschen ist sehr schwierig. Seine Unfähigkeit loszulassen erfordert vom Partner gute Zentriertheit, sonst wird er schnell von dieser Hektik angesteckt. Unser Bedürfnis, die Ruhe zu kontrollieren, zeigt unsere Angst, nichts zu sein, wenn wir nichts tun, und dann dem Gefühl der Nutzlosigkeit ausgeliefert zu sein. Tun wird gleichgesetzt mit Nützlichsein und letztendlich mit Geliebtwerden.

Ein typischer Gedanke, der den Wandel in der Seinsphase hemmt, ist: ›Ist Wandel überhaupt möglich?‹ Diese Frage stellt sich nur dann, wenn wir nicht in Ruhe sind. Oft lautet sie eigentlich im Klartext: »Ich will mich gar nicht ändern.« Die Seinsphase lehrt uns, daß aktives Tun durch Ruhe ausgeglichen werden muß; nur dann ist die Energie in einem gesunden Gleichgewicht.

Die Einflussphase

In der Einflußphase erreicht uns von innen oder von außen eine Botschaft in Form eines bestimmten Reizes, der uns genau sagt, wo und wie der Wandel weitergeht. Das kann ein Bedürfnis nach

Alleinsein oder auch nach Kontakt mit anderen Menschen sein, es kann sich als Hunger oder Durst äußern oder – in meinem Fall – als Notwendigkeit, dieses Buch zu Ende zu bringen.

In dieser Phase wird klar, daß es natürlich ist, Einflüssen ausgesetzt zu sein. Für viele ist die Beeinflussung durch andere Menschen ein Störfaktor, weil sie Angst haben, jemand könnte ihre ›ordentliche‹ Welt durcheinanderbringen. Gesunder Wandel dagegen heißt, daß wir für den Einfluß des Wandels in uns offen sind. Im Gegensatz zu konstruierten Wandlungsprozessen, wo Einflüsse von außen auf ein Minimum reduziert werden, nimmt gesunder Wandel neue Informationen als stimulierend und lebendig an.

In dieser Phase entwickeln sich physische Empfindungen, die in der Ausdehnungsphase zu Gefühlen und in der Ausdrucksphase zu Emotionen werden. Wir sind offen für neue sinnliche Erfahrungen aller Art: neue Restaurants, neue Reiseziele, neue Interessen.

In der Einflußphase tasten wir alles mit unseren Sinnen ab; wir nehmen unsere innere Welt und die äußere Umgebung unter die Lupe, um unter den Abertausenden von Reizen die für den Wandel wichtigen herauszufinden. Woher wissen wir, was wichtig ist? Wir haben eine eingebaute Antenne für die Signale, die für unser Wachstum wichtig sind.

Dies ist die Phase, in der viele Lebensbotschaften auftauchen, die uns weiterhelfen. Mir passierte das einmal, als ich, nachdem ich jahrelang in Amerika mit meiner Doktorarbeit beschäftigt gewesen war, schließlich das Gefühl hatte, es wäre an der Zeit, nach Europa zurückzukehren. Eines Tages saß ich in der Bibliothek, da hörte ich eine Reihe weiter ein Buch herunterfallen. Aus irgendeinem Grund ging ich hin, um es aufzuheben; auf der aufgeschlagenen Seite war ein Bild von München zu sehen. Da wußte ich, wohin ich gehen mußte. Soweit ich sehen konnte, hatte weder ein Windstoß noch eine andere Person das Buch zum Fallen gebracht, und doch lag es da. Seitdem habe ich viele solche Signale empfangen.

Ob wir diese Botschaften empfangen, hängt von der Stärke und Klarheit der Stimuli und unserer Offenheit ab. Sind wir in unserer Mitte, können wir sie besser empfangen. Sobald wir ein Signal mit einer potentiell wichtigen Information (Zentralbotschaft) empfangen, findet eine energetische Resonanz statt, durch die wir automatisch bewußter werden. Ungesunder Wandel hemmt diese Empfänglichkeit.

Bisweilen treten innere und äußere Einflüsse gleichzeitig auf, was meiner Meinung nach nicht bloß ein ›glücklicher Zufall‹ ist, sondern das Ergebnis eines Kontaktes zwischen persönlichen und universellen Energiefeldern.

Die Einflußphase lehrt uns etwas sehr Wichtiges, nämlich daß wir oft selbst den Störenfried in uns tragen. Der Geizhals oder der Verschwender, über den wir uns ärgern, steckt vielleicht in uns. Oft heißt es: »Nie möchte ich so sein wie mein Vater/meine Mutter«. Doch häufig weisen wir entweder dieselben Charakterzüge auf oder das genaue Gegenteil.

Auch in Beziehungen sind wir in der Einflußphase auf der Suche nach neuen Informationen. Wer aufmerksam ist, bemerkt sehr schnell das veränderte Benehmen, die veränderten Gefühle des Partners. Ist jemand ›zu‹, sind die Nacken- und Schultermuskeln verspannt; ist er ›am Boden‹, wirkt er schlaff und leblos. In einer gesunden Beziehung nimmt jeder Partner die charakteristischen Signale des anderen wahr und weiß, wie dessen Tag verlaufen ist. Es ist wichtig, diese Signale zu erkennen, denn ihre Energie wird in der nächsten Phase noch verstärkt. Nimmt man früh genug wahr, wie angespannt das Verhältnis ist, kann man oft einen handfesten Streit verhindern.

In der Einflußphase macht sich eine Krise im Anfangsstadium bemerkbar. Plötzlich merkt man, daß der Ehemann oft bis spät in die Nacht arbeitet oder daß die Ehefrau nie da ist, wenn man sie tagsüber anruft. Der Verdacht, daß es einen ›Neuen‹/eine ›Neue‹ gibt, mag stimmen oder auch nicht. Vielleicht erkennt man auch, daß man sich in verschiedene Richtungen entwickelt und die Beziehung auseinandergeht. Genausogut kann aber auch die Angst vor wachsender emotionaler Nähe die Krise auslösen. Gesunder Wandel bringt in die Einflußphase oft neue Spannung, wenn beide sehen, welche Schritte gemeinsam in Richtung auf ein echtes Zusammensein unternommen werden müssen.

Wer gerade allein lebt, ist in der Einflußphase aufgeschlossen für neue Bekanntschaften. Das Zentrieren in der Seinsphase gibt die in der Einflußphase die nötige Klarheit darüber, was wir uns von einem Partner wünschen, da wir uns auch über unsere eigenen Bedürfnisse und Wünsche klarer geworden sind. Jetzt signalisieren wir Aufgeschlossenheit für eine neue Beziehung. Wenn auch der andere offen ist, ist eine ehrliche Begegnung möglich.

Bei zuwenig Stimulierung tritt in der Einflußphase eine Kyo-Störung auf. Ein zu langes Verweilen in der Seinsphase führt dazu, daß der natürliche Wandlungsimpuls gedämpft wird. Durch diesen Mangel an Impulsen kommt in der Einflußphase Langeweile auf. Nichts scheint uns zu interessieren. In der Beziehung werden beide Partner einander überdrüssig, es ist keine erregende Anziehung mehr da. Auch der sexuelle Reiz und das intellektuelle Interesse sind verschwunden. Dieser Mangel an Spannung und Erregung führt oft dazu, daß einer oder beide Partner nach neuen Beziehungen Ausschau halten, um sich weiterentwickeln zu können.

In einer Jitsu-Einflußphase gibt es zu viel Stimulation. Da ihr eine Seinsphase ohne Ruhe und Zentrierung vorausgeht, werden wir überstimuliert. Streß und Ärger sind die Folge, wenn wir dann ein Ventil für diese Anspannung suchen. Beziehungen sind in dieser Phase spannungsgeladen, es kommt zu Streit und Wutausbrüchen. Jede Kleinigkeit, wie z.B. zu weich gekochte Eier, wird übermäßig aufgebauscht, weil der innere Friede und die innere Ruhe fehlen. Wir sind mit den Nerven am Ende. Ironischerweise suchen wir noch nicht einmal Trost in einer wirklich vertrauten sexuellen Begegnung, weil wir angeblich keine Zeit dafür haben. In der Jitsu-Einflußphase gibt es Sex, wenn es überhaupt dazu kommt, meist nur in Form von ›Quickies‹, mit denen man zwar Spannung abbauen kann, aber nur wenig oder gar keine Zärtlichkeit und Liebe erfährt.

In der Einflußphase können wir lernen, gegenüber natürlicher Stimulierung von innen und außen offen zu sein, ohne deshalb in einem Meer von unnatürlichen Reizen zu ertrinken. Die Einflußphase ist die Zeit, in der wir auf allen Ebenen berühren und berührt werden wollen und uns ganz auf das Gefühl der Lebendigkeit einlassen können. Sie zeigt, wohin jeder kleine Zyklus geht und weist uns auf einer umfassenderen Ebene unseren spirituellen Weg.

Die Ausdehnungsphase

Den Initialreizen der Einflußphase folgt eine allmähliche Zunahme der Energieladung in der Ausdehnungsphase, was die natürlichen Wandlungstendenzen verstärkt. Diese Phase kann uns als ›Teststrecke‹ für neue Einflüsse dienen, damit wir sehen können, ob unsere Ideen ›wasserdicht‹ sind oder ›nur auf einem Bein‹ stehen. Wir folgen unseren Impulsen; Tendenzen werden gezielt in eine konkrete Richtung gelenkt. Was anfänglich nur eine interessante Idee war, gewinnt nun Priorität; wir stecken immer mehr Energie hinein. Mikrobotschaften werden zu Zentral-botschaften; unsere Überzeugungen gewinnen an Kraft, und wir arbeiten mit mehr Entschlossenheit an unseren Projekten weiter. Diese Zeit ist gut dafür geeignet, neue Möglichkeiten wahrzunehmen und die Verantwortung für ein neues Projekt oder eine neue Beziehung zu übernehmen.

In der Ausdehnungsphase werden die Probleme, die in der Einflußphase aufgetaucht sind, mit einer neuen Klarheit wahrgenommen. Man möchte wissen, ob es außerhalb der Beziehung einen anderen Mann bzw. eine andere Frau gibt. Man möchte herausfinden, weshalb der Partner sich nach jemand anderem umgesehen hat. Vielleicht gibt es in der Beziehung keine Liebe mehr. Vielleicht waren auch beide so mit ihrer Karriere beschäftigt, daß die Liebe in Vergessenheit geraten ist. In dieser Phase werden die Symptome einer unbefriedigenden Beziehung genauer aufs Korn genommen, um zu sehen, was wirklich dahintersteckt. Man spürt, wo die tiefgreifenden Probleme liegen, und Gefühle werden immer intensiver.

In einer gesunden Beziehung gibt man sich in dieser Zeit mehr Unterstützung und zeigt, daß man zueinander steht. Beide Partner sehen die Beziehung als Ganzes oder einzelne Aspekt mit anderen Augen. Man möchte sich mehr aufeinander einlassen, sich noch mehr lieben. Neue Beziehungen werden jetzt auf den Prüfstand gestellt. Die erste Aufregung ist vorbei, und der Alltag beginnt. Man sieht sich nicht mehr gelegentlich am Wochenende, sondern fährt zwei Wochen in Urlaub und stellt fest, wie das Leben mit dem Partner wirklich ist. Es ist relativ einfach, grundlegenden Beziehungproblemen aus dem Weg zu gehen, wenn man sich nicht zu häufig sieht, bei einer dauerhaften Bindung sieht das Ganze jedoch anders aus. Mit der Zeit werden die Probleme sichtbar. Man stellt fest, daß der Mann, der am Wochenende ein zärtlicher rücksichtsvoller Liebhaber war, während der Woche ein unausstehlicher Tyrann ist. Oder die liebevolle Frau entpuppt sich als hysterische Ziege, wenn nicht alles nach ihrem Kopf geht. Für neue Beziehungen ist die Ausdehnungsphase die Zeit, in der man sich darüber klar werden sollte, ob man die Beziehung weiterführen oder besser einen Schlußstrich ziehen sollte.

In einer Kyo-Ausdehnungsphase wird der Wandlungsprozeß durch zu wenig Ausdauer beeinträchtigt. In einer Beziehung schafft es dann einer der beiden Partner nicht, gemeinsame Pläne durchzuziehen, und findet immer neue Ausreden, denen der andere Partner immer mehr mißtraut,bis er schließlich irgendwann auch dem Partner kein Vertrauen mehr schenkt. Hier tritt also das Thema Vertrauen zutage. Werden Vereinbarungen nicht eingehalten, kann man sich auch auf die Beziehung nicht verlassen. Beim Sex zeigt sich die Kyo-Betonung in zu wenig Aufmerksamkeit gegenüber den Bedürfnissen des Partners. Zum Initialreiz der Einflußphase müssen nun Zärtlichkeit und kontinuierlich fließende Bewegungen hinzukommen, damit die Energiewellen Liebe aufbauen können.

Auf der anderen Seite führt eine Jitsu-Ausdehnungsphase dazu, daß die Energie zu schnell oder zu lange verarbeitet wird. Ein zu ›schneller‹ Partner unterstützt die Ideen des anderen z.B. nur allzu bereitwillig, ohne über seine eigenen Gefühle dabei nachzudenken. Diese zu schnelle Energieausdehnung weist darauf hin, daß der Partner nicht ganz bei der gemeinsamen Sache ist, weil er auch nicht ganz bei sich selber ist; dies führt wie bei einem Kyo-Prozeß mit zu wenig Engagement zu Vertrauensverlust.

Auch eine Ausdehnungsphase, die über die natürliche Zeitspanne hinaus verlängert wird, ist ein Jitsu-Prozeß, z.B. wenn man mit allzuvielen Dingen beschäftigt ist, die nie ein Ende finden, so daß man sich nicht die Zeit nimmt, den Partner bei wichtigen Entwicklungsschritten zu unterstützen.

Die Botschaft der Ausdehnungsphase ist ganz einfach: Folge den gesunden Wandlungsimpulsen, aber laß dich nicht zu schnell auf Signale ein, die du nicht wirklich spürst. Laß Beziehungsprobleme klar werden; laß dich ganz auf das Abenteuer der Entwicklung ein und gehe den Dingen auf den Grund.

Die Grenzphase

In der Grenzphase erreicht die Energieladung ihren Höhepunkt; das Wandlungsbewußtsein erreicht jetzt die Schwelle zur Form, so wie ein Baby im Mutterleib immer mehr Form annimmt. In der

Grenzphase hören wir auf, Gestalten zu bilden, und sehen eine Sache oder Idee als Ganzes.

In der Grenzphase erreicht der Wandlungsprozeß einen sehr entscheidenden Punkt; wir stehen an der Schwelle zu neuen Möglichkeiten; sie warten auf uns wie ein Fest mit vielen Leckereien. Es ist an uns zu entscheiden, ob wir weitergehen und uns wirklich verändern oder darauf verzichten. Zum Glück kommt in der Grenzphase auch unser ganzes brachliegendes Potential zum Vorschein, so wie ein unerfahrenes Kind mit unerwarteten Heldentaten seinen angeborenen Mut zeigt.

Die Grenzphase ist auch die Identitätsphase, in der wir lernen, uns so anzunehmen wie wir sind, mit all unseren Formen, z.B. dem Ego auf der psychischen Ebene. Wir stehen zu unseren Bedürfnissen und wachsen schließlich über sie hinaus. Auf der spirituellen Ebene bringt uns die Grenzphase zu der Frage, wer oder was dieses Ego eigentlich ist. Sind wir wirklich die Summe psychischer Prozesse oder gibt es daneben noch etwas anderes? Transformierender Wandel kann nur stattfinden, wenn wir bereit sind, über unser Ego hinauszuwachsen. Schaffen wir es nicht, unser psychisches Selbst zu transzendieren, bleiben wir nicht nur an diese eine Form, sondern an die ganze Welt der Formen gebunden.

In einer gesunden Beziehung wird in der Grenzphase ein Bezugsrahmen für beide Partner geschaffen: das ›Wir‹, das für gemeinsame Ziele und Interessen steht. In diesem ›Wir‹ kann die Vertrautheit der Liebe gut in einem gemeinsamen Prozeß kanalisiert werden. Gleichzeitig werden beide Partner aufgefordert, ihre persönliche Identität klar im Auge zu behalten, da sie sonst Gefahr laufen, sich in der Beziehung zu verlieren. In einer spirituellen Beziehung ist dieses Ich-Bewußtsein wichtig, um eine noch tiefere Identität kennenlernen zu können, das spirituelle Selbst. Es ist nicht einfach, das Ego anzunehmen und gleichzeitig zu transzendieren. Wenn beide Partner in diese persönlichen Suche einbezogen sind, kann man sich gegenseitig zur Seite stehen oder doppelten Ärger haben, je nachdem, wie man mit Wandel umgeht. In der Grenzphase erreichen auch Beziehungskrisen ihre Grenze: »Jetzt habe ich aber genug!« oder aber: »Wir müssen etwas unternehmen«.

In einer Kyo-Grenzphase wird das Gefühl des Zusammenkommens nicht erlebt, weil der Wandlungsprozeß zu wenig Ladung hat, wie bei einem Bauvorhaben, bei dem das Geld ausgeht. Man fühlt sich nicht ›eins‹ mit dem Partner, wird nicht zum ›Wir‹. Wenn die Intensität der Partnerschaft auf Sparflamme gehalten wird, steckt dahinter normalerweise die Angst, ›festgenagelt‹ zu werden und im ›Wir‹ die persönliche Identität zu verlieren. Echtes Zusammensein bringt zwar eine Menge Probleme mit sich, gibt uns aber auch viel Stabilität und Lebenshilfe. Wenn wir uns unserer persönlichen Identität sicher sind, können wir sie doch nicht verlieren, weil uns jemand wirklich liebt? Geht uns diese Sicherheit ab, haben wir natürlich Angst, auch das letzte bißchen Sicherheit, das wir zu haben glauben, zu verlieren; wir haben eine Kyo-Identität bzw. sind energetisch zu schwach geladen.

In einer Jitsu-Grenzphase dagegen schaffen wir mit übermäßigem Eifer Formen und wollen alles ›auf den Punkt‹ bringen und ›Nägel mit Köpfen machen‹. Ein Jitsu-Partner bindet sich schnell und unüberlegt. Er kennt seine neue Liebe erst seit ein paar Tagen und denkt bereits an eine gemeinsame Wohnung oder ein Kind! Auf der anderen Seite sind jitsu-betonte Menschen schnell bereit, Formen und Bindungen aufzugeben. Der Partner, der auf der Stelle eine Familie gründen wollte, kann die Beziehung gar nicht schnell genug beenden, sobald Probleme auftauchen. Ein solcher Mensch hat höllische Angst vor einer echten Beziehung mit all ihren Höhen und Tiefen. Er läßt sich lieber schnell auf die Form einer Scheinbindung ein als Zeit in die Entwicklung einer ›soliden‹ Beziehung zu investieren.

In der Grenzphase haben wir die Chance zu begreifen, wie nützlich Formen sind und wo ihre Grenzen liegen; dies gilt besonders für die eigene Identität. Die ansteigende energetische Ladung hilft uns, die Gestalt unseres Egos oder unserer Beziehung klar und ganzheitlich zu erkennen. In dieser Phase können wir uns ein konkretes Bild davon machen, was die Aufgabe des Egos und aller anderen Formen für uns bedeuten könnte, wenn wir unseren spirituellen Weg fortsetzen.

Der Engpaß

Zischen der Grenz- und der Ausdrucksphase gibt es einen ungesunden Wandlungszustand, der in der Gestalt-Therapie als *Engpaß* bekannt ist. Dieser Zustand ist an sich keine Wandlungsphase, spielt aber oft in den täglichen Wandlungsprozessen ein gewisse Rolle; deshalb möchte ich hier kurz auf ihn eingehen.

Der Engpaß entsteht durch ein Oszillieren der Energie, zwischen einer Jitsu-Grenzphase (Festhalten) und einer Kyo-Ausdrucksphase (Unterladung). Es kommt zum Engpaß, wenn es keinen echten Ausdruck gibt; dadurch geraten wir automatisch wieder durch die Engpaß-Schleife in die Ausdehnungsphase, wo es keine neue Information mehr geben kann, sondern nur alte Informationen umgesetzt werden können. Wenn wir uns in der Ausdehnungsphase über unsere Wünsche klarer werden und in der Grenzphase an den Schwellenpunkt des Wandels kommen, können wir dem Engpaß durch eine energetische Manifestation im Ausdruckszyklus entkommen.

Menschen im Engpaß wollen sich nicht ausdrücken, da sie dann aus dieser Zwickmühle entkommen könnten. Lieber bleiben sie zwischen Grenz- und Ausdruckphase in der Falle sitzen und erleben keine der beiden Phasen ganz. Engpaß heißt: Wir können nicht zurück und wollen nicht vorwärts. Bewegt man ein Objekt ganz schnell vor und zurück, sieht man die Bewegung nicht mehr und das Objekt scheint stillzustehen; genauso wird der Engpaß erlebt. Es ist zwar eine echte Bewegung vorhanden, aber sie ist sinnlos. Der Engpaß ist psychisch eine stehende Welle der Unentschlossenheit und Verwirrung.

Der Engpaß ist zugleich der Prozeß und das Ergebnis zurückgehaltener Energie. Einen Menschen im Engpaß kann man mit einem Autofahrer vergleichen, der bremst und gleichzeitig ein bißchen Gas gibt: Man hält Energie zurück, läßt aber einen Teil davon gleichzeitig los. Körperlich wird ein Engpaß als Stau erlebt (oft als Verstopfung); eine solche Verdichtung am Engpaß wird leicht mit Ruhe verwechselt, weil anscheinend nichts passiert, oder auch mit der Seinsphase, da Ruhe und Festsitzen in manchen Punkten sehr ähnlich aussehen. Diese Scheinruhe ist trügerisch; sogar im Engpaß gibt es Bewegung. Allein die Tatsache, daß wir leben und atmen bedeutet, daß Energie geladen und entladen wird, wenn auch nur minimal. Der Engpaß ist eine aktive Abwehr und keineswegs ein passiver Zustand. Man muß sich ganz schön anstrengen, um sein Wachstum zu verhindern... Sport ist oft ein Ventil für im Engpaß angestaute Spannung, wobei man dem Konflikt mit sich selber aus dem Weg geht. Körperlich und zu einem geringen Teil auch

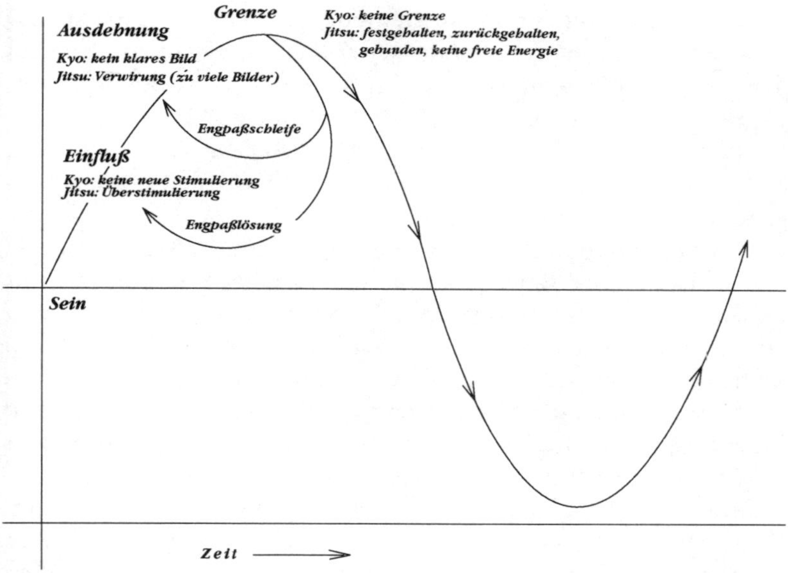

Abb. 45: *Engpaßschleife/Engpaßlösung*

psychisch kann Sport Entspannung verschaffen; doch der größte Teil der Energie bleibt in unkreativen, bewegungsarmen Mustern gebunden. Auf psychischer Ebene ist der Engpaß mit ein ständiges Hin und Her, um alle Vor- und Nachteile abzuwägen. Man kann sich nicht entscheiden und tut deshalb so, als ob man hilflos wäre. Man sitzt fest!

Die Tücke bei der Sache ist der Treibsand-Effekt: Je mehr man sich abrackert herauszukommen, desto tiefer gerät man hinein, weil man mit den gleichen Methoden herauskommen möchte, mit denen man hineingeraten ist.

Der Engpaß ist also eine Falle, die wir uns gerne selber stellen, um unseren Wandel unter Kontrolle zu haben. Da wir uns nicht auf gesunde Weise ändern wollen, unseren Widerstand aber auch nicht zugeben, schnappt die Falle zu. Wir behaupten, wir wollen uns ändern, legen uns aber immer wieder indirekt Steine in den Weg, damit es auch ja nicht soweit kommt. Das typische Dilemma: »Wenn ich eine Entscheidung treffe, dann ganz bestimmt die falsche. Aber ich kann ja auch nicht ewig so weitermachen. Was soll ich bloß tun?«

Man muß nicht in dieser Zwickmühle bleiben, aber oft haben wir genau dieses Gefühl. Die beste Methode, ganz bestimmt steckenzubleiben ist zu *versuchen*, herauszukommen, da man sich dabei auf den Versuch konzentriert, aber nicht auf den Prozeß bzw. das Ergebnis. Genauso könnten wir versuchen, eine Betonmauer zum Einsturz zu bringen. Oft scheint ein Versuch ganz sinnvoll zu sein, aber das Interesse und die Motivation sind nur eine (sehr anstrengende) Illusion.

Man bleibt nur dann stecken, wenn man unbewußt ist; Bewußtheit bringt immer Bewegung mit sich, was sich allerdings nicht unbedingt als Aktivismus äußert. Wird man sich bewußt, daß man festsitzt und ›tot‹ ist, gerät man erst noch tiefer ins Schlamassel, um schließlich doch noch einen Ausweg zu finden. Tief in uns gibt es das Wissen um diesen Heilungsprozeß, aber wir lassen es nicht zu. Eigentlich wollen wir uns gar nicht verändern, sind aber auch nicht mutig bzw. ehrlich genug dazuzustehen.

Beziehungen im Engpaß erinnern an einen Kriegsschauplatz. Beide Partner lassen sich auf Machtspielchen ein, aber keiner entscheidet sich für oder gegen die Beziehung. Beide wollen eigentlich keine Veränderung, und deshalb benutzen beide die Beziehung, um den Wandel zu umgehen. In dieses Nicht-Wandeln-Wollen wird oft viel Energie investiert, und zwar unter dem Deckmantel des Wandels. Oft sind Sätze zu hören wie: »Dieses Mal wird alles ganz anders«, »Gib mir noch eine Chance« etc. Hat man die Chance, wird sie wieder nicht genutzt. Beide Partner gehen der direkten, ehrlichen Konfrontation aus dem Weg, denn das würde neue Energie in Bewegung bringen, und der Engpaß wäre zu Ende. Statt dessen kommt es zu gegenseitigen Beschuldigungen und emotionalen ›Tiefschlägen‹ - vor allem wenn die Zeit für Gegenargumente fehlt.

Sven war ein Spezialist in solchen Angriffen mit anschließendem Reißausnehmen. Innerhalb von wenigen Minuten hatte er bei anderen deren Schwachpunkte herausgefunden. Er beobachte alle Leute und führte im Kopf genau Buch, um alles bei Gelegenheit gegen sie zu verwenden. Einmal machte er einem neuen Gruppenmitglied, Serge, gegenüber, Serge, eine stichelnde, negative Bemerkung. Was er nicht wußte war, daß Serge ein ›Mann von der Straße‹ war, der in ärmlichen Verhältnissen aufgewachsen und erst vor kurzem von Drogen losgekommen war. Zuerst nahm Serge von

Sven keine Notiz, aber Sven ließ nicht locker. Und so ging Serge, der diese Katz-und-Maus-Spielchen zur Genüge kannte, zu Sven, packte ihn am Kragen und drohte ihm an, er würde ihn quer durch den ganzen Raum werfen, wenn er noch eine einzige Bosheit von sich gäbe. Ich habe es nie wieder erlebt, daß Sven zu jemand anderem gemein wurde...

Solche Spielchen funktionieren nur so lange, wie beide Partner sich darauf einlassen. Sagt ein Parter: »Jetzt reicht's«!, ist das Ende des Engpasses erreicht. Serges direkte Konfrontation machte Svens indirektem Machtkampf ein Ende und jagte Sven einen solchen Schrecken ein, daß er in Zukunft wohl direkter war.

Die Ausdrucksphase

In der Ausdrucksphase sucht die Energie, die in der Grenzphase ihren Höchststand erreicht hat, durch ihre Bewegung nach außen nach Auflösung; sie will jetzt in der Außenwelt sichtbar werden und ihre wichtige Rolle im äußeren Wandlungsprozeß spielen. Sich auszudrücken heißt zu zeigen, wer wir als einmalige Individuen sind, ohne die Verbindung zu anderen Menschen und der Umwelt zu verlieren. Dieses Nach-Außen-in-die-Welt-Gehen macht Gefühle zu *E-Motionen* (aus dem Lateinischen: nach außen bewegen), die sich äußern wollen. Wir lassen uns also ganz auf uns selbst ein und geben dieser Identifizierung in der Außenwelt Ausdruck, als Ärger, Traurigkeit, Freude oder Liebe, je nachdem, was gerade ›reif‹ ist.

Diese Phase ist auch die Zeit für Kommunikation und zwischenmenschlichen Austausch. Mitteilung wird wichtig. Menschen, die gerade jetzt in eine Therapiegruppe kommen, können es kaum erwarten, über ihre Gefühle zu reden, und sind für echten Dialog aufgeschlossen. Viele ihrer Gefühle sind sehr tiefgehend und wurden jahrelang unterdrückt; sie als Emotionen nach außen zu bringen, ist keine Kleinigkeit.

In einer gesunden Beziehung ist die Audrucksphase der richtige Zeitpunkt für wichtige gemeinsame Schritte. Der Reifungsprozeß einer neuen Beziehung ist vorbei, und beide Partner wollen nun die Früchte ernten. Als Zeichen ihrer Liebe kommt es in dieser Phase nicht selten zur ›Hoch-Zeit‹.

Genauso kann es passieren, daß man sich Kinder wünscht oder sich plötzlich für ein ›Eigenheim‹ interessiert. Manche Paare haben aber auch die Tendenz, sich in dieser Zeit auf etwas Neues einzulassen, um dem neuartigen Kontakt und der gegenseitigen Liebe aus dem Weg gehen zu können. Kinder und andere Aufgaben können auch dazu benutzt werden, den Wandel umzulenken, weg von einer tieferen Beziehung. So wird Energie, die eigentlich zum Vertiefen einer guten Beziehung hätte dienen sollen, durch emsiges Machen und Tun auf Abwege geleitet.

Die Ausdrucksphase ist auch die Zeit neuer Verantwortlichkeiten, d.h. wir sind bereit, auf alles, was uns über den Weg läuft, eine Antwort zu geben. Der Pioniergeist erwacht; wir sammeln unsere Reserven von innen und außen und sind bereit, uns tiefer auf innere und äußere Wandlungsprozesse einzulassen. Wir sind spontaner und kreativer, weil wir nicht jede unserer Bewegungen analysieren müssen; ein solcher Wandel ist erregend und unberechenbar.

Auf spiritueller Ebene ist die Ausdrucksphase die Zeit der Dankbarkeit und Hingabe. Wir sind dankbar für die Erfahrung der Ganzheit in der Grenzphase und lassen uns nun wieder auf unseren Weg und die Liebe zu anderen Menschen ein.

In einer Kyo-Ausdrucksphase findet der natürliche Fluß aus dem persönlichen Bereich hinaus in die Welt nur teilweise statt, wenn überhaupt. Wir drücken nicht aus, wer wir sind und was wir wollen, weil wir Angst vor unserer Kraft oder auch vor der Ablehnung haben. Wir reduzieren unser Potential auf ein Minimum und passen uns den jeweiligen gesellschaftlichen Normen an. Viele Gesellschaften unterstützen das Bedürfnis nach Selbstausdruck nicht. Eine solche energetische Unterladung kann zu Impotenz oder Frigidität führen; hinter sexuellem Festhalten steckt oft die Angst, die Kontrolle zu verlieren, dahinter verbirgt sich wiederum unsere Besorgnis, wir könnten uns oder jemand anderen verletzen, wenn wir uns stark fühlen. Anstatt unsere Kraft herauszulassen und damit auf gute Art und Weise umzugehen, verleugnen wir sie.

Auf der anderen Seite ist in einer Jitsu-Ausdehnungsphase das Bedürfnis nach Ausdruck zu stark oder zu häufig. Ein Jitsu-Partner meckert und nörgelt viel; er sucht nach den kleinen Fehlern und Unvollkommenheiten, sei es bei der Kochkunst oder beim Kleidungsstil; er will Kritik üben, aber sich und den Partner auch einfach reden hören. Ein zu starkes Ausdrucksbedürfnis überfordert oft die anderen, und sie nehmen uns nicht mehr ernst. Hinter diesem übertriebenen Ausdrucksbedürfnis steckt die Angst, nicht genug geliebt zu werden. Wir hegen die Hoffnung, durch Kontakt und Mitteilen unserer Gefühle akzeptiert und geliebt zu werden. In einer Beziehung füllt ein Jitsu-Partner oft den zu schwachen Kyo-Ausdruck des anderen aus. Sind beide Partner Jitsu-Typen, wird immer um die Zeit gewetteifert; das Leben wird zu einem ständigen Kampf um ›Luft zum Atmen‹; Ruhe und Frieden sind äußerst selten.

Die Ausdrucksphase gibt uns die Gelegenheit, unsere Emotionen klar und direkt zu äußern, ohne deshalb gar zu dramatisch oder boshaft zu werden. Dies ist auch die Zeit, Klarheit über seine Ziele oder über neue Verantwortung, z.B. Kinder etc. zu gewinnen.

Die Auflösungsphase

Sobald in der Ausdrucksphase Energie entladen wird, wird der Schmelzprozeß der *Auflösungsphase* in Gang gesetzt; dabei ensteht ein Gefühl wie nach einem Orgasmus, wenn die körperliche Spannung nachläßt und man innerlich losläßt.

Auflösung macht uns begreiflich, wie wichtig Hingabe und Loslassen sind. Jede Auflösung ist ein kleiner Tod; wir lernen, unseren physischen Tod und den Tod unserer Freunde und Lieben zu akzeptieren. In der Therapie erleben viele Menschen die Auflösungsphase als das Einstürzen ihrer Welt und reagieren panisch. In Extremfällen geraten sie in Todesangst. Wenn unsere Welt auf Stabilität aufbaut, erleben wir das Loslassen dieser Sicherheit als große Bedrohung. Bei jedem Loslassen der Kontrolle und dem Einlassen auf den natürlichen Wandlungsfluß lassen wir ein Stück unserer Verhaftung an Formen los. Sind wir ganz davon befreit, können wir mit den Möglichkeiten des Wandels verschmelzen und die Kraft im Fluß des Wandels erkennen.

Viele Menschen haben Angst vor der Auflösungsphase; dahinter steckt die Angst, ihr ›Selbst‹ zu verlieren. Sie sehen nicht, daß sie höchstens ein falsches Selbst verlieren würden; das wahre, spirituelle Selbst kann nicht verlorengehen. Normalerweise setzen wir unser Selbst mit unserem Ego gleich. Doch auch das Freisetzen von

Energie im Orgasmus ist nichts anderes als das Loslassen des Egos. Wir müssen die Gebundenheit des Selbst aufgeben, um Lust erleben zu können und wieder zu der neuen, ego-losen Einfachheit von Bewegungen zu finden. Die Auflösungsphase zeigt uns die dem Prozeß zugrundeliegende Weisheit. Für gesunden Wandel ist die fließende Qualität dieser Phase wichtig, da es sonst keine freie Energie und damit auch keine neu enstehenden Wachstumzyklen gäbe. Je sicherer wir uns sind, desto eher sind wir bereit, uns auf freifließende Prozesse einzulassen, ohne sie kontrollieren zu wollen.

In der Auflösungsphase finden alle Formen und Gestalten aus der Vergangenheit energetisch ihre Vollendung und verblassen, so daß danach neue Formen entstehen können. Alle unwesentlichen Ideen und Überzeugungen verlieren ihr Gewicht und geraten in Vergessenheit. Wir öffnen uns neuen Ideen und Wandlungsmöglichkeiten. In Beziehungen kann die Auflösungsphase nach der intensiv erlebten Ausdruckphase zu einem Tiefpunkt führen. Frisch verheiratete Paare werden vom alläglichen Beziehungsalltag eingeholt, was zu großen Problemen führen kann, wenn man sich nicht darauf eingestellt hat. Hat man aus einem spontanen Gefühl heraus geheiratet, wird diese Phase sehr kritisch verlaufen. Auf der anderen Seite ist sie ein guter Test, um herauszufinden, ob man auch mit weniger intensiven, eher alltäglichen Aspekten des Lebens zurechtkommt und ob man sich um seine eigenen Bedürfnisse kümmern kann, ohne die des anderen dabei aus den Augen zu verlieren.

Auf spiritueller Ebene bietet die Auflösungsphase die Chance, das Ego loszulassen und die sich daraus ergebenden Veränderungen ganz bewußt zu erleben. Auflösung bedeutet Unsicherheit. Es ist ein Schritt hin zum spirituellen Selbst, wenn man das psychische Ego loslassen kann, ohne es deswegen abzulehnen. Oft haben wir Angst, daß der Wandel uns überwältigen könnte, wenn wir ihn nicht durch unsere Egoprozesse kontrollieren. Die Auflösungsphase zeigt uns, daß wir nur mit Wandel konfrontiert werden, den wir auch bewältigen können. Manchmal haben wir das Gefühl, es wäre zuviel für uns, und damit haben wir auch recht; es ist zuviel für unser Ego, das den Wandel ›im Griff‹ haben will, aber nicht für unser spirituelles Selbst, das nicht gebunden ist und keine Grenzen kennt.

Wenn der natürliche Auflösungsprozeß nicht zugelassen wird, hat die Auflösungsphase Kyo-Charakter. Sind wir z.B. nicht bereit, eine beendete Beziehung ganz loszulassen, oder akzeptieren wir nicht, daß wir nicht auf eine ganz bestimmte Weise geliebt werden, bleibt Energie in dieses Gestalten gebunden und steht für gesunden Wandel nicht zur Verfügung. Die Situation verschlimmert sich, wenn wir der Realität nicht ins Auge sehen wollen. Mit Schwierigkeiten fertigzuwerden heißt, sie auf der emotionalen Ebene anzugehen, was oft nicht einfach, ist, vor allem, wenn solche Situationen im Leben immer wieder vorkommen. Hinter dem Festhalten steckt die Angst vor dem Tod. Auf einer bestimmten Ebene wissen wir ganz genau, daß jede Auflösung letztendlich zum physischen Tod und damit auch zum Tod des Egos führt.

Auflösen ist ein natürliches Loslassen und hat nichts mit Aufgeben zu tun, einer Kyo-Form der Auflösung. Gesunde Auflösung heißt Hingeben, Loslassen der Kontrolle. Aufgeben dagegen führt zum Scheitern und zum Kollaps.

Therapeutisch äußert sich dieses Aufgeben in Sätzen wie: »Ich kann das nicht, es hat keinen Sinn weiterzumachen.« Oft nehmen wir lieber eine Niederlage in Kauf als daß wir die Kontrolle aufgeben. Eine Niederlage bietet eine gewisse Sicherheit, eine Scheinstabilität; wir können einen eventuellen Kampf im Keim ersticken. Was kann man schon verlieren, wenn man eh bereits am Boden liegt? Wenn Aufgeben für uns gleichbedeutend mit Sterben ist, was kann dann überhaupt noch passieren, wenn wir sowieso schon tot sind? Ein Kollaps an diesem kritischen Punkt verstärkt das Gefühl der Wertlosigkeit und Schwäche, und so gehen wir auf die nächste Konfrontation mit noch weniger Selbstvertrauen zu.

Jitsu-Auflösung äußert sich im verfrühten Loslassen von Gestalten, wenn sie für die Auflösung noch nicht bereit sind. In manchen Beziehungen ist ein Partner immer schnell bereit, einen Konflikt zu beenden, bevor der andere eine Chance hat, seine tieferen Gefühle zum Ausdruck zu bringen. Wird der Konflikt beendet, müssen sich beide diesen Emotionen nicht stellen. Schnelle Lösungen sind auch manchmal ein Manöver, um gut dazustehen, wie die folgende Geschichte zeigt:

Gurdjieff, ein spiritueller Lehrer, gab bekannt, daß das Ashram Geld brauchte. Kurz darauf kam eine Frau mit ihrem Schmuck. Gurdjieff wußte, daß ihre Gabe ehrlich gemeint war, und dankte ihr, nahm aber ihr Geschenk nicht an. Dies kam einer anderen Frau zu Ohren, und auch sie bot ihren Schmuck als Gabe an. Doch der Meister ließ sich nicht täuschen, nahm die Juwelen in Empfang und verkaufte sie, sehr zu ihrer Überraschung. Er konfrontierte die unehrliche Frau mit der Auflösung, und die Lektion war sehr klar.

In der Auflösungsphase lernen wir vor allem, daß früher oder später jede Form ein Ende haben muß. Wir können in dieser Phase zentriert bleiben, wenn wir die Kontrolle aufgeben, aber nötigen Konflikten nicht durch eine voreilige Lösung aus dem Weg gehen. Wir lernen, daß das Loslassen zum Rhythmus des Wandels gehört.

Die Einsichtsphase

Bevor am Ende der Auflösungsphase Energie wieder zurückgeführt wird, gibt uns der Wandlungsprozeß in der sogenannten *Einsichtsphase* ein Feedback (siehe Abb.44i). Diese Phase ist relativ kurz und doch sehr wichtig, weil sie uns den Sinn des Wandlungszyklus kundtut. Viele Menschen tun sich schwer damit, aus ihren Erfolgen oder Mißerfolgen die notwendige Lehre zu ziehen, weil sie sich nicht entwickeln und keine Freude am Leben haben wollen. Wir machen alles kompliziert, damit wir weiterhin im Streß sind, uns beklagen und leiden können. Viele Wandlungszyklen wiederholen sich immer wieder, weil wir ihre Botschaft nicht verstanden haben. Gesunder Wandel impliziert, daß wir jeden Wandlungszyklus bewußt verfolgen und seine Lehre annehmen. Schneller, essentieller Wandel bringt auch immer ein verstärktes Bewußtsein für die Bedeutung einer jeden ›Lektion‹ mit sich. Verschafft uns dagegen ein Zyklus keine scharfen, klaren Einsichten, ist der nächste Zyklus genauso unklar.

Vom Wandel eine Einsicht zu bekommen ist etwas anderes als über ihn nachzudenken. Es heißt eher, daß wir die Situation geistig, physisch und spirituell in uns aufnehmen. In einer Beziehung nehmen wir uns in dieser Phase die Zeit darüber nachzudenken, wie wir zueinander stehen: Wie fühlt sich das Zusammensein an? Wie wirkt sich der Wandel auf unser Leben aus? Gehen wir den Weg des Wandels noch gemeinsam?

Haben unsere Wandlungseindrücke eine zu niedrige energetische Ladung (Kyo), so scheint alles sinnlos zu sein. Das Leben kommt uns vor wie eine Reihe absurder, unzusammenhängender Aktivitäten. Die meiste Zeit verbringen wir damit, in einer verrückten Welt klarzukommen. In einer Kyo-Beziehung wird in dieser Phase kaum richtig reflektiert. Man achtet nicht auf das, was zwischen den beiden Partnern abläuft, und zieht daraus kaum Rückschlüsse über die Beziehung. Bald haben beide Partner das Gefühl, sie zählten nicht.

Gehen wir ins andere Extrem (Jitsu), ist alles so ›bedeutungsschwanger‹, daß wir zu jeder Kleinigkeit einen Kommentar abgeben müssen. Eine ›einsichtige‹ Beziehung mit Jitsu-Charakter ist immer ›super‹, als ob es nicht auch schwierige Zeiten gäbe. Sie wird so wichtig genommen, daß keiner sie lange ertragen kann. Nichts daran ist einfach und unkompliziert, alles hat immer gleich mehrere Bedeutungen und Interpretationsebenen. Jitsu-Partner sind immer wichtig, aber sehen nicht, wie bedeutungslos ihre Scheintiefe ist. Solche Menschen wollen andere mit ihrem Wissen und ihrer Tiefgründigkeit beeindrucken. Sowohl das Kyo- als auch das Jitsu-Problem liegt darin, daß man nicht sehen will, wie einfach man auf einer sinnvollen Ebene verstehen kann, was Wandel für uns bedeutet.

Die Einsichtsphase zeigt uns, wie wichtig es ist, die Bedeutung des Wandels dann zu erkennen, wenn er geschieht. Die im Wandlungszyklus entwickelte Bewußtheit erreicht in dieser Phase ihren Höhepunkt, sie ist die lebendige Schlußfolgerung von gelebtem Wandel.

Die Reintegrationsphase

Sobald das Loslassen in der Auflösungsphase erfolgt ist und wir Einsichten gesammelt haben, fängt die letzte Energiephase des Wandels an, die sog. *Reintegrationsphase* (siehe Abb. 44j). In dieser Phase schließt sich der Wandlungskreis zu einer Ganzheit. Wandel, der stattgefunden hat, gewinnt nun als vollendeter Prozeß Stabilität.

In unserem Leben erfahren wir dies als Gefühl der Vollständigkeit. Wir haben einen Prozeß bis zum Ende mitgemacht und erkennen, daß ›alles gut läuft‹; plötzlich scheint uns das Leben alles zu geben, was wir brauchen. Die Reintegration gibt uns das Gefühl neuer Möglichkeiten und Reserven. Oft gewinnen die Schwierigkeiten zu Hause und im Beruf neue Klarheit; man steht über dem Problem, ohne davon distanziert zu sein. Manche Probleme sind zwar noch immer äußerst aktuell, aber man läßt sich nicht mehr so schnell hineinziehen; es ist, als ob eine neutrale Person das Problem beobachtet. Alte ›Kassetten‹ werden wieder lebendiger, auch wenn sie sich noch nicht ganz gewandelt haben.

In dieser Phase gewinnen wir viele neue Einsichten, alte Situationen werden unter einem neuen Blickwinkel betrachtet, und man erkennt, warum eine bestimmte Erfahrung wichtig war. Wissenschaftler träumen in dieser Phase oft von neuen Formeln und Schlüsselideen, die ihrer Arbeit einen neuen Zusammenhang verleihen. Es entsteht eine neue Leichtigkeit und Klarheit, die unser Verhalten ändert, ohne daß wir dies *beschließen*. Diese Erfahrung kann als der berühmte ›Klick‹ erlebt werden; plötzlich paßt alles zusammen. Das erregende Gefühl der Ausdrucksphase wird ›runder‹ und ist ganz erfüllend. Das bloße Sein gibt uns ein Gefühl des Reichtums, so wie eine Blume ihre Schönheit dadurch preist, daß sie jeden Tag ihre Blüte von neuem öffnet. Wir sind nun in der Lage, die Form als Form und den Prozeß als Prozeß wahrzunehmen, aber auch die Form als Teil des Prozesses.

Auf spiritueller Ebene entwickelt sich ein Gefühl des Einsseins; alle Dinge sind zwar verschieden, aber nicht voneinander getrennt. Jeder Teil des Ganzen wird in sich als Ganzes gesehen, so wie ein Teil eines Hologramms das ganze Hologramm wiedergibt. Die positive und negative Polarität des Lebens, mit der wir alles bewerten, ist in der Reintegration keine Dualität mehr. Beide Aspekte, wie z.B. Eindruck und Ausdruck, werden als komplementäre Bewegung wahrgenommen, die für die Ganzheitlichkeit des Wandels wichtig ist.

In der Reintegrationsphase werden auseinandergehende Beziehungen schließlich beendet. Der verlorene Kontakt stellt sich nun als vollständig zu Ende geführte Bewegung dar. Es kann vorkommen, daß sich zu einem späteren Zeitpunkt mit der gleichen Person eine neue Beziehung entwickelt, aber jetzt muß man klar Abschied nehmen. In neuen Beziehungen sind die ersten gemeinsamen Hürden genommen, und beide Partner spüren, daß die Beziehung stabiler wird. Man ist stolz darauf, es ›geschafft‹ zu haben; dieses ganz natürliche Gefühl äußert sich in allem, was man tut. In älteren, vertrauteren Beziehungen wird in der Reintegrationsphase neues Vertrauen aufgebaut; man hat z.B. gemeinsam eine wichtige Erfahrung hinter sich gebracht: die Geburt eines Kindes, den Tod eines geliebten Menschen oder die Beendigung einer Affäre.

In einer Reintegrationsphase mit Kyo-Qualität ist man nicht in der Lage, Projekte bis zum Schluß durchzuziehen; es bleiben viele lose Enden zurück, so daß nichts wirklich ganz sein kann. Manche bekommen nach einem wichtigen Projekt Depressionen. Wir bauen alles im Leben auf Zielen auf; ist einer dieser Meilensteine erreicht, geraten wir in ein psychisches Tief. Oft bringt die vollbrachte Leistung für uns nicht die erwartete Befriedigung. Schnell stecken wir uns ein neues Ziel, um die schlechten Gefühle beiseitezuschieben und nähren die falsche Hoffnung, daß uns der nächste Versuch glücklicher macht. Reintegrationsprobleme haben mit der Angst vor der Ganzheit, der Holophobie, zu tun. Wenn eine Aufgabe erfolgreich gelöst wird, wird das Leben ›rund‹ und vollständig; da viele Menschen dieses Gefühl der Vollständigkeit nicht annehmen können, bringen sie auch nichts zu Ende, sondern lassen sich immer ein Hintertürchen offen, durch das sie flüchten können, wenn es ihnen gar zu gut geht oder wenn Schwierigkeiten auftauchen.

Kyo in der Reintegrationsphase kann auch dazu führen, daß der Reintegrationsprozeß über das richtige Maß hinaus verlängert wird. Manche Beziehungen sind ständig dabei auseinanderzugehen, aber werden nie beendet. Keiner der beiden Partner will wirklich gehen. Manchmal erhofft man sich die nötige Veränderung durch ein Kind oder einen Wohnungswechsel. Solche Kyo-Menschen bleiben aus Abhängigkeit zusammen, weil sie Angst haben, sie hätten sonst keine Liebe und Unterstützung mehr.

Manche Menschen versuchen, an der Reintegrationsphase festzuhalten, um das Entstehen eines neuen Wandlungszyklus oder einer neuen Beziehung zu vermeiden; auch dies ist ein Kyo-Problem. Solche Kyo-Menschen lieben das ewige, endlose Drama. Sie halten die Erinnerung an den letzten Partner wach – auch wenn die Trennung schon zehn Jahre her ist! Vor allem ältere Menschen pflegen schöne Erinnerungen, um im Alter einen Trost zu haben. Man denke an Klassentreffen und die Gespräche, wie schön doch früher alles war; sie sind typische Manifestationen einer Kyo-Reintegration.

In einer Jitsu-Reintegration packt ein Partner seine Sachen, noch bevor die Beziehung zu Ende ist; er möchte nicht auf gute Art und Weise Abschied nehmen. Oft passiert es, daß vor dem Bruch noch schnell etwas gefunden wird, was am anderen auszusetzen ist; das rechtfertigt dann die Trennung: »Ich wußte schon immer, daß du mich nicht lieben kannst!« oder: »Du hast eben Probleme mit Frauen/Männern«. Andere wiederum, die die Trennung schon kommen sehen, gehen in die Offensive und verlassen den Partner kurz vorher. Denn so kann man immer sagen: »Ich habe ihn/sie verlassen«, um zu zeigen, daß der Entschluß von einem selbst ausging.

In der Reintegrationsphase wird der ganze Wandlungszyklus noch einmal im Kleinen zusammengefaßt. Wenn wir eine Gestalt beenden können, wird die Energie, die wir in den Wandlungprozeß gesteckt haben, freigesetzt und steht für den nächsten Zyklus zur Verfügung. Einiges davon geht in den homöostatischen, zyklischen und transaktionalen Wandel, ein Teil wird während der in der Übergangsphase stattfindenden Bewußtseinsveränderung in transformierenden Wandel umgesetzt.

Die Übergangsphase

In der Übergangsphase findet eine Bewußtseinsveränderung von einer Energieebene auf eine andere statt. Diese Phase kommt nur beim transformierenden Wandel vor, wenn wir über die Schwelle von einer Ebene zu einer anderen gehen. Die Übergangsphase ist eine natürliche Ausdehnung des Wandels, wenn er sich von kleineren Ganzheitszuständen, z.B. einem einfachen Wandlungszyklus, hin zu transzendenteren Ebenen entwickelt. Sie stellt eine Brücke zwischen der Reintegrationsphase auf kleineren Ebenen und der neuen Seinsphase auf einer anderen, ganzheitlicheren Bewußtseinsebene dar.

In der Übergangsphase stellt sich bei uns oft ein seltsames Gefühl ein; wir fühlen uns ganz und werden doch gleichzeitig in einen höheren Ganzheitszustand versetzt, der sich völlig anders anfühlt als die Vollständigkeit der Reintegrationsphase; es ist das Gefühl einer aktiven Stille, die uns durch Raum und Zeit trägt. Manche beschreiben dieses Gefühl als sehr angenehm, aber auch etwas eigenartig, wie bei bestimmten Meditationserfahrungen, wenn man sich außerhalb des Körpers befindet.

Ob wir von einer Bewußtseinsebene auf eine andere gehen können, hängt von vielen Faktoren ab. Zunächst brauchen wir genügend körperliche Stabilität, um mit der erhöhten Energie auf ganzheitlicheren Ebenen umgehen zu können. Diese Stabilität haben wir nur dann, wenn wir mit unserem spirituellen Selbst verbunden sind. Je mehr wir in und durch uns den Geist spüren, desto größer sind unsere Chancen für spirituelles Wachstum. In der Sprache des transformierenden Wandels heißt dies: Je stärker wir mit dem Geist in-volviert sind, desto größer ist unser E-Volutions-Potential weg vom Ego hin zu absoluter Ganzheit.

Um diesen Übergang zu ermöglichen, müssen wir auch die Erfahrungen und Lektionen früherer Ebenen mit Bewußtheit annehmen, um für die schwierigeren Botschaften ganzheitlicher Ebenen bereit zu sein. Wenn wir klar und ehrlich bei unseren eigenen Gefühlen bleiben, können wir in einer komplexeren Beziehung auch klarer und ehrlicher mit jemand anderem zusammensein.

Manchmal spüren wir in der Übergangsphase Enttäuschung, weil wir uns weniger entwickelt haben als erhofft. Wandel kommt uns fast immer schneller oder langsamer als erwartet vor. Der Unterschied zwischen der Geschwindigkeit des Wandels und unserer Wahrnehmung davon beruht auf unserer Einmischung. Das Ego möchte sich auf bestimmte Art und Weise wandeln, mal schneller, mal langsamer. Nur wenn wir nicht mehr auf Kontrolle bestehen, kann gesunder Wandel stattfinden. Er ist weder schnell noch langsam, er ist einfach. Seine Geschwindigkeit hängt davon ab, wie wir mit unseren Wachstumsmöglichkeiten umgehen. Wenn wir durch Ändern des natürlichen Rhythmus Wandel erzwingen wollen, müssen wir zwangsläufig enttäuscht werden und sind auf dem besten Weg zu kollabieren, denn erzwungener Wandel richtet sich früher oder später gegen uns selbst.

Wenn wir allmählich lernen, mehr im Übergang zu leben und weniger unsere persönlichen Formen festzuhalten, können wir Energie von einer Form in die andere transformieren, z.B. Leiden in Lust und Freude oder Angst in Erregung. Es ist auch möglich, physische in psychische Gesundheit umzuwandeln und umgekehrt, also auch zwischen verschiedenen Ebenen zu wechseln, da die verschiedenen Ebenen miteinander im Austausch stehen und in größerer Harmonie zusammenarbeiten.

In der Übergangsphase hat Lernen nichts mit linearen Lernschritten zu tun. Man lernt nicht eine Lektion nach der anderen, sondern empfängt in einem Augenblick auf vielen Ebenen die Informationen einer energetischen Weisheit, die Wellen durch uns sendet, so wie Wasserwellen durch einen starken Wind gleichzeitig in Bewegung geraten.

Der Abstieg in der Übergangsphase

Während man durch die einzelnen evolutionären Ebenen durchschreitet, wird die Übergangsphase gleichzeitig einfacher und doch auch schwieriger. Einfacher deshalb, weil der energetische Vorgang mit der Zeit vertrauter wird und man sein Wandlungspotential besser erkennt und einen immer klareren Blick für absolutes Sein bekommt; auf der anderen Seite jedoch wir die Übergangsphase schwieriger, weil für die Weiterentwicklung immer mehr Bewußtheit nötig ist. Die Verbindung zu unserem Geist muß stärker und beständiger werden, um sich den immer schwierigeren Herausforderungen stellen zu können. Zu jedem Zeitpunkt der Übergangsphase kann es passieren, daß wir uns gezwungen sehen, auf eine weniger ›anspruchsvolle‹ Ebene zurückzugehen, weil wir die Bewußtheit nicht aufrechterhalten können. Diesen Regressionsprozeß bezeichne ich als *Abstieg in der Übergangsphase*. Nur wenigen Menschen gelingt es, absolutes Bewußtsein direkt zu erfahren. Deshalb brauchen wir den Abstieg und Aufstieg in verschiedene Bewußtseinsebenen, um uns neue Möglichkeiten zu eröffnen und doch sicherzustellen, daß der Lernprozeß unser jetziges Bewußtheitspotential nicht übersteigt.

Für Beziehungen ist die Übergangsphase eine Zeit, in der man die gemeinsame Ganzheit ganz besonders genießen kann. Im Unterschied zur vorausgehenden Reintegrationsphase manifestiert die Übergangsphase Ganzheit als ein Kontinuum von Transformationsmöglichkeiten, so wie ein Kreis im dreidimensionalen Raum eine Bewegungsspirale bildet. In der Übergangsphase erkennen Paare das endlose Potential für die Liebe und Evolution einer echten spirituellen Beziehung. Die Tür zur Transzendenzspirale öffnet sich, und wir können einen Blick auf das Leben in absoluter Harmonie erhaschen.

In einer Übergangsphase mit Kyo-Prägung sind wir nicht bereit, die Verantwortung für das Überschreiten unserer jetzigen Ganzheit zu übernehmen. Wir erkennen zwar irgendwie, daß mehr Beständigkeit und Hingabe zur Transzendenz gehören. In einer Beziehung wäre dies der Schritt von einer gesunden zu einer spirituellen Beziehung, die sich durch die Qualität der Hingabe an eine transpersonale Liebe unterscheidet. Beide Partner sind dann bereit, über Verhaftungen und Bindungen hinauszugehen, sogar die gegenseitige Bindung hinter sich zu lassen. Transpersonale (aus dem Lateinischen: über die Person hinaus) Liebe ist psychisch selbst-loser und spirituell selbst-voller, also weniger vom Ego und umso mehr vom Geist erfüllt.

In einem Kyo-Übergang erlebt die Beziehung einen Abstieg, der die Basis für einen späteren Aufstieg sein kann, wenn der Rückzug voll bewußt wahrgenommen wird.

Ein Jitsu-Paar in der Übergangsphase dagegen will mehr Wandel und Evolution, als es von seiner Hingabefähigkeit her verkraften kann; eine solche Beziehung ist eine ›Umvolution à deux‹. Beide Partner möchten gerne das transpersonale Paar spielen, aber sie möchten sich nicht mit den damit verbundenen Probleme auseinandersetzten. Partner in der Umvolution erscheinen ein bißchen unreal, weil sie sich nicht mit fundamentalen Fragen auseinandersetzen; sie überspringen sie einfach. Als Folge davon werden sie immer wieder mit so ›erdigen‹ Dingen wie Geld, Sex oder Emotionen konfrontiert, über die sie nie hinauswachsen.

Wir können auf unserem Weg durch den Wandlungszyklus unser Wachstum an jedem Punkt behindern. Kyo-Hindernisse äußern sich als Unwilligkeit, in den nächsten Schritt Energie zu investieren. Jitsu-Hindernisse dagegen zeigen sich in zu großem Eifer oder einer künstlichen Verlängerung des Prozesses. In beiden Fällen sind wir nicht bereit, natürlichen Wandel seinen Lauf nehmen zu lassen; wir wollen immer noch die Kontrolle behalten.

Gesunder und transformierender Wandel wird nur gefördert, wenn wir den natürlichen Energiefluß in und durch uns zulassen. Wir müssen uns der bestehenden Möglichkeiten bewußt sein und uns ihnen öffnen. Gleichzeitig müssen wir bereit sein, eventuelle Schwierigkeiten im Verlauf der einzelnen Wandlungsphasen zu akzeptieren. Wenn wir sowohl die Möglichkeiten als auch die Schwierigkeiten im Zusammenhang mit persönlichem und transpersonalem Wachstum akzeptieren, wird das Wandlungsproblem kleiner und die Lebenslust dafür umso größer.

Kapitel IX
Die Grenzen des Wandels

Natürliche Grenzen

Jeder Wandlungsprozeß hat natürliche Grenzen, die verhindern, daß wir durch zu große Veränderungen überfordert werden. Zu viel Wandel kann schädlich oder sogar gefährlich sein, besonders wenn man mit Gewalt diese natürlichen Grenzen überschreiten will.

Ich kannte einen Mann, David, der zum ersten Mal an einem körper-orientierten Workshop teilnahm und vom Gruppenleiter ermutigt wurde, bestimmte körperliche Übungen, sogenannte ›Streß-Positionen‹, durchzuführen, um gestaute Energie freizusetzen. David war mit diesen Praktiken und den darauffolgenden emotionalen und körperlichen Energieentladungen nicht vertraut. Nachdem der Workshop zu Ende war, fuhr David, noch immer sehr erregt, mit dem Auto nach Hause. Ungefähr auf halbem Wege fing sein Körper wieder an zu vibirieren, wie im Workshop. Er konnte nur mit Mühe die Kontrolle über den Wagen behalten und wäre fast eine Brücke hinuntergestürzt. Sein Therapeut war wohl entweder noch ziemlich unerfahren oder hatte Davids Grenzen nicht wahrgenommen und ihn zu weit ›gepusht‹.

Dieses Beispiel zeigt, wie gefährlich es sein kann, Wandel mit Hilfe von Techniken, die nicht auf den persönlichen Prozeß abgestimmt sind, zu erzwingen. Manche Menschen mit einem schwachen Ego, die kein sicheres Gespür für ihr psychologisches Selbst haben, verlieren leicht ihre Stabilität, wenn sie ihre jetzigen Egogrenzen überschreiten.

Bei gesundem Wandel wird zum Glück jedes Wachstum durch eine Yin-Kontraktion ausgeglichen, so wie dem Ausatmen automatisch ein Einatmen folgt, wenn die Lunge leer ist. Jeder natürlich verlaufende Wandlungsprozeß hat einen eingebauten Schutzmechanismus, damit man die Bewegung, die ganzheitlicher Wandel diktiert, nicht über ihr Maß hinaus fortsetzt. Bei erzwungenem Wandel wird jedoch dieser Schutz überstrapaziert. Ein Mißbrauch des Wandlungsprozesses legt uns die Verantwortung für die Konsequenzen auf. Man kann den Körper bis zu einem gewissen Grad antreiben, und er wird reagieren – aber eben nur bis zu einem gewissen Grad. Irgendwann wird er sich rächen – mit Krankheit oder Tod.

Auf den niedrigeren Wandlungsebenen, wenn die Bewußtheit noch nicht vollständig ist, empfangen wir fortwährend Botschaften über unsere neuen Bewußtseinsgrenzen. Jedesmal, wenn wir unsere Grenzen überschreiten, sendet uns das universelle Feld Signale durch die Übergangsphase, damit wir zuerst zu unserem Geist zurückkehren und erst dann weitermachen. Diese Botschaften gehen oft sehr seltsame Wege. Mir passierte es z.B. einmal, daß ich für einen Workshop in Skandinavien ein bestimmtes Flugzeug nehmen sollte. Ich hatte den ganzen Monat über sehr viel gearbeitet und war eigentlich so ziemlich am Ende meiner körperlichen Kräfte. Auf dem Weg zum Flughafen hatte das Taxi eine Reifenpanne, und ich verpaßte das Flugzeug. Wie sich später herausstellte, stürzte dieses Flugzeug ab! Die Botschaft, das Flugzeug nicht zu nehmen, war für mich ganz klar. Nicht alle Botschaften sind so dramatisch, aber jedes Signal wird stärker, wenn die Information wichtig ist.

Jeder Versuch, Wandel zu erzwingen, führt automatisch zu Frustration und Mißerfolg, weil wir den Wandel ›machen‹ anstatt zuzulassen, daß sich die Wandlungsfelder, die die Form eines jeden Wandlungsprozesses bestimmen, überschneiden. Manchmal möchte man in der Beziehung gewaltsam einen Wandel herbeiführen, den Partner zur Klarheit zwingen. Im ganzheitlichen Sinne kann das nicht gutgehen, auch wenn der Partner vielleicht sein Verhalten ändert, denn auf einer tieferen Ebene aber wehrt er sich gegen den oberflächlichen Wandel. Und so mischt sich in die neugewonnene Klarheit Wut, die man dann im Bett oder am Frühstückstisch zurückbekommt. Der Partner ist vielleicht klarer, dafür läßt die Zuneigung nach, die Beziehung ›kühlt ab‹. Ein besserer Weg wäre es, die fehlende Klarheit anzusprechen, sich gegenseitig seine Gefühle mitzuteilen oder auch Hilfe anzubieten, wenn man in dieser Hinsicht schon etwas weiter ist. Echter Wandel kann nur durch den eigenen Wandlungsfluß herbeigeführt werden. Der Einfluß des Partners kann weiterhelfen, aber jeder muß selbst erkennen, daß Wandel nötig und sinnvoll ist.

Oft führt gesunder Wandel zu keinem Ergebnis, weil wir noch nicht dafür bereit sind. Dieser sogenannte Mißerfolg ist eine natürliche Grenze. Gesunder Wandel findet nur statt, wenn er der Ganzheit dient, anderenfalls würde das Fehlen der Ganzheit unterstützt. Unreifer Wandel ist deshalb ungesund und kann keinen Erfolg haben.

John war ein gut durchtrainierter Sportlehrer. Er wollte im Leben mehr erreichen als nur Sportunterricht zu geben, und deshalb entschloß er sich, Trekkingtouren in Nepal anzubieten. Aber es kamen nie genug Leute zusammen, und so mußte er eine Tour nach der anderen absagen. Ich sagte ihm, daß er meinem Gefühl nach noch nicht dafür bereit war, und zwar nicht wegen der Anstrengungen der körperlichen Reise, sondern weil er in seiner persönlichen Entwicklung, seiner inneren Reise, noch nicht weit genug war. John verstand dieses Feedback und beschäftigte sich mehr mit seinen Ängsten und Qualitäten als Führer. Bereits nach fünf Monaten intensiver persönlicher Arbeit waren alle seine Touren ausgebucht, ohne daß er seine Werbestrategien oder andere äußere Faktoren verändern mußte. Sein innerer Wandel hatte das bewirkt.

Johns innere Bereitschaft, Menschen zu führen, verstärkte sein Energiefeld; diese Aufladung wiederum strahlte auf andere Menschen ab, was dazu führte, daß andere ihn als Führerpersönlichkeit sahen und mit ihm auf Tour gehen wollten.

Manchmal werden wir gebremst, weil die Wandlungsgeschwindigkeit zu hoch ist. Wir möchten uns beispielsweise besser durchsetzen und zur Geltung kommen und ersetzen deshalb unsere Passivität durch ein hartnäckiges Kundtun unserer Bedürfnisse. Die Reaktion unserer Mitmenschen zeigt uns, daß wir es jetzt übertreiben, doch allmählich finden wir den ›goldenen Mittelweg‹; unser Wandel hat sich unserem natürlichen Tempo angepaßt.

Psychologische Grenzen

Unser Wandel wird nicht nur durch natürliche Grenzen, sondern auch durch unsere Überzeugungen, Vorstellungen und Motive beeinträchtigt.

Das englische Wort ›belief‹ (Glaube, Überzeugung) ist von der altenglischen Wurzel ›be-leave‹ abgeleitet, was so viel bedeutet wie etwas be-lassen, so lassen, wie es ist. Eine Überzeugung ist also ein Gedanke oder eine Idee, die im Laufe der Zeit relativ wenig verändert wird. Überzeugt sein heißt, wir verlassen uns darauf, daß unsere Wahrnehmung tatsächlich der Wahrheit entspricht. Energetisch gesehen ist eine Überzeugung ein statischer Prozeß, der den spontanen Energiefluß, z.B. von neuen Ideen, aus einem Sicherheitsbedürfnis heraus reduziert. Viele unserer Überzeugungen von Wandel sind anachronistische Überbleibsel alter Erfahrungen. Was würde Wandel für uns bedeuten? Vielleicht glauben wir, daß jeder Wandel zu Störungen und Chaos führt, weil wir aufgrund unserer Probleme mit Wandel diese Erfahrung gemacht haben. Hält man an diesen negativen Überzeugungen fest, entsteht ein neues Energiefeld, das den Wandel beeinflußt. Sind wir davon überzeugt, daß Wandel sich störend auswirkt, filtern wir unsere Wahrnehmung, um diese Überzeugung zu unterstützen.

Dieses Filtern kann dadurch zustandekommen, daß wir selektieren und nur bestimmte Wandlungsvorgänge, die unser jetziges Leben in Frage stellen, wahrnehmen und aufgrund dieser bestimmten Situation uns nur ein chaotisches Ergebnis vorstellen können. Wenn die Beziehung z.B. gerade in einer schwierigen Phase ist, kann man dies als Beweis für seine Überzeugung ansehen, daß alle Beziehungen schwierig sind und den Schluß daraus ziehen, daß man sich besser gar nicht erst darauf einlassen sollte. Das hieße, nur die Tiefpunkte wahrzunehmen und die Höhepunkte einfach zu übersehen, damit negative Überzeugungen genährt werden können.

Ähnlich können negative Vorstellungen über Wandel das ganze Wandlungsspektrum beeinflussen. So wie man je nach Standpunkt ein halbes Glas Wasser als halbvoll oder halbleer wahrnimmt, kann jedes Wandlungselement als progressiv und entwicklungsfördernd oder als regressiv und störend empfunden werden. Die Auseinandersetzung mit dem Parter kann als Chance für die Ausräumung von Meinungsverschiedenheiten, aber auch als Machtkampf gesehen werden. Negative Wandlungsvorstellungen interpretieren eine solche Konfrontation als zerstörerisch, was ein offenes gesundes

Wandlungsverhalten natürlich erschwert. Sogar Geliebtwerden kann man auf diese Weise negativ sehen und dem Partner unterstellen, er hätte irgendwelche ›Absichten‹, sei es Sex oder Sicherheit.

Negative Wandlungsüberzeugungen sind oft deshalb so schwer zu ändern, weil sie meistens ein Körnchen Wahrheit enthalten. In fast jeder Beziehung benutzt einer den anderen für seine Bedürfnisse, sei es nun körperlicher Kontakt oder sexuelle Lust etc. In einer gesunden Beziehung beruht dies auf Gegenseitigkeit und geschieht natürlich, liebe- und respektvoll. Benützen ist nicht das gleiche wie mißbrauchen. Man kann den Partner für seine persönliche Befriedigung benutzen, aber auch für seine spirituelle Weiterentwicklung. Wenn auch der Partner dies tut, gibt man sich gegenseitig Hilfestellung, zieht also aus den Fähigkeiten des anderen gegenseitig den größten Nutzen.

Mißbrauch entsteht, wenn dabei Liebe und Respekt fehlen. Genauso kann man ein bestimmtes Verhalten des Partners isoliert betrachten und dadurch die negative Überzeugung, mißbraucht zu werden, unterstützen. Man kann immer eine Bestätigung für eine solche Überzeugung finden, wenn man das natürliche, gesunde Verhalten verdreht.

Eine Überzeugung kann nur dann verändert werden, wenn wir alte Grundsätze aufgeben und uns neuen Möglichkeiten öffnen. Oft haben wir Angst, benutzt zu werden, weil wir früher Mißbrauch erlebt und Verletzungen erlitten haben. Die nicht verarbeiteten Reste dieser Gefühle sind uns immer noch fest im Gedächtnis und nähren Überzeugungen, die unser Verhalten beeinflussen. Ist man verletzt worden und hat den emotionalen Schmerz nicht aufgelöst, liegt es nahe zu versuchen, sich dadurch vor weiteren Verletzungen zu schützen, daß man unterstellt, der Partner könnte einen benutzen. Im allgemeinen muß dieser alte Schmerz ausgedrückt und aufgelöst werden, bevor man neue Überzeugungen annehmen kann. Mit rationalen Argumenten kann man hier nur sehr wenig ausrichten. Wir müssen entweder an die Wurzel des Übels herangehen oder energetisch alle Verhaftungen lösen, z.B. durch Life Energy Therapy. In der L.E.T.-Arbeit ändern sich Überzeugungen, wenn die in Körperprozessen gebundene Energie freigesetzt und in gesunde Bahnen gelenkt wird. Das Auflösen der alten Gefühle öffnet das Feld des Energieflusses, wodurch natürliche Wandlungsprozesse wieder stattfinden können.

Einstellungen

Unsere Einstellungen zum Wandel sind eng mit unseren Überzeugungen verbunden. Glaubt man z.B., daß Wandel störend ist, kann sich daraus leicht die Einstellung entwickeln, daß er zerstörerisch ist.

Eine Einstellung ist eine feste geistige Prädisposition im Denken, Verhalten oder Umgang mit Menschen; deshalb sind Einstellungen noch tiefer verwurzelt als Überzeugungen und üben auf den Wandlungsprozeß einen weit größeren Einfluß aus.

In seiner ›Charakteranalyse‹ zeigte Wilhelm Reich, daß psychische Einstellungen, physische Manifestationen und Körperhaltung miteinander zusammenhängen und sich gegenseitig bedingen. Unsere Einstellungen können sich auf unterschiedlichste Art und Weise in unserem Körper ausdrücken. Festhalten z.B. zeigt sich in nach hinten gezogenen Schultern. Eine solche Person hat Angst vor dem Wandlungsfluß, weil sie sich auch vor dem Fließen und Vorwärtskommen im Leben fürchtet. Sie wird sich nicht auf eine Beziehung einlassen, die in Fluß ist, und auch den Partner zurückhalten, damit ihr eigenes Leben nicht in Frage gestellt wird. Genauso kann es passieren, daß ein Partner den anderen sozusagen als ›Stellvertreter‹ zu immer neuen Schritten (z.B. die Karriereleiter hinauf) treibt.

Eine negative Einstellung zum Wandel lenkt Energie ab und beeinträchtigt durch die Reduzierung des natürlichen Potentials den ganzen Energiefluß, was sich negativ auf einen gesunden Wandlungsprozeß auswirkt. Auf diese Weise verschließen wir uns unseren natürlichen Entwicklungsmöglichkeiten.

Ich arbeitete einmal mit einer High-School-Lehrerin, die nach zwei Jahren Pause wieder ihre Lehrtätigkeit aufgenommen hatte; sie war eine intelligente Frau, hatte aber zu wenig Selbstvertrauen. Sie kam zu mir, weil sie mit ihrer neuen Klasse Probleme hatte. Sie erzählte, wie schwierig es für sie war, im Klassenzimmer Ordnung zu bewahren und das Interesse der Schüler für den Unterrichtsstoff zu wecken. Während unseres Gesprächs gingen wir auf die tieferen Ursachen ein, und es stellte sich heraus, daß sich ihre Einstellung zum Unterrichten verändert hatte; eigentlich hatte sie gar keine Lust mehr dazu; sie war nicht ganz dabei; die Schüler spürten ihre Halbherzigkeit und reagierten entsprechend. Es war klar, daß sie entweder ihre Einstellung ändern mußte oder nicht mehr als Lehrerin arbeiten konnte.

Viele Menschen halten an ihren ungesunden Einstellungen fest, weil sie nicht wissen, wie es ohne sie wäre. Negative Einstellungen schaffen relativ stabile, wenn auch rigide Wandlungsperspektiven. Wer Angst vor dem Wandel hat, muß ihn verhindern. Doch was würden wir eigentlich tatsächlich aufgeben? Ist es so wertvoll? Wir bekommen sowieso nicht das, was wir wollen; kann dann eine Veränderung eigentlich so viel schlimmer sein?

Motivation

Es ist logisch, daß wir für positiven Wandel nicht motiviert sind, wenn unsere Überzeugungen und Einstellungen so negativ sind.

Freud glaubte, daß Leiden die Voraussetzung für eine Wandlungsmotivierung sei.* Ich bin nicht der Meinung, daß dies unbedingt nötig ist, wenngleich Leiden bestimmte Wandlungsarten unterstützt. Wenn wir uns eigensinnig gegen den Wandel wehren und uns durch ihn verwirren lassen, schaffen wir immer eine Situation des Festgefahrenseins, wo kaum Wandel stattfinden kann. Ist dann ein anderer Teil von uns ›wandlungswillig‹, entsteht ein Motivationsproblem. Ein klares ›Nein‹ zum Wandel würde dieses Problem verhindern. Aber da wir so gerne unsere Spielchen spielen, es ›vielleicht einmal versuchen könnten‹, müssen wir uns irgendwie dazu motivieren. Es kann passieren, daß uns jemand mit Tricks und Belohnungen zu motivieren versucht, was sich natürlich oberflächlich auswirken kann, wenn die Person hartnäckig genug ist; mit gesundem Wandel hat dies aber kaum etwas zu tun.

Motivation ist ein Lieblingsthema der Psychologen, die normalerweise andere dazu bringen möchten, etwas zu tun, was sie eigentlich nicht tun würden, wenn man sie in Ruhe ließe. Eine solche Motivierung von außen ist in Hinblick auf echte Entwicklung nur kurzlebig und oberflächlich. Wahre Motivation ist ein innerer Prozeß, der auf Interesse und Handeln beruht.

Wir sind motiviert (aus dem Lateinischen: der Bewegung dienen), wenn wir uns bewegt fühlen zu handeln. Haben wir an etwas Interesse, ist dies immer eine Motivation, etwas zu tun. Auch wenn uns nichts interessiert, haben wir doch immer noch an diesem

Nichts Interesse. Energetisch gesehen, besitzen interessante Dinge oder Gefühle eine Ladung; sogar depressive Menschen werden durch ihr Nichts, ihre Leere aufgeladen; ihr Hochgefühl kommt, wenn sie am Tiefpunkt sind. Es kostet viel Energie, gegen die natürliche Spontaneität des Lebens zu kämpfen. Sogar katatonische Menschen, die nach außen fast unbeweglich erscheinen, haben eine unnatürlich hohe Nervenladung in den Muskeln, auch wenn diese nicht eingesetzt werden.

Wenn wir einzelne Energieprozesse verlangsamen oder isolieren, wirkt sich das auf alle Energiebewegungen aus. Jede Verzögerung eines einzelnen Wandlungsprozesses verringert unsere Motivation für Wandel im allgemeinen. Deshalb können wir keinen Energieprozeß behindern, ohne gleichzeitig unsere Wandlungsmotivation zu beeinträchtigen.

Wenn wir außerhalb des gesunden Wandlungsflusses sind, gehen uns alle Vorteile des natürlichen Wandels verloren. Vieles von dem, was wir tun, ist nicht ›auf dem Punkt‹; wir haben nur wenig ›Feuer‹ und sind kaum erfolgreich mit unseren Unternehmungen. Gesunder Wandel dagegen lädt uns mit Energie auf; wir wissen genau, wohin wir gehen und was wir brauchen, dadurch werden wir erfolgreich, weil wir einfach dem natürlichen Weg des Wandels folgen. Erfolg ist das, was folgt! Wir brauchen keine Motivation von außen, weil der evolutionäre Wandlungsfluß uns mit sich trägt.

Psycho-physiologische Grenzen

Jedes gesunde Energiesystem wird durch sinnvollen Wandel, der seine Vitalität verstärkt, erregt. Diese Erregung baut eine energetische Ladung auf, die zu einer natürlichen Spannung führt.

Ungesunder Stress

Dem Streß-Forscher Hans Selye zufolge führt eine gesunde Anspannung zu einem guten Organ- und Muskeltonus und schafft einen organischen Streß, der für optimale physiologische Funktionen nötig ist. Selye stellt die Behauptung auf, daß Streß etwas Natürliches ist, das die Nervenaktivität und eine erhöhte Wahrnehmungsfähigkeit im Körper erhält. Gesunde Spannung führt zu Aufmerksamkeit, wenn wir uns auf etwas konzentrieren. Gesunder Streß wird zum ungesunden Streß, wenn diese natürliche energetische Spannung gestört oder die anschließende Entladung blockiert wird. Nicht aufgelöster Streß zwingt den Körper, sich andere Wege zu suchen, um sich indirekt zu entladen, z.B. nervöse Angewohnheiten wie Nägelkauen, zwanghaftes Reden oder nervöse Augenzuckungen.

Steigt der Streß auf ein ungesundes Maß an, sind dafür meist ein oder mehrere Faktoren verantwortlich: psychischer Druck, nicht ausgedrückte Emotionen oder auch schlechte Ernährung.* Oft haben wir einen Job mit viel Verantwortung, die für eine Person oft zuviel ist, und manchmal haben wir noch nicht einmal die Möglichkeit und die Macht, etwas daran zu ändern. Diese Ohn-Mächtigkeit führt zu ungeheurem Streß. Vielleicht sind wir für eine Abteilung verantwortlich, die ihre Produktivität erhöhen soll. Leider sind aber die zur Verfügung stehenden Maschinen nicht sehr effizient, und der Output kann deshalb nicht viel gesteigert werden. Was kann man tun? Rein praktisch gar nichts, und deshalb steigt statt dessen der Streß-Pegel.

Eine andere wichtige Streß-Quelle sind Erwartungen. Sowohl innere und äußere Erwartungen als auch kulturelle und moralische Gebote und Verbote vermehren den Streß, weil sie ein zusätzlicher Druckfaktor sind. Viele Menschen akzeptieren diesen äußeren Druck und machen ihn zu ihren Erwartungen, weil sie dann Anerkennung und Liebe erhalten. Ein Versagen führt möglicherweise dazu, daß man von der Umwelt nicht mehr akzeptiert wird.

Auch nichtausgedrückte Emotionen führen zu ungesundem Streß. Jede ›E-Motion‹ ist eine energetische Bewegung nach außen. Wird sie zurückgehalten, baut sich in den Muskeln und im Gewebe zuviel Spannung auf, wodurch der Körper rigide und leblos wird; oft steckt dahinter eine übermäßige Empfindsamkeit gegenüber Zurückweisungs- bzw. Akzeptanzproblemen.

Ingeborg ist ein gutes Beispiel dafür. Sie war Lehrerin und immer total gestreßt. Nie hatte sie Zeit und immer zuviel um die Ohren; und die Schüler forderten zuviel Aufmerksamkeit. Bei näherer

* Auch die Umweltverschmutzung nimmt als Streßfaktor immer mehr an Bedeutung zu

Betrachtung stellte sich heraus, daß sie als kleines Kind gelernt hatte, alles so zu tun, wie ihre Mutter es für richtig hielt. Das hieß, daß sie sich mehr um das kümmerte, was man von ihr erwartete als um das, was sie selbst eigentlich wollte. Bei weiterem Nachforschen gab sie zu, daß sie sich noch immer wie ein gut erzogenes Schulmädchen benahm, weil sie sich dann auf andere Leute konzentrieren und der Konfrontation mit sich selbst aus dem Wege gehen konnte. Ohne Streß hätte sie sich mit all ihren nicht ausgelebten Emotionen auseinandersetzen müssen, die sie seit Jahren ›unter Verschluß‹ hielt; vor allem vor der Liebe hatte sie große Angst.

Neben psychischem Druck und unterdrückten Emotionen ist auch schlechte Ernährung ein Streßfaktor. Yin-Produkte wie z.B. Zucker, Kaffee und Salz verursachen im Körper ein chemisches ›Hoch‹ und erhöhen dadurch den Streßpegel. Vor allem für Menschen, die sowieso schon unter Streß stehen und kein ›Ventil‹ haben, sind diese Nahrungsmittel sehr streßfördernd.

Ungesunder Streß stört das natürliche Gleichgewicht der verschiedenen physiologischen Systeme, u.a. des vegetativen Nervensystems und des endokrinen Systems. Zudem beeinträchtigt er den natürlichen Ausgleich der energetischen Ladung in physischen und emotionalen Prozessen. Unzureichende Nervenaktivität schränkt die normalen Körperfunktionen ein und setzt gleichzeitig Hormone für unsere Abwehrhaltung frei. Kurzzeitiger ungesunder Streß hat meist keine schlimmen Auswirkungen; wenn er jedoch chronisch wird, führt dies zu Steifheit, wenig Lebenskraft und der allmählichen Zerstörung unserer Abwehrkräfte, die für die Beseitigung fremder Mikroorganismen, z.B. des AIDS-Virus, eine wesentliche Rolle spielen. Streß stört den immunologischen Prozeß, denn er führt dazu, daß der Körper diese Antigene nicht mehr erkennen kann und beeinträchtigt seine Fähigkeit, tote und schadhafte Tumorzellen abzutransportieren.

Ungesunder Streß behindert gesunden Wandel, weil er den natürlichen Energiefluß umlenkt. Die für den Wandel nötige Energie wird in neurologische und muskuläre Störungen und psycho-emosomatische Krankheiten gesteckt*.

* Der Ausdruck psycho-emosomatisch bezieht sich auf einen psychosomatischen Prozeß, an dem Körper, Geist und auch Emotionen beteiligt sind.

Auf einer grundlegenden Ebene wollen wir ungesunden Streß in unserem Leben haben, damit kein Wandel stattfinden kann; diese Tatsache können wir nur schwer akzeptieren. Viele Menschen können nur mit einem hohen Streßpegel leben, weil sie innerlich kaum motiviert sind. Wir haben Angst davor, ganz lebendig zu sein und die Verantwortung für uns selbst zu übernehmen; deshalb brauchen wir äußeren Druck, der dann verinnerlicht wird und uns durch unser Leben treibt, wie ein müder Gaul, auf den man immer wieder einschlagen muß, damit er weiterarbeitet. Auf einer tieferen Ebene ist Streß die Ausrede dafür, daß wir nicht in Frieden leben können. Oft bekomme ich zu hören, daß das Leben ein Kampf ist. Aber eigentlich ist nicht das Leben der Kampf, sondern unsere Einstellungen, Überzeugungen und Streßfaktoren; sie schaffen das für Streß und Kampf nötige Umfeld. Ohne diesen Kampf müßten wir uns mit unserer Gesundheit, Spontaneität, Verantwortung und Liebe beschäftigen, und davor haben wir große Angst.

Kapitel X
Wandlungsspielchen

Tips und Tricks für Wandlungsmuffel

Nach der Lektüre der Kapitel über Möglichkeiten und Grenzen des Wandels mag mancher meiner Leser entschlossen sein, sich nicht zu verändern. Aus der Ganzheitsperspektive heraus sollten auch diese Leser nicht ganz ausgeschlossen werden. Deshalb sei es erlaubt, ein paar allgemeine Ausführungen darüber anzufügen und Tips zu geben, wie man gesunden Wandel umgehen kann. Ich muß an dieser Stelle an eine Klientin denken, die mir im Spaß sagte, daß meine Workshops immer ganz nützlich wären, um von anderen Teilnehmern viele neue Ausreden zu lernen. Daher an dieser Stelle ein paar Tips, Tricks und Ideen, die dem Leser bei seinem Kampf gegen den Wandel ganz hilfreich sein könnten. Kampf deshalb, weil wir alle inzwischen wissen, wieviel Mühe es kostet, trotz der massiven politischen, sozialen und persönlichen Wandlungsprozesse um uns herum weiterhin festzusitzen und den Wandel abzulehnen.

Die beste Möglichkeit, sich nicht zu verändern, ist mit dem Atmen aufzuhören, da mit der Atmung der Körper energetisch aufgeladen wird. Das ist natürlich gar nicht so einfach, wenn man dabei trotzdem körperlich am Leben bleiben will. Der Trick besteht darin, so wenig wie möglich zu atmen, so daß man zwar weiterhin existiert, aber nicht genug Energie hat, um etwas zu fühlen, geschweige denn so richtig lebendig zu sein. Lebendigsein ist ohnehin nur schwer unter Kontrolle bringen, aber wenn alle Gefühle zurückgehalten werden, könnte es klappen. Irgendwann mögen dann die Emotionen gar nicht mehr nach außen kommen, und das Problem scheint gelöst zu sein – auf einer Ebene. Da Emotionen auch Energiebewegungen sind, muß die Energie sich einen anderen Weg suchen; sie wird sich nicht einfach in Luft auflösen. Sie fließt dann wahrscheinlich in irgendeine neurotische ›Macke‹ oder einen psychosomatischen Prozeß. Aber das braucht uns hier noch nicht zu beunruhigen, damit kann man sich herumschlagen, wenn es soweit ist. Manche Krankheiten können zwar nur äußerst schwierig behandelt werden, aber es wird schon einen Ausweg geben. Zur Not gibt es ja immer noch Wunderheiler. Summa summarum gilt: Es ist ganz wichtig, daß nichts im Leben wirklich wichtig und sinnvoll wird, sonst könnte man Gefühle entwickeln, die sich dann als starke Emotionen äußern, die man fühlen kann. Der ganze Kontrollmechanismus wäre dann außer Kraft gesetzt, und das wollen Wandlungsmuffel ja nicht.

Die sichere Überzeugung, daß nichts im Leben in Beziehung zu etwas anderem steht, ist der Schlüssel, wenn man Sinn vermeiden will. Besser immer alles schön voneinander trennen und die Unterschiede hervorheben; Gemeinsamkeiten oder Ähnlichkeiten sollte man tunlichst ignorieren, sonst besteht die Gefahr, daß Verbindungen geschaffen werden, und das ist ja nicht erwünscht, oder?

Also: Immer die speziellen Gelegenheiten in den Vordergrund stellen, die sich vom Alltag abheben, sie werden dann zu etwas Besonderem, und man kann sich sein ganzes Leben darauf freuen: Geburtstage, Jubiläen, Feste etc.; die anderen Tage kann man dann vergessen. Auf keinen Fall darüber nachdenken, was eigentlich gerade an diesen Tagen so Besonderes ist, das könnte unser Weltbild zum Einsturz bringen und die Weltwirtschaft gefährden, da sie in vielen Ländern gut daran verdient, daß kaum jemand sich über diesen Punkt klar ist. Warum nicht einmal den 23. Dezember oder den Tag der Empfängis feiern? Warum sind diese Tage weniger wichtig als der 25. Dezember oder der Geburtstag? Diese Frage sollte man sich besser nicht stellen, sonste würde man nämlich darauf kommen, daß man diese Tage nur deshalb aus dem Alltag heraushebt und isoliert, weil man das eben so macht. Wer aus den ›besten Jahren‹ heraus ist, sollte unbedingt in Erinnerungen an die ›gute alte Zeit‹ schwelgen, um die Gegenwart nicht voll leben zu müssen und um dem Wandel aus dem Weg zu gehen. Man kann ja sein Alter dafür verantwortlich machen, daß es mit dem Wandel nicht mehr so richtig klappt. Als Kind wußte man einfach nicht Bescheid; als Jugendlicher war man zu sehr mit anderen Dingen beschäftigt; als Erwachsener mußte man seinen Verpflichtungen nachgehen, und im Alter ist es dann zu spät, um noch etwas zu ändern. Jede Altersgruppe hat also ihre eigenen Ausreden, und die sollten weidlich genutzt werden!

Für berufstätige Wandlungsmuffel gilt: Immer die Arbeitszeit klar von der Freizeit abgenzen! Auf keinen Fall auf gute Art und Weise kombinieren, sonst müßte man die ganze Zeit voll da sein und könnte sogar die erfreuliche Erfahrung machen, daß zwei sehr wesentliche Bereiche des Lebens zusammenkommen und man gar zu energiegeladen wäre, worauf man ja nicht scharf ist.

Die nächste Grundregel lautet: nie zu lange bei etwas verweilen, auch nicht emotional; es bestünde die große Gefahr, daß sich Gefühle bemerkbar machten. Immer wieder umziehen ist ein gutes Mittel, nicht vom echten Wandel eingeholt zu werden. Die Kunst des Lebens besteht darin, auf einer Energieebene zu leben, wo kein echter Wandel stattfindet, wo man aber genau den Eindruck erwecken kann, daß man permanent im Wandel begriffen ist. Wer Gefahr läuft, seine Konzentration auf etwas Bestimmtes zu lenken, sollte sich sofort mit etwas anderem beschäftigen, um von diesem ›Brennpunkt‹ abzulenken. Um die Illusion von Wandel aufrechtzuerhalten, ist es nützlich, oberflächliche und hastige Veränderungen zuzulassen, so daß niemand nachkommt. Hier ist Schnelligkeit angesagt.

Die kleinen Nebensächlichkeiten des Lebens sind hervorragend dazu geeignet, zu verhinden, daß etwas wirklich wichtig wird. Wenn man sich über das Wetter Gedanken macht oder den Ehekrach der Nachbarn interessiert mitverfolgt, braucht man sich nicht auf sein eigenes Leben zu konzentrieren. Ein Sündenbock für all die schlimmen Sachen, die einem so zustoßen, und für die weltpolitischen Probleme ist immer nützlich. Wozu gibt es die Subkulturen, für die persönliches und soziales Wachstum noch Werte darstellen und die Wandel ernst nehmen? Diese Leute glauben tatsächlich, daß die Erde noch gerettet werden kann, was natürlich Unsinn ist. Nichts kann sich wirklich ändern, wozu sich also überhaupt die Mühe machen? Und falls es doch einmal passiert, daß wirklich niemand schuld ist, dann war es eben einfach Pech, dafür kann man ja wirklich nichts. Das Leben ist nun einmal hart, und Lust, Spaß und Freude sind Fremdwörter, die nur von Hedonisten und verantwortungslosen Leuten benutzt werden; zu dieser Sorte Menschen gehört man ja nicht, und deshalb kann man gut darauf verzichten. Lebenslust stürzt die zerbrechliche Ordnung des Lebens nur ins Chaos; diese Ordnung erfordert unermüdliche Anstrengung, dabei kann man keine Unterbrechung gebrauchen.

Das Leben darf nicht zum Vergnügen werden, wer würde sonst noch durchblicken?

Überschüssige Energie ist nicht ratsam, da sie sich gerne als Wandel oder Lebenslust äußert. Deshalb sollte man immer beschäftigt sein und am besten keine Energie-Gestalt zu Ende führen. Ja nicht aufräumen oder Versprechen halten! Dies hilft, Energie in unfertigen Prozessen zu binden. Da jede Gestalt aber immer nach Vervollständigung sucht, muß man aufpassen, damit dies auch ja nicht passiert. Unvollständige Gestalten sind eine Garantie dafür, daß für neue Projekte, Beziehungen oder Wandlungsprozesse keine Energie zur Verfügung steht. Deshalb ist das Festhalten an alten Erfahrungen und Gefühlen eine gute Methode, neue Beziehungen zu verhindern; sie würden nur die Energiekassette stören. Immer darauf achten, daß die Zukunft nur eine Wiederholung der Vergangenheit ist, damit gesunder Wandel keine Chance hat!

Es ist ganz nützlich, sich ein paar Regeln aufzustellen, die jede spontane Erfahrung verhindern, denn Spontaneität kann sehr gefährlich werden. Man sollte sich immer an die Traditionen halten, die besagen, daß es nicht gut ist, wirklich etwas darzustellen und aus der Menge herauszuragen. Bescheidenheit ist schließlich eine Zier! Diese Überzeugung wurde mit viel Mühe in unserer Kultur verankert, und deshalb wäre es unverschämt, sie einfach zu ignorieren, nur weil wir uns gut fühlen wollen. Wo kämen wir hin, wenn jeder nur sein Vergnügen im Sinn hätte?

Leuten, die uns mit Ideen über Wandel und persönliche Entwicklung kommen, sollten wir gar nicht erst zuhören. Sie haben wahrscheinlich nicht unseren Durchblick. Schließlich weiß jeder selbst am besten, was für ihn gut ist. Und falls man doch mal etwas von jemand anderem gelernt hat, was eigenlich sehr unwahrscheinlich ist, sollte man immer sagen, daß es auf dem eigenen Mist gewachsen ist.

Eine andere Empfehlung lautet: Nie ganz das machen, was wichtige Beziehungspersonen anregen, man könnte sonst zu viel Erfolg haben und vielleicht sogar davon abhängig werden. Am besten jeden Anflug von Wandel sabotieren, damit man immer wieder bei Null anfangen kann. An Gruppen sollte man aber zwischendurch immer wieder einmal teilnehmen, um Kontakte zu pflegen. Es geht zwar auf den Geist, wenn man sieht, wie viel sie einander bedeuten, aber Dabeisein ist alles! Für altgediente Gruppenmitglieder gilt: Neue Teilnehmer ja nicht auf bestimmte Fehlverhalten ansprechen. Sonst könnten sie etwas lernen, über Unabhängigkeit und Bewußtheit beispielsweise. Sollen die sich doch auch alleine damit herumschlagen! Und wenn wir sie aus Versehen doch konfrontieren, sollten wir dafür sorgen, daß sie sich wie der letzte Dreck fühlen, und uns dabei immer auf jemand anderen berufen: »Der Gruppenleiter hat gesagt...«. Sie sind schließlich noch neu und haben vielleicht wirklich noch ein bißchen Interesse an gesundem Wandel, und das kann man wunderbar zunichte machen, indem man sie so weit wie möglich aus dem engeren Kreis ausschließt. Dann fühlen sie sich früher oder später zurückgewiesen, und unsere Chancen, den Gruppenleiter ganz für uns zu haben, steigen. Irgendwann kommt dann auch er zu dem Schluß, daß wir unersetzbar sind. Vielleicht heiratet er/sie uns dann sogar!

Um ganz sicherzugehen, sollte man für Notfälle immer etwas am Gruppenleiter auszusetzen haben. Nobody's perfect, ausgenommen die eigene Wenigkeit, der Retter der Menschheit. Man sollte die Fehler des Bosses ausnutzen und jede Chance ergreifen, sie ihm unter die Nase zu halten, damit er sieht, wie stark und mächtig man ist. Es ist auch äußerst wichtig, sich nicht auf seine eigene Entwicklung zu konzentrieren, da man sonst einsehen müßte, daß man nicht das bekommt, was man möchte. Fällt einem dann zufällig doch einmal eine Kleinigkeit auf, z.B. der Wunsch zu sterben, gibt das eine gute Story für die nächste Cocktailparty. Überhaupt sollte jede Konversation leicht und oberflächlich dahinplätschern, damit sich niemand belästigt fühlt.

Doch auch mit einer klaren Vorstellung davon, wie Wandel umgangen werden kann, ist das Problem des Wachstums noch nicht aus der Welt geschafft, im Gegenteil! Das Verteufelte an der Sache ist, daß der Wandel bereits eingesetzt hat, wenn man kompromißlos zu seiner Wandlungsverweigerung steht. Denn das bedeutet, daß man für eine Überzeugung gerade steht, wozu man vorher ja nicht in der Lage war. Oft wechselt die Lebensenergie ihre Polarität: Akzeptieren wir, daß wir keinen Wandel wollen, taucht als andere Polarität der Wunsch nach Wandel auf. Dies ist die Arbeitsweise der Lebensenergie auf niedrigeren Ebenen, um gesunden Wandel zu erhalten. Man fängt an aufzuzählen, was man alles nicht möchte, und schließlich hat man es satt, immer gegen alles und jedes zu sein und kommt immer mehr an den Punkt, seine Wünsche zu äußern, sich zu ändern – VORSICHT! Damit dieser Ausbruch auf Sparflamme gehalten werden kann, führe ich im folgenden ein paar spezielle Spielchen auf, mit deren Hilfe Wandel erfolgreich vermieden werden kann. Denn ob man will oder nicht, die Gefahr, daß man im Wandel steckt, ist immer gegeben!

Spezielle Wandlungsspielchen

Es gehört schon Köpfchen dazu, wenn man den Wandel vermeiden will, und so haben wir im Kampf gegen die Ganzheit raffinierte Strategien entwickelt, die ich »Wandlungs-Spielchen« getauft habe. Trotz gewisser Ähnlichkeiten haben sie weniger mit den aus der Transaktionsanalyse bekannten Beziehungsspielen zu tun, sondern sind vielmehr dazu da, den Energieschub, den natürlicher Wandel verursacht, zu kontrollieren. Aus bestimmten Gründen wollen wir den Fluß der Lebensenergie beherrschen.

Jedem dieser Spielchen liegt ein sogenanntes *Theater des Abstiegs* oder *Theater des Aufstiegs* zugrunde (siehe Abb. 46). Das Theater des Abstiegs ist die Gesamtsumme all der kleinen und großen Dramen, mit denen wir uns klein machen und betrügen, wodurch unser Entwicklungspotential minimiert wird. Wir verhindern dadurch, daß wir zu groß und zu stark werden. Wir manipulieren unsere Ganzheit in eine psychologische oder spirituelle Krankheit hinein und verhindern dadurch weitere Entwicklung und Egotransformation. Das Theater des Aufstiegs dagegen ist die Palette der Dramen, mit denen wir uns erfolgreich daran hindern, unsere essentielle Natur zu leben, z.B. unsere Gefühle, unsere animalische Seite oder unsere angeborene Sinnlichkeit. Wir sind den lieben langen Tag mit kleinen ›Hochs‹ beschäftigt, was uns von der involutionären Auseinandersetzung mit Themen wie Leben und Tod, Alleinsein oder innere Leere abhält. Das Theater des Aufstiegs ist eine Vorstellung, die uns davon abhält, die physische und emotionale Realität zu akzeptieren. Wir machen uns beispielsweise vor, daß alles bestens läuft oder geraten auf den Helfer-Trip, um nicht zugeben zu müssen, daß wir selbst Hilfe benötigen. Solche Wandlungsspielchen erschweren jede Suche nach Involution oder Evolution, weil sie uns an die altbekannten Muster binden.

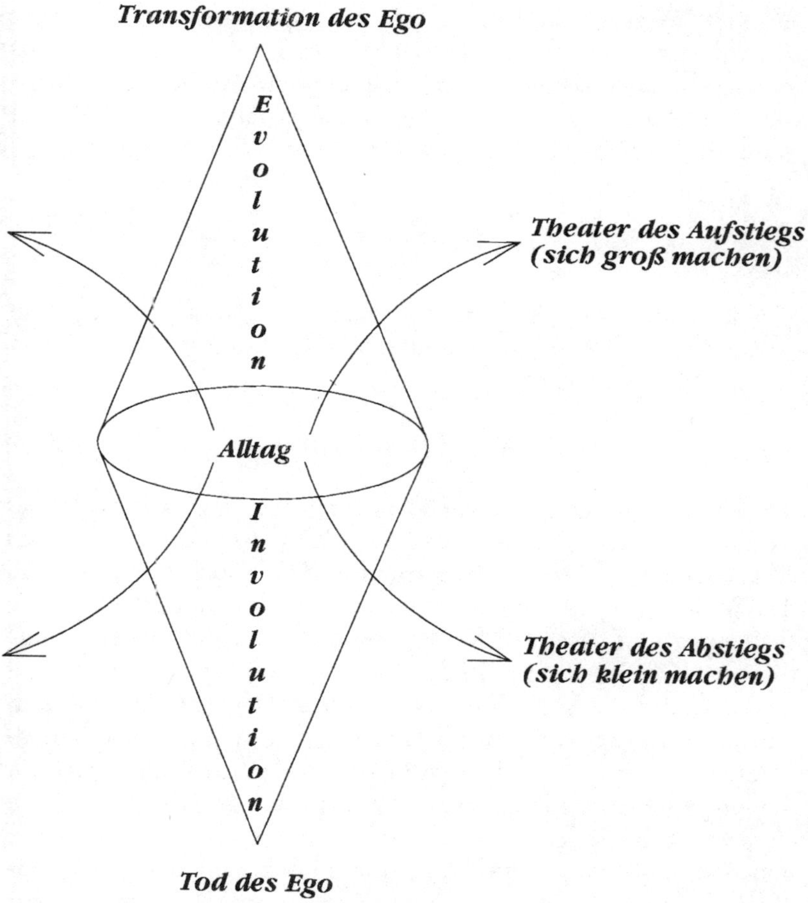

Abb. 46: *Diagramm: Theater des Abstiegs/Aufstiegs*

Viele dieser Spielchen haben uns geholfen, als Kind in einem für uns schwierigen emotionalem Klima zu überleben; oft waren sie die einzige Möglichkeit für uns, eine Art Schein-Ganzheit zu bewahren. Man sollte diese Spielchen näher anschauen, um herauszubekommen, ob sie immer noch hilfreich oder notwendig sind. Auch wenn dies in der Vergangenheit der Fall war, heißt das noch lange nicht, daß es auch heute noch gilt. Welche Grundbedürfnisse stecken dahinter? Es gibt zahllose Variationen dieser Spielchen, nach dem Motto: Wo ein Wille ist, ist auch ein Weg. Will man

Wandel umgehen, hat man in ihnen ein wirkungsvolles Werkzeug. Im folgenden werden einige der interessantesten Spielchen aus meiner therapeutischen Praxis geschildert; sie sind in vier Kategorien unterteilt: psychologische, Gesellschafts-, Prozeß- und pseudo-spirituelle Spielchen.

Psychologische Spielchen

Bei den psychologischen Spielchen handelt es sich in der Regel um persönliche ›Methoden‹, gesunden Wandel zu umgehen.

Weiss ich nicht

Dies ist eines der grundlegenden Spielchen. Es basiert auf der Annahme, daß Nicht-Wissen vor der Verantwortung für das Vermeiden von Wandel schützt und es damit auch keinen Grund für Wandel gibt. Mit diesem Spielchen wird jedem Suchen, das zu Verstehen und Wandel führen könnte, schnellstens ein Ende bereitet. Der Vorhang fällt, das Licht des Verstehens wird ausgeblendet, und die Vorstellung ist zu Ende. Das Schöne an diesem Spielchen ist, daß man gar nicht merkt, daß man es spielt. Therapeuten und andere hilfsbereite Leute werden oft in das Spiel mit hineingezogen, weil sie glauben, man würde wirklich keinen Ausweg mehr finden. Doch je mehr sie helfen wollen, desto tiefer fallen sie in dieses psychische schwarze Loch. Und manche Therapeuten glauben auch noch, wir hätten keine Kraft mehr! Wir machen uns nicht die Mühe, die Antwort auf eine wichtige Lebensfrage zu finden, sondern gehen einfach davon aus, daß wir sie nicht wissen, basta. Wir sollten unbedingt herausfinden, an welchem Punkt wir auf einmal ›nichts wissen‹ und von uns selbst weggehen. Es geschieht immer nur dann, wenn wir wirklich an einem entscheidenden Punkt angelangt sind, der unser Leben ändern würde. Plötzlich wissen wir nicht mehr weiter; wir hören auf einmal schlecht, und die Augen sind auch nicht die besten. Wenn wir unsere ganze Aufmerksamkeit auf ein ehrliches Erforschen dieses Prozesses richten, lenken wir auch Energie an diesen Punkt, und uns wird buchstäblich ganz heiß. Manche fangen sogar stark zu schwitzen an. Wir haben nicht nur Angst vor dem, was wir entdecken könnten, sondern fürchten uns auch davor, unsere Geheimnisse zu verlieren. Man glaubt oft, daß das Leben ohne ein verborgenes Drama langweilig wird, und deshalb behalten wir ein paar Probleme, damit das Leben interessant bleibt.

Manchmal bitte ich die Personen, die dieses Spielchen spielen, sich vorzustellen, sie würden einen engen Freund, der die Lösung weiß, um die Antwort bitten. Wenn wir unseren inneren Freund annehmen können, kommen wir auch aus der Sackgasse heraus.

Verwirrung

Dieses Spielchen ist dem ›Weiß ich nicht-Spielchen‹ verwandt; es ist oft ein guter Ersatz, wenn Nichts-Wissen nichts mehr nützt. Eins von beiden werden unsere Freunde oder der Therapeut schon akzeptieren. Verwirrung erweckt den Eindruck, wir wüßten die Antwort sehr wohl, wenn nur nicht die vielen Möglichkeiten wären! Dieses Verwirrtsein lockt viele Helfer an, weil jeder außer der Hauptperson die Antwort sieht. Jeder Helfer fügt dem großen Haufen von Möglichkeiten noch seinen eigenen Vorschlag hinzu, und die Verwirrung ist perfekt. Der Trick dabei ist, daß man nach Klarheit Ausschau hält, sie aber eigentlich gar nicht will. Klarheit ist ein natürlicher Prozeß, wenn man einfach der Bewegung des Wandels folgt – aber genau dieser Wandel ist ja nicht erwünscht. Neinsagen zum Wandel will man allerdings auch nicht, und so erledigt das die Verwirrung indirekt für uns. Jegliche Klarheit würde uns die Möglichkeit geben, zu wachsen und vorwärtszugehen, so wie man einen Fuß vor den anderen setzt. Verwirrtsein schafft aber alles andere als Klarheit, und so kann der Schritt hinein in den gesunden Wandel auch nicht getan werden.

Ich will es ja versuchen

Dies ist ein weiteres nützliches Spielchen und sieht ungefähr so aus: Oberflächlich betrachtet wollen wir den Wandel. Wir reden ständig darüber und machen sogar eine Therapie. Im tiefsten Inneren machen wir damit aber jeglichen Wandel zunichte – wir hätten uns längst geändert, und es würde nicht beim Versuchen bleiben! Und wer es einmal geschafft hat, wird es auch wieder tun etc. Das würde das Ende unserer Welt voll Mühe und Arbeit bedeuten, die uns ständig auf Trab hält. Versuche liefern keine sichtbaren Ergebnisse, die beurteilt werden könnten, und deshalb sind sie ganz nützlich, wenn man Angst vor dem Erfolg hat. In der Welt der Energie und des Wandels gibt es nur ein Entweder-Oder: Entweder man tut etwas oder nicht; entweder man möchte etwas oder nicht. Etwas wie ›beinahe tun‹ oder ›beinahe wollen‹ gibt es nicht.

Treibsand

Das ›Treibsand-Spielchen‹ ist eine weitere Variante. Treibsand-Spieler sind Fatalisten, die davon überzeugt sind, daß alles nur noch schlimmer wird. Dieses Spielchen gründet sich auf zwei wichtige Axiome, die als ›bewiesen‹ gelten: 1. Du weißt, daß sowieso nichts gut gehen wird, egal, was du anfängst. 2. Wenn du dumm genug bist, es trotzdem zu probieren, etwas zu verändern, wird dein Leben bald voller Chaos und Probleme sein. Es gibt ein physikalisches Gesetz, der zweite Hauptsatz der Thermodynamik, der besagt, daß Entropie die Tendenz zu größerer Unordnung und Trägheit beschreibt. Wenn der ganzen Welt schlechte Zeiten bevorstehen, ist es wohl unsinnig, sich als Einzelperson dieser kosmischen Tendenz entgegenzustellen. Das eigene Leben ist ein Paradebeispiel dafür, wie schnell Entropie stattfindet.

Das Treibsand-Spielchen entsteht meist aus der hoffnungslosen Überzeugung, daß die eigenen Bedürfnisse niemals erfüllt werden können. Als Kind haben wir vielleicht immerzu nach den Eltern geschrien, dies wurde aber immer überhört oder nicht angenommen. Vielleicht waren wir einmal im Krankenhaus, die Eltern waren nicht da, und wir haben uns verlassen gefühlt. Oder unsere emotionalen Bedürfnisse wurden nicht gestillt. Die Erfahrung, vergeblich auf die Eltern zu warten, weil z.B. die Ärzte im Krankenhaus den versprochenen Besuch nicht zuließen, wirkt sich besonders schädlich aus. Wenn das Vertrauen eines Kindes zerstört wird, hat seine Welt jede Stabilität verloren.

Kein Ausweg

Dies ist eine weitere, eher existentielle Reaktion, nach dem Motto: Egal was man tut, es gibt sowieso keinen Ausweg aus dem Schlamassel. Ist man sich dieses Dilemmas bewußt, wird alles zum Kampf. Wenn man nicht kämpfen würde, hätte man überhaupt keine Chance. So gibt es wenigsten einen Hoffnungsschimmer, daß sich doch noch etwas ändern könnte. Aus jeder Situation wird ein Kampf gemacht. Das Auto vor uns hat uns natürlich absichtlich geschnitten, um unsere Überlebensfähigkeit auf die Probe zu stellen. Verteidigen wir uns nicht, könnten wir von der ganzen Welt ausgenutzt werden. Wer dieses Spielchen spielt, kämpft immerzu um sein Recht oder das Recht der anderen, auch wenn es gar nicht abgestritten wird. Man sieht einen Kampf auch dort, wo es keinen gibt. Manche dieser Menschen sammeln Energie, um sie wie eine Zeitbombe bei passender Gelegenheit explodieren zu lassen, wodurch die ganze festgehaltene Energie freigesetzt wird. Und bleibt die Explosion einmal aus, wird eben eine geschaffen, nur so zum Spaß. Nicht selten leiden diese Menschen unter hohem Blutdruck. Hinter dieser Neigung zu Überreaktionen steckt die Weigerung zu erkennen, daß man auf einer bestimmten Ebene den Überlebenskampf verloren hat, sei es, weil die Eltern dem kleinen Kind den Willen gebrochen haben oder aufgrund eines Geburtstraumas. Irgendwie weiß man um diese Todeserfahrungen, aber man hat Angst davor, es zuzugeben, und kämpft deshalb immer weiter. Vielleicht ist man als Kind emotional gestorben, weil man mit der schmerzhaften Erfahrung, nicht geliebt zu werden oder keinen eigenen Freiraum zu haben, nicht umgehen konnte. Die einzige Lösung schien die Trennung – der Körper wuchs weiter, aber die emotionale Seite entwickelte sich nicht mehr. Gibt man den Kampf auf, werden all diese Emotionen wieder lebendig und spürbar, und man muß erneut erkennen, wie hilflos man früher war.

Eine halbe Portion ist auch genug

Hinter diesem Spielchen steht die Philosophie, daß ein bißchen besser als gar nichts ist. Das stimmt leider nicht immer. So eine ›Halb-Existenz‹ sieht folgendermaßen aus: Man merkt, daß man hungrig ist (Bedürfnisse hat), und mit einer halben Portion (also teilweise Bedürfnisbefriedigung) verhungert man wenigstens nicht. Das ist wohl wahr. Wenn dieses Denken jedoch zum Lebensstil wird (und das werden alle Prozesse, die zur Gewohnheit werden), bekommt man irgendwann immer nur einen Teil von dem, was man wirklich zur Ganzheit und Erfüllung braucht. Nach einer Weile ist man überzeugt, man verdient nicht mehr als dieses Bißchen. Man kämpft nicht mehr um das, was man braucht, sondern nimmt einfach, was man bekommt. Oft gehört dazu die Wunschvorstellung, daß sich alles von allein ändern wird. Stimmt das wirklich?

Zu meinen, daß uns jemand anderes ernährt, ist eine Illusion. Ein Kind glaubt das natürlich, aber wir sind den Kinderschuhen entwachsen. Die Welt schuldet uns gar nichts. Wenn wir etwas wollen, müssen wir etwas unternehmen. Wenn wir uns mit weniger zufriedengeben, als wir tatsächlich brauchen, erweisen wir uns damit ganz bestimmt einen schlechten Dienst.

Festhalten

Alle Wandlungsspielchen sollen uns ein bestimmtes Maß an Schutz geben, den wir anscheinend brauchen. Beim ›Festhalten‹ konzentrieren wir uns besonders auf den Konflikt zwischen Loslassen und den Schutz behalten. Wir glauben, daß durch das innere Loslassen und unkontrollierte Einlassen auf den Wandlungsprozeß unser ›Selbst‹ verloren geht. Die eigentliche Frage lautet: Was ist dieses Selbst eigentlich, das wir verlieren könnten? Ist es nur ein Bild, unsere Vorstellung von dem, was wir sind? Ist es die Persönlichkeit, die wir der Welt präsentieren? Für echten Wandel müßte dieses gesellschaftliche Image und die Persönlichkeit transformiert werden. Man wäre vielleicht nur noch bestimmten Leuten gegenüber offen, diese Offenheit wäre dafür aber echt. Man müßte auch klarer seinen Ärger zum Ausdruck bringen. Es wären also zwar einige Veränderungen nötig, aber wir wären immer noch wir selbst, sogar mehr als vorher. Das spirituelle Selbst geht nie verloren, es ist immer da. Es ist das einzig Permanente im Leben, der einzige Weg zu echter Sicherheit. Wir haben soviel Angst davor, unser Selbst zu verlieren, doch was wäre, wenn wir es dann erst wirklich finden würden? Wenn Loslassen nicht nur ein guter, sondern der einzige

Weg zum echten Selbst ist, ist alles Festhalten kein Schutz vor dem Verlust des Selbst, sondern ein Spielchen, um es gar nicht erst zu finden. Was wären die Konsequenzen? Wir müßten uns an nichts mehr klammern, weil wir die Sinnlosigkeit dieses Tuns einsähen. Und letztendlich würden wir alles bekommen, was wir brauchen, auch Liebe; brauchen wir dann überhaupt noch etwas anderes?

Nicht gut genug

Alle Wandlungsspielchen sind Methoden, uns selbst durch Ausreden klein zu machen. Die Ausrede ›nicht gut genug‹ ist ganz besonders nützlich, um der Angst vor dem neuen Job oder der Herausforderung einer Beförderung aus dem Weg zu gehen. Die beste Garantie dafür, nie gut genug zu sein, ist es, sich einzureden, daß man nicht gut genug ist. Damit soll niemand dazu verleiten werden, sich auf eine Sache zu stürzen, die seine Fähigkeiten ganz sicher übersteigt. Doch auf der anderen Seite stellt jeder neue Schritt, sei es im Beruf oder im Privatleben, eine neue Herausforderung dar, eine Chance zu wachsen. Der Hauptgrund für die Annahme, wir wären nicht gut genug, ist Leistungsangst.

Viele Menschen wurden nie im Leben um ihrer selbst willen akzeptiert; vielmehr wurden sie aufgrund ihrer quantitativen und qualitativen Leistungen beurteilt. Je weniger Verantwortung wir übernehmen, desto eher können wir uns dem Druck, gut genug zu sein, entziehen. Das Eigenurteil ›nicht gut genug‹ drückt auch indirekt die Wut auf diejenigen aus, die uns damals be- und verurteilten, anstatt uns einfach zu akzeptieren. Wir bringen nicht die unseren Fähigkeiten entsprechenden Leistungen und weisen dadurch die Erwartungen der anderen zurück. Aber leider verletzen wir uns dadurch auch selbst. Ist die Rache an den Eltern es wirklich wert, daß man sich sein ganzes Leben verdirbt? Befriedigung setzt oft Veränderungen voraus. Wie zufrieden wollen wir sein?

Tod auf Rädern

›Tod auf Rädern‹ - das hört sich an wie ein Kinofilm aus den 50er Jahren mit James Dean in der Hauptrolle; doch gemeint ist damit das Spielchen, mit dem wir unserem Wandlungspotential endgültig den Garaus machen. Bei dieser Variante lehnen wir jedes lebendige Gefühl, das uns noch mit der Ganzheit und gesundem Wandel verbindet, ab. Wir laufen mit einem undurchdringlichen ›Pokerface‹ oder, noch schlimmer, einem unbeweglichen ›Pokerbody‹ durchs Leben, damit niemand mitkriegt, ob wir noch am Leben sind. Wir ›rollen‹ durchs Leben, als ob uns das alles nichts anginge. Wir nehmen nichts allzu ernst – um ja nichts fühlen zu müssen. ›Tod auf Rädern‹ übertüncht eine tiefe schizoide Spaltung zwischen der realen Welt und dem emotionalen Leben. Oft mußten wir einen sehr empfindsamen Teil von uns verleugnen, der durch Mißbrauch oder Lächerlichmachen tief verletzt wurde. Da wir die Wut über diese Erniedrigung nicht herauslassen, müssen wir unsere Emotionen abtöten, um nicht Gefahr zu laufen, tatsächlich jemanden aus Wut zu töten.

Therapitis

Therapitis ist vor allem für die psychologisch Orientierten unter uns geeignet. Es fängt damit an, daß man eine Therapie macht, um grundlegenden Wandel zu vermeiden. Die Regeln für Therapitis-Interessierte sind einfach: Such dir einen Therapeuten, zu dem du kein Vertrauen hast, damit du nicht vertrauen mußt oder etwas über Vertrauen lernst. Wähle eine Therapiemethode, die das, was du bereits über dich weißt, unterstützt. Wenn Klient und Therapeut die gleichen Überzeugungen vertreten, kommt es mit Sicherheit nicht zur Konfrontation mit neuen, abweichenden Perspektiven. Entscheide dich für eine Therapieform, die deine Neurose noch verstärkt. Für jemanden, der seine Gefühle eh schon durch ›Verstehen‹ unter Kontrolle hält, ist eine Therapieform, die auf verstandesmäßiger Einsicht beruht, geeignet. Therapitis-Kenner halten sich an die Regel Nr. 1: Sobald man etwas versteht, muß man es nicht *fühlen*. Steckt man in einem solchen ›Wandlungsprozeß‹, wird Therapitis zu einem ernstzunehmenden Spiel, weil man vielleicht schon so viel in dieses Nicht-Wandeln investiert hat, daß man die Therapie braucht, um diese ›Gewohnheit‹ zu unterstützen. Doch zum Schluß ein kleines Trostpflaster: Man befindet sich in bester Gesellschaft!

Abhängigkeit

Im Wandlungsprozeß brauchen wir oft jemanden, der uns mit Rat und Tat zur Seite steht. Manche Menschen benützen diese Unterstützung jedoch als Krücke, um den Wandel zu unterbinden. ›Schau her, ich bin abhängig‹ ist ein solches Spiel.

Zu Beginn dieses Spielchens suchen wir uns eine Person X, die uns liebt bzw. gern hat und der wir zutrauen, daß sie für uns Dinge tut, vor denen wir selbst uns drücken, z.B. zu sich zu stehen oder etwas Neues zu lernen. Wir legen unser Schicksal in X's Hand, damit wir selbst nicht die Verantwortung dafür tragen müssen. Dieser Person erzählen wir dann, daß wir sie lieben. Diese ›Liebe‹ ist bestens dazu geeignet, jede Klarheit und Unabhängigkeitsgefühle zu verdecken. In der Liebe gibt man schließlich alles hin, auch sich selbst. Außerdem lieben wir uns selbst, wenn wir X lieben. Geben wir uns selbst auf in der Hingabe, müssen wir uns selbst auch wieder finden. X ist da sehr hilfsbereit. Aber leider ist X nicht immer hilfreich zur Stelle, und deshalb haben wir oft ein Gefühl der Verlorenheit und der Abhängigkeit.

Dieses Spiel hört sich kompliziert an, und es ist auch kompliziert. In Abhängigkeit zu leben verbraucht ungeheuer viel Energie. Jeder unabhängige Schritt in Richtung Wandel muß zurückgehalten werden, aber gleichzeitig ist man auf der Suche nach einer Krücke. Psychologische Abhängigkeit kann verglichen werden mit der *Hoffnung* darauf, daß ein Freund vorbeikommt und uns im Auto mitnimmt, ohne daß wir ihm gesagt haben, daß wir mitgenommen werden möchten, und die ganze Zeit steht unser eigenes Auto fahrbereit in der Auffahrt.

Abhängige Menschen sind Manipulierer; sie haben Angst vor dem Alleinsein, weil sie nicht genug Mut zur Ganzheit haben. Abhängigsein lenkt das Leben weg von direktem, klarem und verantwortungsbewußtem Verhalten.

Gesellschaftsspielchen

Auch die Gesellschaftsspielchen haben eine psychologische Komponente, der Schwerpunkt liegt jedoch im Austausch mit anderen.

Schau her, hier bin ich!

Dieses Spielchen will durch indirekte Zeichen Aufmerksamkeit verschaffen. Wer immerzu das Interesse auf sich selbst lenkt, verstärkt damit ein unzureichendes Selbstwertgefühl. Dann wird Aufmerksamkeit mit Liebe verwechselt. Jeder braucht Liebe, und fast jeder möchte wichtig genommen werden; beides sind grundlegende menschliche Eigenschaften. Die Frage ist allerdings, wie wir diese Liebe bekommen. Ein nach Aufmerksamkeit heischendes Verhalten wird uns nie die für uns nötige Liebe verschaffen, weil es indirekt ist. Während echte Liebe uns Raum und Möglichkeiten gibt, bindet uns Aufmerksamkeit an eine Abhängigkeit, die unseren Horizont einschränkt. Aufmerksamkeit kann man sich nur durch ganz bestimmte Verhaltensweisen verschaffen, also muß man sich wie ein Schauspieler genau darauf spezialisieren. ›Guck mal, hier bin ich‹ entsteht aus einem Mangel an Zuwendung in der frühen Kindheit. Wer als Kind nicht zärtlich berührt und beachtet wurde, fühlt sich später nicht akzeptiert. Ein Kind, das übersehen wird, glaubt, nicht zu existieren, also gar nicht lebendig zu sein. ›Schau her, hier bin ich‹ erbettelt eine Antwort auf die Frage: »Lebe ich? Bitte schenk mir Aufmerksamkeit und sage mir dadurch, daß ich da bin!« Doch Liebe bekommen wir durch dieses Spielchen gerade nicht. Echte Liebe würde dem Drama des Suchens nach Aufmerksamkeit ein Ende setzen. Wer seinen Wert als Person erkennt, muß nicht überall nach Bestätigung suchen. Letztendlich geht es darum, sich als ganzheitliches Wesen zu sehen, das Spaß am Wandel hat.

Tu doch was für mich

›Schau her, hier bin ich‹ ist die Suche nach Aufmerksamkeit bzw. Anerkennung, ›Tu doch was für mich‹ basiert auf Hilflosigkeit und Passivität und bringt andere dazu, aktiv zu werden. Dahinter steht unsere Unwilligkeit, in unserem eigenen Wandlungsprozeß ein wesentlicher Faktor zu sein. Immerzu warten wir auf jemand anderen, der auf unser Leben Einfluß nimmt. Im körperlichen Kontakt mit dem Partner lassen wir Liebe mit uns ›machen‹, als wären wir selbst gar nicht beteiligt. Diese Passivität ist eine Form von Machtausübung, wobei wir direkt oder ganz subtil die anderen dazu bringen wollen, uns in unserem Sinne zu beeinflussen. Ein solcher Mensch kommt oft in die Therapie und erwartet ohne eigenes Zutun Wunder oder ist sogar davon überzeugt, daß er das Recht auf eine bestimmte Behandlung hätte. Weil er aber so passiv ist, äußert er diese Forderung nicht direkt.

›Tu etwas für mich‹-Spieler sind sich ihrer eigenen Kapazitäten nicht sicher; sobald sie etwas Wichtiges unternehmen sollen, fühlen sie sich dazu nicht imstande. Sie stehen gern im Mittelpunkt der Aufmerksamkeit und können mit ihrem Charme gut andere für sich arbeiten lassen. Als Therapie-Klienten ergreifen sie in schwierigen Situationen nur höchst selten die Initiative für den ersten Schritt, da sie befürchten, ihren eigenen Erwartungen nicht gerecht werden zu können.

Du-Spielchen

Mit diesem Spielchen kann man die Aufmerksamkeit gut von seinem eigenen Leben ablenken und auf jemand anderen konzentrieren.

Hinter dem ›Du-Spielchen‹ steht die Idee, daß an unseren Entwicklungsproblemen immer andere die Schuld tragen und daß wir uns verändern, wenn wir uns auf ihre Schwierigkeiten mit uns konzentrieren. Dadurch wird der entsprechende Partner sehr wichtig. Man gibt fast seine ganze Stärke ab und verringert die Eigenverantwortlichkeit. Sich selbst zu erforschen erfordert die Bereitschaft, sich auch dann genau anzuschauen, wenn das Bild alles andere als angenehm ist. Genau davon hält uns das Du-Spielchen ab. Wir schauen praktisch immer nur unser ›Spiegelbild‹, das heißt den Partner, an, um uns selbst zu *spüren*. Dadurch erhalten wir zwar in der Außenwelt eine Art Reflektion von uns selbst, wodurch wir einen indirekten Kontakt mit uns selbst herstellen; das Du-Spielchen aber ersetzt dadurch die direkte

Erfahrung der Suche nach der Wahrheit in uns. Die relative Wahrheit eines anderen hilft beim Wachstum genauso wenig, wie ein Sex-Video uns die Liebe nahebringt.

Das Du-Spielchen wird gerne im Streit verwendet, um dem Partner den Spiegel vorzuhalten und ihm die Schuld für Probleme in die Schuhe zu schieben. Es ist immer der andere, der damit anfing, nicht lockerläßt und nicht aufhören will – und all das hat erstaunlicherweise mit uns selbst natürlich nicht das Geringste zu tun....

Du hast mir alles verdorben

Dies ist ein kollektives Spielchen, das uns hilft, die Aufmerksamkeit vom Wandlungsprozeß abzulenken. Die Regeln sind einfach: Immer wenn wir drauf und dran sind, uns zu verändern, sollten wir uns von anderen Leuten oder Umständen schnellstens ablenken lassen. Für die Könner unter uns ist die Welt voll von zuschlagenden Türen, unachtsamen Leuten und Mücken, die es auf uns abgesehen haben. Alles und jedes ist uns recht, um gesunden Wandel zu vermeiden. Den wollen wir ja eigentlich gar nicht, und deshalb suchen wir nach Ausreden. Wir sind für jede Störung dankbar, die unsere Kraft zerstreut und ablenkt. Wer dieses Spielchen spielt, braucht sich auf nichts mehr einzulassen, was Aufmerksamkeit und Konzentration erfordert. Da jeder gesunde Wandlungsprozeß ein gewisses Maß an konzentrierter Energie benötigt, wird gesunder Wandel praktisch unmöglich.

Plaudertasche

Dieses Spielchen ist äußerst beliebt. Wir wissen darüber Bescheid, was bei anderen Leuten los ist und tratschen darüber mit anderen. Dadurch gewinnen wir an Bedeutung. Wir reden uns über andere den Mund fusselig, um nicht in unseren eigenen Prozeß einsteigen zu müssen. Solche Plaudertaschen halten andere auf Distanz, weil sie über sich selbst nichts wirklich Wesentliches preisgeben. Angriff ist die beste Verteidigung, wenn uns jemand emotional zu nahe kommt. Das Plaudertaschen-Spielchen ist oft ein Ersatz für die beängstigende echte Nähe und Vertrautheit. Indem wir die neuesten Neuigkeiten über andere verbreiten, halten wir die Fäden in der Hand und schützen uns vor der Kraft unserer eigenen Gefühle. Frühe Erfahrungen mit dem Mißbrauch von Vertrautheit sind meist der Anlaß für dieses Spielchen, das nicht mit dem sinnvollen Austausch verwechselt werden sollte. Ein direkter Austausch ist gesund und manchmal auch notwendig, um angestauten Gefühlen Luft zu machen und von Freunden Hilfe zu bekommen.

Wie schrecklich!

Dieses Spielchen gibt uns die Möglichkeit, nach Herzenslust unserer Lieblingsbeschäftigung nachzugehen – uns zu beschweren, natürlich vor allem darüber, wie schwierig doch der Wandel ist. Wandlungsmuffel träumen immer schlecht. Dadurch können sie oberflächlichen Kontakt mit anderen herstellen, jedoch gleichzeitig Distanz halten und haben außerdem einen guten Grund, sich schlecht zu fühlen und die Verantwortung für ihren Wandlungsprozeß von sich zu weisen. Und das Beste daran ist: Sie bekommen eine Menge Aufmerksamkeit. Menschen, die sich ständig über irgendetwas beklagen, definieren sich so stark durch ihr Leiden, daß das Loslassen dieses Leidens einem totalen Zusammenbruch gleichkäme, weil sie dann nicht mehr wüßten, wer sie sind und wo ihr Platz ist. Das Entwickeln einer raffinierten Leidensform wird zur persönlichen Identität, die man nicht verlieren möchte.

Mit diesem Spielchen haben wir immer die Möglichkeit, Wandel als zu schwierig und zu schmerzhaft abzulehnen und dabei von allen Seiten Mitgefühl und Verständnis zu ernten, denn viele andere spielen das gleiche Spiel. Dies kann zu einer ›Jammer-Gesellschaft‹ ausarten, die kollektiv unter Wandlungsproblemen leidet. Verletztsein kann uns lebendig erhalten, weil wir den Schmerz fühlen können und so wenigstens wissen, daß wir noch leben. Aber leben wir dabei wirklich? Klagen und Leiden ist immer nur ein scheinbares Lebendigsein – ein komplizierter Prozeß zur Wandlungsvermeidung. Physisches Überleben heißt nicht unbedingt Lebendigsein. Denn Loslassen kommt oft einem Tod des Ego gleich.

Vorhang auf

Beim Theaterspielchen ›Vorhang auf‹ geben wir eine Vorstellung mit Haupt- und Nebenrollen, um das wirkliche Leben zu vermeiden. Das Leben wird zur Bühne, wo Emotionen Illusionen sind und Dialoge nur in einem Austausch von Worten bestehen. ›Theaterspieler‹ lassen sich auf peripheren Wandel und damit auf einen Kreislauf von neuen Erfahrungen und Situationen ein; eine spontane Wandlungsbewegung kann dabei allerdings nicht entstehen. Alle sogenannten Veränderungen sind Bühnenauftritte, die sie wie ein Zauberkünstler aus der Trickkiste hervorziehen, um die echte Konfrontation mit der Gegenwart und dem Leben zu vermeiden. Etliche ›Theaterspieler‹ haben dieses Spielchen zu ihrem Beruf gemacht und stehen tatsächlich auf der Bühne. Oft wird damit mangelndes Selbstvertrauen kaschiert. Die ewig jugendliche Leinwandschönheit oder der Sunnyboy sind nur Masken, hinter denen die bedrohliche Seite des Lebens verborgen bleibt. Wie auf der Bühne haben viele Menschen Angst, ihren Text zu vergessen – mal schlagfertig und komisch, mal tragisch und dramatisch. Dahinter steckt die Angst, einfach zu sein. Ich habe schon oft energetische Theater-Workshops, das sogenannte ›Theatro Energetico‹, geleitet, an denen auch manchmal echte Theaterleute teilnehmen. Dabei müssen sich die Teilnehmer u.a. vor und mitten in eine Gruppe stellen – ohne Text. Es ist immer wieder beeindruckend, wieviel dieser einfache Akt des Nur-Daseins auslösen kann.

Fersengeld geben

Bei diesem Spielchen werden die Schwächen anderer dazu benutzt, sie zu verletzen. Es ist ein Engpaß-Trick, mit dessen Hilfe wir es erfolgreich vermeiden, unsere eigenen Fehler und Schwächen anzuschauen. Damit auch ja niemand auf die Idee kommt, da einmal genauer hinzuschauen, gehen wir zum Angriff über. Der Gegner ist darauf oft gar nicht vorbereitet und wird zum Rückzug oder Gegenangriff gezwungen, wobei wir natürlich hoffen, daß dies nicht passiert, weil wir nicht die Kraft hätten, einen starken Gegner abzuwehren. Wir verlassen uns darauf, daß auch andere Leute Unsicherheit verspüren und drängen sie deshalb in die Defensive.

Hinter diesem Spielchen steckt eine große Portion Angst vor der Nähe und vor dem Versagen, beides Probleme aus der Grenzphase. Unsere eigenen Grenzen und Machtpositionen sind uns nicht klar, und deshalb fürchten wir uns davor, das bißchen Struktur, das wir haben, auch noch loszulassen. Aus Angst vor Verletzungen und Niederlagen gehen wir als erster zum Angriff über und geben dann Fersengeld. Das Grenzphasenproblem zum Engpaß-Spielchen.

Prozess-Spielchen

Prozeß-Spielchen werden hauptsächlich dazu benutzt, durch rigide Voraussetzungen den Wandlungsfluß zu beeinträchtigen und damit den Wandel so gering wie möglich zu halten. So wird durch die Kontrolle gesunder Wandel automatisch ungesund.

Noch nicht

Eine perfekte Möglichkeit, gesunden Wandel zu verhindern, ist die Suche nach der perfekten Gelegenheit dafür. Man braucht nur lange genug darauf zu warten: Es darf nicht zu warm, aber auch nicht zu kalt und schon gar nicht zu windig sein; ein Urlaub oder Vollmond sollte auch nicht gerade vor der Tür stehen. Im Klartext: Wenn man sich dem Wandel entziehen will, ist der richtige Zeitpunkt auch nie in Sicht. Oder anders ausgedrückt: Wer wandlungswillig ist, dem ist jeder Zeitpunkt recht, auch wenn er nicht ganz ideal ist. Aber das ist dem Wandel sowieso egal; er ist wie ein Riesenrad, das immer in Bewegung ist. Wir müssen nur irgendwann und irgendwo einsteigen, und das Wandlungsrad trägt uns mit sich, genau dahin, wo wir hin müssen. Es gibt weder den idealen Zeitpunkt noch die perfekte Wandlungssituation. Einige sind besser, andere weniger gut, doch wie soll man das vorher wissen? Natürlich könnte es sein, daß morgen oder nächste Woche die Bedingungen besser wären. Doch wie lange können wir darauf warten? Das Leben geht inzwischen einfach weiter, es wartet nicht auf uns. Wir sind entweder Teil unseres Fortschritts oder Teil unseres Rückschritts, aber wir bleiben nie dieselben; das können wir nicht, denn auch wir sind im Prozeß, ob wir wollen oder nicht.

Mir kam einmal die Geschichte von einem Mann zu Ohren, der unbedingt meditieren wollte. Aber leider war ihm kein Platz ruhig genug dafür. Auf seiner Suche verließ er sogar sein Heimatland und kam schließlich zu einem äußerst idyllischen Fleckchen Erde in Indien, hoch auf einem Berggipfel. Endlich hatte er seinen Idealplatz für eine tiefe Meditation – dachte er. Leider hatte er dabei übersehen, daß so hoch oben Geräusche sehr weit getragen werden. Und wie es der Teufel will: Auf dem Berg gegenüber stand ein Hindutempel, und der war alles andere als ruhig, wie das dort so üblich ist. Natürlich konnte von einer ›ruhigen‹ Meditation keine Rede mehr sein. Meditation ist ein Prozeß und das Sein in der Stille, unabhängig von der äußeren Umgebung. Ein ruhiger Platz kann am Anfang hilfreich sein, doch auch die Natur ist nicht immer so still, wie wir es gerne hätten. Wenn wir uns wirklich auf die Meditation einlassen und darin bleiben, entsteht Frieden. Wenn wir nicht erkennen, wie laut es in unserem Kopf zugeht, werden wir auch nie richtig meditieren können.

Fertig zum Einsteigen

Dies ist ein besonders erfolgversprechendes Spielchen für all diejenigen unter uns, die zwar angeblich Wandel wollen, aber eigentlich doch nicht bereit dazu sind und trotz all ihrer Behauptungen nie ›den Hintern hochkriegen‹. Sie verkünden zwar lauthals, daß sie »diesmal ganz bestimmt« dabei sind, in der Realität eines neuen Projekts oder einer schwierigen Situation bleibt davon aber nicht mehr viel übrig. In diesem Fall will zwar der Kopf, aber der Körper weigert sich – und schon ist die Spaltung da.

Danke, mir reicht's

Dieses Spiel wird von denjenigen gespielt, die zwar ernsthafte erste Schritte in Richtung Wandel unternehmen; aber sobald sich ihnen Schwierigkeiten in den Weg stellen, sagen sie: »Danke, mir reicht's!« und geben auf. Sie öffnen die Tür zum Wandel, doch wenn sie erkennen, was da so alles auf sie zukommt, machen sie sie schnell wieder zu. Für eine gewisse Zeit braucht gesunder Wandel offene Türen, um seine Wellen aussenden zu können. Durch das schnelle Öffnen und Zumachen brechen diese Wellen ganz schnell wieder zusammen. Ist man sich seiner Wünsche nicht sicher, kann eigentlich nicht wirklich etwas geschehen. Spielen auch wir dieses Spiel? Dann sollten wir diesen Vorgang einmal näher betrachten. Wird der Wandel wirklich zu viel oder entspricht er nur nicht unseren Erwartungen? Ist uns klar, daß Wandel uns viel weiterbringt, als wir eigentlich wollen? Geht unsere Kontrolle dabei flöten?. ›Danke-mir-reicht's‹-Spieler gehen zwar in ein Gefühl hinein, verfolgen es aber nicht bis zum Ende. Folglich sind sie irgendwie frustriert, was sie zum nächsten Wandlungsprozeß führt; doch die energetischen Gestalten werden nie zu einem richtigen Abschluß gebracht; solche Menschen sind nie ›satt‹ und immer auf der Suche. Sie sind neuen Ideen gegenüber aufgeschlossen, wollen sich jedoch nicht wirklich darauf einlassen. Mit anderen Worten: Der Wandel kann nicht ganzheitlich sein. Diese Menschen frustrieren sich selbst; sie haben Angst vor der Erfüllung ihrer Bedürfnisse, denn Zufriedenheit würde dem Drama ein Ende setzen.

Immer auf Achse

Der Trick bei diesem Spiel besteht darin, immerzu etwas zu verändern: ein neues Auto, ein neuer Job, ein neuer Partner, ein neuer Therapeut etc. Das sieht nach Wandel aus. Die Illusion des Wandels wird aufrecht erhalten, aber in Wirklichkeit wandeln sich nur oberflächliche Formen. Man läßt sich von seiner ersten Frau scheiden, nur um mit der nächsten das ›Gleiche in Grün‹ zu erleben, auch wenn sie einen anderen Namen oder eine andere Haarfarbe hat. Hinter solchen Geschichten steckt die Hoffnung, daß das Leben besser wird, wenn sich etwas ändert – egal was. Solch oberflächlicher Wandel gibt uns die Illusion von echtem Wandel. Doch in Wirklichkeit drehen unsere Räder im Schlamm durch, wir kommen nicht vorwärts, auch wenn es bisweilen so aussieht. Durch schnellen Wechsel wird das Leben zeitweilig wieder aufregend, und wir finden alles nicht mehr ganz so schrecklich. Diese kleinen Energie-Spritzen, die wir uns durch seichten, oberflächlichen Wandel verpassen, werden zum Lebensinhalt, und tiefere Wandlungsprozesse werden ausgeschlossen.

Hinter dem Immer-auf-Achse-Spielchen steckt die Angst, wir könnten irgendwo so lange bleiben, daß wir kapieren, was wirklich in unserem Leben passiert. Immer auf Achse zu sein vermittelt eine Illusion von Wandel ohne die Verantwortung für das, was wirklich ist. Oft fangen wir mit diesem Spielchen an, wenn wir etwas nur schwer verkraften können, den Tod eines Menschen oder das Ende einer großen Liebe. Der schnelle Szenenwechsel verhindert die Konfrontation mit diesen schwierigen Situationen.

Ciao

Ciao-Spieler haben eine äußerst kreative Methode zur Wandlungsvermeidung entwickelt: Sie geben der Energie die Schuld an allem. Zum Beispiel: Wir möchten gerne Gefühle oder Ideen haben, die den Wandel einleiten, aber just in dem Moment, wo wir bereit dazu sind, läßt uns unsere Kraft im Stich – eine gute Methode, sich verlassen zu fühlen. Doch stimmt das? Wie kann Energie, die immer da ist, genau in dem Augenblick verschwinden, wenn wir sie am nötigsten brauchen? Anscheinend weiß sie genau, wann sie zu verschwinden hat, nämlich z.B. dann, wenn wir eine Lohnerhöhung durchsetzen wollen, eine Auseinandersetzung mit einem Freund bevorsteht etc. Wäre es nicht ehrlicher, zu seiner Wandlungsunwilligkeit zu stehen, als immer neue Ausreden zu suchen?

Wenn wir uns an diesen kritischen Punkten selbst im Stich lassen, unterstützen wir unsere Verlassenheitsängste. Das Ciao-Energiemuster kann sich in der Kindheit entwickelt haben, als uns die Eltern mit unseren Schwierigkeiten alleine ließen, und jetzt machen wir das gleiche mit uns selbst. An diesem Punkt sollten wir uns nicht im Stich lassen, sondern dazu stehen, daß wir die Veränderung nicht wollen, und schon wären wir nicht mehr verlassen und könnten neues Vertrauen in unsere Kräfte schöpfen. Gesunder Wandel ist wie eine Pflanze, die täglich gegossen werden muß; ein kontinuierlicher Energiefluß ist unerläßlich; durch das Ciao-Spielchen wird diese Kontinuität unterbrochen, und deshalb fehlt auch die Grundlage für wirkliches Wachstum.

Technico

Viele Menschen suchen Hilfe von außen und behindern dadurch ihren Wandlungsprozeß. Technico-Spieler sind darin extrem bewandert. Sie halten immerzu nach der Idealmethode Ausschau, mit deren Hilfe sie ihre kreativen Energien freisetzen und gleichzeitig Gott finden können. Sie rennen von einer Technik zur anderen, aber das Ergebnis ist immer unbefriedigend. Jeder Versuch, ein Ideal zu finden, ist zum Scheitern verurteilt, denn sobald man es findet, ist es schon kein Ideal mehr. Und was noch wichtiger ist: Auch wenn eine bestimmte Technik die Tür zum Wandel öffnet, hindurchgehen müssen wir schon selber. Und letztendlich ist es nicht die Technik, die den Wandel behindert oder fördert, sondern einzig und allein wir selbst. Oft sind die einfachsten Techniken die effektivsten, denn sie stehen dem spirituellen Selbst, der Quelle allen Wandels, am nächsten. Die Frage des spirituellen Meisters Ramana Maharshi: »Wer bin ich?« zählt immer noch zu den einfachsten und tiefgreifendsten Fragen, die sich die Menschheit jemals gestellt hat.

Pseudo-spirituelle Spielchen

Die Anzahl der Pseudo-Spiritualisten, die angeblich auf dem spirituellen Weg sind und eine Menge über Transformation reden, ist beträchtlich. Sie machen zwar die vorgeschriebenen Übungen, scheinen sich aber nicht weiterzuentwickeln. Bei näherer Betrachtung stellt sich heraus, daß sie mit Hilfe genau dieser Übungen und Rituale echtem transformierendem Wandel aus dem Weg gehen. Sie lassen den Wandel nicht in sich arbeiten, sondern vermeiden jegliche Konfrontation, die nicht in ihre Vorstellung von einem spirituellen Leben paßt. Sie sind Umvolutionskünstler, die wahrer Entfaltung dadurch aus dem Weg gehen, daß sie wichtige evolutionäre Themen und Phasen einfach überspringen.

Auf der pseudo-sprituellen Ebene läßt sich gesunder Wandel auf vielerlei Art und Weise verhindern. Eine sehr erfolgversprechende Methode ist es, Spielchen mit spirituellen Namen und Ritualen zu erfinden, die genau das umgehen, was man angeblich sucht. Fast alle Suchenden sind Gefangene ihrer eigenen Suche, weil sie Angst davor haben, sie könnten tatsächlich etwas finden. Hat man den spirituellen Sinn seines Lebens gefunden, ist die Zeit der Suche vorbei! Was dann?

Da steh ich drüber

Dieses pseudo-spirituelle Spielchen ist eines von mehreren, die gut geeignet sind, echten spirituellen Fortschritt zu verhindern, wenn es gerade nicht paßt. Menschen, die dieses Spiel spielen, halten bestimmte Emotionen für minderwertiger als die sogenannten spirituellen Gefühle. Wut ist ein gutes Beispiel dafür. Sie wird als minderwertige, ›niedrige‹ Emotion dargestellt, die man besser nicht fühlt, geschweige denn zum Ausdruck bringt. Wenn diese Pseudo-Spiritualisten dann solche Gefühle empfinden, obwohl sie das nicht sollten, ist der Konflikt da. Sie streiten diese Emotionen dann einfach ab. Daß diese Menschen, die ›darüberstehen‹, dann von Geschwüren, Kolitis, schweren Hautkrankheiten oder sogar Krebs geplagt sind, ist kein Einzelfall. Zu mir kam einmal ein Mann, der regelmäßig Yoga praktizierte; er litt unter einer schweren Schuppenflechte. Es dauerte auch nicht lange, bis wir die Wurzel des Übels entdeckten: Er hatte eine Stinkwut auf seine gluckenhafte, überängstliche Mutter. In einer Sitzung kamen wir an diese Wut heran, und er konnte sie auch gut zum Ausdruck bringen. Schon eine Woche später hatte sich sein Zustand erheblich gebessert; dennoch wollte er die Therapie abbrechen, und zwar, weil er angeblich gar nicht richtig wütend und einfach nicht darauf vorbereitet gewesen war. Was er damit eigentlich sagte, war: »Ich will lieber meine Krankheit behalten als zu meiner Wut stehen«. Echte Spiritualität dagegen schiebt keinen Prozeß beiseite und maßt sich kein Urteil an, welcher hochwertig, welcher minderwertig ist. Wir sollten eigentlich froh darüber sein, daß wir durch den direkt sichtbaren Zusammenhang zwischen Emotionen und Krankheit die Chance haben, noch tiefer in den Wachstumsprozeß einzusteigen.

Da-steh-ich-drüber ist nicht zu verwechseln mit echtem transzendenten Bewußtsein, das viele Alltagssituationen erleichtert und weniger frustrierend als früher macht. Transzendentes Erforschen geht nicht über das Problem hinaus, sondern in das Problem hinein, und ermöglicht damit eine Bewußtseinsveränderung. Kein Gefühl wird geleugnet oder in seiner Bedeutung reduziert; man erfährt vielmehr seine tiefere Natur und erkennt, daß fast alle Emotionen Verteidigungscharakter haben. Ein echter Transzendenzprozeß bringt Frieden mit sich, während uns im Da-steh-ich-drüber-Spielchen eine zerbrechliche künstliche Schranke von der Ganzheit trennt; früher oder später führt diese Trennung zu körperlichen und/oder psychischen Problemen und zerstört auch die künstliche Ganzheit.

Abgehoben

Dieses Spielchen verläuft ähnlich und hat mit der mangelnden Bereitschaft zu tun, die Realität der physischen Welt zu konfrontieren. ›Abgehobene‹ Menschen haben Angst, daß ›niedrigere‹ Energieebenen, z.B. der Umgang mit Geld, die pseudo-spirituelle Struktur ihrer ›heilen Welt‹ ins Wanken bringt. Sie wollen nur mit sogenannten aufbauenden Dingen wie Hingabe und Frieden zu tun haben und reden über nichts anderes, als wäre die physische Welt ein Jammertal. Gegenüber Nicht-Vegetariern nehmen sie z.B. eine versnobte Haltung ein, mit deren Hilfe ihr Ego sie von der Ganzheit trennt. Die physische Energieebene scheint manchmal wirklich primitiver und aggressiv zu sein, doch wenn sie bewußt wahrgenommen wird, bietet sie echten spirituellen Menschen eine Fülle von Entwicklungsmöglichkeiten. Oft sind es sogenannte niedere Tätigkeiten wie Geschirrwaschen oder Windelnwechseln, an denen wir unsere Involution und unseren Widerstand gegen den Wandel erkennen können.

Guru

Das letzte in der Reihe der pseudo-spirituellen Spielchen wird besonders gerne von Menschen gespielt, die ›Jünger‹ spielen und einem Führer folgen möchten. Guru-Spieler suchen eigentlich Abhängigkeit, was sie natürlich nicht zugeben. Statt dessen heben sie ihre Abhängigkeit auf ein pseudo-spirituelles Niveau und nennen sie ›Hingabe‹. Guru-Anhänger scheuen die Selbstverantwortung und suchen deshalb einen Führer, der diese Verantwortung übernimmt. In den letzten Jahren kamen immer mehr Fälle von solch pseudo-spirituellen Führern ans Tageslicht, die in kriminelle Handlungen wie Vergewaltigung, Mord, Kindesmißbrauch und fragwürdige sexuelle Praktiken verwickelt waren, alles im Namen der Religion oder Spiritualität. Unsere oft gut gemeinte, aber naive Unterstützung dieser sogenannten Führer nährt die Illusion, daß wir Autoritäten brauchen. Genauso wie wir von solchen Führern für ihre Zwecke mißbraucht werden, mißbrauchen wir sie, um unserer Verantwortung für unserer spirituelles Wachstum zu entfliehen – ein kompliziertes Netz aus Macht, Mißbrauch und unter Umständen sogar Verbrechen.

Auch wahre Spiritualität erfordert ein großes Maß an Hingabe – nicht an eine Person, sondern an den Ganzheitsprozeß. Es gibt manchmal echte Lehrer, die diese umfassende Wahrheit verkörpern. Der Hauptunterschied zwischen ihnen und einem Pseudo-Guru besteht darin, daß sie einfach da sind, um uns etwas zu geben, ohne dafür etwas von uns zu wollen. Wenn wir Augen haben zu sehen, ist diese Qualität des Gebens und der vollkommenen Liebe leicht von der Habgier und dem billigen Nervenkitzel zu unterscheiden. Die Frage ist: Wie wichtig ist uns der spirituelle Weg?

Kapitel XI
Wandlungshilfen

BEWUSSTHEIT

Bewußtheit ist wohl die beste Hilfe im Wandlungsprozeß. Bewußtheit hängt mit Gewahrsein und Wahrnehmung zusammen (aus dem Altdeutschen, ungefähr: als wahr annehmen), sie ist also ein Mittel, die Wahrheit, das Echte herauszufinden. Jeder Akt des Gewahrseins ist ein direktes Wahrnehmen dessen, was ist, und führt automatisch zu weiterem Gewahrwerden, wenn wir dem Wahrheitsfluß seinen Lauf lassen. Wahre Bewußtheit ist das Annehmen ›der Wahrheit, der ganzen Wahrheit und nichts als der Wahrheit‹, wie es in der juristischen Eidesformel heißt. Jede Lüge beschneidet diese Bewußtheit. Zwar ist die Wahrheit, die wir im allgemeinen ›wahrnehmen‹, relativ und hängt von unserer jeweiligen Bewußtseinsebene ab, aber trotzdem ist sie für unseren Wandlungsprozeß sehr wichtig. Jedes Gewahrsein hilft uns dabei, ein Bild unserer Realität zu formen, und führt zu größerer Ganzheit.

Die Bewußtheit steht am Anfang eines jeden inneren Wandlungsprozesses. Sogar die kleinsten biologischen Körpererhaltungsprozesse benötigen ein gewisses Maß an Bewußtheit, um ganzheitlich wirken zu können. Es steht außer Frage, daß wir mehr Bewußtheit als eine Amöbe oder eine Pflanze besitzen, folglich ist auch unsere Verantwortung größer. Durch Bewußtheit bleibt die Energie am Brennpunkt des Wandlungsgeschehens. Wandel kann am schnellsten stattfinden, wenn die Lebensenergie maximal genützt wird und unser Körper dieser Kraft minimalen Widerstand entgegensetzt. Gesunder Wandel passiert am Resonanzpunkt von Bewußtheit, Körper und Energie. Der Wandlungsstrom zeigt uns den Weg des geringsten Widerstandes und der größten Effektivität; wir müssen nur auf seine Botschaften hören.

Bewußtheit ist das Ergebnis der inneren Wahrnehmung von Energieprozessen; dies bedeutet nicht nur Aufmerksamkeit für das, was in uns vorgeht, sondern schließt das Akzeptieren dieses Geschehens mit ein. Der vollständige Prozeß des Gewahrwerdens umfaßt die Energiebewegung und Aufmerksamkeit sowie das Akzeptieren dieser Bewegung. Auf komplexen Ebenen dient die Bewußtheit als Mittler zwischen Sinneswahrnehmung, Bewußtsein und verstandesmäßigem Erkennen; sie alle sind durch den Fluß der Lebensenergie miteinander verbunden. Bewußtheit wird oft mit Denken verwechselt. Bewußtheit ist spontan und ›auf dem Punkt‹, Denken dagegen ist langsam und umständlich. Im kognitiven Sinn führt Denken nur zu Streß und innerem Krieg, die sich, wenn sie nach außen getragen werden, als zwischenmenschliche oder politische Kämpfe manifestieren. Bewußtheit dagegen führt zu Harmonie und Frieden.

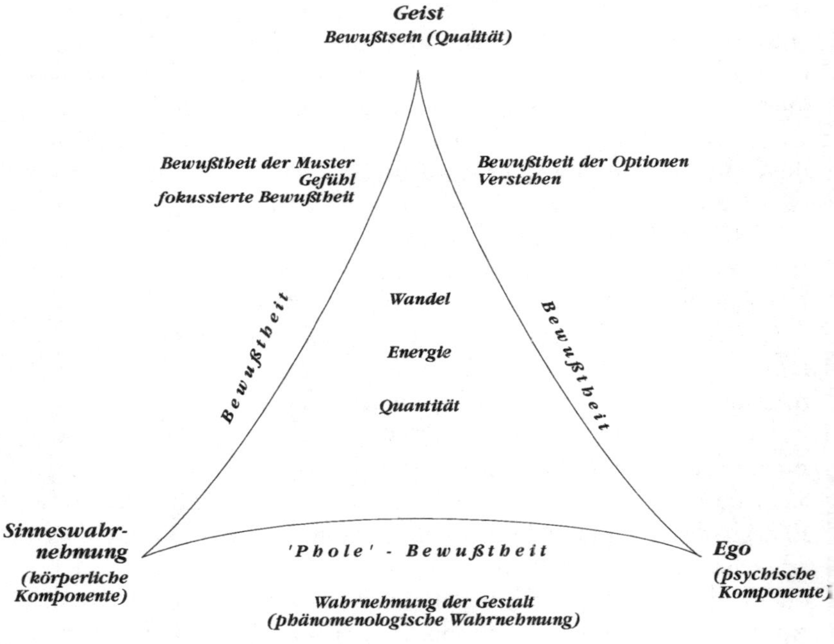

Abb. 47: *Arbeitsweise der Bewußtheit*

Diffuse oder unterentwickelte Energiemanifestationen erhalten durch Bewußtheit mehr Klarheit. Wir konzentrieren unsere Aufmerksamkeit auf diese noch nicht näher definierten Prozesse und können dadurch ihrer Botschaften gewahr werden. Bewußtheit lädt unklare Gestalten, z.B. Gefühle, mit neuer Vitalität, so daß wir ihnen schließlich Aus-Druck geben können. Auch bei persönlichen oder beruflichen ›Stolpersteinen‹ ist diese Bewußtheit eine große Hilfe.

Wenn ein ernsthaftes Problem auftaucht, ist es für uns oft schwer, bewußt zu bleiben, weil ein Teil von uns eigentlich am liebsten davonrennen würde. Manchmal ist es für uns am einfachsten, jemand anderem die Schuld an unser Un-Bewußtheit zu geben, z.B. unseren Eltern, unserer Kultur oder sogar unserem Unbewußten; doch niemand anderes als wir selbst geht mit unserer Aufmerksamkeit weg, um nicht ganz im Hier und Jetzt leben zu müssen. Wenn wir in solch schwierigen Situationen bewußt bleiben, findet sich für das Problem dank des Wandlungsflusses oft von alleine eine Lösung.

Der gleiche Prozeß, der uns diese Probleme bringt, damit wir an ihnen wachsen können, liefert auch die Lösung für neue Ganzheit. Um dies zu verstehen, müssen wir begreifen, daß jede Schwierigkeit das Resultat einer Störung des Energieflusses ist. Indem wir bewußt bleiben, werden wir uns über die Wahrheit hinter jeder Situation klar, und der Energiefluß regelt sich von alleine. Wenn wir uns z.B. zu schnell auf eine neue Beziehung einlassen oder nicht lieben wollen, können wir uns diese Prozesse bewußt machen und dadurch wieder ins Gleichgewicht kommen. Läßt man der Beziehung einfach ihren Lauf, so daß sie sich von alleine entwickeln kann, ist das Problem zu schnellen oder zu langsamen Wandels gelöst. Es mag sein, daß die endgültige Lösung etwas länger braucht, doch den Schlüssel dazu, die Bewußtheit, haben wir bereits in der Hand.

Der Ausgangspunkt für jeden persönlichen Wandel ist die Bewußtheit darüber, was wir tun und wie wir es tun. Ohne dieses Wissen artet jeder Wandel nur in Verwirrung, Frustration oder sogar Chaos aus. Für jeden Wandlungsprozeß ist neue Bewußtheit erforderlich. Die Bewußtheit für das gestrige Problem nützt uns heute gar nichts mehr, außer wir sind auch weiterhin bewußt, so daß die Bewußtheit wachsen kann und mit ihr die Wahrscheinlichkeit einer Lösung.

Bei meiner Arbeit mit Menschen im Wandel haben sich drei Arten von Bewußtheit herauskristallisiert, die für gesunden Wandel wichtig sind: Bewußtheit der Muster, ›Phole‹-Bewußtheit und Bewußtheit der Optionen.

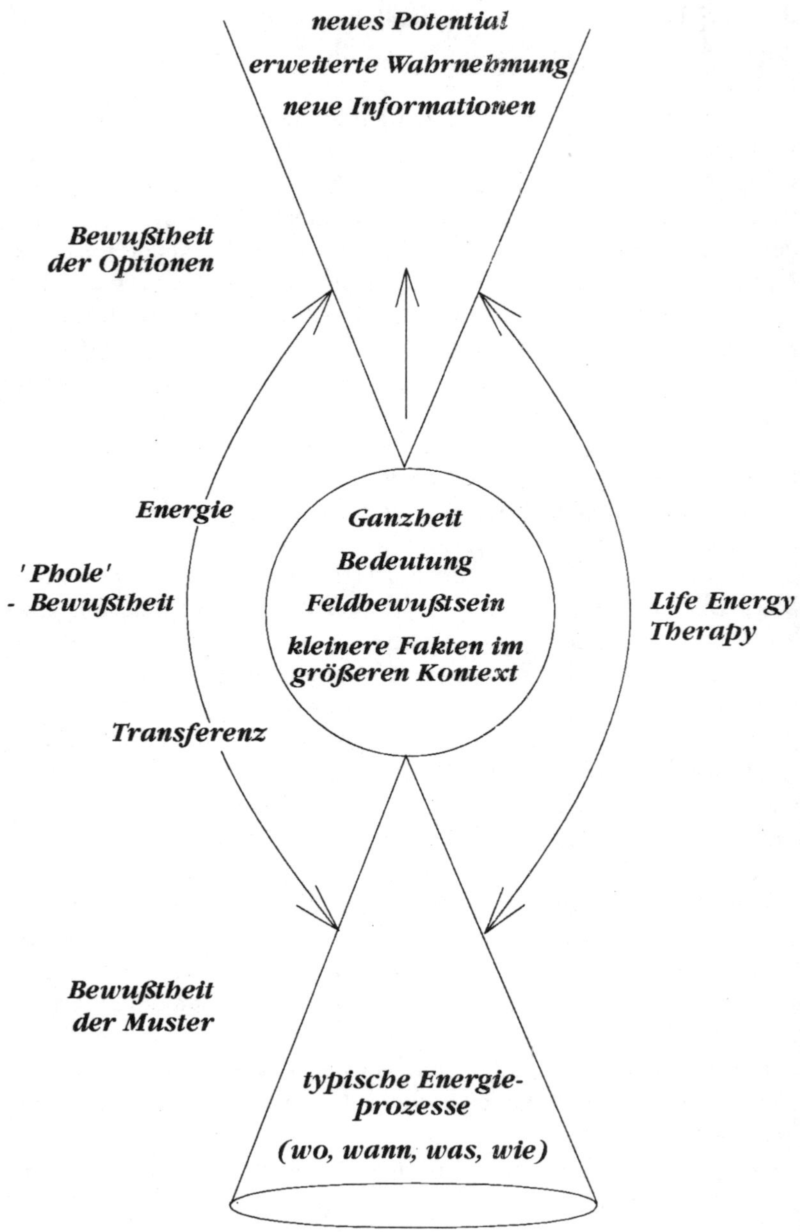

Abb. 48: *Die dreifache Bewußtheit*

Die Bewußtheit von Mustern bringt neues Bewußtsein in unsere vielen sich immerzu wiederholenden Energieprozesse, wodurch der erhaltende Wandel unterstützt wird, z.B. die vielen Vorgänge im Körper oder die Homöostase. Zudem erkennen wir zerstörerische Angewohnheiten, wie z.B. das Rauchen, die wir benutzen, um unsere Angst, unsere Lust, unsere Lebensängste zu reduzieren. Wird uns klar, wann und wo wir zum Glimmstengel greifen, können wir viel genauer feststellen, in welcher Umgebung und unter welchen Begleitumständen wir anfangen zu rauchen, um dann einen Schritt weiterzugehen und die psychologischen und/oder emotionalen Reaktionen, die dann bei uns ausgelöst werden, aufzudecken. Viele Menschen rauchen beispielsweise, wenn sie durch neue Situationen gestreßt sind – oder aber wenn es ihnen so richtig gut geht. Anfangs verstärkt das Nikotin im Körper das Hochgefühl, aber es dauert nicht lange, und die giftige Wirkung und die Verstopfung der Lunge wirken sich negativ auf unser Wohlbefinden aus.

Auch das ›Wie‹ dieser Muster ist von Bedeutung. Wie wir rauchen zeigt, was das Rauchen für uns bedeutet. Kettenraucher haben oft den Zwang, sich selbst weh zu tun, während Gelegenheitsraucher in Abhängigkeit von ihrer Umgebung leben, um Anerkennung und Frieden zu finden. Letzteren gibt Rauchen das Gefühl, dazuzugehören und akzeptiert zu werden. Die Bewußtheit der Muster verstärkt die Wahrnehmung von typischen Energieprozessen, reicht aber nicht aus für eine neue Bewußtseinsebene; sie bringt uns an die Wandlungsschwelle, aber sie hat nicht genug Kraft, um uns darüberzutragen, wie dies die Bewußtheit der Optionen tut.

Die ›Phole‹-Bewußtheit (aus dem Englischen: ›Part of the Whole‹ = Teil des Ganzen) kombiniert die Wahrnehmung kleinerer Elemente, z.B. vordergründiger Beziehungsprobleme, vor dem umfassenden Hintergrund der Ganzheit. Etwas Ähnliches will uns der Spruch ›Denke im Großen, handle im Kleinen‹ sagen. Mit Hilfe dieser Bewußtheit können wir uns in allen Situationen ein umfassenderes Bild machen oder nach dem Bewußtwerden der Muster den Wandel festigen und seine Kraft später in die Bewußtheit der Optionen einbringen.

Manchmal verlieren wir uns so in einem Beziehungsproblem, daß die ganze Welt durcheinander zu sein scheint. Gelingt es jedoch, das Problem in einem umfassenderen zeitlichen Rahmen oder auf der Grundlage der eigentlich recht stabilen Beziehung zu sehen, verliert es seine überwältigende und lähmende Bedeutung. Durch die Phole-Bewußtheit können wir unsere Wandlungsprozesse aus der richtigen Perspektive betrachten. Diese Bewußtheit kann man üben, entweder durch regelmäßiges Meditieren oder durch den ›Blick für das Ganze‹ in jeder nicht gelösten oder schwierigen Situation. Wird die Situation vorübergehen? Was steckt wirklich hinter dem Beziehungsproblem? Vielleicht ist das sogenannte Problem eigentlich der Wendepunkt, an dem beide Partner wichtige Entscheidungen treffen müssen. Die Phole-Bewußtheit fördert gesunden Wandel, weil sie ein Energiefeld aufbaut, in dem das unvollständige Ganze, z.B. die Beziehungskrise, in Kontakt mit einem vollständigen Ganzen, z.B. der tieferen Bedeutung, gebracht wird. Diese Verbindung reicht aus, um die Energie wieder in Richtung Ganzheit zu lenken, so wie allein der Kontakt mit einem echten spirituellen Lehrer uns den Weg für spirituelles Wachstum eröffnet.

Die Bewußtheit der Optionen ermöglicht uns die Konzentration auf neues Wandlungspotential. Durch eine erweiterte Wahrnehmungsfähigkeit werden uns neue Informationen zuteil, wodurch alte Muster aufgelöst oder in neue, umfassendere Ganzheiten transformiert werden können. Neues Wissen darüber, wie intensiv das Leben sein kann, steigert unser Interesse am Wandel. Unsere Gefühle werden tiefer, und unsere Interessen nehmen zu; dadurch wächst die Chance, daß unsere innere und unsere äußere Welt zusammenkommen. Die Bewußtheit der Optionen läßt uns z.B. erkennen, daß wir, wenn wir das Rauchen aufgeben, freier atmen können, unterdrückte Gefühle, z.B. Traurigkeit, zum Vorschein kommen, unsere Lebenserwartung steigt, der Atem frischer wird und wir auch noch eine Menge Geld sparen. Es passiert immer wieder, daß auf L.E.T.-Workshops Teilnehmer auf einmal zu rauchen aufhören, sobald der Energiestrom, der diese Gewohnheit unterstützt, in gesundere Bahnen gelenkt wird. Wir gehen automatisch auf gesunden Wandel zu, wenn wir uns auf körperlicher, emotionaler und spiritueller Ebene immer bewußter werden, wofür wir das Rauchen brauchen und was es uns antut, und wenn wir uns ohne Kritik und Verurteilen immer wieder das dahintersteckende Problem vor Augen führen.

Bewußtheit führt zwar nicht immer dazu, daß wir auch etwas unternehmen; trotzdem ist sie für gesunden Wandel unumgänglich, weil wir uns durch sie verstärkt und kontinuierlich auf den Energiefluß einlassen. Im Anfangsstadium des Bewußtwerdens richten wir unsere Aufmerksamkeit oft auf negative Muster und lassen die dahinterstehende Bedeutung und unsere Wandlungsalternativen außer acht. Echte Fortschritte machen wir aber nur, wenn sowohl die Bewußtheit der Muster und die Phole-Bewußtheit als auch die Bewußtheit der Optionen gleichermaßen vorhanden sind.

Wandlungsvorbereitung – ja oder nein?

Oft wird mir in meinen Workshops die Frage gestellt: »Kann ich mich auf den Wandel vorbereiten?« Die Antwort lautet: ja und nein. Wandel ist eine spontane Erfahrung. Die Chaos-Forschung in der Physik hat kürzlich festgestellt, daß ein kleiner Schmetterling in einem Teil der Welt durch eine Kettenreaktion das Wetter auf der anderen Seite des Erdballs beeinflussen kann! Viele Dinge, z.B. das Wetter oder wirtschaftliche Entwicklungen, können aufgrund nicht festlegbarer Variablen nicht vorhergesagt werden. Da auch Wandel keine festen Variablen hat – außer der Tatsache, daß es ihn gibt – kann auch er nicht vorherbestimmt werden. Diese Unbestimmbarkeit macht es im linearen Sinne schwierig, wenn nicht sogar unmöglich, Wandel vorherzusehen.

Doch auch wenn eine Vorbereitung auf den Wandel an sich sinnlos ist, weil eine spontane Erfahrung nicht vorbereitet werden kann, gibt es eine Menge Möglichkeiten, die Wandlungswahrscheinlichkeit zu erhöhen.

Offene Lebensweise

Wenn wir akzeptieren, wie wichtig der Wandel für unser Leben ist, öffnen wir dem Energiefluß Tür und Tor. Jeder einzelne Wandel und Wandlungszyklus ist einmalig, doch je offener wir dieser Erfahrung gegenüberstehen, desto größer ist die Wahrscheinlichkeit, daß der Prozeß weitergeht, sobald sich eine Gelegenheit dazu findet. Je bewußter wir unseren Wandlungsprozeß verfolgen, desto mehr lernen wir über seine Natur. Deshalb ist ein kontinuierliches und bewußtes Erleben des Wandels die beste Möglichkeit, ihn zu maximieren. Unsere Wandlungsbereitschaft sendet eine klare und direkte Botschaft an alle Energiefelder, die mit dem Wandel zu tun haben. Bereitschaft ist allerdings keine Garantie dafür, daß wir z.B. wirklich den Tod eines Familienmitglieds verarbeiten können, genausowenig wie ein hartes Training dem Sportler eine Niederlage ersparen kann. Doch eine offene und bewußte Haltung gegenüber solchen Wandlungsmöglichkeiten macht es uns leichter, mit schwierigen Situationen fertig zu werden, wenn es soweit ist. Doch Offenheit heißt auch, daß wir positive und interessante Dinge zulassen können. Oft können wir negative Dinge bzw. Katastrophen (aus dem Griechischen: strophe = Wende, Kata = nach unten) besser akzeptieren als positive Dinge, die ich als Anostrophen bezeichne (aus dem Griechischen: strophe = Wende, ano = nach oben).

Je bewußter wir mit Wandel umgehen, desto größer ist die Chance, daß wir tatsächlich etwas Großartiges leisten oder den persönlichen Durchbruch schaffen. Es ist unmöglich vorherzusagen, wie wir in bestimmten Situationen auf den Wandel reagieren; dies wissen wir erst, wenn wir die Erfahrung gemacht haben. Doch es ist sehr wohl möglich, seine Bewußtheit zu üben, bis sie schließlich ins tägliche Leben integriert ist.

Die Beobachtung des Wandlungsprozesses in uns und anderen ist eine ausgezeichnete ›Übung‹. Wandlungsbewußtheit heißt, Prozesse auf allen Ebenen zu akzeptieren und dann zu entscheiden, welche zu Erfolg und Ganzheit führen und welche zu Mißerfolg und Streß.

Wie funktionieren Computer oder Maschinen? Wie bilden Ameisen Kolonien? Wie verhalten sich Liebespärchen in den kleinen Pariser oder Münchner Straßencafés? Durch genaues Hinschauen habe ich eine Menge über Energieprozesse gelernt. Mit der Zeit habe ich dieses Wissen nicht nur bei anderen beobachtet, sondern auch direkt auf mein eigenes Leben angewandt. Oder, wie ein altes indisches Sprichwort sagt, das uns Krishnamurti nahegebracht hat und das auch heute nichts an Aktualität verloren hat: Der Betrachter ist das Betrachtete.

Flexible Planung

Der Wandlungsprozeß ist eine direkte Erfahrung; wird er organisiert, geht die Spontaneität verloren. Deshalb muß jeder Versuch, Wandel zu planen, zu einer beträchlichen Einbuße an Spontaneität führen. Für einen Brückenbauer ist die Spontaneität in der Struktur oder Beweglichkeit absolut uninteressant. Daran liegt es vielleicht, daß sich bei vielen Bauten die Fertigstellung verzögert. Auf der anderen Seite führt die ›spontane‹ Bewegung von Erdbeben oder Stürmen dazu, daß Brücken und andere Strukturen zusammenstürzen. Solche Katastrophen sollten uns eine Lehre sein, eine Lehre über Flexibilität. Inzwischen werden in Los Angeles, der Stadt der vielen Erdbeben, Wolkenkratzer auf riesigen Rollen gebaut, um die Flexibilität zu wahren.

Manche Menschen planen ihren Wandel bis ins kleinste Detail. Ein solcher Plan erstickt natürlich zwangsläufig jede organische Wandlungsbewegung im Keim, denn wenn auch nur eine Kleinigkeit im Plan sich ändert, muß der ganze Plan verworfen werden. Dennoch ist Struktur in der Planung an sich nicht verkehrt und bei besonders linear verlaufenden Projekten manchmal sogar nötig.

Geplanter Wandel kann den Eindruck von Klarheit und Stabilität vermitteln und beinhaltet diese auch bis zu einem gewissen Grad, auch wenn seine vorgefertigten Resultate vielleicht nur sehr wenig mit Ganzheit zu tun haben. Auf meinen Reisen sehe ich oft gut geplante Betonmonster, die sich Hotels nennen und die natürliche Schönheit eines Dorfes zerstören, und ich frage mich, ob Planung nicht auch anders aussehen könnte. Lineare Planung ist von Natur aus bestenfalls begrenzt, meistens sogar ein Fehlschlag, der dem Wandel die Weichen stellt, denn viele der einzelnen Planungsstufen bauen auf Illusionen oder Vermutungen auf, die mit der physischen Welt nichts oder nur sehr wenig zu tun haben. Ich kenne nur sehr wenige Leute, die gerne in riesigen häßlichen Hotels wohnen, auch wenn diese manchmal billiger sind. Das ist wahrscheinlich der Grund dafür, warum auf manchen Ferieninseln immer öfter diese Hotels leerstehen.

Ich bin häufig überrascht, wie wenig wir trotz unserer ganzen Technik ausrichten können, wenn plötzlich ein Vulkan oder ein Sturm losbricht. Was ist wohl an solchen Tagen mit der linearen Planung los?

Wie kann man solche Planungsfehlschläge vermeiden? Die Antwort lautet: Wenn überhaupt, dann bitte eine flexible Planung, die sich aus der Bewußtheit entwickelt, daß jede, wirklich jede Planung für den Wandel offen sein muß.

Ganze Projekte müssen aufgegeben werden, weil sich herausstellt, daß nicht genug Energie, sprich Zinsen, finanzielle Rücklagen oder Sicherheit für die Umwelt etc., vorhanden ist. Was den Plan selbst betrifft, muß jeder Schritt nichtlinear zum nächsten fließen, eher wie eine Rampe mit Leitpfosten als eine vorgefertigte Betontreppe. Wir müssen offen bleiben für neue Entwicklungsschritte in uns selbst und allen anderen Beteiligten. Viele Pläne werden nie richtig umgesetzt, weil die emotionalen Einflüsse der Beteiligten nicht berücksichtigt wurden. Jeder einzelne Schritt, der konkreter wird, sollte nur so konkret sein, wie es unbedingt nötig ist. Pläne mit zuwenig oder zuviel Struktur verlangsamen bzw. beschleunigen den Wandlungsprozeß künstlich. Viele Pläne erinnern an Filme: Sie erscheinen plausibel, aber entsprechen nicht der wirklichen Geschichte; oft entwickeln sie sich zum Alptraum. Man sollte sich immer des tieferen Wandlungsprozesses bewußt sein, der in einem Plan sichtbar sein sollte; so bleibt der Wandel gesund. Verlieren wir diesen essentiellen Prozeß aus den Augen, ist der ganze Plan nur eine leere und sinnlose Ansammlung von Einzelheiten.

Der Körper im Wandel

Auch der Körper kann für den Wandlungsprozeß eine große Hilfe sein, denn er stellt ein aktives energetisches Feld dar, und seine flexible und gleichzeitig stabile Struktur ist ein Medium, aus dem wir die Bewegung des Wandels auf konkrete Art und Weise ersehen können: Magenschmerzen zeigen an, daß etwas schiefgelaufen ist; stoßen wir uns den kleinen Zeh an, wird uns klar, wie unbewußt wir sind.

Der Körper fungiert auch als Transformator; er wandelt Energie mit niederen Frequenzen in evolutionären Wandlungsprozessen in Hochfrequenzenergie um; in involutionären Prozessen verläuft die Transformation umgekehrt. Der Körper reguliert die verschiedenen inneren und äußeren Energien und stellt dadurch ein harmonisches Gleichgewicht zwischen unserem Geist und der Außenwelt her. Unser Hara ist der Vermittler zwischen Geist und Körper auf der einen und Außenwelt auf der anderen Seite. Ohne seine Vermittlungstätigkeit wären wir entweder von der Welt getrennt oder ausschließlich mit der Welt beschäftigt, was fast immer zu ungesundem Wandel führen würde.*

Ein wirklich lebendiger Körper spricht eine deutliche (Wandlungs-)Sprache. Die Augen strahlen, jeder einzelne Körperteil hat die richtigen Proportionen, und die ganze Person ist energiegeladen und lebt im Hier und Jetzt. Ein solcher Mensch läßt sich bereitwillig auf evolutionäre und involutionäre Herausforderungen ein; er lernt aus der Vergangenheit und vergrößert so seine Möglichkeiten für die Zukunft.

In einem aktiven und lebendigen Körper fließt der Wandel am leichtesten. Sportarten wie Laufen oder Schwimmen erhöhen die Ausdauer und Energiekapazität und verstärken dadurch den Energiefluß. Genauso wichtig sind körperliche Flexibilität und Koordination, damit man mit den Unmengen von evolutionären Wandlungsvarianten richtig umgehen kann; diese Qualitäten können z.B. durch Hatha Yoga oder Tanzen entwickelt werden. Auch Stärke und Zentriertheit sind nützlich; die Ausübung der asiatischen Kampfkünste ist dafür ein ausgezeichnetes Training. Durch wirkungsvolle Übungen entwickelt der Körper das Gespür für die vorhandene Energie, was für das Bewußtwerden des Wandlungsstromes so wichtig ist. Nicht alle Sportarten bzw. körperlichen Aktivitäten sind zu empfehlen. Viele westliche Sportarten sind nicht ganzheitlich, weil bestimmte Muskeln oder Körperteile nur minimal trainiert oder ganz ausgeschlossen werden, z.B. Arme und Hände beim Fußballspielen.

Regelmäßiges Training stimuliert den Atem, was nicht nur für den Körper, sondern auch für andere Energieebenen sehr wichtig ist. Das Atmen lädt den Körper mit Energie auf und bereitet ihn auf das Empfangen von Wandlungsimpulsen vor. Einatmung lädt den Körper auf, durch die Ausatmung wird Energie entladen. Ein- und Ausatmung zusammen schaffen ein Energiegleichgewicht, das für den Wandlungsstrom sehr wichtig ist.

* Die Ausnahme stellen Heilige dar, die sich von der Welt gelöst haben und sich ausschließlich ihrem spirituellen Weg widmen.

Atmung beeinflußt unser Verhalten, Denken und unsere Gefühle, da sie die Intensität der Energiewellen steigert. Durch das Aufladen des Körpers werden Energiewellen in Bewegung gesetzt und mit der Zeit verstärkt; sie führen zur Entwicklung von Verhaltensweisen, Gedanken und Gefühlen. Atmen wir mit Bewußtheit, führen die Energiewellen zu Wandlung und Wachstum. Die Verbindung zum Atem führt zu Wachstum: wir werden erwachsen, ent-wachsen den Formen und wachsen ins Leben hinein.

Nicht alle Menschen verarbeiten die gleiche Menge Luft, und deshalb ist die Fähigkeit, Energie zu sammeln und zu verteilen, auch unterschiedlich ausgeprägt. Sie ist nicht nur eine Frage des Trainings, sondern hängt auch stark von unserer Bereitschaft ab, die durch uns fließende Energie anzunehmen und zu verarbeiten. Viele Menschen haben Angst davor, viel Energie in ihrem Körper zu spüren; dahinter steckt die Angst vor der Kraft und der Verantwortung, die diese Energieladung mit sich bringt. Therapeutische Körperarbeit wie die Life Energy Therapy kann durch allmähliches Regulieren des Energieflusses dazu beitragen, diese Angst zu beseitigen.

Erick hatte einen angespannten Körper mit einer zu niedrigen Energieladung. Er konnte es nicht ertragen, bei sich zu bleiben, weil er körperlich und psychisch so schwach war. Sein neuer verantwortungsvoller Job und zusätzliche Aufgabenbereiche brachten es mit sich, daß er Tag für Tag mit sehr starken Menschen zu tun hatte. Bevor er zu mir in die Therapie kam, war er einem emotionalen Kollaps nahe, weil die Belastung einfach zu viel für ihn war. In unserer Arbeit erkannte er, daß sein Körper seine eigene Geschichte erzählte, eine Geschichte von mangelnder emotionaler Zuwendung und viel zu wenig Energie. Seine chronischen Verspannung waren der Ausdruck festgehaltener Emotionen, vor allem Angst. Gleichzeitig lernte er, zu sich zu stehen und sich so zu nehmen, wie er war. Das bedeutete, daß er sich wegen seiner Schwäche nicht verurteilte und gleichzeitig seinen Körper durch Sport in Schwung brachte. Ericks therapeutischer Durchbruch kam, als er das Nachlassen der Spannung und seine neue Stärke spüren konnte. Er hatte schon vorher einiges über Wandel und seine Möglichkeiten gelesen, doch erst dieses Gefühl von gesundem Wandel im eigenen Körper überzeugte ihn davon, daß Wandel wirklich möglich war. Wandel wurde ver-ständ-lich, weil er zu seinem Wachstum stand.

Emotionen

Gesunder Wandel bringt automatisch eine Beziehung zwischen körperlicher und emotionaler Ladung mit sich. Das heißt allerdings nicht automatisch, daß körperlich aktive Menschen auch emotional lebendig sind, sonst wären unsere ganzen Supersportler auch ihren Emotionen gegenüber äußerst offen. Dennoch hat mich meine therapeutische Praxis gelehrt, daß körperlich aktive Menschen leichter in ihre Gefühle hineingehen und auch dabei bleiben können.

Die Struktur des Körpers gibt uns einerseits Stabilität und Verwurzelung (Yang-Qualitäten); andererseits steht uns durch die inneren Organe eine feinere Energie zur Verfügung. Durch diese Struktur können sich die fließenden Gefühle (Yin-Qualität) sich so aufladen, daß sie als Emotionen zum Ausdruck kommen können. Gefühle sind also innere Prozesse, E-motionen ihr Ausdruck nach außen. Der Körper stellt die Struktur für Gefühle und Emotionen bereit, und umgekehrt versorgen Gefühle und Emotionen den Körper mit Lebendigkeit, Verteidigungsmöglichkeiten (durch Angst und Wut) und einem ständigen Feedback-System. Durch unsere Gefühle und nicht durch unsere Gedanken wissen wir, wer wir sind.

Emotionen spielen beim gesunden Wandel eine wesentliche Rolle. Sie dienen der Regulierung der Körperfunktionen, weil sie zum Auf- und Abbau der nötigen Spannung beitragen. Gesunde Spannung schafft einen gesunden Muskel- und Organtonus. Zu wenig (Hypotonus) oder zu viel Spannung (Hypertonus) stehen gesundem Wandel im Wege. Emotionen können Körperflüssigkeiten in Bewegung halten und verteilen. Was wir fühlen und was wir als Emotion nach außen tragen, macht uns jeden Augenblick bewußt, wie wir mit inneren und äußeren Einflüssen umgehen. Wenn uns schwierige Situationen traurig oder wütend machen, handeln wir wahrscheinlich re-aktiv statt aktiv. Reaktionen weisen auf impulsives anstelle von spontanem Wandlungsverhalten hin; impulsiver Wandel ist ungesund, weil er durch das Zurückhalten des natürlichen Energieflusses entsteht; dieses Zurückhalten wird dann durch zu schnellen Wandel kompensiert. Ich hatte einmal einen eher ›sanftmütigen‹ Klienten im Gefängnis zu betreuen. 20 Jahre lang ›brütete‹ er in seiner Ehe seine Wut aus. Als seine Frau dann eines Tages wegen der zu weich gekochten Eier herumnörgelte, ging er ganz gelassen zur Schublade, nahm ein Messer heraus und verpaßte ihr 27 Messerstiche...

Durch das Zurückhalten von Emotionen wird der Wandlungsstrom in Kopf und Körper auf ›Sparflamme‹ gehalten. Unterdrückte Emotionen führen zu rigiden, festgelegten Bewegungen, die den Fluß spontaner Bewegungen blockieren. Kein Wunder, daß wir oft müde sind. Wie können wir vital sein, wenn wir alles tun, um diese Vitalität zu untergraben? Wieviel Druck können wir ertragen, bevor es zur Explosion kommt? Es ist eine ungeheure Menge Energie nötig, um den lebendigen, wandlungswilligen Teil in uns zu unterdrücken. Das Schlimmste an dieser Kontrolle ist, daß unsere Identität auf dieser Kontrolle aufbaut. Wir werden zur Kontrolle, so wie ein Schauspieler sich manchmal auch im Leben mit seinen Rollen identifiziert.

Jede gefühlte und ausgedrückte Emotion unterstützt gesunden Wandel auf ihre einzigartige Weise. Durch Traurigkeit können wir loslassen, indem wir über einen Verlust oder eine Enttäuschung weinen. Dies ist ein Schmelzprozeß, der uns die Weichheit des Wandels erleben läßt, die sanfte Bewegung subtiler Prozesse. Wut dagegen verleiht uns ein Gefühl der Stärke; sie hilft uns, psychologische Grenzen zu setzen und klar zu werden. Diese Klarheit wiederum ermöglicht es, das Leben so zu nehmen, wie es ist, und gleichzeitig die Macht des Erfolges anzunehmen. Die Energie, die in der Wut steckt, erhöht unsere Energiekapazitäten. Impotente Männer haben z.B. oft Angst vor der Macht und dem Erfolg und können nicht zu sich stehen. Durch unsere Fähigkeit zu weinen, wütend zu sein und sexuell aktiv zu sein, können wir uns auf gesunden Wandel einlassen und ihm begegnen.

Angst erhöht unsere Bewußtheit für drohende Gefahren, seien sie nun real oder imaginär. Fast jeder Wandlungsprozeß löst in uns Angst aus, weil wir die Grenzen überschreiten, durch die wir uns definieren. Neue Möglichkeiten könnten erregend und spannend sein, aber aufgrund unserer Konditionierung jagen sie uns oft nur Angst ein. Wird diese Angst bewußt erlebt, zeigt sie uns genau, wo unsere persönlichen Grenzen sind, und gibt uns damit die Chance, uns in eine neue Richtung weiterzuentwickeln.

Als kleiner Junge wäre ich zweimal fast ertrunken. Die daraus resultierende Angst vor dem Wasser hätte mir den Rest meines

Lebens den Spaß am Wasser verderben können. Stattdessen faßte ich den Entschluß, durch diese Angst und ihre Verbindung mit dem Tod hindurchzugehen. Dieser Todeserfahrung verdanke ich es, daß ich heute Wasser genießen kann, entspannter bin und diesen Genuß und die Erfahrung in meiner Wassertherapie (Acquaus®) weitergeben kann.

Angst erhöht also unsere Bewußtheit für gesunden Wandel. Freude und Liebe wiederum erweitern unseren Horizont. Durch die Liebe können wir mehr vertrauen und kommen der Ganzheit näher. Freude schafft ungeahnte Möglichkeiten. Beide verstärken den Wandlungsstrom und führen durch die Bewußtheit der Optionen zu mehr Wahlfreiheit. Sexualität und Lust bieten uns die Chance, die schöpferische Kraft und die Ganzheit im Einssein mit einem anderen Menschen zu erleben. Wir stehen direkt mit schöpferischen Energien in Verbindung, die für die Schaffung von Formen im gesunden Wandlungsstrom nötig sind. Durch Traurigkeit können wir diese Grenzen, die wir geschaffen haben, wieder loslassen und auflösen. Nur durch die ständige Schaffung und Auflösung dieser Grenzen kann gesunder Wandel Form annehmen und gleichzeit ein lebendiger Prozeß bleiben.

Partner im Wandel

Der Partner ist einer der wichtigsten Lehrer im Wandlungsprozeß. Nicht jeder braucht für seine Entwicklung einen Partner, dennoch sind seine Lebenserfahrungen – gute wie schlechte – eine unschätzbare Hilfe, da wir an ihnen Wandel aus einer anderen Perspektive kennenlernen können. Der Partner bringt nicht nur seine eigenen Wandlungserfahrungen in die Beziehung ein, sondern ist gleichzeitig ein Spiegel für uns, der uns zeigt, wie wir auf andere wirken.

Auf Workshops bekomme ich oft zu hören, daß die Funktionen eines Lehrers nicht mit denen eines Liebespartners vereinbar sind. Es stimmt zwar, daß es Unterschiede gibt, dennoch ist eine totale Trennung nicht nötig. Lehrer können Liebespartner sein, besonders im nichtsexuellen Sinn, und umgekehrt. Wenn beide Beziehungspartner sich klar darüber sind, was für sie in der Beziehung wichtig ist, ist fast jede Art von Beziehung möglich. Ich glaube, daß eine spirituelle Beziehung es automatisch mit sich bringt, daß

Partner voneinander lernen und sich im Wandlungsprozeß unterstützen, denn wozu ist man schließlich zusammen, wenn nicht dazu?

Eine der wichtigsten Lernerfahrungen im Wandlungsprozeß mit einem Partner ist das Kennenlernern unserer psychischen und emotionalen Kontaktgrenzen. Eine Kontaktgrenze ist eine nichtphysische Schnittstelle zwischen uns und dem Rest der Welt. Man stelle sich ein einzelliges Lebewesen vor, z.B. eine Amöbe; obwohl seine Kontaktgrenze hauptsächliche biologisch ist, ist sie der unseren doch ziemlich ähnlich. Auch unsere Kontaktgrenze paßt sich unseren Bedürfnissen und Wünschen an. Wenn wir in einem gesunden Wandlungsprozeß stecken, sind uns Liebe und Nahrung willkommen; Dingen, die uns verletzen könnten, gehen wir aus dem Weg.

Bewußtheit für unsere Kontaktgrenze ist besonders in der Grenz- und Auflösungsphase sehr nützlich. Unsere Grenzen zeigen uns deutlich, wieviel Energie wir auf gute Art und Weise nutzen können. Schwache oder schlecht definierte Grenzen führen zu Wandlungsproblemen, genauso wie unnötiges Festhalten an Grenzen Rigidität und Auflösungsprobleme verursacht.

Am Anfang einer Beziehung sind unsere Grenzen meist entweder zu schwach (Yin-Yin) oder zu starr (Yang-Yang) oder abwechselnd zu schwach und zu stark. Diese Abgrenzungsprobleme werden uns in einer gesunden Beziehung bewußt. Ein Partner, der bereit ist, uns weiterhelfen, sagt uns, wo die ›schwachen Punkte‹ liegen, z.B. wenn wir ihn zu sehr auf Distanz halten oder gar zu neugierig sind, was seine ganz private Welt angeht.

In einem gesunden Wandlungsprozeß entwickeln wir klare Grenzen und sind auch fähig, sie wieder loszulassen. Aus spiritueller Sicht hat das Loslassen von Grenzen auch mit dem Aufgeben unserer Ego-Grenzen zu tun. In einer echten spirituellen Beziehung hilft uns der Partner, diese Grenzen zu überschreiten. Unsere Probleme werden auch für ihn interessant und umgekehrt. Beiden Partnern ist an der Entwicklung des anderen gelegen.

Oft haben beide Partner Angst, mit dem Aufgeben der Grenzen auch sich selbst aufzugeben, abhängig oder verletzt zu werden. Hängen wir noch immer an der schmerzhaften Erinnerung an eine alte Beziehung fest? Was wäre, wenn sich die schlimmsten Erwartungen *nicht* erfüllen würden? Wäre das vielleicht *noch schlimmer*?

Wir müssen uns auf diese Fragen eine ehrliche Antwort geben, wenn der Wandlungsprozeß gesund bleiben soll. Das ganzheitliche Feld zeigt uns immer neue Möglichkeiten, wenn wir die Kontrolle aufgeben. Sind wir dazu bereit?

Viele Menschen verlieren ihre Stabilität, wenn sie dazu bereit sind, ihre Grenzen aufzugeben; sie verlieren ihre Mitte. Zentrierung hat mit einem dynamischen Gleichgewichtsprozeß zu tun, der trotz aller anderen Einflüsse immer die Verbindung mit unserem Selbst und seinen Bedürfnissen aufrechterhält. Zentrieren ist Energiehomöostase, emotionale Ausgeglichenheit, besonders im Wandlungsprozeß.

Für manche Menschen ist eine Beziehung eine bequeme Möglichkeit, vor ihren Verantwortungen davonzulaufen. Man hat jemanden zum Anlehnen und muß dann hoffenlich nicht ›auf eigenen Beinen‹ stehen. Eine solche Abhängigkeit heißt, daß man nicht mehr zentriert ist. So wie ein Aikido-Schüler, der sein Gleichgewicht verloren hat, das Opfer seines Angreifers wird, ist auch unser ›Fall‹ vorprogrammiert. Wandel bedeutet nicht, daß in der Beziehung das Selbst verlorengeht, sondern nur die starre ›Ich-Grenze‹ wird aufgegeben. Das ›Ich‹ ist nur ein Bild unseres Selbst und spielt in den frühen Entwicklungsphasen eine Rolle, wird jedoch oberflächlich, sobald die Verbindung mit dem spirituellen Selbst geschaffen ist.

In einer gesunden Beziehung sind beide Partner in ihrer eigenen Mitte *und* gleichzeitig bereit, ihre festgefahrenen Vorstellungen von sich selbst (Grenzen) aufzugeben und vom Partner zu lernen. Eine ehrliche Beziehung macht uns aufgeschlossen für neue, einzigartige Wandlungsmöglichkeiten. Zwei Energiekonstellationen treffen zusammen und manifestieren sich in vielen zwischenmenschlichen Situationen. Es kann passieren, daß man sich einiger nicht gerade erfreulicher Muster bei sich und dem Partner bewußt wird; es ist ratsam, diese Verhaltensweisen genauer anzuschauen und herauszufinden, welches Interesse an Wandel besteht; nicht am Wandel um des Wandels willen, sondern am Wandel als eine tiefe Bereitschaft zur Weiterentwicklung.

Mit Hilfe eines Wandlungspartners können wir neue Bewußtheit und Sensibilität entwickeln. Der Energieaustausch geht in beide Richtungen, Geben wird zum Empfangen. Hat ein Partner eine schmerzvolle Erfahrung gemacht, kommt auch der andere mit seiner Trauer oder Leblosigkeit in Berührung. Auch die Kommunikationsfähigkeit und das Vertrauen werden entwickelt. Im folgenden eine kleine Vertrauens-Übung, ›Vertrauen à deux‹:

Die beiden Partner stehen sich mit geschlossenen Augen gegenüber und fassen sich an der Hand, die ein Teil der Kontaktgrenze ist. Die Hände sollten ganz entspannt sein. Wenn einer einatmet, sollte der andere ausatmen. Dann fangen beide an, vor und zurück zu wippen, und zwar wieder abwechselnd: Wenn der eine mit den Fersen abhebt, hebt der andere die Zehen. Die Schaukelbewegung dehnt sich allmählich aus, und man kann sehen, wieweit man dem Partner vertraut. Manche fühlen sich sicherer, wenn sie auf den Zehen stehen – eine Yin-Sicherheit, andere stehen auf den Fersen sicherer – eine Yang-Sicherheit. Um zu sehen, wie leicht man seine Zentriertheit verliert oder wiederfindet, sollte man während des Schaukelns wieder zu atmen anfangen und darauf achten, wie die leichte, angenehme erste Bewegung in der zweiten Bewegung unangenehm wird. Ist unser Muster bei der körperlichen Liebe vielleicht ähnlich?

Psychotherapie

Viele der östlichen und westlichen Wandlungsmethoden unterstützen gesunden Wandel. Oft ist die spezielle Wandlungsform weniger ausschlaggebend als die Person, die uns diese Form vermittelt. Im Anhang findet sich eine Auswahl dieser Formen mit Anmerkungen bezüglich ihrer Stärken und Grenzen. Das soll nur eine Orientierungshilfe sein; jeder muß letztendlich seine Form selbst finden und sich dabei auf seinen inneren Lehrer verlassen. Da Psychotherapie eine weitverbreitete Wandlungsform ist, wird im folgenden auf den Therapieprozeß etwas näher eingegangen.

Viele Menschen, die sich verändern wollen, haben Schwierigkeiten, dafür die richtige Methode zu finden, was teilweise darauf zurückzuführen ist, daß es eine Unmenge von Therapiemethoden gibt, von denen jede sich selbst als die einzig wahre darstellt; zum anderen haben viele nicht genug Urteilsvermögen bzw. Erfahrung, um sich für die passende Therapie zu entscheiden.

Eine Therapie kann für den Wandlungsprozeß sehr förderlich sein, ist jedoch pure Zeit- und Geldverschwendung, wenn man damit echten Wandel umgehen will. Eine Therapie ist keine Garantie für Wandel. In Tausenden von psychologischen Praxen überall auf der Welt lassen sich Menschen nur deshalb therapieren, weil sie sich damit Freundschaft erkaufen wollen oder nur scheinbar im Wandlungsprozeß stecken. Wandel heißt ja nicht nur zu verstehen, warum wir tun, was wir tun. Wenn man in Therapie ist und sich nur sehr wenig konstruktiver Wandel einstellt, sollte man seine eigenen Motive hinterfragen sowie die Therapieform und das Können des jeweiligen Therapeuten. Wenn ernsthaftes Interesse besteht und man bereit ist, etwas zu riskieren, sollte sich innerhalb von drei bis sechs Monaten eine bedeutende Veränderung einstellen.

Jede Therapieform hat ihre starken Seiten und ihre Schwachpunkte; deshalb sollte jede Form und jeder Therapeut realistisch eingeschätzt werden. Was können sie wirklich bewirken? Eine Therapie bietet den großen Vorteil, daß man zusammen mit einer (hoffentlich) objektiveren Person sein Leben genauer anschaut und Wandlungsmöglichkeiten ausfindig macht. Eine wirksame Therapie bietet die Chance, unser Leben erheblich zu erleichtern, da Probleme, die wir seit Jahren mit uns herumschleppen, endlich aufgearbeitet werden können und wir endlich mehr Spaß am Leben haben.

Eine gute Therapie bietet normalerweise eine relativ sichere Umgebung für die systematische Auseinandersetzung mit schmerzhaften oder schwierigen Erfahrungen und die Aufarbeitung unerledigter Gefühle. Grundvoraussetzung ist, daß wir uns in der Therapie so angenommen fühlen, wie wir sind. Carl Rogers, der Begründer der klientzentrierten Therapie, hat dies als unbedingte positive Wertschätzung bezeichnet. Ein kompetenter Therapeut spürt unsere Gefühle und erleichtert uns den Einstieg in schwierige Themen. Er wird uns kontinuierlich unterstützen, was bei Freunden oft nicht so einfach ist. Dennoch sind gute Freunde eine unschätzbare Hilfe, auch wenn sie oft nicht die nötige Erfahrung und Objektivität haben, um bei tiefgreifenden Problemen weiterzukommen. Man muß aber auch nicht das eine oder andere wählen. Sowohl Therapeut als auch gute Freunde sind wichtig und hilfreich, jeder an seinem Platz und zu seiner Zeit. Problematisch wird es allerdings, wenn der Therapeut sich nicht ganz auf uns einläßt; dann haben wir das Gefühl, der Zug ist ohne uns abgefahren.

Entschließen wir uns zu einer Therapie, um uns um unseren Wandlungsprozeß zu kümmern, sollten wir gut aufpassen, daß der Therapeut uns wirklich weiterhilft und nicht unter dem sogenannten ›Helfersyndrom‹ leidet. Solche ›Helfer‹ helfen uns höchstens aus ihrem eigenen Bedürfnis, nützlich zu sein. Sie sind ununterbrochen mit den Prozessen anderer beschäftigt, wodurch sie ihren eigenen Wandel erfolgreich umgehen. Oft sind sie so fürchterlich hilfsbereit, daß sie unsere eigenen Erfolge und Fehler gar nicht erst zulassen und uns immer im Weg stehen. Solche Therapeuten sind zwar meistens sehr nett, dafür aber umso weniger real. Liebevoll sein ist etwas ganz anderes als nett sein. Echte Liebe erfordert auch Grenzen; es ist manchmal notwendig, daß der Therapeut Grenzen zieht oder uns ›Dampf macht‹, damit wir weitermachen.

Manchmal fangen wir in der Therapie an zu ›schwimmen‹, und eine liebevolle, aber harte Konfrontation gibt uns vielleicht den nötigen Schock, um unsere Klarheit wiederzufinden. Konfrontation ist oft wichtig, um uns wieder auf den richtigen (Wandlungs-)Weg zu bringen. Wer ein schwaches Ego oder kein ausgeprägtes Gespür für sein psychologisches Selbst besitzt, hat die Chance, sich durch gesunde Abgrenzung zu schützen und seinen Platz in der Welt zu behaupten. Bei jeder Konfrontation steht man sich selbst oder etwas anderem Auge in Auge gegenüber und lernt, sich in dieser Beziehung zu fokussieren.

Meine Suche nach Gott führte mich einmal auf den Himalaya. Dort kam ich zu einem Lehrer in seiner Höhle. Ich warf mich vor ihm nieder und unterzog mich allen erforderlich Ritualen, um diesem heiligen Mann begegnen zu dürfen. Er schaute mich mit einem warmen Blick an – und schlug mir zweimal ins Gesicht. Mit einem breiten Lächeln im Gesicht und einem Lachen im Bauch sagte er: »So, jetzt bist du wach!« Ich war schockiert, ahnte aber trotzdem, daß diese ziemlich schmerzhafte Konfrontation die bis dahin größte Liebestat meines Lebens war. Diese Erfahrung brachte meine ganze Welt zum Einsturz und machte mich ehrlicher. Auch eine Therapie kann eine solche wichtige Konfrontation darstellen.

Im Anfangsstadium einer Therapie, wenn die Bewußtheit der Muster am aktivsten ist, kann man sich leicht vom Wandel überfordert fühlen. Doch je mehr wir auf die auftauchenden Probleme eingehen und uns auf den Heilprozeß einlassen, desto weniger bedrohlich wird der Wandel für uns. Manchmal fühlt man sich dazu getrieben, den Wandel so schnell wie möglich hinter sich zu bringen, das gibt sich jedoch, sobald wir den Wandlungsprozeß wirklich annehmen. Ironischerweise kann viel mehr gesunder Wandel stattfinden, wenn wir aufhören zu ›pushen‹ (anzutreiben). Sobald wir uns nicht mehr unter Druck setzen, stehen dem natürlichen Wandlungsprozeß alle Türen offen.

Die Natur der psychotherapeutischen Beziehung bringt es mit sich, daß eine stillschweigende oder auch ausgesprochene Vereinbarung getroffen wird, den Wandel zu fördern. Manche klassischen Therapien verstehen Wandel als eine Art Anpassung an die Gesellschaft; dem liegt die Theorie zugrunde, daß ›angepaßte‹ Menschen glücklichere und konstruktivere Mitglieder der jeweiligen Gesellschaft sind. Viele der neueren Therapien dagegen stellen die Bedürfnisse des einzelnen in den Vordergrund und betrachten Wandel als einen individualisierten Prozeß. Für sie ist nicht die Anpassung, sondern persönlicher Wandel, entsprechend den Bedürfnissen des einzelnen, das Ziel. Leider sind auch manche dieser Methoden genauso restriktiv wie die klassischen Therapieformen, oder anders ausgedrückt: Man wandelt sich zwar entsprechend seinen Bedürfnissen, aber dieser Wandel muß nach einer vorgeschriebenen Methode stattfinden. Die Mittel dieser Therapien sind nicht flexibel genug, um sich an individuelle Unterschiede und Lernweisen anzupassen. Deshalb machen auch diese Methoden Wandel nur innerhalb einer bestimmten Bandbreite möglich.

Die größte Behinderung bei fast allen Psychotherapieformen ist ein relativ naives Vertrauen in den Wandlungsprozeß. Es herrscht die weitverbreitete Überzeugung, daß man bloß den ›Regeln‹ des Begründers einer bestimmten Therapie folgen muß und sich dann gesunder Wandel automatisch einstellt. Das möchte ich allerdings bezweifeln.

Der Forscher Hans Strupp hat über zwanzig Jahre lang Daten gesammelt und festgestellt, daß Einsicht beim Wandlungsprozeß eigentlich nur eine sehr geringe Rolle spielt.* Nach Strupp ist die Beziehung zwischen Einsicht und Wandel gleich Null, es gibt also überhaupt *keine* direkte Verbindung. Diese Daten werfen die Frage

* Strupp, Hans: »Toward a Reformulation of the Psychotherapeutic Influence«, International Journal of Psychiatry, 3 (1973) 263-354

auf, wie nützlich Wandlungsarten sind, die auf Einsicht als Mittel zur Wandlung beruhen. Bei fast allen westlichen Psychotherapieformen, besonders in der klassischen Tiefenpsychologie, spielt Einsicht eine gewisse Rolle. Wieviel können sie dadurch bewirken? Strupps Forschungsergebnisse zeigen, daß die Freisetzung von Emotionen oder katharsische Methoden sehr viel wirkungsvoller sind, was ganz allgemein für solche Therapieformen gelten kann. Die meisten modernen Formen kombinieren beides, Einsicht und Katharsis, mit unterschiedlichen Gewichtungen. Meine eigene persönliche Forschung legt die Vermutung nahe, daß dann am meisten therapeutischer Wandel stattfindet, wenn die Therapiemethode dem existentiellen Stand des Klienten entspricht. Menschen, die sich hinter ihren Worten verstecken, können aus einer Gesprächstherapie kaum Nutzen ziehen. Für sie ist eine direktere Methode angesagt, z.B. Körpertherapie oder katharsische Arbeit. Andere wiederum, die sich einfach nur hinlegen und ihren Schmerz herausschreien wollen, brauchen viel Verständnis für ihre Gefühle, da sie sonst ihren Schmerz dazu mißbrauchen, einfach vor sich hin zu leiden und echten Wandel zu umgehen. Auch katharsische Arbeit ohne Körpertherapie kann gefährlich werden, da man sich dabei leicht von der physischen Realität entfernt. Manchmal ziehen sich Patienten in ihre frühkindlichen Gefühle zurück und schaffen es nie, diese in ihr Erwachsenendasein zu integrieren.

Wandel durch Lösungen

Wie viele andere Wandlungsarten unterstützen auch Psychotherapien einen Prozeß, den ich als *Wandel durch Konvergenz* bezeichne (siehe Abb. 49). Am Anfang steht das aktuelle Problem, z.B. Übergewicht, und wenn alles gut läuft, erreicht man ein bestimmtes Ziel, z.B. Gewichtsverlust. Dieses Ziel könnte auch körperliche und/oder geistige Gesundheit sein, Erfolg oder sogar Heiligkeit. Der Therapeut greift das Problem auf, verfolgt seine Geschichte und kommt schließlich an die Wurzel des Übels (Ätiologie); dadurch möchte er eine Besserung oder die Heilung der Krankheit erreichen. Die zugrundeliegende Idee ist, irgendwie ganz oder anpassungsfähig zu werden. Der Therapeut hilft uns entweder, uns an eine schwierige Situation anzupassen, unseren tiefsten Schmerz

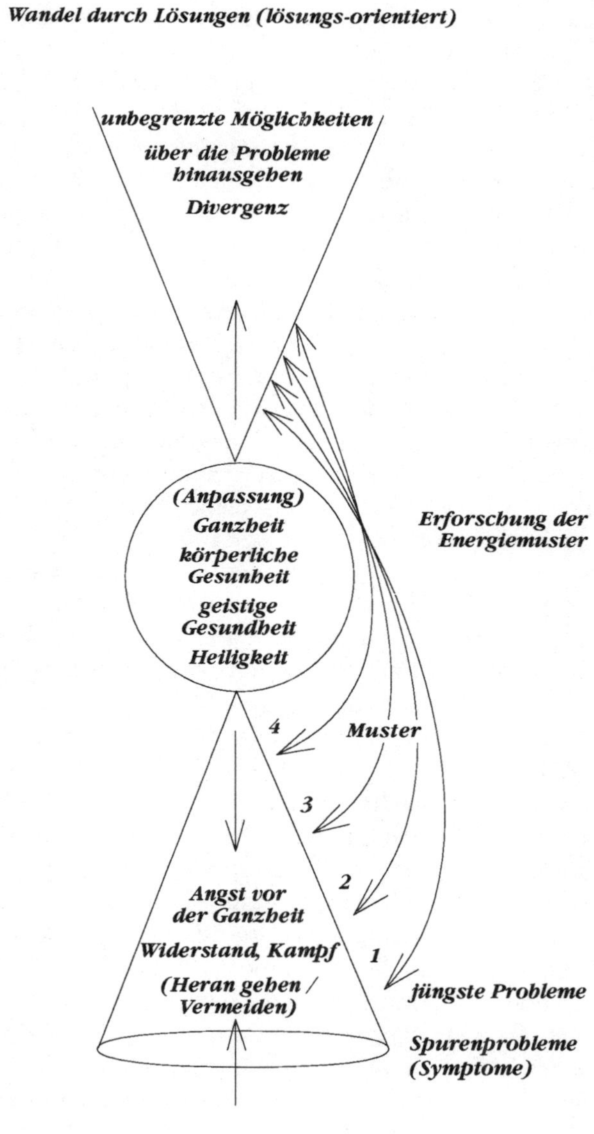

Abb. 49: *Wandel durch Konvergenz/Wandel durch Lösungen*

hinauszuschreien oder unsere unerledigten Gestalten zu Ende zu bringen, oder er gibt uns ›Streicheleinheiten‹, damit wir uns geliebt fühlen. Das alles kann bis zu einem gewissen Grad ganz nützlich sein.

Leider gibt des dabei auch einige ernstzunehmende Schwierigkeiten. Zum einen wird das aktuelle Problem oft zum Mittelpunkt der Therapie, wodurch mehr Energie in das Problem als in die Lösung gesteckt wird, was für den Wandel ein Hindernis darstellt. In der traditionellen Psychotherapie sind oft sowohl der Klient als auch der Therapeut davon überzeugt, daß das Konzentrieren auf das Problem auch die Lösung bringt; diese Hoffnung ist trügerisch. Es läßt sich zwar nicht umgehen, daß man dem Problem Beachtung schenkt, ich finde es allerdings sinnvoll, dies nur im Zusammenhang mit der Suche nach der Lösung zu tun. Der Energiefluß und damit auch gesunder Wandel werden nur gebremst, wenn man sich immer nur damit beschäftigt, welche Veränderungen früher nicht möglich waren, wie schwierig der Wandel wurde oder wie es hätte anders laufen können. Je mehr wir unsere Aufmerksamkeit auf die Lösung des Problems richten, desto mehr wird auch gesunder Wandel gefördert. Jemandem immer nur vorzuhalten, wie fett er ist, macht alles nur noch schlimmer, weil er wütend oder depressiv wird und in die Verteidigung geht.

Zweitens wird durch die Ausrichtung auf ein Ziel beim Wandel durch Konvergenz oft ein ›Leistungsdruck‹ geschaffen, was der Klient meistens nicht gebrauchen kann. Er hat die Erfahrung gemacht, daß Druck ein Ausdruck zerstörerischer Macht ist, um ihn dazu zu bringen, sich so und so zu benehmen. Deshalb öffnet eine zielgerichtete Therapie dem Widerstand oft Tür und Tor, wenn der Klient bespielsweise die Wut auf seine Eltern noch nicht verarbeitet hat. In der Therapie richtet sich dann diese Wut oft direkt oder indirekt gegen den Therapeuten, aber auch gegen den eigenen Wandlungsprozeß. Die Methode, die Eltern dadurch zu verletzen, daß man im Leben keinen Erfolg hat, ist weitverbreitet. Diese Widerstände können in einer guten Therapie aufgearbeitet werden, was allerding sehr zeitaufwendig sein kann und für einen gesunden Wandlungsprozeß nicht unbedingt nötig ist; in diesem Fall sind Therapieformen, die sich auf die Aufarbeitung dieser Widerstände konzentrieren, keine Wandlungshilfe mehr, sondern ein Wandlungshindernis.

Meine therapeutische Arbeit hat mich gelehrt, daß die meisten Menschen eine tiefsitzende Angst vor der Ganzheit haben, sie sind ›holophobisch‹. In einer Therapie wird diese Angst eigentlich nie angesprochen, weil sie nicht als Angst betrachtet wird. Fast alle Wandlungsarten gehen davon aus, daß wir gesünder, ganzer etc. werden wollen. Dieser Wunsch besteht auf einer bestimmten Ebene auch tatsächlich, sonst wären wir ja nicht in die Therapie gekommen. Doch auf der anderen Seite setzen wir aufgrund dieser Holophobie dem Wandlungsprozeß viel Widerstand entgegen.

Ganzsein heißt, jeden Kampf aufgeben, mit dem man sich selbst aus dem Weg geht und sich die Lebensfreude nimmt. Was tun wir eigentlich, wenn wir schließlich ganz und gesund sind? Was kommt, nachdem wir unseren Schmerz herausgeschrien, unsere Eltern mit Hilfe eines Kissens (imaginär) zu Brei geschlagen haben und unser Bedarf an Streicheleinheiten gedeckt ist? Bei vielen kommt die Angst vor der Leere oder dem Verlorensein auf, sobald sie sich nicht mehr mit ihren Problemen herumschlagen müssen. Das Leben erscheint langweilig, weil es kein Drama mehr gibt. Müssen wir deshalb immer wieder auf allen Ebenen Probleme schaffen, um uns zu beschäftigen? Die Beschäftigung mit all den Situationen, die uns anscheinend von der Ganzheit abhalten, ist ein Projekt ohne Ende. Irgendetwas findet sich immer als Ausrede. Durch die Angst vor der Ganzheit bauen sich in der Therapie und im Leben Widerstände auf. Widerstand ist ein in allen Therapieformen bekanntes Phänomen, wird aber oft nur mit der Angst vor den problematischen Gefühlen in Verbindung gebracht: nicht geliebt werden, von den Eltern im Stich gelassen werden, sexueller Mißbrauch etc. Diese Probleme existieren natürlich auf ihrer Ebene tatsächlich, und doch scheint etwas zu fehlen, nämlich die Einsicht, daß unser Widerstand gegen die Ganzheit nicht auf diesen Traumata beruht, sondern auf der Angst vor dem, was auf uns zukommt, wenn diese Traumata aufgelöst sind und wir uns nicht mehr an ihnen festhalten können.

Um die Begrenzungen des Wandels durch Konvergenz zu vermeiden, wird in der L.E.T. ein Prozeß eingesetzt, der sich *Wandel durch Lösungen* nennt (siehe Abb. 49). Dieser Prozeß sieht ein bestimmtes Problem als *Spurenproblem* für eine tiefergehende energetische Störung. In meinem Buch *The Wholeness Principle* (auf deutsch: *Lebensenergie*), habe ich aufgezeigt, daß ein Spurenproblem, z.B. Übergewicht, nicht nur eine tieferliegende psychische Basis hat (latentes Problem), sondern die lokale und topographische Manifestation eines dysfunktionalen Energieprozesses ist. Übergewicht deutet z.B. meistens auf Probleme mit den Energiegrenzen hin und beruht auf dem Festhalten von Wut- und Trauergefühlen und einem Mangel an Liebe (Zuneigung). Man hungert buchstäblich nach Liebe, bekommt sie aber nicht direkt und befriedigt seinen emotionalen Hunger ersatzweise durch Essen. Gesunde Wut, die zum Ausdruck gebracht wird, errichtet Abgrenzungen, so wie Traurigkeit Sensibilität fördert. Werden diese Gefühle zurückgehalten, verlieren wir an unseren Grenzen unser klares Gespür für das, was gut bzw. schlecht für uns ist. Und wenn wir nicht spüren, wann es genug ist, wann die Grenze erreicht ist, essen wir zuviel.

Auch der Wandel durch Lösungen sucht nach Energiemustern (Bewußtheit der Muster) in den verschiedenen Spurenproblemen, um die ihnen zugrundeliegende Energiestörung ausfindig zu machen. Ein Muster ist oft die Ursache für mehrere Spurenprobleme, z.B. Übergewicht, sexuelle Unlust, kein befriedigender Job etc.

Der wichtigste Teil des Wandels durch Lösungen besteht darin, die Einstellung des Klienten zur Ganzheit aufzudecken. Wir stellen die Frage: Was passiert, wenn es kein Problem mehr gibt? Ist der Klient überhaupt fähig, die daraus folgenden Konsequenzen zu akzeptieren: geliebt zu werden, erfolgreich zu sein, physisch und emotional gesund zu sein? Ist der Klient ehrlich, lautet die Antwort fast immer ›Nein‹.

Die Life Energy Therapy geht davon aus, daß wir an unseren Spurenproblemen (und ihren tieferen Ursachen) festhalten, um die Ganzheit mit all ihren Konsequenzen zu vermeiden. Der große Vorteil des Wandels durch Lösungen liegt darin, daß er Energie in die Ganzheit selbst investiert und nicht in einen Kampf gegen die Probleme mit dem Ganzwerden; dies verstärkt nur das Problem, weil es sehr wichtig genommen wird. Der Klient wird bedeutend wegen seines Problems, verliert er also mit dem Problem auch die Bedeutung?

Ich habe oft Klienten, die sich klar darüber werden, was bei ihnen und in der Welt schiefläuft – und genau an dem Punkt hängen sie fest. Sie sind die neuen Kritiker der *conditio humana*, weil sie ihre eigenen Schwächen und Mängel erkennen, sie aber nicht mögen. Ihr eigenes Leben anzuschauen, ohne alle anderen zu richten und abzuurteilen, bereitet ihnen große Angst, denn dies setzt eine Bereitschaft zum wirklichen Nachforschen und ein offenes Herz voraus.

Das über das Problem hinausgehende Lösungsdenken hat noch einen weiteren Vorteil: Wir bleiben nicht im Selbstmitleid stecken. Uns sind ein paar mehr oder weniger schlimme oder auch schmerzhafte Dinge widerfahren. Dahinter steckt vielleicht eine wichtige Botschaft, die leicht übersehen werden könnte, wenn wir nur auf der psychischen Ebene bleiben. Als Kind wurden wir vielleicht allein gelassen. Sind wir dieser negativen Situation – abgesehen von den damit verbundenen sehr realen Wut- und Angstgefühlen – nicht inzwischen entwachsen? Vielleicht war das Verlassenwerden unter den damaligen energetischen Bedingungen für uns die einzige Möglichkeit, unabhängiger zu werden und unseren Willen aufzugeben; es ist durchaus möglich, daß es unter diesem Aspekt betrachtet sogar das wichtigste Erlebnis war!

In der L.E.T.-Arbeit fangen die interessantesten Prozesse dann an, wenn wir die Probleme des Alltags hinter uns gelassen haben. Das Konzentrieren auf neue Möglichkeiten macht gesunden Wandel leichter, denn der Weg zu Wachstum und Evolution liegt dadurch für uns nicht länger im Dunkeln.

Kapitel XII
Tips für erfolgreichen Wandel

Am erfolgreichsten verläuft der Wandel, wenn wir ihn als einen Erfahrungsprozeß betrachten. Wandel muß gelebt werden! Worte und Ideen alleine sind nicht genug, wir müssen uns mit Haut und Haaren darauf einlassen. Je tiefer wir einsteigen, desto besser begreifen wir, daß die ganze Welt auf einem Netzwerk von Wandlungsmöglichkeiten aufbaut. Je klarer wir diese Chancen wahrnehmen, desto erfolgreicher wird unser Wandel.

›Außergewöhnliche‹ Wandlungsbewegungen passieren oft an ganz gewöhnlichen Durchschnittstagen. Plötzlich fühlt man sich anders, lebendig und voll da, und weiß eigentlich nicht so recht warum. Was ist an diesen Bewegungen so besonders? Weniger das, was wir tun als vielmehr, wie wir es tun. Bei jedem Überschreiten einer Wandlungsgrenze wird Energie freigesetzt, ähnlich wie man nach langen leidvollen Jahren in einer stagnierenden Beziehung in einer neuen Partnerschaft zu neuem Leben erwacht.

Damit Wandel noch spannender wird und der evolutionäre Wandel länger aufrecht erhalten werden kann, habe ich im folgenden, nach Wandlungsphasen geordnet, eine Reihe von Punkten aufgelistet, die helfen können, uns über unseren jeweiligen ›Wandlungs-Stand‹ klar zu werden:

Die Seinsphase

Im Mittelpunkt der Seinsphase steht das Kennenlernen der Stille. Nichts anderes zeigt uns so genau, was an unserem Wandel noch nicht zu Ende geführt worden ist.

1. Die Erfahrung fühlen

In erster Linie ist Wandel eine persönliche Erfahrung. Durch ihn kommen wir mit Empfindungen, Gefühlen und Emotionen in Berührung, die uns in jedem Augenblick Hinweise auf unsere existentielle Beziehung mit uns selbst und unserer Umwelt geben. Wenn wir den Wandel fühlen, anstatt über ihn zu reden oder ihn zu planen, eröffnet sich uns eine ungeahnte Welt der Möglichkeiten. Es wird Zeiten geben, da wir das All-Ein(s)-Sein spüren, in dem wir uns selbst als Ganzes betrachten müssen. Dieses Alleinsein empfinden wir oft als Einsamkeit, weil wir vom Kontakt mit anderen abhängig sind.

Alleinsein zwingt uns, die endlose energetische Weite des Wandels zu erleben, eine Zeit und einen Ort der Stille, bevor andere Einflüsse auftauchen. Wir müssen still werden, um die nächste wichtige Energiebewegung in unserem Leben spüren zu können. Der Friede mit sich selbst ist wie eine warme Dusche vor dem Hinausgehen in die manchmal kalte weite Welt. Das Erleben dieses Gefühl des Friedens und der Stille im Nichts macht es uns möglich, den Wandel in seiner ganzen Fülle zu erfahren.

Jede Wandlungsangst sollten wir genau anschauen. Diese Konfrontation bringt den Energiefluß wieder in Gang, während das Beiseiteschieben der Angst diesen Fluß einengt. Angst wird zur Erregung, wenn wir die Grenzen des Wandels überschreiten und in seine Möglichkeiten einsteigen. Was ist es für ein Gefühl, seine alten Kämpfe und Probleme hinter sich zu lassen? Wie frei wäre das Leben, wenn wir es radikal wandeln würden! Jetzt ist die Zeit, damit anzufangen!

2. Voll bewußt sein

Jedes Gefühl und jedes Verhaltensmuster sagt etwas über unseren Wandel aus. Vor allen die Verbindung zwischen dem, was wir tun und wie wir es tun, ist sehr interessant.

Schieben wir unangenehme Aufgaben gerne auf, bis der Tag vorbei ist? Wie gehen wir beim Geschirrspülen vor? Die kleinen Einzelheiten lassen oft wichtige Rückschlüsse auf unser Wandlungsverhalten zu. Wir sollten aufmerksam beobachten, welche Dinge wir mit Begeisterung tun und welchen wir aus dem Weg gehen.

Wie verlieren wir die Bewußtheit? Büchsen wir dadurch aus, daß wir unsere Wahrnehmung ›ausblenden‹ oder tun wir fürchterlich beschäftigt, um Kontakt zu vermeiden? Viele Menschen versuchen, ihre Emotionen zu umgehen, um ihre Gefühle nicht ausdrücken zu müssen. Das Bewußtwerden dieser Blockaden ist bereits der nächste Schritt im Wandlungsprozeß.

Je intensiver und extensiver wir bewußt wahrnehmen, desto weiter wird unser Wandlungshorizont. Bewußtbleiben baut ein Wahrheitsfeld auf, in dem wir mit der Zeit leben können. Bewußtheit ohne Verhaftung an die Menschen und Dinge, die für unser Wachstum und Wohlbefinden wichtig sind, verstärkt deren positiven Einfluß.

3. Sich einen Überblick verschaffen

Wir sollten uns die Zeit nehmen, ein möglichst vollständiges Bild unseres Lebens zu entwickeln. Ein solcher Überblick ist notwendig, um erkennen zu können, wie der einzelne Wandlungsprozeß ins große Ganze paßt. Wir können ein großes Stück Papier nehmen und die wichtigsten Bereiche unseres Lebens darauf zeichnen, z.B. persönliche, zwischenmenschliche, berufliche etc., und zwar wie sie sich überlappen. Welchen Bereich malen wir zuerst, welcher ist der größte? Es kann passieren, daß es uns wie Schuppen von den Augen fällt. Unser Leben mit seinen Prioritäten liegt direkt vor unseren Augen. Sind einzelne Teile des Lebens von anderen isoliert? Dann ist in diesen Bereichen Wandel wahrscheinlich schwierig. Geben wir uns z.B. große Mühe, notwendige Veränderungen in unserer Beziehung zu ›übersehen‹?

Jetzt können wir daran gehen, die für uns wichtigen Menschen in die einzelnen Bereiche einzuzeichnen, gegebenenfalls mit den entsprechenden Energiebögen; wenn der Energieaustausch in beide Richtungen stattfindet, können beide Bögen eingezeichnet werden. Unbeständiger Wandel wird durch eine gestrichelte Linie dargestellt. Anbei ein Beispiel (Abb. 50).

4. Was macht mich einzigartig?

Jeder Wandlungsprozeß ist etwas Einzigartiges, und deshalb ist auch jeder Mensch als eine Konstellation von Wandlungsprozessen einzigartig. Deshalb macht es wenig Sinn, sich immerzu mit anderen zu identifizieren und deren Wandel nachzuahmen. Niemand hat genau die gleiche Energie, die gleichen Möglichkeiten und Grenzen wie wir.

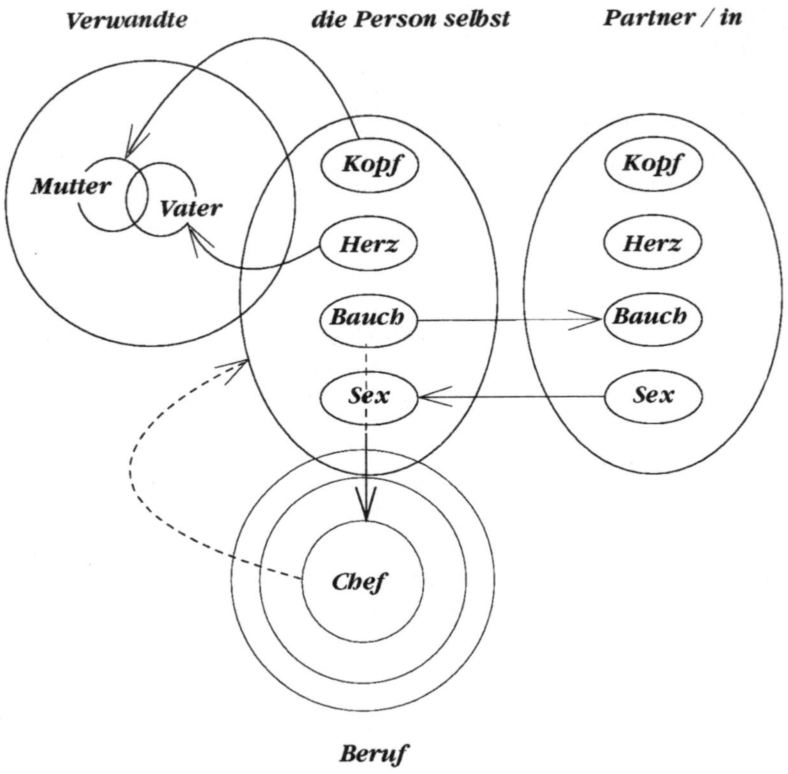

Abb. 50: *Lebensübersicht*

Wir müssen unsere Einzigartigkeit zu schätzen wissen, um unseren Wandel besser unterstützen zu können. Was macht uns also einzigartig? Welche Talente? Es ist sinnvoll, eine Liste anzulegen und in verschiedenen Spalten unsere Stärken und Schwächen niederzuschreiben. Die unterschiedlichen Qualitäten müssen nun mit unserem Wandel in Verbindung gebracht werden. Welche Fähigkeiten waren früher nützlich, und wie können sie uns in Zukunft helfen?

In einem spirituellen Sinne ist unsere Einzigartigkeit eine Manifestation unseres Weges zur Ganzheit. Die einzelnen Lernerfahrungen entlang dieses Wegs sind Teil unseres einzigartigen Prozesses. Wenn wir richtig einschätzen können, was in uns für oder gegen den Wandel arbeitet, sind wir eher in der Lage, unser

Wachstum zu unterstützen und Wandlungsprobleme in Grenzen zu halten.

5. Sich auf die Ganzheit fokussieren

Anstatt unser Leben an Wandlungsprozessen auszurichten, die schiefgelaufen sind, sollten wir die erfolgreichen und nützlichen Prozesse in den Brennpunkt unserer Aufmerksamkeit stellen. Selbst aus einem klitzekleinen Erfolgserlebnis können wir das Wandlungsprinzip ›herauskitzeln‹, das für uns gewirkt hat. Durch die bereits besprochene Bewußtheit der Optionen können wir einen Weg finden, wie dieses Prinzip auf andere Wandlungszyklen angewendet werden kann. Die ›Phole-Bewußtheit‹ hilft uns, die Ganzheit nicht aus den Augen zu verlieren, wenn wir die Teile unseres Lebens, die weniger ganz sind, verändern wollen. Und wenn wir das Bewußtsein für das Ganze doch einmal verlieren sollten, kehren wir einfach zum Gefühl der Ganzheit zurück, ohne unser Verhalten zu verurteilen.*

Mit ›halben Portionen‹ sollten wir uns nicht mehr zufrieden geben, sonst werden wir nie das bekommen, was wir wollen. Gestern war ein bißchen Liebe noch genug für uns, aber heute wollen wir mehr. Es kann gut sein, daß wir dazu unser Interesse nicht mehr ausschließlich auf einen Partner konzentrieren dürfen, der unsere Bedürfnisse nicht ausreichend befriedigt, damit wir auf jemanden zugehen können, der dazu fähig ist.

Seien wir realistisch, was den Wandel angeht! Ein hohes Maß an Ganzheit wird nicht von heute auf morgen erreicht. Die Wandlungsarbeit muß *beständig* Richtung Ganzheit gehen, sonst wird gesunder Wandel auf ein Minimum reduziert.

6. Bedürfnisse annehmen

Schließen wir für einen Augenblick die Augen und spüren wir unseren Bedürfnissen nach. Was macht uns glücklich und bereichert unser Leben? Welche Lebensweise paßt am besten? Wenn wir ehrlich sind, ist es gar nicht so schwer, direkt unsere Bedürfnisse zu

* Körperarbeit wie Life Energy Therapy (L.E.T.) hilft, die Ganzheit im Körper zu spüren.

äußern. Viele Menschen stehen nicht zu ihren Bedürfnissen und ihrem direkten Ausdruck. Wir müssen aussprechen, was wir brauchen, dann ist die Hauptarbeit bereits getan.

Bei jedem Erforschen der eigenen Bedürfnisse dringen wir in immer tiefere Ebenen unseres Selbst vor. Oberflächliche Bedürfnisse werden mit der Zeit essentielleren Platz machen, so wie das Bedürfnis nach persönlicher Liebe sich im Laufe der spirituellen Evolution oft zu einer Sehnsucht nach transpersonaler Liebe entwickelt.

Wir können unsere Bedürfnisse wieder auf ein Blatt Papier schreiben, nach Prioritäten geordnet, und herausfinden, welche für uns am wichtigsten sind, ohne sie zu analysieren. Hat sich das Gewicht im Laufe der Jahre verlagert? Welche Bedürfnisse schieben wir am weitesten von uns weg und warum? Werden wir auch des Wandlungsprozesses besser gewahr, wenn wir die Bedürfnisse identifizieren, die mehr Aufmerksamkeit brauchen? Es ist wichtig zu verstehen, *wie* wir unsere Bedürfnisse verdrängen, und uns fest vorzunehmen, sie in Zukunft anzunehmen.

Wir sollten ganz besonders auf die sogenannte ›Hilfsbedürftigkeit‹ achten, da viele dieser ›Bedürfnisse‹ auf Abhängigkeitsproblemen beruhen. Genauso kann die Tatsache, daß wir nie jemanden brauchen, unsere Angst vor Abhängigkeit ausdrücken. Weder ungesunde Abhängigkeit noch die gegenteilige Gegen-Abhängigkeit sind gesundem Wandel förderlich.

Das Bedürfnis nach Geld wird oft heruntergespielt oder übertrieben. Geld ist eine Manifestation des Energieflusses. Wenn wir nur wenig Geld zum Überleben brauchen und uns am Rande des Existenzminimums wohlfühlen – na gut. Oft erzeugt der Wunsch nach mehr Geld jedoch Schuldgefühle, als würde damit eine innere Gier zutage treten. Wird das direkte Bedürfnis nach Geld verdrängt, erfinden wir meist indirekte Wege, doch noch an Geld zu kommen. Aufgepaßt bei Leuten, die nicht gleich damit herausrükken, was eine Dienstleistung oder ein bestimmtes Produkt kostet, sie verstecken ihre Bedürfnisse oft hinter einer diffusen Unsicherheit. Vielleicht gehören wir zu der Gruppe von Menschen, die durch ›Geldmachen‹ den Wandlungsprozeß und den Energiefluß kennenlernen. Stehen wir nicht zu unserem Wunsch nach einem besseren finanziellen Status, blockieren wir auch einen Großteil unseres gesunden Wandlungsprozesses.

Auf der anderen Seite müssen wir vielleicht lernen, mit weniger Geld auszukommen oder in Bezug auf andere Leute verantwortlicher mit Geld umzugehen. Horten wir Geld, anstatt es an andere zu geben, die es dringend benötigen, z.B. Obdachlose, Kriegsflüchtlinge oder hungernde Kinder?

Probleme im Umgang mit Geld haben mit dem Selbstwertgefühl zu tun, mit Realitätssinn, Großzügigkeit oder Verantwortung. Das Geld an sich ist nie das eigentliche Problem. Es ist vielmehr die Verknüpfung von Wohlbefinden und Geld oder von Überleben und Armut, die den Wandel zum Stillstand bringen. Wenn wir fähig sind, genug Geld zu haben, um unsere physischen Bedürfnisse zu befriedigen und es entsprechend auszugeben, werden wir nie ernsthafte Geldprobleme haben.

7. Den inneren Lehrer unterstützen

Je mehr wir über den Wandlungsprozeß lernen, desto größere Spezialisten werden wir in eigener Sache. Niemand anders kennt uns so gut wie wir selbst, besonders wenn wir uns die Zeit nehmen, einmal genau hinzuschauen. Viele Menschen halten dafür nach einem Lehrer Ausschau, doch unser bester Lehrer sind wir selbst. Auf einer bestimmten Ebene wissen wir ganz genau, wie wir den Wandel blockieren, also müssen wir auch wissen, wie diese Blockaden aufzuheben sind.

Man sollte einmal beobachten, wie Ameisen immer wieder ihren Weg aufnehmen, auch wenn sie wiederholt in ihrer Wanderung gestört worden sind. Unser innerer Lehrer ist der Teil unseres Bewußtseins, der uns, wenn wir einmal vom Weg abkommen, immer wieder unsere Ganzheit ins Gedächtnis ruft und uns wieder in die richtigen ›Bahnen‹ lenkt.

Sind wir einmal im Zweifel, weiß unser innerer Lehrer die gerade gültige Wahrheit. Je mehr wir uns auf dieses innere Wissen verlassen, desto genauer werden unsere Fragen beantwortet. Über den Wandel nachzudenken mag ganz nützlich sein, sich an den inneren Lehrer zu wenden ist jedoch sicherer und auf lange Sicht effektiver, denn er ist frei von persönlichen Variablen, wie z.B. Angst oder Zweifel, die so oft auf unserem Wandlungsweg Verwirrung stiften. Der innere Lehrer steht mit dem universellen Bewußtseinsfeld in Verbindung, das uns ständig Botschaften über die nächsten Schritte vermittelt. Hören wir auf diesen Führer, liegt eine Welt voller Informationen in Reichweite; wir müssen nur noch die Hand danach ausstrecken.

8. Bereitsein für den Wandel

Das Leben ist ein Bewußtseinstraining. Je mehr wir für den Wandel bereit sind, desto mehr gesunder Wandel kann geschehen. Wir sollten unseren Körper für die Wandlungsbotschaften ›empfangsbereit‹ halten und uns ausreichend Schlaf und Ruhe gönnen. Es gibt bestimmt eine geeignete Übungsform, die uns fithält, unsere geistige Wachheit fördert und uns ›wandlungsfähiger‹ macht. Alkohol und Milchprodukte desensibilisieren und vernebeln unsere Wahrnehmungsfähigkeit und sollten nur in geringen Maßen genossen werden. Auch übermäßiger Fleischkonsum ist schädlich, da er zu einer energetischen Überladung führt und gleichzeitig träge macht. Vorsicht ist auch bei Süßigkeiten, Salz und anderen ›Stimulantien‹ geboten; sie drücken das Energieniveau, wenn der anfängliche Schub nachläßt.

Seien wir darauf gefaßt, daß Wandel, besonders bedeutender Wandel, ganz spontan und unerwartet geschehen kann; das entspricht der Natur des Chaos. Die Chaostheorie der Physik besagt, daß neue Informationen dann optimal sind, wenn die alte Ordnung in Frage gestellt oder erschüttert wird. Das Verstehen des Lebens als einen beständigen Wandel mit einer festgelegten, aber nicht vorhersehbaren Ordnung bereitet uns besser auf die Möglichkeiten des Wandels vor und vermindert gleichzeitig Beschränkungen.

Eine weitere wichtige Variable bei unserer ›Wandlungswilligkeit‹ ist die Liebe. Die Fähigkeit, Liebe zu geben und anzunehmen, stellt einen lebendigen Energieaustausch dar, der für ein gesundes Selbstwertgefühl, Offenheit und Seelenfrieden sehr wichtig ist. Geliebtwerden schenkt uns Trost und Geborgenheit.

Die Einflussphase

Selbst der allerkleinste gesunde Wandlungsprozeß schafft bzw. verstärkt Ganzheitsmuster und erhöht die Wahrscheinlichkeit, daß auch in Zukunft der Wandel seinen Lauf nimmt. In der Einflußphase werden innere und äußere Einflüsse wahrgenommen; macht man sie sich ganz bewußt, erweitern sie gesunde Wandlungsmöglichkeiten und bauen Grenzen ungesunden Wandels ab.

1. Wie fängt der Wandel an?

Wir sollten aufmerksam darauf achten, welche Erfahrungen und Situationen mit Menschen und Dingen uns unseren Einstieg in den Wandel erleichtern. Manchmal liegen einzelne Teile von uns miteinander im Krieg. Zwischen politischen Zwistigkeiten und persönlichem Kampf gibt es eine Menge Parallelen. Vielleicht wünschen wir uns mehr Liebe, setzen dieser Liebe von anderen aber aus Angst vor Verletzungen Widerstand entgegen – und schon sind wir mitten auf unserem inneren Kriegsschauplatz! Oder unsere weibliche Yin-Seite liegt mit der männlichen Yang-Seite im Clinch. Wir wollen uns in unserer Beziehung nicht hingeben (Ying), also kämpfen wir statt dessen (Yang).

Wir sollten beobachten, wie sich Wandlungszyklen entwickeln, vor allem am Anfang, wenn aus der Ruhe und Stille plötzlich eine neue Bewegung entsteht. Warum stehen wir plötzlich spontan auf und werden nach einer langen Ruhephase wieder aktiv? An welchem Punkt wird ein ruhiger Arbeitstag plötzlich chaotisch? Was hat den Wandel ausgelöst? Physiker sind der Meinung, daß das Chaos dann ausbricht, wenn ein Punkt der Ähnlichkeit erreicht wird. Wird das Leben langsam langweilig?

Wann und wo kommen wir in unserem Leben an einen solchen Punkt? Wo häufen sich diese Schwellen? Kyo-Ruhephasen lösen ziemlich viele chaotische Situationen aus, um die zurückgehaltene natürliche Spannung zu entladen. ›Brüten‹ wir anstehende Entscheidungen vielleicht gar zu lange aus? Dann kann es uns passieren, daß wir hinterher dafür ziemlich schnell reagieren müssen.

Es besteht ein klarer Unterschied zwischen impulsivem und spontanem Wandel, auch wenn sie auf den ersten Blick gleich aussehen. Spontaner Wandel ist das Ergebnis organischer Reaktionen auf innere und äußere Einflüsse, wogegen impulsiver Wandel dann stattfindet, wenn diese natürlichen Reaktionen, z.B. Wut oder Liebe, unterdrückt werden und sich dann mit Gewalt einen Weg nach außen suchen, wie bei einer Explosion. Wenn wir uns gedrängt fühlen, etwas zu verändern, steckt dahinter wahrscheinlich ein impulsiver Wandlungsprozeß. Auf diese anfänglichen impulsiven Tendenzen sollten wir nicht reagieren, sondern sie lieber eine Weile beiseite legen, tief durchatmen und aufpassen, was von der Bewegung übrigbleibt. Dieses zentriertere Gefühl ist dann spontan.

2. Alles in Energiesprache übersetzen

Jeder Wandlungsprozeß ist ein Energieprozeß. Wenn wir alles, was wir sehen, fühlen und tun, in die Energiesprache übertragen, können wir viel schneller etwas über den Wandel im allgemeinen und unseren eigenen Wandlungsprozeß im besonderen lernen.

Es hat sich als nützlich erwiesen, Energieprozesse in Yin- und Yang-Manifestationen zu beschreiben. Yin-Prozesse sind eher offen, flexibel und nichtlinear, Yang-Prozesse haben mehr Struktur, Fokus und sind linear ausgerichtet. Yin/Yin-Prozesse sind extrem ›yinnig‹ und daher zu lose, unklar und kollapsanfällig; Yang/Yang-Prozesse dagegen werden starr, übergenau und mechanisch.

Wie fühlen wir uns morgens beim Aufstehen? Wie ist unser Gefühl für den Tag, fängt er stabil (Yang) und angenehm (Ying) an? Diese ersten Schritte sind einleitende Energieprozesse, die die Tendenz des ganzen Tages in sich tragen. Genausogut kann es passieren, daß ein schwieriger Tag (Yin/Yin oder Yang/Yang) sich z.B. nach einem wichtigen Anruf ›zum Guten wendet‹; oft ist dafür weniger das ausschlaggebend, was gesagt wurde, sonder eher das Wie, das uns ein Gefühl des Akzeptiertseins vermittelt (Yin); das wiederum läßt uns offener werden, und danach fließt die Energie wieder leichter.

Wir sollten dabei allerdings nicht ins Extrem verfallen und alles mit einem Yin- oder Yang-Etikett versehen. Je mehr wir mit den Yin- und Yang-Prozessen vertraut werden, desto bewußter können wir sie als natürliche Energiebewegungen wahrnehmen. Etikettieren ist dann überflüssig.

3. Botschaften beachten

Je bewußter wir mit dem Wandel umgehen, desto leichter empfangen wir auch die Botschaften, die er uns ständig schickt. Wir sollten diese Signale konstruktiv nutzen, damit gesundheitliche Probleme wie Herzanfälle und Krebs gar nicht erst auftauchen. Was bedeutet für uns die einzelne Botschaft? Warum habe ich heute Herzschmerzen? Ist zuviel Streß oder zu wenig Ruhe daran schuld? Sind wir vielleicht traurig, weil gerade eine Beziehung zu Ende geht? Es ist wichtig, sich Zeit für seine Gefühle zu nehmen und sie einem guten Freund oder einem Therapeuten anzuvertrauen.

Botschaften, die wir überhören, verschwinden nicht einfach, sondern äußern sich das nächste Mal drastischer. Immer wieder auftretende Schmerzen oder schlimme Träume sind ernstzunehmende Warnsignale, daß wir diese Botschaften, die für unsere Gesundheit und unser spirituelles Wachstum so wichtig sind, überhört haben. Das nächste Mal sollten wir sie besser beachten.

Wenn die Botschaften an Bedeutung zunehmen, ist ein bißchen Struktur, z.B. eine Prioritätenliste, eine sinnvolle Orientierungshilfe. Die Botschaften, die nicht bei uns ankommen, sollten vorrangig sein und mit mehr Aufmerksamkeit bedacht werden, denn sie führen uns oft zu einem Wendepunkt in unserem Leben.

4. Die nächsten Schritte erforschen

Wandel folgt einem geordnetem, wenn auch nichtlinearem Weg zurück zur Ganzheit, den ich als *progressive Essenz* bezeichne; diesem Weg folgen viele organische Behandlungsmethoden, wie z.B. Homöopathie und Akupunktur, die uns zu immer weiter zurückliegenden Heilkrisen bzw. Krankheiten führen.

Progressive Essenz ist ein Prozeß, der uns auf unserem Weg zu immer grundlegenderen Ganzheitsfragen führt. Personalwechsel am Arbeitsplatz z.B. kann eine Kettenreaktion in Gang setzen, an deren Ende als Kernproblem das Mißtrauen gegenüber dem Partner zum Vorschein kommt.

Zum Beschleunigen dieses Prozesses ist die Methode der *Process Inquiry* (Prozeß-Erforschung) sehr hilfreich.* Sie hinterfragt die

* Näheres dazu in meinem Artikel »Process Inquiry«

jeweiligen Problemsituationen oder -gefühle und forscht nach, welche Prozesse dazu geführt haben. Was steckt hinter dem Problem? Wieso geraten wir immer wieder in die gleichen Situationen? Welche Emotion folgt auf ein bestimmtes Gefühl?

Im folgenden ein typisches Beispiel für eine Prozeßerforschung:

Die Situation: Probleme in der Beziehung
Stèphano: Was erreichst du durch dein Problem?
Klient: Nichts.
Stèphano: Oberflächlich gesehen vielleicht nichts. Aber wie sieht es aus, wenn du etwas tiefer schaust?
Klient: (Pause). Wir kämpfen weiter.
Stèphano: Wie fühlst du dich dabei?
Klient: Ich fühl mich stark.
Stèphano: Und was würde passieren, wenn du nicht kämpfst?
Klient: Ich weiß nicht, ob ich dann meine Stärke noch spüren würde.
Stèphano: Das heißt also, daß du, wenn du nicht mehr so viel kämpfen würdest, dich vielleicht damit auseinanderstetzen müßtest, nicht mehr stark zu sein?
Klient: Kein Wunder, daß es für uns so schwierig ist, das zu ändern.
Stèphano: Wie könntest du dieses Muster verändern?
Klient: Ich könnte versuchen, meine Schwäche besser kennenzulernen.

Die Prozeßerforschung hilft uns, dem Wandel neue Türen zu öffnen, auch solche, die seit Jahren anscheinend fest verschlossen waren. Man sollte die Prozeßerforschung mit einigen Beispielen einüben, dann sieht man, wie einfach man mit dem Wandel weitermachen kann, auch wenn eine Blockade im Weg zu stehen scheint.

Die Ausdehnungsphase

Die Ausdehnungsphase ist der Schlüsselprozeß; in dieser Phase können Energiewellen aufgebaut werden, sich verstärken und stabilisieren, so daß der Wandel weitergehen kann.

1. Erregung wachsen lassen

Je mehr Fortschritte wir im Wandel machen, desto spannender und erregender wird der Prozeß. Vor diesem erregenden Gefühl haben viele Menschen Angst, weil sie gelernt haben, sich nur mit einer begrenzten Energieintensität zu identifizieren, so daß jedes Überschreiten dieses Niveaus ihre Identität in Frage stellt.

Angst ist kontrahierte Erregung. Je mehr wir sie zulassen, ohne die Angst vor dem Identitätsverlust zu verdrängen, desto mehr Lebensfreude, Erfolg und Emotionen können wir zulassen.

Mehr Energie führt auch zu kreativerem Wandel. Eine einfache Methode, die unsere Kreativität verstärkt, ist das *A plus B-Denken.* Ein Problem hat z.B. zwei Seiten oder zwei Lösungsmöglichkeiten, A und B. Anstatt einen Konflikt zwischen diesen beiden Alternativen oder eine künstliche Entscheidung herbeizuführen, sollten wir einmal das große Potential anschauen, das wir haben, wenn beide Elemente zusammenkommen.

Um die beiden Seiten einer Dualität positiv nutzen zu können, ist nichtlineares Denken und Handeln nötig. A will z.B. eine neue Beziehung, B möchte die alte Beziehung fortführen. Durch eine A plus B-Lösung könnte die Stabilität und Reife der alten Beziehung (B) wieder spannend und aufregend werden (A). Durch das Entdecken solcher nichtlinearen Möglichkeiten kann fast jeder Wandlungsprozeß unsere Entwicklung noch spannender machen. Wir werden immer flexibler und können dadurch auch wirklich schwierige Probleme lösen; irgendwann ist das sogenannte Problem dann kein Problem mehr, sondern eine Herausforderung, der wir begeistert begegnen, um unsere Kreativität zu testen.

2. Dabeibleiben

Wandel, der einmal in Gang gesetzt wird, muß die Chance haben zu wachsen. Was wir irgendwann einmal angefangen haben, sollten wir auch durchziehen. Wenn Zweifel auftauchen, können sich die Prioritäten verschieben, aber das Wachstum muß dabei immer im Brennpunkt stehen. Zweifel sind meistens die Folge unserer Angst vor dem Wandel; dieser Angst müssen wir uns stellen, um das erregende Gefühl des Wandels zu entdecken und in Bewegung zu bleiben. Erfolg ist, was folgt!

Bei diesem Prozess sollten die Gefühle nicht auf der Strecke bleiben. Der ständige Kontakt mit unseren Emotionen beim Auf und Ab des Wandels ist wichtig. Auf dem Weg zu unserem Selbst lassen wir viele Identitätsgrenzen hinter uns; um mit dem Wandel bis zum Ende gehen zu können, müssen wir uns selbst als Prozeß mit zu vielen fixen Referenzpunkten begreifen, denn wenn wir uns nicht an Vorstellungen und Bilder über uns selbst klammern, ist mehr Wandel möglich.

3. Lasse ich mich wirklich ein?

Oft lassen wir uns zwar auf den Wandel ein, verlieren aber bald die anfängliche Begeisterung. Es ist hilfreich, an diesem Punkt zu erforschen, wie tief das Interesse wirklich geht, um späteren Enttäuschungen vorzubeugen und im Wandel ehrlich und integer zu bleiben.

Vertrauen: Vertrauen zu sich selbst zu fassen, ist ein wichtiger Aspekt des Wandels. Im wesentlichen bedeutet dies, sich dem Wandlungsfluß anzuvertrauen und sich selbst als Teil dieses Flusses zu begreifen. Trauen wir uns den Wandel noch zu? Vertrauen in den Wandel ist nur möglich, wenn wir auch in schwierigen Phasen dabeibleiben; in Situationen, in denen der natürliche Energiefluß blockiert ist, verlieren wir schnell das Vertrauen. Wir können uns nicht auf etwas verlassen, das nicht mehr ganz ist. Und wir können uns nicht mehr auf uns selbst verlassen, wenn wir dem Wandel gegenüber eine zwiespältige, unklare Haltung einnehmen. Wir müssen ganz und gar auf seiner Seite stehen, wenn er erfolgreich sein soll. Je mehr wir uns darauf einlassen, selbst im kleinsten Detail, desto leichter können wir uns selbst vertrauen.

Unterstützung: Unterstützen wir unseren Wandel? Eine Art Unterstützungssystem wäre dafür ganz hilfreich. Man kann z.B. Freunden und Verwandten von seinem Wandlungsprozeß erzählen, wenn sie dafür aufgeschlossen sind. Sie können neue Ideen und hochkommende Emotionen wie eine Art Resonanzkörper verstärken. Auf der anderen Seite schaffen wir uns unnötige Probleme, wenn sie dem Wandel aus Angst negativ gegenüberstehen oder uns nicht ernstnehmen können. Was wir brauchen, ist Klarheit und Hilfe und nicht noch mehr Hürden.

Ruhephasen und Zeit zum Entspannen zwischendurch ermöglichen regelmäßigen Streßabbau; wie wär's mit einer sanften, sinnlichen Massage? Auch ein Spaziergang im nahegelegenen Park oder Waldgebiet baut Energiestauungen und Hektik ab.

Glauben: Glauben wir nach unseren ersten Versuchen noch daran, daß Wandel und Veränderung möglich sind, daß unsere Bedürfnisse gestillt werden können? Dieser Glaube ist das A und O. Wenn wir uns einmal umsehen, können wir feststellen, daß viele Leute materiell oder sogar emotional das bekommen, was sie zu brauchen meinen. Warum wir nicht? Sind wir so wenig wert, oder ist diese Wertlosigkeit ein Schutz für uns? Haben wir im Grunde unseres Herzens Angst davor, das zu bekommen, was wir brauchen? Es lohnt sich herauszufinden, ob man die Befriedigung seiner Bedürfnisse wirklich annehmen kann. Was passiert, wenn der Wandel stattfindet, welche Konsequenzen wollen wir lieber vermeiden? Vielleicht stellt sich heraus, daß unsere Katastrophenerwartungen in Wirklichkeit Angst vor der Ganzheit sind.

Motivation: Wie wichtig ist der Wandel für uns? Ist unser Interesse nicht echt, finden wir bestimmt eine Ausrede, um weiter leiden zu können und uns in Verwirrung zu verlieren. Eine Entscheidung für den Wandel heißt, daß wir auch dabeibleiben müssen, was eine Menge Entschlossenheit voraussetzt. Kampf gegen den Wandel führt zu Müdigkeit und Langeweile, doch wir dürfen nicht aufgeben, weil genau am Punkt größter Intensität sich oft etwas verändert. Gesunder Wandel erfordert regelmäßigen Einsatz, und dies wiederum setzt die Motivation voraus, in sich hineinzuschauen und seine Vorstellungen hinter sich zu lassen; es gilt, eine neue Welt der Ideen und Gefühle zu erforschen; sie alle machen die Ganzheit jedes einzelnen aus.

Auf unserem Weg werden wir an uns vieles entdecken, was uns gar nicht gefällt; wir neigen dazu, uns für Fehler zu bestrafen, so wie wir das aus unserer Kindheit kennen; echter Wandel setzt voraus, daß wir über dieses Denken hinauswachsen und sogar unsere größten Schwächen liebevoll akzeptieren. Im Wandlungsprozeß passieren viele Fehler, und wir müssen den Zusammenhang zwischen uns und ihnen begreifen. Fehler sind nichts Schlimmes, sie sind menschlich. Wer keine Fehler macht, kann auch keinen echten Wandel erleben. Ich selbst habe aus meinen Fehlern sehr viel mehr gelernt als aus meinen Erfolgen, denn für mich sind Fehler Lehrer, die mir genauestens zeigen, wo ich noch nicht bewußt genug bin. Wir sollten den Mut haben, Fehler zu machen und auch für sie ›gerade‹ zu stehen. Fehler sind zum Lernen da; sie bieten einen reichen Erfahrungsschatz für die Zukunft. Wenn wir im Krabbelalter nicht gelernt hätten, immer wieder auf die Beine zu kommen, würden wir wahrscheinlich heute noch morgens ins Büro krabbeln!

4. Den Wandel beobachten

Wie fängt unser Wandlungsprozeß an? Wie geht es weiter? Einleitende Energiebewegungen wachsen sich bald zu ganzen Prozessen aus, die eine Richtung und ein Ziel haben. Wer Zeit hat, sollte eine Art ›Wandlungstagebuch‹ führen. Für das Verstehen unseres persönlichen, einmaligen Wandlungsweges ist das Verständnis der Zusammenhänge zwischen Prozeß und Inhalt eine unschätzbare Hilfe. Man sollte immer wieder einmal zurückblättern, um zu sehen, welche Veränderungen es bereits gegeben hat. Wie würde ein Fremder das Tagebuch sehen? Da wir uns selbst in mancher Hinsicht noch fremd sind, ist dies eine gute Vorgehensweise. Was fällt diesem Fremden besonders auf? Was ist ausgelassen worden? Was scheint schwierig zu sein oder beansprucht am meisten Aufmerksamkeit? Welche Veränderungen haben sich am stärksten ausgewirkt und wie kamen sie zustande? Man kann sich selbst gegenüber nie ganz objektiv sein, aber man kann lernen, seine Wandlungsprozesse genau anzuschauen, ohne sie zu kritisieren oder zu verurteilen.

5. Lebensmuster entdecken

Jeder Erfolg oder Mißerfolg, der sich noch auswirkt, manifestiert sich in unserem Leben. Mit Hilfe der bereits beschriebenen *Bewußtheit der Muster* können wir herausfinden, wie sich bestimmte Wandlungsmuster wiederholen; so taucht beispielsweise ein Beziehungsproblem im Berufsleben auf, oder eine vergangene Niederlage enthält eine Botschaft für die Gegenwart. Was teilen uns diese Muster über unser Wandlungspotential und seine Grenzen mit? Das Wissen um die Prinzipien, die unserem Wandel zugrundeliegen, hilft uns, Muster aufzulösen und zukünftigen Mißerfolgen vorzubeugen.

Wieder einmal hilft uns eine Liste, auf der wir vier oder fünf Erfolge und Mißerfolge notieren. Was haben sie gemeinsam? Welche Energieprozesse liegen ihnen zugrunde? Auch wenn uns Mißerfolge in sehr unterschiedlichen Situationen passiert sind, ist der Prozeß dahinter meistens identisch. Hinter fast jedem Problem steckt eine Störung des Energieflusses. Finden wir deren Ursache heraus, wächst unser Wandlungspotential beträchtlich.

Die Grenzphase

In der Grenzphase erreicht die energetische Ladung ihren Höhepunkt. Lassen wir uns auf die natürlichen Wellen des Wandels ein, tragen sie uns automatisch zu neuen Möglichkeiten.

1. Sich mit dem Wandel identifizieren

Auch wenn der Wandlungsprozeß immer spannender wird, denken viele Menschen noch immer, daß Wandel in ihnen oder um sie herum passiert. Es ist ein wichtiger Entwicklungsschritt, Wandel als Teil unseres ganz persönlichen Weges zu sehen. Wir *sind* der Wandel, der uns passiert! Durch die Reidentifizierung mit dem Wandel wird er zu einer persönlichen Erfahrung, die trotz aller Ähnlichkeiten für jeden von uns etwas Einmaliges und Einzigartiges ist.

Identifizierung mit dem eigenen Wandlungsprozeß sorgt dafür, daß unser Weg auch weiterhin ›gesund‹ ist, da wir uns voll darauf einlassen und auch in schwierigen Zeiten nicht auf Irrwege geraten. Die Identifizierung mit unserem Wandel gibt uns eine natürliche Orientierungshilfe, Rhythmus und Beständigkeit. Wir erleben uns als gesund, ohne Neurosen, deren Ursachen in der Dis-Identifizierung mit der Ganzheit und damit auch mit gesundem Wandel liegen. Re-Identifizierung mit dem gesunden Wandlungsprozeß heißt deshalb auch automatisch mehr Ganzheit.

2. Die Form sich entwickeln lassen

Jedem Wandlungsprozeß wohnt ein eigenes Gespür für die Ganzheit inne, das in der Philosophie und auch in den Naturwissenschaften als Entelechie bekannt ist. Viele Wandlungsprozesse entwickeln mit der Zeit eine erkennbare Form, so wie zwei Menschen, die für einander etwas empfinden, schließlich eine Beziehung eingehen. Dieser Formen sollten wir uns bewußt werden und ihre Entwicklung unterstützen. Ein Name, z.B. ›Beziehung‹ oder ›neue Richtung‹, macht es uns einfacher, den neuen Prozeß auch in unserem Kopf ›Form‹ annehmen zu lassen und dies auch weiterzugeben an andere. Falls Ängste auftauchen, sollten wir ihnen auf den Grund gehen. Was ist an der neuen Gestalt so bedrohlich für uns? Die Klarheit, die neue Formen unserem Leben geben, ist etwas Wunderbares; durch sie wird unser Wandel sichtbarer und konkreter.

3. Mit der neuen Macht leben

Der starke energetische Wandel in der Grenzphase bringt die meisten Menschen an die Grenzen ihrer Kraft bzw. Macht. Wenn für uns Macht benutzen mit Macht mißbrauchen zusammenhängt, können wir nur in den seltensten Fällen unser Machtpotential erhöhen oder erhalten. Doch Macht ist nichts anderes als Handlungs*fähig*keit.

Macht ist ein natürlicher Wachstums- und Reifeprozeß, und als das sollten wir sie auch akzeptieren. Sie ist die Voraussetzung dafür, daß wir selbstverantwortlich und mit Freude unseren gesunden Wandlungsweg gehen. Wer zuwenig Macht bzw. Stärke hat, wird auch nur wenig Verantwortung tragen können.

Macht bzw. Handlungsfähigkeit impliziert nicht unbedingt, daß wir handeln müssen. Ein Taekwondo-Meister des schwarzen Gürtels muß nicht jemanden verletzen, nur weil er die Macht dazu hat. Genauso müssen wir unser Machtpotential stärken, ohne deswegen an unserer Kraft verhaftet zu sein und sie zu mißbrauchen.

4. Natürliche Grenzen annehmen

Je mehr wir lernen, mit mehr Kraft zu leben, desto mehr werden wir auch an die Grenzen unseres Wandels geführt. Wenn der Wandlungsprozeß zur Form wird, wird auch die offene Energie in bestimmte, festgelegte Kanäle gelenkt. Die Yin-Natur eines Embryos nimmt dann immer konkretere Gestalt als Kind an, wenn mehr Yang-Qualitäten entwickelt werden.

Wir müssen lernen, die natürlichen Eingrenzungen zu akzeptieren; sie unterstützen die Entwicklung der energetischen Formen. Während unserer Entwicklung wiederholen sich energetische Formen oft auf unterschiedlichen Energieebenen. Frühe Konflikte mit den Eltern äußern sich später als Individuationskämpfe mit Lehrern und Professoren. Genauso helfen uns die Egogrenzen, die wir entwickeln und denen wir irgendwann ›entwachsen‹, uns solange immer wieder definieren zu können, bis wir diese Identifikation mit unseren Grenzen nicht mehr benötigen, nämlich dann, wenn wir uns selbst als spirituellen Prozeß begreifen, der keine Grenzen und somit auch keine Grenzkonflikte kennt. Physische Grenzen, z.B. die Körperstatur, und die physische Unausweichlichkeit des Todes werden zu Referenzrahmen, in denen sich die Kunst zu leben ganzheitlich manifestiert.

5. Auf den Punkt kommen

Wir sollten unser Wandlungspotential nicht brach liegen lassen, sondern einen klaren Blick haben für Chancen, die uns das Leben jetzt bietet. Vermeidungsspielchen sind Zeitverschwendung, das wissen wir inzwischen gut genug. Steht die Tür zu neuen Veränderungen offen, sollten wir die Gelegenheit beim Schopfe packen und all die Teile und Bruchstücke einzelner Wandlungsprozess zu einer größeren energetischen Wandlungs-Gestalt zusammenfügen. Viele dieser scheinbar isolierten Wandlungsteile sind Hinweise auf einen umfassenderen Wandlungsprozeß. Die Sekretärin, die uns gerade gekündigt hat und die Möglichkeit für die Anmietung neuer Büroräume können beide Anzeichen für einen neuen beruflichen Weg sein. Ergreifen wir die Chance heute noch! Warum passieren diese Dinge gerade jetzt? Inwiefern sind sie perfekt dazu geeignet, einen Wandel herbeizuführen, auch wenn es für uns nicht immer angenehm ist?

Der Engpass

Wie wir bereits wissen, führt uns jede Wandlungsunwilligkeit in der Grenzphase in einen Engpaß; oft stecken dahinter nicht ausgelebte Gefühle, die zum Ausdruck kommen müssen. Es gibt eine Menge ›Auswege‹ aus der Sackgasse, z.B. die folgenden:

1. Das ›Nein‹ zum Wandel akzeptieren

Gerade im sogenannten ›Neuen Zeitalter‹ (New Age) fühlen sich viele Menschen zum Wandel gezwungen. Man hat zu wachsen, um weiterhin dazuzugehören! Doch gerade dieses ›Wandlungs-Muß‹ schafft in uns große Widerstände, und so stellen wir uns auf einer bestimmten Ebene unserem Wachstum selbst in den Weg, so wie wir uns früher unseren Eltern widersetzt haben. Das ›Nein‹ kann eine der wichtigsten Erfahrungen im Leben sein, denn es befreit von jeglichem Druck, jemand zu sein, der wir nicht sein wollen. Ich habe einmal eine Stunde bei einem weltbekannten Therapeuten abgesagt, obwohl es nicht einfach war, sie zu bekommen, aber ich spürte, daß ich dabei war, mich selbst in den Wandel zu ›treiben‹. Danach fühlte ich mich befreit, so daß die darauffolgenden Sitzungen viel einfacher wurden.

Das Nein zum Wandel führt dem Widerstand automatisch Energie zu, aber auf eine ganzheitliche Art und Weise. Ein ganzheitliches Nein bringt uns das Ja nahe. Unser Nein ist oft ein Jein, ein halbes Ja, wie das ja auch umgekehrt der Fall ist. Beides verhindert klaren Energiefluß, und schon sitzen wir fest. Eine klare, aktive Absage an den Wandel bringt uns in unserer festgefahrenen Lage wieder neuen Wandel, und wir können erkennen, was wir uns antun. Die Ablehnung macht es uns möglich, unsere Dickköpfigkeit lebendig zu erfahren, und damit ist der erste Schritt zu gesundem Wandel bereits getan.

2. Die Angst hinter sich lassen

Die Methode der Prozeßerforschung ist eine gute Möglichkeit, an die Angst hinter unserer Abwehr heranzugehen. Durch Konfrontation und darauffolgendes Nachfragen kann man fast jede Angst innerhalb kurzer Zeit identifizieren. Im folgenden ein Beispiel:

Klientin: Ich habe Angst davor, meinem Freund zu sagen, wie wütend ich auf ihn bin.
Stèphano: Was würde denn dann passieren?
Klientin: Er würde mich nicht mehr mögen.
Stèphano: Wie würde sich das äußern?
Klientin: Er würde sich nicht mehr mit mir treffen wollen.
Stèphano: Und was dann?
Klientin: Naja, dann wäre ich allein.
Stèphano: Und, was ist daran so schlimm?
Klientin: Mir ging's total schlecht.
Stèphano: Was würde denn passieren, wenn du lange allein wärst?
Klientin: (Pause, Tränen) Ich würde vielleicht sterben. Als ich noch ein Baby war, ...

In diesem Fall steckt hinter der Angst vor der Wut die tiefere Angst vor dem Tod. Wenn wir akzeptieren, daß ein Teil von uns bereits tot ist, können wir endlich wieder zu leben anfangen.

Jede hinterfragte Angst wird zu einer noch tieferen führen, wenn wir uns auf immer essentiellere Aspekte unserer psychologischen Geschichte einlassen. Haben wir doch den Mut, dem emotionalen Faden zu folgen, egal wohin. Je mehr wir forschen, desto größer ist der Wandel.

3. Wütend werden

Hinter dem Nein zum Wandel steckt oft Wut, die sich gegen jemand anderen, z.B. unsere Eltern, richtet. Die Feindseligkeit dagegen richten wir gegen uns selbst; so werden wir das Opfer unserer Wut. Im richtigen Moment wütend zu sein ist wie eine geballte Ladung Energie, wir erwachen zu neuem Leben; nur die Liebe hat eine ähnliche Durchschlagskraft. Doch bevor wir richtig wütend werden können, müssen wir meistens erst lernen, das Alleinsein zu ertragen, sonst könnte diese Wut dazu führen, daß wir zurückgewiesen und im Stich gelassen werden. Wir könnten wieder eine Liste anfertigen. Auf wen sind wir wütend und warum? Warum richten wir diese Wut gegen uns selbst? Aus Angst, nicht geliebt zu werden, wenn wir die Wut äußern? Wir sollten uns einmal überlegen, ob wir durch das Verdrängen unserer Wut Liebe erfahren haben. Ein kleiner Wirklichkeitstest zeigt normalerweise, daß wir überhaupt nicht geliebt wurden. Wir haben uns also unsere

Wut für nichts und wieder nichts verkniffen. Sollten wir nicht endlich damit Schluß machen, uns selbst zu verletzen?

Herausgelassene Wut hat eine große Kraft und sollte ernstgenommen werden. Ein guter Psychotherapeut ist eine große Hilfe, wenn sich jahrelang Wut angestaut hat. Eine Therapeut, der noch unerfahren ist oder vor seiner eigenen Wut und ihrer Kraft Angst hat, ist natürlich nicht geeignet. Am Anfang können Gespräche weiterhelfen, doch physischer Ausdruck durch Körperarbeit ist meist lohnender und weniger zeitaufwendig.

Wenn man sich selbst schon einigermaßen kennt und die Wut sich in Grenzen hält, kann man sie auch alleine oder mit einem Freund aufarbeiten. Doch man sollte sich dabei nicht überschätzen. Oft wird die tieferliegende Wut verdrängt, und erst wenn ein Anfang gemacht ist, wird klar, wieviel Wut wirklich da ist. Im Zweifelsfall ist ein Therapeut angesagt, damit niemand verletzt wird, wenn die Wut plötzlich außer Kontrolle geraten sollte.

Wollen wir es trotzdem alleine versuchen, brauchen wir einen bequemen, sicheren Platz mit einem festen Kissen, das wir vor uns hinlegen. Dann fangen wir an, mit der Person zu reden, auf die wir wütend sind und wringen dabei gleichzeitig ein altes Handtuch aus. Die Wut sollte mit Worten und Gesten ausgedrückt werden. Dabei immer darauf achten, daß die Wut am Handtuch ›ausgelassen‹ wird. Es wäre gut, zur Unterstützung und zur eigenen Sicherheit einen Freund dabei zu haben.

Es gibt noch eine zweite Möglichkeit. Wir legen uns aufs Bett, mit dem Gesicht nach unten, und halten uns zur Sicherheit an der Bettkante fest; wir verstärken das Herauslassen der Wut mit Fußtritten gegen die Matratze, die fest genug sein muß für unsere Tritte und weich genug, damit wir uns beim Treten nicht weh tun. Um uns nicht selbst die Polizei auf den Hals zu hetzen, sollten wir eventuelle Schreie mit Hilfe eines Kissens o.ä. dämpfen. Wieder gilt: Im Zweifelsfall besser zu einem Therapeuten gehen!

4. Die Blockierung überschreiten

An sehr entscheidenden Punkten im Leben scheinen wir oft nicht mehr weiterzukommen. Wir ›blicken nicht mehr durch‹, und niemand kann uns weiterhelfen. Die Prozeßerforschung ist wieder einmal ein hilfreiches Medium zur Überwindung der Blockierung.

Klient: Ich weiß nicht, warum ich nicht lieben kann.
Stèphano: Wenn du die Antwort wüßtest, was würde das für dich bedeuten?
Klient: Weiß ich nicht so genau.
Stèphano: Und wenn du's wüßtest, was wären die Konsequenzen?
Klient: Dann müßte ich lieben (erstaunt).
Stèphano: Und was gefällt dir daran nicht?
Klient: Ich hätte keine Ausrede mehr, um mich davor zu drücken.
Stèphano: Könntest du lernen zu akzeptieren, daß es keine Ausreden gibt?
Klient: Ich glaube schon?
Stèphano: Glaubst?
Klient: Ja, könnte ich.
Stèphano: Dann ist es auch nicht nötig, daß du ›nicht weißt‹, wie man liebt.

Wenn wir den Block überschreiten, um herauszufinden, warum wir ihn auf einer bestimmten Ebene brauchen, wird er schwächer. Sobald wir akzeptieren, daß der Block uns am Sehen bzw. Verstehen hindert, brauchen wir ihn nicht mehr, und es kann mit dem Wandel weitergehen.

5. Über das Problem hinauswachsen

Wenn wir zuviel Energie in ein Problem stecken, hängen wir fest; statt dessen sollten wir uns neue Perspektiven schaffen und eine sogenannte Tabelle der Konsequenzen aufstellen. Sie besteht aus vier Spalten. In der ersten Spalte werden kurz die Wandlungsprobleme beschrieben; in die zweite kommt unsere schlimmste Angst; die dritte enthält die Konsequenzen, die ein Wandel mit sich bringen würde, und in der vierten werden die neuen Möglichkeiten aufgelistet. Wer in einer Kategorie steckenbleibt, sollte einfach zur nächsten gehen; oft kann man später die Lücke füllen.

Ein praktisches Beispiel: In der Beziehung gibt es Kommunikationsprobleme. Wenn sie ihm etwas Wichtiges mitteilen will, fehlen ihr die Worte. Auch das Konfrontieren fällt ihr in vielen Situationen schwer. Er kann sich verbal besser ausdrücken und scheint ihr nie genug Zeit zum Reden zu lassen. Weil sie nicht viel redet, hat er oft die Nase voll und geht. Dieses Beispiel zeigt vier wesentliche

Wandlungsprobleme mit ihren Ängsten, Konsequenzen und Möglichkeiten:

Tabelle der Konsequenzen

Wandlungsproblem	**Wandlungs-angst**	**Wandlungs-konsequenzen**	**Möglichkeit**
1. Weiß nicht, was ich sagen soll	Nichts zu sagen haben	Ich wüßte, was ich zu sagen hätte und würde es auch sagen	Sich mehr zeigen (?)
2. Schwierigkeiten mit dem Konfrontieren	Er könnte Angst bekommen und mich verlassen	Konfrontieren lernen	Kraft fühlen; der Partner geht nicht; neue Klarheit in der Beziehung
3. Keine Zeit zum Reden	Ich würde nicht respektiert bzw. akzeptiert	Ich müßte sagen, was ich fühle	Spontaner werden und sich besser fühlen
4. Der Partner geht weg	Mit dem Alleinsein fertig werden müssen	Alleinsein akzeptieren	Unabhängiger werden

Vielleicht steckt hinter der Angst: »Ich weiß nicht, was ich sagen soll«, eigentlich die Angst: »Ich habe nichts zu sagen«. Möglicherweise glauben wir auf einer Ebene, daß wir langweilig und uninteressant sind. Vielleicht haben wir uns nie so entwickelt, wie es hätte sein können. Jetzt wäre vielleicht die richtige Zeit dafür, damit anzufangen! Die Konfrontation ist deshalb so schwierig, weil wir befürchten, der Partner könnte es mit der Angst zu tun bekommen und uns verlassen. Läßt er uns wirklich keine Zeit zum Reden? Oder haben wir Angst, wir würden nicht akzeptiert bzw. respektiert werden? Und wie sieht es mit dem Verlassenwerden aus? Ist die eigentliche Angst dahinter die Angst vor dem Alleinsein? Wir müssen über das Problem hinauswachsen, um zu erkennen, warum und wie unsere Schwierigkeiten eigentlich die bereits bekannten Wandlungsspielchen sind.

Hätten wir etwas zu sagen, würden wir wahrscheinlich auch sagen, was wir wirklich fühlen und mehr aus uns herausgehen. Es könnte auch sein, daß Frauen Angst vor ihrer Stärke haben. Ohne die Schwierigkeiten mit dem Konfrontieren würden sie diese Kraft und Macht spüren und herausfinden, daß der Partner nicht weggeht. Es könnte eine neue Klarheit in der Beziehung entstehen, wovor wir Angst haben. Konfrontation vermeiden heißt Kontakt vermeiden, nicht nur den ›negativen‹. Zeit zum Reden zu haben bedeutet, wir müßten spontan sein, und vielleicht würden wir uns damit sogar besser fühlen. Könnten wir das ertragen? Oder die Unabhängigkeit, wenn der Partner tatsächlich geht? Durch das Schaffen und Aufrechterhalten dieser Probleme haben wir eine Ausrede, uns nicht ganz auf eine Beziehung einlassen zu müssen. Und wir stecken solange fest, bis wir endlich bereit sind, diese Probleme aufzugeben und die Möglichkeiten, die dahinterstehen, zu entdecken. Wir haben die Chance, uns aus den Fesseln eines problem-orientierten Lebens zu befreien. Können wir diese Freiheit ertragen und ohne die Identifizierung mit unseren Problemen leben?

6. Sich selber mehr ›einheizen‹

Feststecken heißt, daß wir die Tür zugemacht haben und nichts Neues mehr hereinkommt. Um die Tür wieder aufzukriegen, brauchen wir neue Stimulierung. Technisch gesehen heißt das: Zurückkehren in die Einflußphase, um für neue Anreize zu sorgen und die zu niedrige Kyo-Ladung zu erhöhen, also für mehr ›Feuer‹ sorgen, uns ein wenig ›einheizen‹. Wie wär's mit einem neuen Sport oder einer Tanzgruppe, um die Muskeln zu stärken und mehr Lebensfreude zu genießen? Ein neuer Liebhaber wäre auch nicht schlecht; genauso könnten wir mit unserem jetzigen Partner neue Möglichkeiten erkunden. Wir sollten mit unseren alten Mustern brechen und die Routinetätigkeiten wie Einkaufen, Schlafen, Arbeiten verändern. Neue Freunde kennenlernen oder aus Spaß eine Unterhaltung anfangen ... es gibt eine Menge Möglichkeiten. Was juckt es uns, was die anderen über uns denken? Sie halten uns doch eh schon für etwas sonderbar!

Auch bizarren neuen Ideen sollten wir offen gegenüberstehen. Wie war das noch vor einigen Jahren, als jemand von einer Schachtel erzählte, aus der Klänge und Bilder kamen, noch bevor das Fernsehen erfunden wurde? Was heute bizarr anmutet, kann der zukünftige Standard sein.

Flexibilität muß auch klar sein. Wir sollten kreativ sein, wenn alte Muster oder Probleme wieder auftauchen. Was könnten wir diesmal anders machen, damit das übliche Leiden in einen Erfolg verwandelt wird? Auch kleine Veränderungen beeinflussen den Energiefluß. Man denke wieder an den Schmetterling, der auf der anderen Seite des Erdballs einen Sturm verursachen kann. Wieviel können wir zustandebringen, wenn wir ein bißchen kreativ sind!

7. Sich loslassen

Das vermeintliche Feststecken ist manchmal in Wirklichkeit eine spirituelle Krise. Wir halten uns zurück, dann versuchen wir, unsere Fehler wieder gutzumachen, und so sind wir laufend mit unserer eigenen Bedeutung beschäftigt. Ein Engpaß kann uns die Zeit geben, das übermäßige Verwickeltsein mit unserem Leben zu überdenken. Diese Verwicklung ist eine natürliche Konsequenz; wir versuchen, uns ein eigenes Leben aufzubauen. Wir sollten uns allmählich den Möglichkeiten des transpersonalen Bereiches öffnen, uns vom universellen Feld leiten lassen, welches uns nach Bedarf Botschaften über Krankheit und Ganzheit sendet. Auch in den allerschlimmsten Augenblicken steht Hilfe für uns bereit, wenn wir keine Macher mehr sein wollen. Botschaften unseres Geistes sollten mit den Wandlungsmanifestationen in Harmonie sein, ein Zustand, den ich als *Geistresonanz* bezeichne. So wird sich das, was uns innerlich bewegt, als klarer ganzheitlicher Ausdruck in der Außenwelt manifestieren. Oft sitzen wir fest, weil wir unser Schicksal selbst in die Hand nehmen und unseren eigenen Schöpfer spielen wollen. Dieses Machenwollen müssen wir loslassen, ohne deswegen passiv zu werden oder zu kollabieren. Was passiert mit uns, wenn wir unserem Geist die Führung überlassen?

Die Ausdrucksphase

In der Ausdrucksphase manifestiert sich Wandel auch äußerlich; durch das Freisetzen der festgehaltenen Energie aus der Grenzphase oder dem Engpaß kann der Wandel weitergehen.

1. Ressourcen mobilisieren

Die Energie wird gesammelt; jetzt ist es an der Zeit, mit seiner Kraft nach außen zu gehen und mit seiner ganzen Energie den Wandel zu unterstützen. In unserem Wandlungsprozeß sollten wir keinen Stein auf dem anderen lassen und all unsere Talente und Fähigkeiten in seinen Dienst stellen, sogar solche, die wir bis jetzt noch gar nicht ausprobiert haben. Jetzt haben wir die Chance dazu. Wie tüchtig und kreativ sind wir wirklich? Ein Erfolg kann auf dem anderen aufbauen.

Auch ein zweiter Anlauf schadet nicht, besonders wenn der Erfolg noch nicht in Sicht ist. Wenn wir weiterhin dem Fluß des Wandels folgen, wird er sich einstellen; neue Energiequellen tun sich auf, wenn wir lernen, bei unserer Kraft zu bleiben und auch unsere Schwächen zu akzeptieren. Mit der Zeit lernen wir, mit neuer Vitalität über unsere Grenzen zu gehen, so wie ein Läufer einen neuen Energieschub erfährt, wenn er seine bisherigen körperlichen Leistungsgrenzen hinter sich läßt. Zwar haben auch unsere Kraftreserven eine Grenze, doch die Verbindung mit dem universellen Feld schafft zahllose Möglichkeiten.

Wenn wir wirklich Hilfe von außen benötigen, sollten wir auch darum bitten, jedoch dabei immer darauf achten, daß wir nicht nur ›hilflos‹ spielen und dadurch unsere Kraft und unsere eigenen Reserven untergraben. In Bewegung bleiben!

2. Den Wandel zeigen

Wandel braucht kein Geheimnis zu bleiben. Äußere Zeichen können sogar ein notwendiger Teil des Wandlungsprozesses sein. Wir sollten keine Angst davor haben, über unsere Veränderungen zu reden und sie auch zu zeigen. Warum nicht neue Projekte konkret angehen oder eine neue Phase in der Beziehung einleiten? Eine neue Frisur oder neue Kleider sind oft äußere Manifestationen einer Veränderung. Kommen wir aus unserem stillen Kämmerlein heraus und lassen wir unsere Familie und Freunde sehen, wer wir wirklich sind, ohne uns um ihre Reaktion Gedanken zu machen. Wir müssen uns die Chance geben, unserer inneren Natur treu zu bleiben.

Innere Veränderungen müssen auch im täglichen Leben ihren Niederschlag finden. Entspricht unser Job unseren Bedürfnissen oder ist eine Veränderung, vielleicht sogar ein Arbeitsplatzwechsel angesagt? Wir sollten unsere Möglichkeiten realistisch abwägen, aber auch nicht an alten Ängsten hängen, wenn eine Veränderung wirklich sinnvoll ist. Wie wär's mit einem Umzug in eine neue Stadt? Oder vielleicht sogar selbst ein Geschäft aufmachen? Jetzt ist die richtige Zeit für konkrete Pläne. Wir können sie ruhig mit Freunden oder professionellen Beratern besprechen. Auch ein Besuch in der neuen Stadt ist sinnvoll, um herauszufinden, ob sie praktisch und ästhetisch mit unseren Wandlungsideen in Resonanz steht. Wenn wir auf der anderen Seite feststellen, daß unser jetziger Job unseren Bedürfnissen eigentlich entgegenkommt, können wir mit einer neuen Arbeitseinstellung an die Sache herangehen. Kurz gesagt: Keine Angst vor der Veränderung zeigen, sondern ausprobieren, ob sie ›paßt‹. Das, was wir mögen, zeigt oft bereits an, wie wichtig die entsprechende Veränderung tatsächlich für uns ist.

3. Etwas unternehmen

Welcher Teil von uns betrachtet Wandel immer noch als eine Strategie, einen Plan für die Zukunft? Jeder lineare Plan funktioniert nur mit den eingebauten nichtlinearen Elementen. Erforschen wir die Welt des Chaos*, die Veränderungen von einem Augenblick auf den anderen, die unsere Ordnung ins Wanken bringen, um zu lernen, daß dem Chaos Harmonie und Lust innewohnen. Spontaneität sollte mit Klarheit gelebt werden. Wir sollten uns nichtlineare Ziele stecken, die uns eine Orientierung geben, aber unser Leben nicht beherrschen. All die zerstreuten Energiebewegungen in uns, unserer Familie und auch in der Firma müssen einen klaren, aber flexiblen Fokus erhalten, damit Wandel stattfinden kann. Neue Ausdrucksformen für alte und neue Ideen, die eine neue Richtung

* Näheres zum Chaos auf meiner Audiokassette Chaos: Origins of order

brauchen, sind oft hilfreich, und wir sollten aufgeschlossen sein für neue Mittel, die den Wandel zur rechten Zeit sichtbar machen können. Keine Angst vor der Pionierarbeit, die auf dem neuen Weg vor uns liegt! Unser eigener Erfolg und der unserer Familie und Mitarbeiter kann uns inspirieren. Ein Gespür für den richtigen Ort und Zeitpunkt für unsere Wandlungsversuche ist sehr wichtig. Sinnlose Unterhaltungen, Streitereien und theoretische Debatten dürfen uns nicht frustrieren. Vielmehr sollten wir uns auf die wichtige Arbeit konzentrieren, die vor uns liegt, aber auch anderen das Recht zugestehen, Wandel auf ihre Weise zum Ausdruck zu bringen.

Jede Gelegenheit, die Ganzheit durch Veränderungen zu unterstützen, muß ergriffen werden, egal in welchem Bereich sie sich uns bietet, sei es, daß der Nachbar Hilfe braucht oder jemand auf der anderen Hälfte des Erdballs. Es gilt, für die Ganzheit einzustehen, anstatt nur herumzustehen!

Die Auflösungsphase

Nachdem der Wandel sich in der Ausdrucksphase manifestiert hat und die Energie freigesetzt worden ist, z.B. in einem Orgasmus, folgt die Phase der Auflösung.

1. Unerledigtes zu Ende bringen

Wenn der aktive Wandlungsprozeß in der Auflösungsphase zu Ende geht, tauchen bisweilen Reste unerledigter Gestalten auf: einzelne Kleinigkeiten, um das Haus wirklich fertigzubauen, oder der Dank an diejenigen, die an einem gemeinsamen Projekt beteiligt waren. Wir sollten uns eine Liste mit diesen unerledigten Problemen, Emotionen und Themen machen. Auf einer Ebene erscheinen diese Kleinigkeiten unwichtig, doch energetisch gesehen sind sie von großer Bedeutung. Energie kann nur freigesetzt werden, wenn ein Zyklus vollendet ist. Deshalb müssen wir mit diesen Wandlungsfragmenten, die den Energiefluß behindern, aufräumen. Die Quittung, die wir nicht abgeholt haben, oder die Anleitungen, die für das nächste Projekt gebraucht werden, geben den Ausschlag, ob die nächsten Wandlungswellen leichter oder schwieriger für uns werden, je nachdem, ob sie in die letzte Welle integriert waren oder nicht. Wenn man immerzu unerledigte Sachen im Kopf hat, ist man nie voll da. Unerledigte Prozesse haben ihre eigene Methode, sich Wichtigkeit zu verschaffen, so daß wir hauptsächlich mit der Vergangenheit beschäftigt sind und nicht mit der Gegenwart.

2. Den Wandel loslassen

Nachdem unser Wandel in der Außenwelt zum Ausdruck gebracht worden ist, ist es an der Zeit, ihn loszulassen. Das heißt, daß wir die Kontrolle über seinen Fortgang aufgeben. Wandel hat seinen eigenen Rhythmus, seine Richtung, seine Konsequenzen; es steht nicht in unserer Macht, ihn zu regulieren. Wir können ihn nur in Gang bringen und dann beobachten, wie es weitergeht, mit Bewußtheit dabeibleiben, aber uns nicht einmischen.

Es ist interessant zu sehen, wie kleine Beziehungsdifferenzen oft von ganz alleine verschwinden, wenn die großen Probleme beseitigt worden sind. Wir sollten unseren Erfolg im Auge behalten und die kleinen Umgereimtheiten oder auch Mißerfolge sich selbst überlassen. Der natürliche Wandlungszyklus muß seinen Lauf nehmen können, ohne daß wir uns einmischen. Durch dieses Loslassen kann die nächste Wandlungswelle anwachsen, so wie im Aikido das Fallen und Abrollen den Schwung bringt, der nötig ist, um wieder aufzustehen und zu konfrontieren.

Die Einsichtsphase

Mit der Einsichtsphase wird ein eher rezeptiver Aspekt des Wandels in Gang gebracht, die Bedeutung des Wandels wird klar. Ohne diese Klarheit geht der Lerneffekt verloren, was eine Wiederholung nötig macht, bis wir schließlich die Wandlungsbotschaft verstehen können.

1. Über den Sinn nachdenken

Wir sollten uns die Zeit nehmen, einmal darüber nachzudenken, was Wandel bis jetzt für uns bedeutet hat. Wir haben das allmähliche Anwachsen der Erregung bis hin zu ihrem Höhepunkt erlebt, haben Wandel im täglichen Leben umgesetzt und unser aktives Beteiligtsein wieder aufgegeben, um dem Wandel seinen Lauf zu lassen. Was hat das alles für uns bedeutet? Wie hat sich unser Leben verändert? Würden wir es das nächste Mal anders machen?

Wir müssen uns darüber klarwerden, was wir gelernt haben und was wir noch lernen müssen, damit der nächste Wandlungsprozeß leichter wird. Vielleicht haben wir etwas Wichtiges gelernt, was an Freunde oder den Partner weitergegeben werden kann. Durch das Mitteilen kann der nächste Prozeß ausgelöst werden. Mich brachte z.B. der Tod meiner Eltern dazu, über ihre Liebe nachzudenken, die ich an andere weitergebe, wenn sie in Not sind. Was wir im Wandel lernen, kann ungeheure politische oder spirituelle Auswirkungen haben. Man denke an Gandhis Gewaltlosigkeit oder Ramana Maharshis Liebe. Beide haben auf ihre Weise Millionen Menschen tief berührt.

2. Das Gelernte verallgemeinern

Wenn wir durch den Wandel hindurchgegangen sind bis hin zur Auflösungsphase, haben wir bereits eine ganze Menge Erfahrungen gesammelt. Diese sollten wir einmal schriftlich niederlegen oder auch einfach überdenken. Welche Prinzipien haben wir gelernt? Welche davon sind auch in Zukunft anwendbar? Was bis jetzt gut funktioniert hat, könnte auch der Schlüssel zu zukünftigem Erfolg sein. Wir sollten uns jeden einzelnen Wandlungsschritt vor Augen führen, z.B. wie wir das letzte Mal erfolgreich einen Verkauf getätigt haben. Wie hat es angefangen, als wir es geschafft haben, unser Ego für eine Weile aufzugeben, uns hinzugeben? Wie war die mittlere Phase, das Ende? Was würde ein Leben der Hingabe für uns bedeuten?

Die Reintegrationsphase

Reintegration ist der Prozeß des Wiederganzwerdens. Nach dem Loslassen der Auflösungsphase ist diese Phase wichtig, um wieder neue Energien zu sammeln.

1. Die Ganzheit akzeptieren

Erfolg, Vergnügen, Gesundheit, Frieden, Liebe – all das sind Prozesse und Folgen der Ganzheit. Welche Verbindung haben wir dazu? Wenn wir bei einem dieser Prozesse zögern, sind wir nicht bereit für die Ganzheit. Womit haben wir die größten Schwierigkeiten? Warum können wir einige Ganzheitsaspekte annehmen und weisen andere zurück? Wozu diese Ausnahmen? Jede dieser Ausnahmen ist Nicht-Ganzheit!

Es ist wichtig, sich mit der eventuellen Angst vor der Ganzheit (Holophobie) auf noch umfassenderen Ganzheitsebenen auseinanderzusetzen. An welchen Punkten wollen wir die Kontrolle nicht aufgeben? Werden wir doch der Möglichkeit gegenüber aufgeschlossen, daß Ganzheit nicht unsere Sache ist, auch wenn diese Sache uns ganz schön auf Trab hält. Schauen wir uns um und werfen wir einen Blick auf den Frieden und die (Lebens-)Lust, die uns größere Ganzheit möglich macht. Wie schneidet unser jetziges Leben bei einem Vergleich ab? Haben wir den nötigen Frieden und genug Lust und Freude am Leben?

Durch eine andere Perspektive und Offenheit gegenüber neuen Freiheitsgefühlen können auch wir unter anderem mehr Frieden und Lust erleben.

2. Annäherungsprozesse unterstützen

Ein anderer wichtiger Reintegrationsaspekt ist ein soziales und politisches Friedens- und Harmoniebewußtsein. Wir sollten einmal betrachten, wie unser persönlicher Wandlungsprozeß das ganze System miteinander zusammenhängender Felder beeinflußt. Wenn wir klarer und entschiedener zu unserer eigenen Ganzheit stehen, unterstützen wir jeden anderen ganzheitlichen Prozeß, auf allen Energieebenen. Wir sollten uns bewußt machen, wie das Annehmen unserer persönlichen Eigenheiten im kleinen zur Heilung der rassischen Auseinandersetzungen und des Kampfes der Geschlechter beiträgt. Wenn wir durch den Verzicht auf giftige Nahrung und Zusatzstoffe unseren Körper reinigen, können wir durch ein umfassenderes Bewußtsein auch leichter die ›Reinigungsaktionen‹ gegen die Umweltverschmutzung unterstützen. So wie wir dann auf den Kauf unnötiger Kunststoffprodukte oder chemischer

Sprays verzichten, wird es uns auch schwerfallen, die Welt weiterhin durch unseren Isolationismus und unsere Unehrlichkeit zu verschmutzen. Wir müssen unseren Wandel einmal im Licht eines großen sozialen und politischen Ganzen betrachten, um zu verstehen, wie er sich indirekt auf Tausende von Menschen auswirkt.

Die Übergangsphase

In der Übergangsphase tun wir den Schritt vom erhaltenden zum transzendenten Wandel bzw. entwickeln umfassendere Bewußtseinsebenen.

1. Den Übergang anschauen

Während der Wandel von der Reintegrations- zur Seinsphase fortschreitet, können sich leicht Gefühle einstellen, die mit Verlassenwerden, Verlorensein oder Im-Stich-gelassenwerden zu tun haben. Wir müssen nach innen schauen, um zu sehen, ob sich solche Gefühle entwickeln. Wie fühlen wir uns ohne Kontrolle oder Garantien? Wir hatten beispielsweise einen Streit mit unserem Partner, in dem wir beide Dinge gesagt haben, die wir eigentlich nicht so meinten – oder vielleicht doch? Wir wissen nicht genau, ob er Schluß macht. Wir sind im Übergang. Wir wissen vielleicht, was wir hatten, aber nicht, was auf uns zukommen wird. Unsere Nerven sind bis zum Zerreißen gespannt. Anstatt sich in diese Unsicherheit fallen zu lassen, können wir herausfinden, woher sie kommt. Sind wir von der Liebe abhängig? Kommen nichtverarbeitete Gefühle gegen unseren Vater hoch? Was passiert, wenn wir uns nirgends festhalten können? Wir sollten eine Liste aufstellen von den Problemen und Gefühlen, die im Übergang auftauchen. Welche können wir alleine lösen und für welche brauchen wir kompetente Hilfe?

2. Den Alltag transformieren

Viele Menschen sind damit zufrieden, den Status quo aufrechtzuerhalten. In der Übergangsphase haben wir die Chance, über diese Alltagsroutine hinauszuwachsen. Jede Situation kann eine Möglichkeit zur Entwicklung bieten: Geschirrspülen, die Büroarbeit oder ein Krankenbesuch können das Medium für psychologisches und spirituelles Wachstum sein, wenn wir die reale Situation in einen Lernprozeß transformieren. Wie leicht werden die einfachen Tätigkeiten banal, wenn sie für uns sinnlos sind. Wir sollten sie mit unserer Evolution in Verbindung bringen, sie in neue Wachstumserfahrungen verwandeln. Dann wird uns z.B. auffallen, daß wir uns beim Spülen wieder einmal beeilen, weil wir im Streß sind; doch dieses Mal machen wir langsam und beobachten, wie es sich anfühlt, wenn wir uns ganz bewußt sind, wie wir spülen; so wird Spülen zur Meditation. Banalität kann in ein Abenteuer der Bewußtwerdung transformiert werden; diese Tranformation ist allerdings leichter gesagt als getan. Doch der Prozeß kontinuierlicher Transformation wird immer einfacher, wenn wir uns bewußt bleiben, daß wir über den Status quo hinauswachsen wollen. Mit der Zeit wird die Transformation zum Lebensstil.

3. Auch jenseits der Grenzen weiterforschen

In der Übergangsphase können ganz bestimmte Wandlungsbereiche erforscht werden. Oft kennen wir das Leben nur als Kampf: »Das Leben ist hart«, der »Kampf gegen den Krebs« und »der Kampf für den Frieden«.* Welche Möglichkeiten hätten wir, wenn wir im persönlichen und politischen Bereich aktiv sein könnten, ohne zu kämpfen! Worum dreht sich unser persönlicher Kampf? Was müßte mit dem Wandel geschehen? Was müssen die anderen unbedingt von uns lernen? Finden wir heraus, was hinter unserem ›Wandlungswillen‹ und dann hinter dem Widerstand steckt. Was gibt uns das Kämpfen? Brauchen wir den Kontakt durch Kampf statt durch Liebe? Kämpfen kann heißen, daß wir allein bleiben, Schmerz vermeiden oder Vertrautheit nicht zulassen. Wir müssen diese Barriere überschreiten, um zu sehen, wie ein Leben ohne Kampf aussieht.

Oft klammern wir uns an unser physisches Leben. Wir sollten uns einmal vorstellen, wie wir über diese körperliche Existenz hinausgehen in eine Ebene, auf der es unsere Vorstellung vom Leben nicht gibt. Sind wir darauf vorbereitet, für uns und unsere

* Näheres dazu auf meiner Kassette ›War in Peace‹

Lieben? Es lohnt sich, sich die Zeit zu nehmen und zu überprüfen, ob wir ihnen wirklich alle unsere Gefühle, die Wut, die Traurigkeit, die Liebe, mitgeteilt haben. Was wäre, wenn wir oder sie, morgen sterben würden und diese Emotionen nicht weitergegeben worden wären? Wir sollten eine Liste machen mit diesen nicht ausgedrückten Emotionen und eine Zeit ausmachen, um darüber mit den Betreffenden zu reden.

Wir können auch noch einen Schritt weitergehen. Wie stellen wir uns den Tod vor? Als friedliches Paradies oder als eine leere Hölle? Wir sollten uns einen Moment Zeit nehmen, um den Tod fühlen zu können. Hier eine kleine Hilfe: Ausatmen und dann innehalten. Welche Gefühle tauchen auf, wenn wir den Atem anhalten, immer länger? Der Wunsch, sich auf ein bequemes Bett zu legen und in einen tranceähnlichen Zustand zwischen Leben und Tod zu verfallen? Auch diese Erfahrung ist ein Aspekt der Übergangsphase. Vielleicht kann der Frieden, den wir in diesem Vortodesstadium erfahren, ins tägliche Leben übertragen werden. Meditation ist ein guter Weg, dieses Friedensgefühl beständig zu unterstützen und zu stärken.

4. Die Spiritualität entdecken

Wer sich unter Spiritualität Okkultismus, Esoterik, Religion oder Kulte vorgestellt hat, wird eine angenehme Überraschung erleben. In der Übergangsphase können wir einen grundlegenden Aspekt in uns und anderen entdecken, der nichts mit Ritualen, Hokuspokus und Abhängigkeiten zu tun hat. Im ›Life Energy Process‹ verstehen wir unter Spiritualität ein Wiederfinden der Essenz in allem, auch in uns. Wer sind wir als Energieprozeß, bar aller äußeren Insignien von Beruf, Geschlecht und psychologischen Glaubenssystemen?

Wie wäre es, wenn wir uns ehrlicher und mit Konzentration auf das Wesentliche ausdrücken würden? Was wäre mit mehr Fokus, weniger Streß und weniger Verhaftung an unsere Wünsche? All das sind Merkmale der Spiritualität. Den Anfang können wir machen, indem wir ›schärfer‹ werden, klarer wissen, was wir wollen und nicht wollen. Wer will eigenlich all diese Dinge? Wo kommen sie her und wie wichtig sind sie? Es ist einen Versuch wert, eine Weile ohne sie zu leben und zu schauen, was passiert. Wie steht's mit unserer Abhängigkeit von Nahrung, Ritualen, Routinen? Was ist mit unserer sexuellen Lust und wonach suchen wir in der sinnlichen Erregung? Welche Erfahrungen macht unser Geist durch unseren Körper, und welche Lebensbotschaften werden manifestiert?

Auch unser Hiersein auf der Erde sollten wir erforschen. Wo steckt der Sinn dahinter? Sind wir nur das Resultat einer biologischen Vereinigung oder hat unser Leben einen höheren Sinn? Wie wirkt sich unser Wandel auf andere aus? Wir müssen unseren inneren Lehrer wiederentdecken, ohne deswegen den Schüler in uns zu verdrängen. Die vielen Fragen, auf die er nur selten sofort eine Antwort gibt, sind Teil eines spirituellen Weges. Ich muß oft an den biblischen Ausdruck denken: ›Viele sind berufen, aber nur wenige sind auserwählt.‹ Genauso sind viele Menschen Suchende, aber nur wenige finden das, was sie suchen. Wie steht's mit uns?

Kapitel XIII
Die Konsequenzen des Wandels

Persönlicher Wandel

Vor oder auch im Wandlungsprozeß taucht oft die Frage auf: »Wie wird sich der Wandel auf mein Leben auswirken?« Bewußtes Lesen dieses Buches hat schon eine Menge verändert, auch wenn es dafür vielleicht noch keine handfesten Beweise gibt, denn Wandel ist meist ein sehr subtiler Prozeß, der mit seinem Schneeballeffekt eine Kettenreaktion auslöst. Wandel muß langsam beginnen, um eine solide Grundlage zu haben.

Als eine der ersten Wandlungskonsequenzen werden endlich unsere Bedürfnisse besser befriedigt, und dafür ist es ja auch wirklich höchste Zeit, nicht wahr? Wir fangen an zu wachsen, und zwar auf neue und manchmal sehr unerwartete Weise, von der wir früher nicht einmal geträumt hätten; das Wichtige ist: Dabeibleiben! Lassen wir uns wirklich voll darauf ein, kommt auch der Punkt, an dem wir dieses Forschen und Suchen mit Begeisterung tun. Es ist faszinierend, was jeder neue Tag uns bringen kann. Die Konsequenzen hängen natürlich von der Art unseres Wandel ab. Je größer das Projekt und die Schwierigkeiten, desto größer ist auch hinterher die Belohnung. Mit der Zeit können wir immer mehr Energie aufnehmen und freisetzen, können positives Feedback besser annehmen und geben. Es kann gut sein, daß wir mehr Raum für unser physisches, emotionales und spirituelles Streben benötigen, welches an die Stelle unserer früheren Geschäftigkeit getreten ist. Durch die Verbindung mit neuen, unbekannten Teilen unserer Persönlichkeit gewinnt das Leben einen anderen Sinn. Alles scheint mehr Fülle und mehr Ganzheit zu haben. Wir verschwenden weniger Zeit, weil wir klar erkennen, was wirklich wichtig ist, und unsere Aufmerksamkeit darauf richten. Wir bekommen das, was wir brauchen, weil wir direkter sind und weniger Druck ausüben. Alles, was wir brauchen, ist im Fluß der Lebensenergie enthalten. Je besser wir damit verbunden sind, desto umfassender und auch einfacher wird der Wandel geschehen. Es wird uns immer schwerer fallen, die einzelnen Teile unseres Lebens voneinander getrennt zu halten, weil alles mehr Ganzheit bekommt. Wir werden unser Privatleben und unsere Arbeit nicht mehr isoliert voneinander betrachten, sondern eine Verbindung herstellen, auch wenn noch immer Unterschiede bestehen. Wir nehmen unsere Arbeit nicht mit nach Hause und lassen den negativen Einfluß persönlicher Angelegenheiten aus unseren beruflichen Pflichten heraus.

Unser größeres Energiefeld strahlt Klarheit, Integrität und ganzheitliche Gesundheit aus, was uns unwiderstehlich macht. Viele Leute finden uns anziehend, wollen vielleicht eine Beziehung oder erkennen, daß wir vieles verarbeitet haben und möchten wissen, wie wir das geschafft haben; sie möchten vielleicht sogar bei uns in die Lehre gehen. Einige unserer größten spirituellen Lehrer wurden auf diese Weise entdeckt.

Wenn wir viele Wandlungszyklen mit neuer Bewußtheit hinter uns gebracht haben, werden wir aus jeder Phase etwas Wichtiges gelernt haben.

Die Seinsphase

Die Seinsphase hat uns gelehrt, ganz wir selbst zu sein und uns so zu akzeptieren. Wir haben gemerkt, wie wichtig es ist, sich Zeit zu nehmen, sich Ruhe zu gönnen, im Privat- und Berufsleben das richtige Timing zu finden. Wir wissen jetzt, daß Zentriertsein bedeutet, den Mut zu haben, mit verschärfter Aufmerksamkeit und gleichzeitig mehr Frieden unseren Weg zu gehen. Wir kennen jetzt die Möglichkeiten, die uns transferierender oder zentrierter Wandel bieten: weniger stressigen, dafür direkteren Austausch mit anderen.

Die Einflussphase

In der Einflußphase haben wir gelernt, die Signale für persönliches und berufliches Wachstum klarer zu erkennen. Wir sind jetzt offen für Anregungen von anderen und für die Botschaften des universellen Bewußtseins. Vielleicht sind wir nun sogar in der Lage, neue Beziehungen und Geschäfte aus dem Energieaustausch zwischen uns und anderen ihren Anfang finden zu lassen. Wir handeln mit einem Blick für das Wesentliche: wir sehen die frühen Zeichen einer heraufziehenden Krise oder die wirtschaftliche Flaute sehr früh und reagieren mit neuer Sensibilität.

Die Ausdehnungsphase

Wir verlassen uns immer mehr auf unsere Gefühle. Die Wut wird kraftvoller, die Traurigkeit akzeptabler, die Freude überschwenglicher. Wir schätzen die Liebe zum Partner und sind jetzt bereit, uns mehr auf die Beziehung und auch auf die Arbeit einzulassen. Wir sind jetzt fähig, schwierige Situationen mit einem neuen Vertrauen auf die Welle des Wandels durchzustehen. Lebensbotschaften führen uns ›auf den Punkt‹ und zeigen klarer, wann wir ganzheitlich sind und wann gespalten; daraus entwickelt sich eine neue Ehrlichkeit uns selbst gegenüber. Die anwachsende Welle des Wandels hat sich auf das ganze Leben ausgedehnt. Wir wollen unser Wachstum und das des Partners und/oder der Familie unterstützen.

Die Grenzphase

In der Grenzphase haben wir gelernt, jede sich herausbildende Gestalt zu Ende zu bringen, was es auch sei. Wir sind ›drangeblieben‹, um herauszufinden, was danach folgt. Wir haben Selbstwertgefühl entwickelt und können besser zu uns stehen, auch wenn wir dadurch aus der Menge herausragen, was nichts mit Überlegenheit zu tun hat. In diesem Individuationsprozeß gehen wir weniger in die Verteidigung, da wir uns mehr auf uns und den Wandlungsprozeß verlassen; denn wir haben erkannt, daß wir nur dann in die Defensive gehen, wenn wir etwas in uns nicht akzeptieren (wollen).

Möglicherweise hat eine schlechte Beziehung lange genug gedauert, es ist Zeit für den Abschied. Genauso kann eine gute Beziehung enger werden. Wir wissen jetzt, wieviel Unterstützung und Stärke uns eine solche ›ganze Sache‹ geben kann. Formen gewinnen eine neue Bedeutung, weil wir erkannt haben, wie wichtig es ist, Prozesse in Produkte oder Dienstleistungen einzubringen. Formen sind das lebendige Endprodukt früherer Pläne und Ideen.

Die Ausdrucksphase

Wir haben akzeptiert, wer wir sind und spüren, wer wir sein könnten. In der Ausdrucksphase haben wir gelernt, dies auch nach außen zu bringen. Wir können jetzt besser unsere Gefühle und Gedanken zum Ausdruck bringen. Emotional schließen wir auch andere in unsere Liebe mit ein. Wir haben keine Angst mehr, unseren Lieben unsere Bedürfnisse und Wünsche mitzuteilen. Unsere Angst, in einer starken Beziehung uns selbst zu verlieren, läßt nach, wenn wir erleben, wieviel Kraft zwei starke Partner zusammen entwickeln können. Wir können jetzt auch zu unserem Bedürfnis nach Alleinsein stehen, ohne dadurch Barrieren oder Probleme zu schaffen. Verantwortung ist keine lästige Routine mehr, sondern eine Herausforderung. Unser Pioniergeist hat nun die Möglichkeit, nach außen zu kommen und sich spirituell Ausdruck zu geben.

Die Auflösungsphase

Die wichtigste Lektion der Auflösungsphase ist das Loslassen. Wir sehen allmählich, wie sinnlos es ist, sich am Leben festzuklammern, haben angefangen, unsere emotionalen und physischen Kämmerlein mit ihren nostalgischen Erinnerungen an die Vergangenheit aufzuräumen. Manche werden in dieser Zeit eine Therapie anfangen, um sich mit ihren toten Eltern oder ihrem eigenen Tod auseinanderzusetzen. Alles, was im Leben nicht ganz ist, fällt auseinander. Wir akzeptieren nach und nach, was wir gehen lassen müssen: die schlechte Beziehung, den Sohn oder die Tochter, die berufliche Karriere. Wir sind frei genug, die Dinge kommen und gehen zu lassen, wir haben viel von unserer Kontrollsucht verloren; wir haben so viele Erfahrungen mit dem Wandel gemacht, daß wir ihn nicht mehr machen müssen. Er geschieht von ganz alleine. Durch das Loslassen erkennen wir immer mehr, daß (jede Art von Lust?) Lust die Essenz jedes freien Energieprozesses ist. Das Leben wird reicher und erfüllender, wenn die Barrieren zwischen uns und anderen dahinschmelzen.

Die Einsichtsphase

In der Einsichtsphase haben wir erkannt, wie wichtig es ist, unser Tun zu begreifen. Der Sinn unseres Lebens ist das Essentielle. Warum sind wir hier, auf diesem Planeten? Wir haben verstanden, daß das Leben nur einen Sinn hat, wenn es zu uns, unserer Arbeit und unseren Lieben einen Bezug hat. Ohne diese Verbundenheit ist es nur eine Reise durch losgelöste Situationen aus einem schlechten Film. Zum Glück erkennen wir bei weiterem Nachdenken, daß unser eigener Wandel stattfindet. Je aufgeschlossener wir der Freude gegenüber sind, desto sinnvoller und lustvoller wird das Leben. Dies strahlt auf alles in unserer Umgebung aus.

Wir haben gelernt, Schmerz auf ein Minimum zu reduzieren, weil uns bewußt geworden ist, daß wir uns unsere emotionalen Verletzungen fast alle selbst zugefügt haben, um dadurch mehr Aufmerksamkeit zu bekommen. Wir nehmen uns die Zeit, über unser Leben und die weltweite Situation nachzudenken; wir gewinnen neue Einsichten über die Dynamik von Ereignissen, warum sie so und nicht anders geschehen: der Autounfall, der auch unser Lebenstempo gedrosselt hat, die Begegnung mit dem neuen Partner, die uns nach jahrelanger Selbstzerstörung und Alleinsein gezeigt hat, daß es Harmonie und Frieden geben kann.

Die Reintegrationsphase

Sie lehrt uns, daß früher oder später alles zusammenkommt, entweder in Frieden und Liebe oder in Krieg und Haß, da alles nach Ganzheit strebt. Selbst schwierige Situationen bringen Menschen zusammen, wenn auch auf verzerrte Art und Weise. Wir haben unsere Holophobie größtenteils aufgearbeitet und sind nun bereit für größere Ganzheit im Leben. Wir spüren, wie wichtig es ist, auch Kleinigkeiten zu Ende zu bringen. Wir haben uns dafür entschieden, es uns gutgehen zu lassen. Jahrelang haben wir hart gearbeitet, doch erst jetzt, wo wir endlich unser Streben nach Erfolg losgelassen haben, stellt er sich ein, sowohl im Privat- als auch im Berufsleben. Wir haben schwierige Situationen durch alle Phasen bis zum Schluß durchgestanden und erkennen nun, warum: Jede einzelne Phase war eine Lektion über die Ganzheit.

Die Übergangsphase

In dieser Phase haben wir verstanden, was es wirklich bedeutet, die Grenzen zu überschreiten. Wir haben wichtige Schritte unternommen, um eine soziale oder sexuelle Beziehung in eine spirituelle zu transformieren, ohne das, was vorher war, abzuwerten. Wir wissen um die Notwendigkeit, die Verhaftung an die physische Welt mit ihrer materiellen Ausrichtung zu transzendieren. Auch der Übergang vom Leben zum Tod erschreckt uns nicht mehr, weil wir bereit sind zu sterben, wenn es an der Zeit ist, und vom Tod ins nächste Leben zu gehen oder zumindest in ein Leben nach dem Tode. Und was am wichtigsten ist: Wir hatten den Mut, über uns selbst hinauszuwachsen, über unsere eigene Wichtigkeit, unser Selbstbildnis, unsere Vorstellung von Spiritualität. Wenn ein Lehrer auftauchen sollte, werden wir ihn erkennen. Und falls das nicht passiert, wissen wir mit Sicherheit, daß der Wandel trotzdem weitergehen wird.

Gesellschaftlicher Wandel

Ich bin der Überzeugung, daß persönlicher Wandel nicht nur eine interessante Erfahrung ist, sondern in gewissem Sinne eine Verantwortung der Gesellschaft gegenüber. Wie können wir erwarten, daß sich steife Gesellschaftsstrukturen verändern, wenn wir damit nicht bei uns selbst anfangen? Um auch auf gesellschaftlicher Ebene einen Nutzen zu haben, muß persönlicher Wandel sinnvoll und kontinuierlich sein. Die Welt ist voller Menschen, die mit dem Wandel herumspielen, sich auf Projekte einlassen, aber ihre Verantwortung dafür nicht tragen wollen. Doch wir brauchen Menschen, die sich voll und ganz auf echten, manchmal radikalen Wandel einlassen, die gesellschaftliche Reformen auch dann unterstützen, wenn sie nicht populär sind. Persönliche Bewußtheit führt automatisch zu einer besseren Gesellschaft, wenn sie auch im Alltag wirken kann. Wenn wir persönlich mehr Ganzheit erleben, wollen wir automatisch auch anderen zu einem besseren Leben verhelfen. Wir können uns einer Organisation anschließen, die Analphabeten Lesen und Schreiben beibringt oder AIDS-Opfer unterstützen. Diese Ausdehnung der Ganzheit auf die Gesellschaft kann durchaus als persönliche Beziehung anfangen, z.B. zu dem kleinen Nachbarsjungen, der im Rollstuhl sitzt. Er zeigt uns, daß allen Behinderten geholfen werden muß. Je mehr wir uns verändern, desto schwerer fällt es uns, soziale Spielchen zu spielen oder Leute zu tolerieren, die Witze über Minderheiten reißen (man denke an die Judenwitze). Mit jemandem zu lachen ist etwas ganz anderes als über ihn zu lachen. So werden beispielsweise sexuelle Witze oft gemacht, um andere Menschen kleinzumachen. Gesunder Wandel impliziert auch, dazu zu stehen, daß man solche abwertenden Witze nicht lustig findet.

Ganz werden heißt auch, daß man keine Lust mehr darauf verspürt, sich über andere das Maul zu zerreißen. Dahinter steckt zwar oft keine böse Absicht, aber es unterstützt ein System indirekter Machtausübung und schürt die Gerüchteküche mit ihren Halbwahrheiten und Verfälschungen. Das bewußte Erkennen dieser Gefahr greift auch auf andere über; wir können es also weitergeben!

Ich mache meine Klienten oft darauf aufmerksam, wieviel Unheil durch Tratschen angerichtet werden kann, und bitte sie, sich einmal in die Lage des ›Opfers‹ zu versetzen. Durch eine offene und direkte Kommunikation können wir alle unserer Gesellschaft etwas Gutes tun. Wie wär's, wenn wir die Plaudertasche aufforderten, direkt mit ihrem Opfer zu reden?

Es kann sein, daß wir in unserem Entwicklungsprozeß eine Menge Freunde verlieren, was sehr schockierend sein kann. Gehen wir der Sache nach, müssen wir feststellen, daß viele der sogenannten Freunde eigentlich nur Bekannte waren, mit denen wir nicht viel gemein hatten. Es gibt einfach keine Resonanz mehr, um es einmal energetisch auszudrücken, wir sind nicht mehr auf der gleichen Wellenlänge. Einige haben wir vielleicht nur toleriert, und jetzt können wir die Lüge nicht mehr ertragen. Genauso kann es passieren, daß Kollegen, die wir früher nicht ausstehen konnten, sich uns auf einer ganz neuen Kommunikationsebene nähern. Wir haben uns verändert und lernen nicht nur alte Bekannte auf eine neue Weise kennen, sondern ziehen eine ganz neue Gruppe von Leuten an, die die gleichen Ideen und Interessen haben und bei denen die Wellenlänge stimmt.

Auch der kulturelle Kontext spielt eine wichtige Rolle. Jede Kultur ist ein vielschichtiges Energiefeld, das bestimmte Wandlungsarten unterstützt, andere dagegen ablehnt. Es gibt eine lustige Beschreibung dieser projizierten Unterschiede in Europa:

Das Paradies ist da, wo die Italiener die Liebhaber, die Franzosen die Köche und die Deutschen die Handwerker sind und alles von den Schweizern organisiert wird. In der Hölle dagegen sind die Schweizer die Liebhaber, die Deutschen die Köche, die Franzosen die Handwerker und alles wird von den Italienern organisiert.

Ungeachtet des Körnchens Wahrheit in dieser Beschreibung beeinflußt jede Kultur Wandel auf ihre Weise. So unterstützen beispielsweise rigide Kulturen Spontaneität nur sehr selten, während hysterische Kulturen Fokus und Klarheit nicht besonders schätzen. Es wäre falsch, die Erwartungshaltungen dieser Kulturen anzunehmen, nur weil wir sie verstehen. Auch wenn persönlicher Wandel nicht vollkommen unabhängig von der jeweiligen Gesellschaft ist, sollte er doch offen sein für unser persönliches Potential. Viele Gesellschaften fürchten starke Persönlichkeiten, die ihr Wertsystem in Frage stellen. Die Bereitschaft, den persönlichen Wandel ungeachtet gesellschaftlicher Konsequenzen durchzustehen, zeichnet diejenigen aus, die ich als Wandlungspioniere bezeichne. Pioniere sind relativ unabhängig von der Zustimmung anderer. Sie gehen ihren eigenen spirituellen Weg, weil sie die Ganzheit erfahren haben. In vieler Hinsicht sind Pioniere immun gegen die Versuchung, die Erwartungen anderer zu erfüllen. Um ganz zu sein, müssen wir unabhängig von der Kritik und Zustimmung der anderen sein und notfalls allein leben können. Nur dann sind wir frei für die Ganzheit.

Wir müssen uns darüber im klaren sein, daß nicht jeder unseren Wandel akzeptieren kann. Je mehr wir uns der Ganzheit nähern, desto mehr konfrontieren wir andere mit ihrem eigenen Ganzheitsgrad, ohne darüber auch nur ein Wort zu verlieren. Wir strahlen einfach eine andere Energie aus. In der Sozialpsychologie wird die durch zwei gegensätzliche Überzeugungen geschaffene Disharmonie als kognitive Dissonanz bezeichnet. Wenn unser persönlicher Wandel in hohem Maße dissonant zu unserer Kultur ist, stellen wir für die bestehende Ordnung ein Problem dar. Mit unserem Wandel bringen wir eine Menge neuer Energie in die Gesellschaft als Ganzes, und ihr jetziges Ordnungsgleichgewicht wird zeitweise empfindlich gestört, bis sich schließlich eine neue Ganzheit entwikkelt. Jeder, der von diesem Wandel betroffen ist, muß sich daran anpassen, und für die zerbrechliche Energiestruktur vieler Menschen ist das einfach zuviel. Sie können wohl ein bißchen Wandel über eine längere Zeit ertragen, aber ein relativ plötzlicher Wandel wirft sie aus der Bahn ihres geordneten Daseins.

Eine Gesellschaft kann nur eine ganz bestimmte Menge dieser Dissonanz ertragen; dann wehrt sie sich entweder dagegen oder verändert sich auch. Die ehemalige DDR ist dafür ein gutes Beispiel. Der beständige Wandlungsfokus der Bevölkerung brachte ihre rigide Regierung zum Stillstand und führte schließlich zum Zusammenbruch. Nicht die Mauern sind die eigentlichen Wandlungsbarrieren, sondern Überzeugungen, Ideologien und die subtilen Prozesse, die diese Strukturen unterstützen. Die wahre Lösung ist die Bereitschaft, Ganzheit und damit Wandel auf allen Ebenen zu unterstützen. Keine Barriere kann eine solche Bewegung aufhalten.

Echte Evolution ist auch eine R-evolution, für die die Zeit reif ist. Persönlicher Wandel ist sowohl eine individuelle als auch eine politische und spirituelle Erklärung. Bei manchen geht das auf freundliche Art und Weise vonstatten, andere dagegen konfrontieren damit sehr stark und erschüttern ihre Familien, Freunde, Gesellschaften und sogar die ganze Welt. Wann immer möglich, sollten wir uns hinter diese Erklärungen stellen, um so ihre Wirkung zu verstärken und Widerstand zu mindern. Aus Liebe zu uns selbst und unserer Welt müssen wir dies mit der größtmöglichen Verantwortung, mit größtem Respekt und der größten Sensibilität tun – aber tun müssen wir es. Unsere Kinder warten darauf.

Kapitel XIV
Wandlungsmethoden

Im Wandel kann Selbsthilfe oft ganz gut mit professionelleren Methoden kombiniert werden, z.B. Psychotherapie, Akupunktur, Akupressur, In-Do, mit heilenden Künsten wie Tanz, Theater, Stimmübungen, Sport oder mit asiatischen Kriegskünsten (z.B. Taekwondo, Aikido, Judo). Sie bereichern unseren Wandel durch den Einfluß ausgebildeter Lehrer oder einer Gruppe mit ähnlich gelagerten Interessen. Die meisten Heilmethoden können auch als Hilfsmittel beim Wandel genutzt werden; allerdings hat jede ihre Stärken und Grenzen.

Ich habe einige dieser Wandlungsmethoden zusammengestellt; sie stellen meiner Meinung nach ein breit gefächertes Spektrum östlicher und westlicher Methoden dar. Die Aufstellung erhebt keinen Anspruch auf Vollständigkeit. Ich habe privat und in meiner Arbeit all die beschriebenen Formen selbst aktiv praktiziert. Meine Bewertung beruht daher sowohl auf meiner eigenen Erfahrung als auch auf dem Feedback von Kollegen.

Wandel existiert auf vielen Energieebenen. Einige Wandlungsmethoden führen auf einer Ebene vielleicht zu ausgezeichneten Ergebnissen, haben aber ernsthafte Mängel auf einer anderen. Es gibt keine allein seligmachende Methode für alle.

Wir sollten uns immer für die Methode entscheiden, die unserem jetzigen Stadium und unserem Maß an Bereitschaft entspricht. Eine jetzt ungeeignete Methode ist bestenfalls unnütz und schlimmstenfalls gefährlich. Leider ziehen uns oft die Methoden an, die unsere aktuellen Krankheitsmuster noch verstärken, weil sie uns beispielsweise leicht erscheinen. Diese Neigung zu ähnlichen ungesunden Energiebewegungen bezeichne ich als *Krankheitsresonanz*. Eine Person mit einem zu hohen Yin-Anteil sucht sich wahrscheinlich eher eine sanfte Form des Tanzes aus als Karate, weil der Tanz ihrem jetzigen Zustand enstpricht.

Für gesunden Wandel ist jedoch oft eine Form nötig, die nicht bloß unseren jetzigen Zustand unterstützt, sondern unseren nächsten Wachstumsprozeß fördert. Wir entscheiden uns genau deshalb oft für eine (im Moment) geeignete Methode, weil wir *nicht* weiterwachsen wollen. Echter Wandel ist meist auch echte Arbeit, oder wie die Bodybuilder sagen: kein Schmerz, kein Gewinn. Trotz der manchmal sehr ›schmerzhaften‹ Erfahrungen sind Lust und Freude ein notwendiger Bestandteil des Wandlungsprozesses. Trotz harter Arbeit belohnt uns Wandel mit mehr Lebendigkeit, größerer Klarheit und manchmal auch mit einem Körper, der (wieder) gut aussieht und sich gut anfühlt.

Ich glaube, daß jeder Mensch in sich das Wissen um die Ganzheit trägt, daß jedoch aufgrund seines jetzigen Bewußtseinszustandes Körper, Geist und Emotionen wieder an diese Weisheit erinnert werden müssen. Manche Menschen, besonders die Dickköpfe unter uns, müssen öfter daran erinnert werden als andere. Menschen mit zuviel Yin müssen sich wieder auf ihre körperliche und emotionale Stärke besinnen; Menschen mit einem zu hohen Yang-Anteil dagegen müssen wieder Zugang zu ihrer sanften und empfänglichen Seite finden. Ein Lehrer kann eine große Hilfe sein, uns aber auch arg behindern, wenn wir dadurch unser Selbsthilfepotential brachliegen lassen. Viele halten nach dem *einen* Lehrer Ausschau, als ob es nur den einen, wahren Lehrer gäbe. Doch für unterschiedliche Prozesse gibt es auch unterschiedliche Lehrer – jeder an seinem Platz. Das Finden eines geeigneten Lehrers, besonders auf spirituellem Gebiet, ist oft ein Balanceakt zwischen völligem Einlassen und gleichzeitigem Loslassen. Wenn diese Balance gelingt, entsteht daraus eine bewußte Offenheit. Allgemein gilt: Wenn wir wirklich einen Lehrer brauchen und dabei bewußt und offen sind, dann finden wir auch einen.

Jede Methode hat wiederum verschiedene ›Leistungsstufen‹ und damit auch verschiedene Lehrer. Es gibt Lehrer der asiatischen Selbstverteidigung, die zwar die Technik beherrschen, jedoch nicht die Philosophie oder die feinen dahinterstehenden Prozesse. Manche Therapeuten haben sich viel Wissen über Beziehungsprobleme angelesen, haben aber selbst noch Sexual- oder Kommunikationsprobleme. Viele sogenannte spirituelle Lehrer sind ganz schön habgierig und verantwortungslos oder stecken selbst noch mitten in ihrer psychischen Entwicklung; manche könnte man sogar als Quacksalber bezeichnen. Nicht jeder indische Lehrer ist ein Guru, nur weil er orange oder weiße Kleider trägt, auch wenn er ein paar Bücher geschrieben haben mag. Viele Menschen sind in dieser

Hinsicht etwas naiv; sie suchen so verzweifelt nach einem Lehrer, dem sie sich anvertrauen können, daß sie jedem folgen, der sich als Guru ausgibt. Ein echter Lehrer konfrontiert und unterstützt uns auf einer Ebene des Verstehens, wo wir bewußt sind. Außerdem gehören zum Lehrer noch Eigenschaften wie Liebe, Weisheit, Demut und Ganzheit, damit wir uns einlassen und hingeben können, ohne abhängig zu werden.

Im folgenden dazu ein paar hilfreiche Ratschläge.

Wir sollten

- unsere eigene Kraft und die eigenen Grenzen richtig einschätzen.
- uns fragen, welcher Wandlungsaspekt im Moment am dringendsten zu sein scheint (z.B. körperliche Stärke).
- einen guten Freund fragen, ob er das auch so sieht wie wir.
- uns einen Überblick über die allgemeinen Wandlungsmethoden (z.B. Yoga, Selbstverteidigung) verschaffen.
- uns fragen, welche dieser Methoden unseren derzeitigen Bedürfnissen entsprechen.
- auch Methoden, die ein bißchen Angst machen, uns aber auch ›auf Trab‹ bringen, miteinbeziehen.
- Studios und Schulen besuchen, die diese Methoden anbieten.
- mit Freunden über ihre Erfahrungen reden.
- einen Lehrer finden, der uns persönlich zusagt.
- einen vorläufigen Plan ausarbeiten, wie eine solche Methode in unser Leben paßt.
- ein oder zwei Übungsstunden besuchen, um ein Gefühl für die Methode und den Lehrer zu entwickeln.
- uns fragen, wie wir uns vor, während und nach der Stunde fühlen.
- uns fragen, ob die Methode unsere Entwicklung unterstützen kann.
- bei einer passenden Methode solange bleiben, bis das gelernt wurde, was nötig war.
- für uns beten, wir werden es nötig haben!

Körperliche Methoden

Sport

Bei den meisten Sportarten werden nur bestimmte Körperpartien trainiert. Aktive Methoden wie Schwimmen, Karate, Fußball, Tennis etc. trainieren die großen Muskelgruppen mehr als passive Formen wie Golf und Kegeln. Die letzteren sind besonders bei bestimmten körperlichen Behinderungen oder zur Entspannung zu empfehlen. Die Vorteile der aktiven Sportarten bestehen in der besseren Blutzirkulation, Entgiftung, körperlicher Ausdauer und einer allgemein besseren Kondition. Wer den ganzen Tag im Büro sitzt, sollte natürlich eher eine etwas aktivere Sportart wählen, es sei denn, medizinische Gründe sprechen dagegen.

Manche Sportarten sind insofern ganzheitlicher, als sie den ganzen Körper trainieren. Schwimmen und Karate stehen dabei an der Spitze. Jogging und Fußball dagegen trainieren nur den unteren Teil des Körpers; wenn man sich darüber klar ist, kann man diese Sportarten dann einsetzen, wenn beispielsweise der Oberkörper schon überentwickelt ist oder die Beine und Füße nicht geerdet sind.

Die Vorteile von Sport:
- Er steigert die Körperenergie und die Körperbewußtheit.
- Er schafft ein stabiles Medium für andere Ganzheitsebenen.
- Er fördert die Bereitschaft zum emotionalen Ausdruck.
- Er baut Spannungen ab.
- Er fokussiert die Energie durch Disziplin.
- Er hilft, an einem Problem bis zur Lösung ›dranzubleiben‹.

Anmerkung:
Sport ist die beste Möglichkeit, den Körper hinsichtlich Muskeltonus, Vitalität und Körperbewußtheit zu öffnen. Ein guter, starker Körper stärkt das Immunsystem bei seinem Kampf gegen Erkältungen und andere Viren. Sport ›füllt die Pumpe‹ für andere Energieebenen, vor allem die psychische und die emotionale Ebene.

Die Grenzen des Sports:
- Er betont die Ganzheit auf der Ebene der Muskeln und der Ausdauer.

- Er beinhaltet nicht unbedingt emotionale und psychische Gesundheit.
- Im Übermaß führt er sogar zu Krankheit.
- Er verstärkt eventuell physische, grobe Energieformen.
- Er umgeht möglicherweise die feineren Vibrationen auf ästhethischer, zwischenmenschlicher und spiritueller Ebene.
- Er kann dazu mißbraucht werden, durch zuviel Tun das Sein und die Stille zu vermeiden.
- Er kann leicht zu übertriebenem Wettbewerbs- und Erfolgsstreben führen.

Anmerkung:
Wir sollten uns davor hüten, zuviel Sport auf Kosten unseres emotionalen und spirituellen Lebens zu treiben. Einseitiges Training kann durch die Überanstrengung bestimmter Muskelgruppen zu Energieblockaden führen. Die Muskeln sollten nicht durch zu konzentriertes Training, wie bei Bodybuilding, ihren Bewegungsspielraum verlieren. Nach jedem Kraftsport hilft uns Yoga, Tanz oder Schwimmen, die Muskeln zu lockern und zu dehnen.

Asiatische Kampfkünste

Die asiatischen Kampfkünste umfassen Disziplinen wie Judo, Karate, Tai Chi, Aikido, Taekwondo etc., die im Osten als Selbstverteidigung, Meditation und Trainingsmethoden entwickelt wurden. Jede Disziplin legt Wert auf bestimmte Aspekte dieser drei Prinzipien, doch findet man in den verschiedenen Schulen alle drei Prinzipien wieder. Oft werden die asiatischen Kampfkünste nicht als potentielle Heilmethoden wahrgenommen. Bei allen Disziplinen ist beständiges Üben, eine starke Motivation und ein Einlassen auf die zugrundeliegenden Prinzipien erforderlich, um wirklich davon zu profitieren.

Die Stärken der asiatischen Kampfkünste sind folgende:
- Sie vereinen Körper, Geist und Seele.
- Sie halten den Körper beweglich.
- Sie unterstützen den Energiefokus und die Klarheit.
- Sie schärfen die Bewußtheit.
- Sie entwickeln das Hara.
- Sie lehren uns die Energietransformation.

– Sie unterstützen die Selbstachtung.
– Sie entwickeln ein Gespür für die innere und äußere Kraft.

Anmerkung:
Im Westen ist die Ganzheitlichkeit der Kampfkünste fast gänzlich unbekannt; doch genau dieser Aspekt macht sie zu einer guten Ergänzung zu fast allen anderen Wandlungsformen.

Da jede Methode ihre speziellen Schwerpunkte hat, hängen ihre Wandlungsqualitäten ganz davon ab, welche Aspekte betont werden. Die eher körperlich betonten Formen wie Karate und Taekwondo sind sehr gut als Ausdauertraining geeignet oder zum Konfrontieren von Kontaktängsten, Abbau von Aggressionen und zum Erhalten des physischen und teilweise auch des psychischen Gleichgewichts. Andere yin-betonte Formen wie Tai Chi sind weicher und langsamer und unterstützen deshalb Stille, Gleichgewicht, Erdung und Zentrieren. Besonders Tai Chi bietet die Möglichkeit, Meditation in der Bewegung zu erlernen.

Die Grenzen der Kampfkünste:
– Die im Westen auf dem körperlichen Training liegende Betonung schränkt die Lernerfahrungen mit subtilen Energieformen ein.
– Manches Selbstverteidigungstraining ist ›für die Straße‹ nicht geeignet.
– Eventuell ausgelöste Emotionen werden nicht beachtet.
– Manche Dojos haben Frauen gegenüber Vorurteile.

Ausschließlich körperliches Training liegt fast nie im System begründet, sondern im Lehrer (Sensei). Manche Schulen erlauben oder fördern sogar teilweisen oder vollen Körperkontakt im Training, was zu Verletzungen führen kann.

Jede echte Entwicklung des Meditationsprozesses und die Auseinandersetzung mit gesunder Aggression führen fast immer dazu, daß Emotionen an die Oberfläche kommen und ein Ventil suchen. Die Auseinandersetzung mit diesen Gefühlen führt nicht nur zu weiteren Emotionen, sondern auch zu körperlicher und meditativer Ganzheit.

Allgemeine Bemerkung:
Wie bei allen Techniken aus einem anderen Kulturkreis müssen auch hier die kulturellen Unterschiede berücksichtigt werden. Wir müssen uns über den Einfluß dieser Methoden auf die Evolution

ihres Ursprungslandes und dessen Kultur im klaren sein und herausfinden, ob sie auch für uns brauchbar sind. Wir müssen sorgfältig eine für uns passende Form und einen Lehrer aussuchen. Lehrer und Form sind dabei nicht unbedingt das gleiche. Wir müssen eine Wahl treffen.

Für die Auswahl eines Lehrers empfehle ich folgende Prioritätenordnung:

- Jemanden aus dem Ursprungsland der jeweiligen Kampfkunst;
- Einen asiatischen Lehrer aus einem anderen Kulturkreis;
- Einen westlichen Lehrer, der im Osten ausgebildet wurde und mit dem Geist der Arbeit in Verbindung steht;
- Einen westlichen Sportlehrer.

Ausdrucksbetonte Methoden

Tanz und Bewegung

In vielen Kulturen wurde Tanz schon immer zum Heilen eingesetzt. In der Bewegung werden die Lebensenergien an die Oberfläche gebracht und können wirksam werden, sei es als Freude, Traurigkeit, Wut oder Ganzheit. In vielen Religionen versetzt man sich durch Tanz in spirituelle Ekstase und versucht dadurch, die Einheit mit dem Kosmos zu erreichen. Es ist ganz klar, warum: Jeder, der einmal improvisierten Tanz gemacht hat, weiß, wie intensiv spirituelles und emotionales Erleben dadurch werden können.

Die vielen unterschiedlichen Tanzformen – Klassik, Volkstanz, moderner Tanz – bringen auch unterschiedliche energetische Prozesse in Bewegung. Im klassischen Tanz wird Disziplin, Präzision und Leichtigkeit entwickelt; Volkstanz dagegen unterstützt die Verbindung mit der Erde, Einfachheit und gesellschaftliche Verbundenheit. Im modernen Tanz sind sowohl Disziplin als auch Kreativität enthalten.

Aus meinen jahrelangen Experimenten mit Tanz und Energiearbeit hat sich Dansergia® entwickelt. Dansergia geht mit Bewegung und Bewußtheit der spirituellen Frage des »Wer bin ich?« auf den Grund. Dabei wird durch die Bewegung der Energie im Körper erforscht, wie die Energie sich bewegen will; so unterstützt Dansergia den sprituellen Weg. Bewegung wird mit den Chakras, Akupunkturmeridianen und den Kampfkünsten kombiniert, um den Körper zu stärken, die Emotionen freizusetzen und das ganze Energiefeld zu sensibilisieren.

Die Stärken des Tanzes:
- Emotionen werden universell ausgedrückt.
- Die Lust am Wandel wird gefördert.
- Er kann allein oder mit anderen praktiziert werden.
- Spontaneität wird gefördert.

Bemerkung:
Die Schönheit des Tanzes liegt in seiner Fähigkeit, fast allen Emotionen, Ideen, Phantasien oder anderen Wirklichkeiten Ausdruck zu verleihen. Er ist ein universelles Medium, das Körper und Geist miteinbezieht, wodurch fast alle Menschen davon profitieren können.

Tanz ist besonders Menschen zu empfehlen, die spontane Gefühle nur schwer ausdrücken können, die ihren Körper besser integrieren müßten oder die mit persönlichem und sozialem Freiraum Probleme haben. Außerdem ist Tanz ein gutes Mittel, zu starke Kontrolle im Leben loszulassen und sich neuen, lustvollen Möglichkeiten zu öffnen.

Die Grenzen des Tanzes:
- Tiefe Emotionen sind nur begrenzt möglich.
- Er kann dazu mißbraucht werden, sich nicht zu erden.
- Bei professionellen Tänzerinnen bleibt manchmal die Regel aus.
- Er verstärkt oft Yin-Qualitäten.
- Im Übermaß unterstützt er schnell den Mißbrauch des Körpers.

Anmerkung:
Man kann durch Tanz zwar mit fast allen Gefühlen in Kontakt kommen, doch ein tieferer Kontakt bleibt meistens aus. Manche Menschen ›tanzen‹ durch Probleme hindurch, anstatt am Boden zu bleiben und sich mit ihnen auseinanderzusetzen. Die Natur des Tanzes bringt es mit sich, daß aggressive Bewegungen, wie sie beispielsweise in den Kampfkünsten zu finden sind, meistens nicht genauer angeschaut werden; davon ausgenommen ist Volkstanz und Afrotanz. Zu wenig gesunde Aggression und Konfrontation verstärken oft die yin-betonten Qualitäten der Leichtigkeit und des

Nicht-Geerdetseins. Wer sowieso leicht ›abhebt‹, könnte diese Tendenz noch verstärken, was zu noch mehr Krankheit führt.

Allgemeine Anmerkung:
Obwohl sich langsam andere Ansichten durchsetzen, haben wir doch noch oft die fixe Vorstellung, daß Tanz nur mit anderen möglich ist, daß man immer ›Schritte‹ lernen muß und – besonders bei Männern – daß Tanz etwas Weibisches ist. Wer an einem Tanzseminar teilnehmen möchte, sollte sich darüber klar sein, daß jeder Tanztyp und auch jeder Tanzlehrer ganz bestimmte Formen von Ganzheit und Nicht-Ganzheit bzw. Krankheit unterstützt. Klassisches Ballett z.B. ist ein wunderschöner, kraftvoller Tanz, kann jedoch durch die Trennung von Körper und Emotionen eine bereits vorhandene Ich-Schwäche noch verstärken. Man sollte einmal darauf achten, wie Ballettänzer(innen) auch außerhalb des Trainings gehen: die Füße nach außen gerichtet, weg von einem zentrierten Fokus. Professionelle Tänzer(innen) sind übrigens oft notorische Raucher – welch ein hoher Preis für die Schönheit!

Was brauchen wir für unseren Wandel? Die Antwort auf diese Frage sollten wir wissen, bevor wir uns für ein bestimmtes Tanzprogramm und einen Lehrer entscheiden. Zum Loslassen sind beispielsweise improvisierende und weniger strukturierte Formen geeignet; wer sich erden will, braucht dagegen etwas ganz anderes.

Theater

Schon seit alten Zeiten wurde Theater in Ritualen eingesetzt; später im alten Griechenland wurden formellere Formen geschaffen, um menschliche Emotionen in überzogener Form zu demonstrieren. Damit wurden z.B. die angestauten Emotionen des Publikums auf kathartische Weise freigesetzt. Auch in unserer Zeit wird diese Tradition fortgeführt. Seit kurzem wird Theater als direkte psychotherapeutische Technik verwendet. Moreno, der Begründer des Psychodramas, arbeitete z.B. mit der Idee des Alter Ego, um durch einen anderen Gruppenteilnehmer eine Art Spiegelbild der eigenen Person zu schaffen. Auch in meiner Energiearbeit war es notwendig, das Theater als Ausdrucksform einzubringen; daraus entstand *Theatro Energetico®*, eine spezielle Form der Energiearbeit; sie untersucht mit Hilfe des ›Theatre of Inquiry‹ (Erforschungstheater) die Dramen des Alltags, um die tiefere Energiestörung und den Heilungsprozeß dahinter aufzudecken. Dadurch werden auch energetische und spirituelle Konzepte auf direkte, experimentelle Weise vermittelt.

Die Stärken des Theaters:
- Es macht innere Prozesse sichtbarer.
- Es fördert das Aus-sich-Herausgehen in der Gruppe.
- Es bringt Klarheit in die persönlichen Dramen.
- Es entwickelt Spontaneität.
- Es fördert Kreativität.
- Es stärkt den emotionalen Ausdruck.

Anmerkung:
Alle Theaterformen lehren uns, aus uns herauszugehen und uns klar und präzise auszudrücken. Außerdem unterstützt jede Theaterform in der therapeutischen oder persönlichen Arbeit den emotionalen Ausdruck als Teil der psychischen Bewußtheit. Theatro Energetico bezieht Wandel und spirituelle Energiekonzepte direkt mit ein.

Die Grenzen des Theaters:
- Es kann die ›Theater-Spielchen‹ verstärken.
- Es kann feine innere Prozesse reduzieren.
- Schüchterne Menschen werden leicht daran gehindert, aus sich herauszugehen.
- Durch den Gruppendruck können Emotionen etc. zum falschen Zeitpunkt zum Ausdruck kommen.

Anmerkung:
Durch ihre ausdrucksbetonte Natur reduziert Theaterarbeit oft feinere energetische Prozesse; dann wird man zwar ein immer besserer Schauspieler, entwickelt sich jedoch nicht weiter. Psychologisches Theater kann besonders bei egoschwachen Personen zu einer Spaltung führen, wenn immer nur bestimmte Teile analysiert werden. Die stärkste Einschränkung des Theatro Energetico liegt in seiner Forderung nach absoluter Ehrlichkeit und dem Betonen der persönlichen Prozeßerforschung von Anfang an. Dies schreckt jeden ab, der für diese Direktheit noch nicht bereit ist.

Psychophysische Wandlungsmethoden

Diese Ansätze arbeiten auf der Grundlage der direkten Beziehung von Körper und Seele, teilweise mit einer direkten Manipulation des Körpers, teilweise mit einer ›Umprogrammierung‹ der seelisch-körperlichen Reaktionsmechanismen. Psychophysische Wandlungssysteme unterscheiden sich von der Körperpsychotherapie durch das Ausklammern der Emotionen und die systematische Bearbeitung psychischer Probleme. Dennoch kann durch psychophysische Methoden psychischer Wandel ausgelöst werden, da physische Störungen oft durch psychische Probleme verursacht oder verschlimmert werden und umgekehrt. Zu diesen psychophysischen Ansätzen zählen unter anderem:

- Rolfing (Strukturelle Integration)
- Feldenkrais-Methode
- Alexander-Technik
- Mensendeick-Methode

Das von Ida Rolf entwickelte Rolfing ist eine Körperbehandlungsmethode, mit deren Hilfe der Körper durch eine Art Bindegewebsmassage ausgerichtet wird. Die Feldenkrais-Methode des Neurologen Moshe Feldenkrais entwickelte sich aus der Arbeit mit Gelähmten zur Wiederherstellung der Motorik durch das Trainieren der Nervenbahnen zwischen Körper und Gehirn. Diese Geist-Körper-Arbeit mit ihren sanften Körperübungen tut heutzutage fast allen Menschen gut. Die Alexander-Technik von M.F. Alexander und die Mensendeick-Methode von Beth Mensendeick machen die Körperhaltung bewußt und lehren den effektiven Umgang mit den Muskeln. Dabei beginnt Alexander mit dem oberen Bereich, Mensendeick mit dem unteren Bereich des Körpers.

Die Stärken der psychophysischen Methoden:
- Sie führen zur Integration von Geist und Körper.
- Sie beweisen, wie stark die Heilkräfte feiner Energieprozesse sein können.
- Sie können innerhalb einer begrenzten Zeit durchgeführt werden.
- Sie können sich auf spezielle Probleme konzentrieren, ohne dabei das Ganze aus den Augen zu verlieren.

- Sie können – mit Ausnahme des Rolfing – sowohl alleine als auch in Gruppen ausgeführt werden.
- Sie sind ein guter Einstieg für eine spätere Psychotherapie.

Anmerkung:
Psychophysische Ansätze sind gut dazu geeignet, den Körperausdruck zu verbessern, da sie durch den direkten Kontakt mit dem Körper die Bewußtheit für die Integration von Geist und Körper fördern. Im Gegensatz zu psychotherapeutischen Methoden, die den emotionalen Ausdruck in den Mittelpunkt stellen, ist für psychophysische Ansätze Wandel nicht ein Produkt der gelösten Spannungen, sondern der Neuausrichtung von Struktur, Haltung und Bewegung.

Die Grenzen der psychophysischen Methoden:
- Sie lassen in der Regel die emotionalen Probleme außer acht, die oft hinter den körperlichen Störungen stecken.
- Sie führen nur zu vorübergehendem Wandel, da meist die tieferen psychischen Probleme nicht angesprochen und verarbeitet werden.
- Sie verlassen sich gänzlich auf die professionelle Führung des Wandlungsprozesses.
- Sie arbeiten nur in einem beschränkten Bereich von Energieebenen.

Anmerkung:
Psychophysische Wandlungsansätze sind meist auf einen bestimmten Bereich von Energieebenen beschränkt. Sie schließen beispielsweise die psychische, emotionale und spirituelle Ebene aus, welche für eine umfassende Ganzheitsperspektive äußerst wichtig sind. Dadurch wird auf tiefere Wandlungsprobleme nicht eingegangen, was stabilen bzw. dauerhaften Wandel nicht fördert. Genauso kann es passieren, daß der Wandel zwar stabil ist, dafür jedoch andere, vielleicht noch wichtigere Wandlungsthemen außer acht gelassen werden.

Psychotherapeutische Methoden

Einsichts-orientierte Psychotherapien

Zu diesem Bereich zählen eine Reihe psychotherapeutischer Schulen, die davon ausgehen, daß Wandel durch das Verstehen eines Problems zustande kommt. Fast alle psychotherapeutischen Ansätze fallen unter diese Kategorie, ausgenommen sind körperorientierte Ansätze und die Verhaltenstherapie. Einige Methoden beschäftigen sich mit aktuellen Problemen, andere psychoanalytische Ansätze arbeiten hauptsächlich mit unbewußten Motivationen aus unerledigten problematischen Kindheitserlebnissen.

Die Stärken der einsichts-orientierten Psychotherapien:
- Sie machen Probleme klar.
- Sie bieten persönliche/professionelle Unterstützung.
- Sie bieten eine Beziehung zur Projektion der Probleme an.
- Sie können die Problemlösung erleichtern.

Anmerkung:
Der große Pluspunkt der einsichts-orientierten Psychotherapien liegt darin, daß sie dem Klienten helfen, sich auf Probleme, Emotionen, Assoziationen zu konzentrieren und deren Bedeutung für das größere Ganze zu erkennen. Viele Menschen verlieren sich in diffusen, unklaren Vorstellungen; ein gutes Gespräch mit jemandem, der wirklich zuhört, ist für sie eine große Hilfe.

In vielen therapeutischen Beziehungen kommt es zur Übertragung von Gefühlen des Klienten auf den Therapeuten. Durch diese emotionale Projektion kann man seine Gefühle besser begreifen – z.B. den Eltern gegenüber. Die therapeutische Beziehung hilft also, solche Gefühle aufzuarbeiten und zu verändern.

Die Grenzen der einsichts-orientierten Psychotherapien:
- Sie trennen unter Umständen das Denken von den Gefühlen und vom Körper.
- Durch die Betonung des Verstehens von Problemen anstelle des Veränderns von Verhaltensmustern kann der Wandel behindert werden (siehe das ›Therapitis-Spielchen‹).
- Sie sind nicht unbedingt so klar auf Probleme ausgerichtet, daß sofort Wandel bewirkt wird.

Anmerkung:
Die einsichts-orientierten Therapien haben eine Menge Nachteile. Erstens bedeutet Verstehen nicht unbedingt eine tatsächliche Veränderung. Oft geht man davon aus, daß ein Wandel stattfindet, aber die therapeutische Praxis zeigt, daß Wissen und Tun nicht unbedingt zusammenhängen. Zweitens wird das Verstehen von Problemen oft dazu benutzt, Wandel zu umgehen und krank zu bleiben. Drittens führen tiefenpsychologische Methoden oft zu unnötigem Leiden der Klienten, da die Aufmerksamkeit nicht voll auf ein bestimmtes Brennpunkt-Thema gerichtet wird. Hinzu kommt die Gefahr der Abhängigkeit vom Therapeuten durch das Patient-Doktor-Verhältnis und die Interpretation der sogenannten unbewußten Vorgänge durch den jeweiligen Therapeuten. Der vielleicht größte Nachteil liegt in der mangelnden Einbeziehung des Körpers. Es ist einfach unglaublich, daß auch heute noch manche Menschen nicht wahrnehmen wollen, daß die körperlichen und seelisch-geistigen Prozesse komplementäre Vorgänge sind. Wo wäre denn unser Geist ohne unseren Körper?

Allgemeine Bemerkung:
Eine Ganzheit, die sich aus der einsichts-orientierten Therapie entwickelt, ist im wesentlichen auf klareres Denken und das Aussortieren bestimmter verwirrender Aspekte beschränkt. Tiefgreifender Wandel findet nur sehr selten statt, da andere wichtige Aspekte der ganzheitlichen Entwicklung, z.B. Körper und Geist, nicht berücksichtigt werden. Ausnahmen bilden die Jung'sche Analyse und transpersonale Ansätze. Ich bin der Meinung, daß bei einsichts-orientierten Therapien tatsächlich stattfindender Wandel weniger auf die Therapie als vielmehr auf den Therapeuten bzw. die Therapeutin zurückzuführen ist. Durch parallele Körperarbeit kann eine einsichts-orientierte Therapie wirkungsvoll unterstützt werden.

Verhaltenstherapien

Die zentrale These der verhaltenstherapeutischen Methoden lautet, daß das menschliche Verhalten das wichtigste Diagnosemittel und Behandlungsmedium ist. Zu dieser Gruppe gehören unter anderem die *rational-emotive Therapie*, die *Sexualtherapie*, die *Desensibilisierung*, das *Selbstbehauptungstraining* und die *reziproke Hemmung*. Obwohl verhaltenstherapeutische Ansätze aufgrund der systematisierten Arbeit zu den theoretisch und praktisch am stärksten vereinheitlichten Methoden gehören, gibt es doch eine Menge unterschiedlicher Definitionen von ›Verhalten‹. Manche Therapeuten befassen sich hauptsächlich mit äußeren Phänomenen wie Körperbewegungen und -verhalten, andere dagegen schließen auch selbst-definierte ›Verhaltensweisen‹ wie Ideen und Emotionen mit ein.

Die Stärken der Verhaltenstherapien:
- Das Problem steht im Mittelpunkt der Arbeit.
- Es sind weder lange Geschichten noch Ausreden nötig.
- Sie bewirken sichtbaren Wandel innerhalb relativ kurzer Zeit.
- Sie sind sehr erfolgreich bei der Behandlung von stark gestörten Menschen, damit diese wieder normal leben können.

Anmerkung:
Aufgrund ihrer systematischen Vorgehensweise lenken Verhaltenstherapien das oft sehr komplexe Netzwerk menschlicher Probleme in überschaubare Bahnen. Spezielle Behandlungsmethoden für besondere Probleme wie Phobien, bestimmte sexuelle Schwierigkeiten und mangelndes Selbstwertgefühl sind äußerst erfolgreich. Kurzfristig bieten diese Methoden eine schnelle Lösung für praktische Probleme. Besonders bei der Behandlung von dysfunktionalem Verhalten sind sie wohl die erfolgversprechendste Methode.

Die Grenzen der Verhaltenstherapien:
- Sie sind von professioneller Anleitung abhängig.
- Sie verstärken die Anpassung des Verhaltens.
- Sie lassen wichtige Komponenten, z.B. Emotionen, größtenteils außer acht.
- Sie beschränken sich auf bestimmte energetische Einflüsse und gehen dadurch oft am größeren Ganzen vorbei.
- Verhaltensänderungen werden bisweilen mit Persönlichkeitsveränderungen verwechselt.

Anmerkung:
Wohl mehr als bei allen anderen Wandlungsmethoden wird in der Vehaltenstherapie der ›wissende Experte‹ glorifiziert. Dies führt zur Abhängigkeit und kann zwar Verhaltensänderungen bewirken, diese sind aber nicht unbedingt wesentlich für den persönlichen Wandel. Aus Notwendigkeit haben die Verhaltenstherapien in den letzten Jahren Emotionen miteinbezogen. Doch leider lassen sich Dinge wie der Geist, die Transformation und das universale Bewußtseinsfeld nicht in hübsche Verhaltenskategorien zwängen, ohne dabei ihre Essenz zu verlieren.

Phänomenologische Wandlungsmethoden

Gestalttherapie

Die von Fritz Perls entwickelte Gestalttherapie stellt die Bewußtheit des ›Hier und Jetzt‹ in jedem Augenblick in den Mittelpunkt. Die Therapie versucht Menschen dabei zu helfen, die verleugneten und daher gestörten Teile ihrer Persönlichkeit wieder zu integrieren und so zu größerer Ganzheit zu gelangen.

Die Stärken der Gestalttherapie:
- Sie eignet sich besonders als praktischer Ansatz, um sich seines Verhaltens und Denkens, seiner Bewegungen und Wahrnehmungen bewußt zu werden.
- Sie richtet die Aufmerksamkeit auf die Gegenwart, wodurch die Flucht in alte Geschichten und Ausreden weitgehend ausgeschlossen wird.

Die Grenzen der Gestalttherapie:
- Sie ist nicht empfehlenswert bei schwer gestörten Personen.
- Die ausdrucksbetonte Arbeit verstärkt Tendenzen zur Übertreibung und zum ›Herumspielen‹.

Anmerkung:
Die Gestalttherapie arbeitet auch sporadisch mit tiefen Emotionen und ist deshalb nicht empfehlenswert für Menschen, die Schwierigkeiten mit ihrer Realität haben, z.B. Schizophrene. Ernsthaft gestörte Personen verlieren sich leicht im Identifikationsprozeß der

Gestalttherapie und werden noch unklarer. Menschen, die aus ihren Problemen schnell ein Spielchen machen oder ihre Gefühle leicht übertreiben, werden durch die theaterähnliche Ausdrucksarbeit in ihrem Verhalten noch bestärkt. Die Konfrontation mit ernsthaften Entscheidungen kann dadurch problematisch werden.

Körperpsychotherapeutische Methoden

Die Körperpsychotherapie ist ein ›Ableger‹ der Psychoanalyse, entstanden aus dem Bedürfnis, Körpergestik und -struktur als Teil der psychoanalytischen Behandlung miteinzubeziehen. Bekannt sind unter anderem:
- Die Therapie nach Reich
- Bioenergetik
- Core-Energetik

Die von Wilhelm Reich entwickelte Reich'sche Therapie war die erste körperorientierte Psychotherapie. Von den unterschiedlichen Entwicklungsstufen ist die Vegetotherapie hervorzuheben. Sie arbeitet mit dem autonomen vegetativen Nervensystem, mit dem Ziel, Energieblockaden durch spezielle Übungen aufzulösen.

Alexander Lowen und John Pierrakos, zwei Schüler und spätere Kollegen Reichs, entwickelten die Bioenergetik. Sie bezieht die Reich'schen Charakterstrukturen mit ein, legt aber mehr Wert auf Unabhängigkeit und den direkten emotionalen Ausdruck. John Pierrakos wandte sich von der Bioenergetik ab und begründete die Core-Energetik (aus dem Englischen: Kern). Sie betont die Kernfunktionen der Persönlichkeit als Ausdruck von Gesundheit und Wohlbefinden, besonders in Verbindung mit energetischen Feldern und der Aura.

Die Stärken der Körperpsychotherapie:
- Sie ist ganzheitlicher als die einsichts-orientierte Therapie.
- Sie bezieht starke Emotionen wie Freude, Traurigkeit, Angst, Liebe und auch sexuelle Gefühle mit ein.
- Sie unterstützt die direkte und spontane Freisetzung aufgestauter Energie.
- Sie unterstützt die Unabhängigkeit, da die Arbeit im Stehen erfolgt.

- Sie unterstützt langfristigen stabilen Wandel.
- Sie arbeitet Probleme gründlich auf.

Anmerkung:
Körperpsychotherapie ist ein solider und praktischer Ansatz, der in relativ kurzer Zeit Erleichterung verschafft und zu Wandel führt. Da Einsicht als das Ergebnis körperlicher Erfahrungen betrachtet wird, ist sie direkter als die eigentlich einsichts-orientierte Therapie und bietet mehr Sicherheit im Umgang mit tiefsitzenden, starken Emotionen. Die klassische Reich'sche Therapie konzentriert sich auf sexuelle Störungen als Ursache der Neurose; Bioenergetik dagegen sieht sexuelle Probleme im größeren Kontext der Unabhängigkeit und des Willens. Core-Energetik wiederum stellt den Kern der Persönlichkeit als Brücke zum Geist in den Mittelpunkt.

Die Grenzen der Körperpsychotherapie:
- Sie legt möglicherweise zuviel Wert auf den Körper und grenzt dadurch feinere Energien wie die spirituelle Energie, Akupunkturmeridiane etc. aus.
- Sie fördert unter Umständen die Abhängigkeit vom emotionalen Spannungsabbau als Methode des Selbstausdrucks.
- Sie wird häufig in Verbindung mit psychoanalytischer Psychologie durchgeführt.
- Sie betont die Expertenrolle des Therapeuten.
- Sie läßt es kaum zu, daß der Klient selbst seine Therapie steuert.

Anmerkung:
Die üblichen Formen der Körperpsychotherapie beschränken sich in der Regel auf den Ausdruck grober Energieformen durch die Muskeln. Manchmal wird diese Methode wie Gymnastik angewandt, um den Klienten durch wiederholte Übungen oder Streßpositionen zu ermüden und dadurch gestaute Energie freizusetzen. Leider wird dadurch der Eindruck hervorgerufen, daß für emotionalen Ausdruck Anstrengung nötig ist. Dieser Ansatz ist nicht unbedingt auf Alltagssituationen übertragbar. Das ganze Konzept der Charakterarbeit ist an die Newton'sche Physik und die psychoanalytische Psychologie gebunden, die beide durch neue Erkenntnisse überholt sind. Ein großer Nachteil der Körperpsychotherapie liegt darin, daß sie meist die spirituelle Dimension nicht berücksichtigt. Sowohl Lowen als auch Pierrakos haben inzwischen auch esoterische Konzepte in ihre Arbeit aufgenommen.

Physisch-spirituelle Methoden

*Die ›Life Energy Therapy^{TM}‹ (L.E.T.)**

Die ganzheitliche *Life Energy Therapy* entstand, als mir bewußt wurde, daß es möglich ist, Körperpsychotherapie und spirituelle Entwicklung miteinander zu verbinden. Ich stellte fest, daß man sich durch speziell entwickelte Körperbewegungen auf einen spirituellen Energiekanal einstimmen kann, den sogenannten Heilkanal. Im Kontakt mit dieser Kraft beginnt der Körper zu vibrieren, und alles, was nicht ganz ist, wird nach außen gebracht, wodurch wir klarer, stärker, ehrlicher und sensibler werden.

In der Life Energy Therapy werden die Schwierigkeiten des Lebens als *Spurenprobleme* gesehen; sie deuten auf tieferliegende Energiestörungen hin. Diese Probleme werden in Energiebewegungen umgesetzt, wodurch man das dahinterliegende Muster herausfinden kann. So kann der Energiefluß verändert und das Problem beseitigt werden. Gesundheit und Ganzheit resultieren aus der Wiederherstellung des energetischen Gleichgewichts. Der spirituelle Weg ist der goldene Faden, der den Wandel durchzieht.

Die Stärken der L.E.T.:
- Sie bezieht viele Energieebenen mit ein.
- Sie wirkt auch, wenn man nicht von ihr überzeugt ist.
- Sie vereint in sich östliche und westliche Energiekonzepte.
- Sie bezieht in ihr Wandlungsverständnis naturwissenschaftliche Erkenntnisse mit ein.
- Sie gebraucht eine spezielle Energiesprache, die auch auf andere Heilsysteme angewendet werden kann.
- Sie kommt sehr schnell zum wesentlichen Problem, wodurch die Therapie erheblich verkürzt wird.
- Sie fördert Unabhängigkeit.
- Sie schafft eine direkte spirituelle Verbindung.

Anmerkung:
Der größte Vorteil dieser Methode liegt im Einbeziehen vieler Energieebenen, unter anderem der physischen, emotionalen, psychischen und spirituellen Ebene. Dadurch kann sie fast allen

* Vgl. auch Sabetti, Stèphano: Lebensenergie, Bern/München/Wien 1985.

Menschen helfen, sich dem Wandel zu öffnen. Die Sprache der L.E.T. ist Energie, und der Fokus liegt auf dem Prozeßgeschehen. L.E.T. schafft eine universelle Verbindung zwischen allen wissenschaftlichen Richtungen und Heilsystemen und macht es möglich, diese Systeme zu begreifen; sie schafft die Grundlage für die Integration von Naturwissenschaft, Psychotherapie und östlichen Heilmethoden. Für die L.E.T. ist die Trennung von der spirituellen Ganzheit die Ursache von Krankheit.

Gleichzeitig baut die L.E.T. auf dem Energiefluß auf, den wir im Körper spüren können und der den Wandel möglich macht. Diese Kombination von physischen und spirituellen Prozessen führt zu größerer Stabilität und macht den spirituellen Aspekt sichtbar; gleichzeitig deckt der physische Aspekt die Illusionen auf, die hinter den Alltagsproblemen stecken.

Die Grenzen der L.E.T.:
- Sie ist noch relativ jung und befindet sich noch im Entwicklungsstadium.
- Sie kann durch ihre große Bandbreite leicht überfordern.
- Zur Zeit gibt es nur sehr wenige L.E.T.-Therapeuten.
- Sie macht aufgrund ihrer energetischen Grundlage leicht einen etwas vagen Eindruck.
- Wer nur eine Psychotherapie will, empfindet sie vielleicht als zu ›religiös‹.
- Sie legt großen Wert auf bewußtes Leben im Alltag und kann deshalb überfordern.

Bemerkung:
Die Life Energy Therapy hat den Nachteil, daß sie noch ziemlich jung ist (zwanzig Jahre) und ihre Ideen und Techniken noch in der Entwicklung begriffen sind. Da sie möglichst viel einbeziehen will, hat sie eine ziemlich große Bandbreite, was dazu führt, daß die Entwicklung eines vollständigen Systems ziemlich viel Zeit in Anspruch nimmt. Darüber hinaus liegt es in der Natur der Energiearbeit, daß sich Methoden und Techniken nicht herauskristallisieren können, da sie immer im Wandel begriffen sind. Menschen, die einfache Antworten oder Techniken suchen, werden durch die umfassende Sichtweise mit ihren persönlichen, kulturellen, politischen und Nahrungsaspekten und dem Hinterfragen des persönlichen Lebensstils leicht überfordert.

Weitere Wandlungsmethoden

Ernährung

Eine gute Ernährung ist für jeden, der wirklich an der Ganzheit interessiert ist, sehr wichtig. Es ist ein Irrtum zu glauben, daß es die einzig wahre Diät bzw. Ernährungsweise für alle Menschen gibt, wenn man die Einzigartigkeit einer jeden Person – Körper, spiritueller Weg, Arbeit, kultureller Hintergrund etc. – in Betracht zieht. Die Wahl der Ernährung sollte auf den persönlichen Wandlungsbedürfnissen beruhen. Ernährung umfaßt viele Unterkategorien, z.B. Vegetarismus, Makrobiotik etc.

Allgemein gilt, daß Fleischesser die Gefahr von Schadstoffen, Übersäuerung und Verstopfung nicht unterschätzen sollten. Fasten und Darmspülungen sind zwischendurch zur Reinigung zu empfehlen. Vegetarier sollten darauf achten, daß sie genug Eiweiß zu sich nehmen. Aminosäuren, die für den Eiweißbedarf des Körpers wichtig sind, werden bei streng vegetarischen Ernährungsweisen nur teilweise aufgenommen. Dieses Problem kann durch ergänzende Nahrung wie Fisch, Eier, Milch oder Getreide, Samen und Bohnen behoben werden. Wer gerne Sprossen und Keimlinge ißt, sollte auch Yang-Nahrung wie Getreide zu sich nehmen, um einen Ausgleich für diese sehr yin-betonte Nahrung zu schaffen.

Die Stärken richtiger Ernährung:
Richtige Ernährungsweise sorgt für die Einheit von Körper, Geist und Emotionen. Bewußtes Essen unterstützt alle anderen Heilmethoden, da es einen stabilen, täglichen Fokus schafft: Wir sind, was wir essen. Darüber hinaus kann Essen auch Lust bringen und unsere ästhetischen Bedürfnisse befriedigen.

Die Schwächen der Ernährung:
Leider halten sich viele Menschen sehr strikt an eine bestimmte Ernährungsweise. Sie versagen sich dadurch die Lust am Essen, fühlen sich überlegen oder schauen geringschätzig auf diejenigen, die sich nicht richtig ernähren. Vieles von dem, was über die Bedeutung der Ernährung für die spirituelle Evolution behauptet wird, ist übertrieben. Eine Überbetonung des Nahrungsaspekts führt dazu, daß wir auf der physischen Ebene hängenbleiben, und ›nährt‹ auch oft bestimmte unterdrückte Triebe.

Allgemeine Anmerkung:
Ich persönlich habe es noch nie erlebt, daß jemand, der sich gar zu stur mit seiner Ernährung beschäftigte, sich spirituell besonders entwickelt hätte. Andererseits ist mir auch kein einziger spiritueller Lehrer bekannt, der sich aus Essen viel gemacht hat. Viele meiner Klienten sind durch eine gute Ernährungsweise stabiler und klarer geworden. Daraus schließe ich, daß Nahrung für die physische, psychische und emotionale Ebene von Bedeutung, auf den transzendenten Evolutionsebenen jedoch unwesentlich ist. Angesichts der vielen Schadstoffe und Pestizide in unseren Nahrungsmitteln und der globalen Ölverseuchung und atomaren Verschmutzung werden wir lernen müssen, vergiftete Nahrung zu transformieren. Gleichzeitig gilt es, politisch aktiv zu werden, um die Anbaubedingungen zu verändern.

Massage

Es gibt viele Massagemethoden, von denen ein Großteil den Heilprozeß sehr wirksam unterstützt, wenn der Masseur wirklich kompetent ist. Leider denkt man bei dem Wort Massage heutzutage eher an Sexclubs. Zu den heilenden Massagen zählen unter anderen:

- Esalen-Massage
- Lymphdrainage
- Shiatsu
- Shinkido®*

Die *Esalen-Massage* ist eine sanfte Massagetechnik, die am Esalen-Institute in Big Sur, Kalifornien, entwickelt wurde; sie konzentriert sich auf lustvolle Entspannung. Die medizinisch orientierte *Lymphdrainage* wurde in Europa entwickelt; sie befreit das Lymphdrüsensystem von Stoffwechselschlacken und stärkt durch die Verbindung mit dem Immunsystem des Körpers auch dessen Abwehrkräfte gegen Bakterien und Viren. *Shiatsu* ist eine östliche Heilmethode, die Elemente der Akupressur, westliche Massage und traditionelle japanische Massage miteinander kombiniert. Sie ist sehr kreativ und als vorbeugende Maßnahme besonders zu empfehlen, sie dient der Anregung und Beruhigung der Akupunk-

* Näheres dazu in meiner Broschüre ›Shinkido‹, München, 1992

turpunkte und -meridiane und führt dadurch zu allgemeiner Ausgeglichenheit.

Shinkido® ist eine von mir entwickelte Methode, die sich an der Massage orientiert. Sie basiert auf körperlichen Schwingungen, transformiert Energie und lenkt sie in bestimmte Zonen. Im Shinkido wird Krankheit als Manifestation von Energiestörungen verstanden, besonders von Energiewellen. Durch das Öffnen des Energieflusses im Körper kann der Shinkido-Therapeut (Shinkidist) sehen, wo die Wellen blockiert sind. Die Behandlung besteht in der Suche nach Energiewellen und deren Unterstützung, die den Klienten wieder zur Ganzheit führen. Diese Botschaften können sich als Zuckungen, Reflexe, Augenbewegungen etc. äußern. Shinkido arbeitet auf vier verschiedenen Energieebenen:

- sinnlich, zur Entspannung;
- körperlich, für die Organe (wie im Shiatsu);
- emotional, für einen klaren Ausdruck;
- spirituell, für die weitere Evolution.

Die Stärken der Massage:
- Sie hilft beim Loslassen der Kontrolle.
- Sie führt zu körperlicher Ausgeglichenheit.
- Sie macht Lust auf Lust.
- Sie verbindet auf angenehme Weise Geben und Nehmen.

Anmerkung:
Wie keine andere Methode hilft uns Massage, Ganzheit auf der physischen Ebene zu spüren und dabei das Nehmen und Geben im Austausch mit einem anderen Menschen zu genießen. Dies tut vor allem denjenigen gut, die mit dem Entspannen und Empfangen ihre Schwierigkeiten haben. Eine beruhigende Massage löst Verspannungen, verstärkt die Körperbewußtheit und kann zu emotionaler Entladung führen. Jeder, der anderen gegenüber sensibel ist, kann sie ausführen; er braucht dazu nur eine minimale Kenntnis der Technik und ein Paar gute, energiegeladene Hände.

Therapeutische Massage wird als Behandlungsmethode zum Auflösen von Rigidität eingesetzt und führt manchmal zu einem Gefühl, das Reich ›die Meereswoge‹ genannt hat, ein pulsierendes Gefühl kosmischer Einheit.

Die Grenzen von Massage:

- Sie kann Passivität unterstützen.
- Sie kann die Abhängigkeit von Lust fördern.
- Sie verstärkt unter Umständen die Yin-Tendenz, notwendige Konfrontationen einfach ›wegzustreicheln‹.
- Sie ist meist nicht geeignet für physisch und emotional starken Ausdruck, z.B. Wut.

Anmerkung:
Als Behandlungsmethode bei schwereren Störungen wird Massage oft überschätzt. Darüber hinaus ist sie von Natur aus zum Ausdruck aggressiver Gefühle nur beschränkt geeignet. Ihre empfangende Seite wird oft mißverstanden und unterstützt dadurch Passivität. Außerdem macht man leicht seinen Wandel von der Person des Masseurs abhängig. Wenn Massage nicht korrekt praktiziert wird, kann es passieren, daß die geöffnete Energieebene für Menschen, die sich mehr erden müssen, zu hoch ist und dazu führt, daß man ›abhebt‹ oder die Realität aus den Augen verliert. Durch Massage kann auch eine bestimmte Art von Lebensenergie beseitigt werden, die früher als negative Aggression zum Ausdruck kam und eigentlich transformiert werden sollte. Massage ist nicht geeignet für Menschen, die sehr passiv sind, die Verbindung zur Realität brauchen oder extrem lustbetont sind, um andere Themen zu umgehen.

Gegenindikationen:
Es kann beispielsweise gefährlich sein, in einem steifen Nacken den Energiefluß wieder zu öffnen, wenn die behandelte Person zu wenig ›auf dem Erdboden‹ steht, da die ausbrechenden Emotionen für sie zuviel werden könnten.

Yoga

Das Wort Yoga bedeutet Vereinigung oder Einheit. Es gibt über zwanzig Yogaschulen, die seit Tausenden von Jahren auf diesem Prinzip der Vereinigung basieren. Die bekanntesten Richtungen sind Hatha Yoga, Kundalini Yoga, Tantra Yoga und Bhakti Yoga.

Die Stärken von Yoga:

- Es führt zu größerer Beweglichkeit.
- Es unterstützt die körperliche Ausgeglichenheit.

– Es lehrt die Kontrolle von Emotionen.
– Es wirkt beruhigend auf den Geist.
– Es verbessert die Organfunktionen.
– Es lehrt Disziplin.
– Es fördert die Umstellung der Ernährungsweise.
– Es unterstützt die Reinheit.
– Es zeigt einen klaren Weg.

Je nach Methode kann in bestimmten Bereichen größere Ganzheit erreicht werden. Regelmäßig praktiziertes Hatha Yoga macht z.B. Körper und Geist flexibler und wirkt beruhigend, stärkt die Organe und das allgemeine Wohlbefinden. Andere Schulen, wie z.B. Kundalini Yoga, betonen die dynamische Komponente und verstärken dadurch die Ausdauer, laden Körper und Psyche auf und lösen manche psychische Blockaden.

Die Grenzen des klassischen Yoga:
– Es kontrolliert die Emotionen.
– Es kann zu Abhängigkeit führen.
– Es kann zu einer restriktiven, asketischen Lebensweise führen.
– Es erkennt die Bedeutung der Emotionen kaum an.
– Durch ein zu ›reines‹ Leben wird die Möglichkeit, physisch-emotionale Energie zu transformieren, erheblich eingeschränkt.
– Es kann leicht als bloße ›Gymnastik‹ praktiziert bzw. gelehrt werden.
– Es kann die Umvolution fördern, um physische Konfrontationen zu vermeiden.

Fast allen Yogaschulen ist die Tendenz gemeinsam, Emotionen zu reduzieren oder ganz zu unterdrücken. Sie werden meist als Überbleibsel niedrigerer Evolutionsebenen angesehen und werden deshalb kontrolliert. Yoga versucht, den Einfluß der Emotionen auf den Ruhezustand zu verhindern. Darüber hinaus werden die positiven Aspekte des Egos und die Notwendigkeit tieferer therapeutischer Verarbeitung von bestimmten Problemen oft nicht erkannt.

In Yogaschulen, die sich mit solchen Prozessen befassen, werden die Atmungsfunktionen oft sehr stark kontrolliert, wodurch der spontane Energiefluß im vegetativ-emotionalen Bereich eingeschränkt wird. Die Abhängigkeit von einem Guru (Lehrer) wird manchmal übertrieben, was Selbsthilfe und persönliches Wachstum verhindert. In der westlichen Hemisphäre werden viele Menschen von den östlichen Ritualen geblendet und schaffen es dann nicht, sich einem wirklich guten Lehrer anzuschließen.

Vor kurzem habe ich ein Yoga der inneren Schwingung entwickelt, das *Sphurana Yoga*™®. Sphurana Yoga schafft ein Gleichgewicht zwischen den yin-betonten Elementen des Dehnens, der Flexibilität und des Friedens auf der einen und den Yang-Elementen der Stärke, der Stabilität und der Zentriertheit auf der anderen Seite. Ständiges Bewußtsein in allen Phasen der Asanas (Körperpositionen) bei gleichzeitigem Freisetzen von Energieschwingungen ist das zentrale Anliegen des Sphurana Yoga. Emotionale Energie wird nicht unterdrückt, sondern statt dessen transformiert. Ähnlich dem Bhakti Yoga fördert auch Sphurana mittels spezieller Ungleichgewichtsübungen die Hingabe des Egos und das Aufgeben des Willens, ganz besonders in Zeiten großer physischer Belastung.*

Meditation

Im Osten wird die Meditation seit Jahrtausenden für die spirituelle Entwicklung eingesetzt. Man kann sich beispielsweise auf einen bestimmten Körperteil konzentrieren, dem Atemrhythmus folgen oder die Augen auf einer brennenden Kerze ruhen lassen. Unabhängig von der jeweiligen Form helfen alle traditionellen Meditationen, die Aufmerksamkeit immer mehr auf einen einzigen Punkt zu konzentrieren, bis schließlich der Zustand der sogenannten ›einpunktigen Bewußtheit‹ erreicht wird. Bleibt man bei diesem Brennpunkt, verstärken sich immer mehr Wellen, bis wir die Grenzen unserer Identität überschreiten und einen transpersonalen Zustand erreichen, wo die Einheit des Kosmos erfahren wird.

Die Grundidee ist das Zur-Ruhe-Bringen des Geistes und die Erforschung des spirituellen Selbst. Durch die auf die inneren Prozesse gerichtete Energie wird innerer Wandel verstärkt, was nicht bedeutet, daß während der Meditation äußere Wandlungsprozesse verleugnet werden; sie stehen einfach nicht im Mittelpunkt. Es gibt viele verschiedene Meditationsformen. Individuell

* Näheres hierzu in: Sabetti, Stèphano: Sphurana Yoga, München 1991.

hängt die für uns richtige Methode von unserem jeweiligen Weg ab und davon, wie weit wir diesen Weg bereits gegangen sind.

Meditation kann uns sehr dabei helfen, unsere Aufmerksamkeit auf uns selbst zu lenken, bevor wir uns mit der Außenwelt auseinandersetzen. Meditieren findet nicht nur im Sitzen statt. Wir können unseren ganz alltäglichen Beschäftigungen nachgehen und dabei meditieren. Meditiation ist eine grundlegende Bewußtheit, die von unserer Mitte ausgeht. Sitzmeditationen, die ich als empfangende Meditationen bezeichne, unterstützen die Entwicklung eines klareren Gespürs für uns selbst. Ich schlage zum Einstieg in die Meditation folgendes vor:

Wir bleiben ungefähr zehn bis fünfzehn Minuten an einem Platz sitzen, schließen die Augen und lassen den Körper sich entspannen. Wir atmen tief und bleiben bei jedem Atemzug, verfolgen das Ein- und Ausatmen. Was passiert dabei? Es kann sein, daß wir uns auf eine ganz andere Art und Weise spüren.

Die Stärken der Meditation:
- Sie vermindert körperliche und emotionale Spannungen.
- Sie bringt uns in Kontakt mit unserem inneren Freiraum.
- Sie schafft die Verbindung mit dem spirituellen Selbst.
- Sie gibt uns ein Gespür für das, was wichtig ist.
- Sie macht uns neue Dimensionen der Realität zugänglich.
- Sie führt auf direktem Wege zur Ganzheit.
- Sie fördert die Konzentrationsfähigkeit.

Anmerkung:
Meditation erhöht das Bewußtsein und gibt uns dadurch die Möglichkeit, uns selbst aus einer höheren Perspektive zu sehen. Sie ist sehr hilfreich bei Abbau von Streß, läßt uns das Einssein des Lebens erfahren und führt uns zurück zu unserem Selbstgefühl und zu unserer Mitte. Sie läßt sich gut mit anderen Heilmethoden kombinieren, allerdings nur bei integrierenden Methoden, z.B. Aikido; bei anderen Ansätzen, z.B. einer Psychotherapie, kann sie der jeweiligen Therapie entgegenwirken. Denn während die Psychoanalyse beispielsweise Unbewußtes ins Bewußtsein bringen will, ist in der Meditation nichts von Bedeutung. Das Heilungsspektrum der Meditation ist weit größer als das einer durchschnittlichen Therapie. Als Einzelprozeß ist Meditation der bei weitem effektivste Weg zur Ganzheit.

Die Grenzen der Meditation:

- Sie kann süchtig machen.
- Sie kann dazu mißbraucht werden, dem realen Leben aus dem Weg zu gehen.
- Sie mißachtet leicht Emotionen.
- Sie verstärkt unter Umständen eine schizoide Spaltung zwischen Körper und Emotionen.
- Sie kann dazu benutzt werden, sexuelle Triebe zu unterdrücken.

Anmerkung:
Meditation wird oft fälschlich als Technik betrachtet, die z.B. zweimal täglich ausgeführt werden soll. Sie ist jedoch vielmehr eine zentrierte Lebensweise, ein Leben aus der eigenen Mitte, egal, was passiert. Durch die Sitzmeditation wird dieses Zentriertsein verstärkt. Oft wird Meditation falsch praktiziert, weil ein guter Lehrer fehlt. Die Tatsache, daß man Inder ist oder ein ›Meditationsdiplom‹ in der Tasche hat, ist noch keine Qualitätsgarantie. Manchmal wird Meditation dazu mißbraucht, die physische Realität zu vermeiden, z.B. wenn man eigentlich mehr emotionalen Freiraum in der Beziehung bräuchte und meditiert, anstatt das Problem anzugehen. Für sich allein ist Meditation bei tiefgreifenden Persönlichkeits- oder Drogenproblemen meistens nicht sehr effektiv, sie kann jedoch eine wunderbare zusätzliche Hilfe sein. Viele schwer gestörte Menschen landen in Sekten anstatt in einer notwendigen Therapie oder einer guten Selbsthilfegruppe und flüchten dadurch vor ihren Problemen. Meditation kann auch auf sehr rigide und kritische Weise mißbraucht werden, um ein Überlegenheitsgefühl anderen gegenüber zu verstärken.

Die Arbeit Dr. Stèphano Sabettis beruht auf den von ihm entwikkelten Life Energy Process®. Dieses Konzept basiert auf der interdisziplinären Erforschung energetischer Prozesse in Psychologie, Medizin, Kultur und Wissenschaft auf internationaler Ebene. Bei Interesse an der Arbeit des Autors wenden Sie sich bitte an die folgende Adresse:

Institut for Life Energy
Gabelsbergerstraße 52/Rückgebäude
W-8000 München 2

Ulrich Mohr

Streßauflösung

Ein ganzheitlicher Weg zur Persönlichkeitsentwicklung

192 Seiten mit s/w-Abbildungen, Pappband

Die Grundlagen für sein Programm zur Streßauflösung, ob privat oder beruflich, sieht der Arzt und Unternehmensberater Ulrich Mohr in einem Weltbild, das durch die Vernetzung aller äußeren und inneren Abläufe des menschlichen Lebens charakterisiert ist und die vollkommene Eigenverantwortlichkeit jedes Menschen für sein Denken und Handeln voraussetzt. Wirkliche Streßauflösung kann nach seinem Verständnis nur durch eine tiefgreifende Wandlung der Denk- und Verhaltensstrukturen gelingen, die auf die Weiterentwicklung der ganzen Persönlichkeit gerichtet ist. Das Buch versteht sich als Leitfaden auf diesem Weg. Speziell für die Auflösung von Streß und die persönliche Weiterentwicklung stellt der Autor ein Übungsprogramm vor, das eine innere und äußere Entspannung bewirkt.

Heinrich Hugendubel Verlag

Hans Höting

Qi Gong Kugeln
für Gesundheit, Meditation und Vitalität

352 Seiten mit zahlreichen Abbildungen und Skizzen, Pappband

Aus intimer Kenntnis der traditionellen chinesischen Heilweisen entfaltet Hans Höting ein differenziertes Hintergrundwissen zu den unterschiedlichsten Qi-Gong-Kugeln, Einzel- und Zwillingskugeln, und ihren therapeutischen Anwendungsbereichen:
Vom Fitness-Training bis zur speziellen Behandlung körperlicher Leiden.
Sorgfältig beleuchtet der Autor die Qi-Gong-Kugel aus jedem erdenklichen Blickwinkel: ganz gleich, ob es um ihren Ursprung in der Walnuß in prähistorischer Zeit, ihre Wirkungsweise oder die physikalischen und philosophischen Implikationen ihrer Kugelform geht.

Heinrich Hugendubel Verlag